DESCRIPTION

GÉOLOGIQUE

DES ENVIRONS DE PARIS.

PARIS.—IMPRIMERIE DE CASIMIR,
rue de la Vieille-Monnaie, n° 12.

DESCRIPTION

GÉOLOGIQUE

DES

ENVIRONS DE PARIS,

Par MM. G. CUVIER et Alex. BRONGNIART.

Troisième édition,

DANS LAQUELLE ON A INSÉRÉ LA DESCRIPTION D'UN GRAND NOMBRE
DE LIEUX DE L'ALLEMAGNE, DE LA SUISSE, DE L'ITALIE, ETC.,
QUI PRÉSENTENT DES TERRAINS ANALOGUES A CEUX
DU BASSIN DE PARIS,

Par M. Alex. BRONGNIART;

AVEC UN ATLAS DE DIX-HUIT PLANCHES, DONT DEUX COLORIÉES,
ET UNE TABLE ALPHABÉTIQUE DE TOUS LES LIEUX
DÉCRITS OU SEULEMENT CITÉS.

PARIS,

EDMOND D'OCAGNE, ÉDITEUR-LIBRAIRE,
12, RUE DES PETITS-AUGUSTINS.

1835.

TABLE DES MATIÈRES

DE LA DESCRIPTION GÉOLOGIQUE DES ENVIRONS DE PARIS.

	Pages
AVERTISSEMENT.	13
PREMIÈRE SECTION. Énumération et caractère des diverses sortes de terrains qui constituent le sol des environs de Paris.	17
ÉNUMÉRATION des diverses sortes de terrains ou de formations qui constituent le sol des environs de Paris.	26
ARTICLE PREMIER. De la craie.	27
ARTICLE II. De l'argile plastique et du lignite, ou du premier terrain d'eau douce.	40
ARTICLE III. Du calcaire grossier et de ses grès coquilliers marins.	59
ARTICLE IV. Du calcaire siliceux.	74
ARTICLES V et VI. Du gypse, de la seconde formation d'eau douce et des marnes marines.	79
ARTICLE VII. Des grès et sables marins supérieurs.	94
ARTICLE VIII. Du troisième terrain d'eau douce, comprenant les marnes et les meulières.	104
ARTICLE IX. Des terrains de transport et d'alluvion.	118
DEUXIÈME SECTION. Revue géographique des di-	

verses sortes de terrains qui constituent le sol des environs de Paris, et des lieux où chacun d'eux peut être observé. 122
Article premier. *Première formation.* — Craie (dans le bassin de Paris). 123
Sur quelques terrains de craie hors du bassin de Paris; par M. Brongniart. 144
   § I. Craie de France. . . . . *ibid.*
   § II. Craie d'Angleterre. 154
   § III. Craie du nord et de l'est. 157
   § IV. Craie chloritée de la perte du Rhône près de Bellegarde. 163
   § V. Formation de l'époque de la craie dans la chaîne du Buet. 175
Article II. *Deuxième formation.* — Argile plastique et lignites (dans le bassin de Paris). . . 182
De quelques terrains d'argile plastique et de lignite hors du bassin de Paris; par M. Brongniart. . 190
   § I. En France. 192
   § II. En Angleterre. 198
   § III. En Suisse. 200
   § IV. En Allemagne et dans l'Europe orientale. 210
   § V. Dans l'Amérique septentrionale. . . . 216
Article III. *Troisième formation.* — Calcaire grossier marin (dans le bassin de Paris). . . . 218
   § I. Plateau de La Ferté-sous-Jouarre. . 221
   § II. Plateau de Meaux. 222
   § III. Plateau de Crépy. 223
   § IV. Plateau de Senlis. 227
   § V. Plateau d'entre Seine et Oise. . . . 232
   § VI. Plateau de Marines. 246

TABLE DES MATIÈRES.

Pages

§ VII. Plateau d'est et d'ouest de Paris. . . 261
§ VIII. Plateau de Maisons. 266
§ IX. Plateau du sud de Paris. 267
§ X. Plateau du mont Valérien. 281
§ XI. Plateau de Saint-Germain. 290
§ XII. Plateau de Villepreux. 292

De quelques terrains analogues à la formation du calcaire grossier hors du bassin de Paris; par M. Brongniart. 309

§ I. En France. 312
§ II. En Espagne. 322
§ III. En Angleterre. 323
§ IV. En Suisse. 327
§ V. En Italie. 332
§ VI. Dans les parties septentrionales et orientales de l'Europe. 343

Article IV. *Quatrième formation.* — Calcaire siliceux et partie inférieure du terrain d'eau douce moyen. 358

Articles V et VI. *Suite de la quatrième formation.* — Gypse à ossemens et marnes d'eau douce. *Et cinquième formation.* — Marnes gypseuses marines (dans le bassin de Paris). 382

§ I. Rive droite de la Marne et de la Seine. 384
§ II. Terrain entre Seine et Marne. 427
§ III. Rive gauche de la Seine. 429

De quelques terrains analogues à la formation du gypse à ossemens, hors du bassin de Paris; par M. Brongniart. 449

Article VII. *Suite de la cinquième formation.* — Grès, sable et calcaire marins supérieurs. . . . 460

§ I. Rive droite de la Seine et de la Marne. 461

§ II. Entre Seine et Marne. 465
§ III. Rive gauche de la Seine. 466
Article VIII. *Sixième formation.* — Troisième et dernier terrain d'eau douce, meulières, silex et marnes. 476
 § I. Des meulières proprement dites dans le bassin et hors du bassin de Paris. 477
  I. Sur la rive droite ou septentrionale de la Marne et de la Seine. 478
  II. Entre Seine et Marne. 479
  III. Sur la rive gauche ou méridionale de la Seine. 484
  IV. Hors du bassin de Paris. 485
 § II. Des autres terrains d'eau douce supérieurs dans le bassin de Paris. 488
  I. Sur la rive droite ou septentrionale de la Marne et de la Seine. . . . . *ibid.*
  II. Entre Seine et Marne. 490
  III. Sur la rive gauche ou méridionale de la Seine. 491
 § III. Des terrains d'eau douce, dans le bassin de Paris, dont la position est incertaine. . 502
  I. Calcaire d'eau douce compacte de Château-Landon. 503
  II. Terrain d'eau douce des environs de Soissons. 508
De quelques terrains d'eau douce postérieurs au calcaire grossier, hors du bassin de Paris; par M. Brongniart. 512
 § I. En Espagne. 513
 § II. En France. . . . . *ibid.*
 § III. En Angleterre. 529

TABLE DES MATIÈRES.

	Pages
§ IV. Dans le Jura et en Suisse.	531
§ V. En Allemagne.	541
§ VI. En Hongrie.	542
§ VII. En Italie.	543
Article IX. *Septième formation.* — Terrains de transport et d'alluvion, cailloux roulés, limon d'atterrissement.	559
Troisième section. Nivellemens et coupes. — Rapports des divers terrains entre eux, et considérations générales.	573
Tableaux des hauteurs mesurées aux environs de Paris, et qui ont servi à dresser les diverses coupes et profils de ce canton.	597
Explication des coupes et des figures.	608
Table alphabétique de la description géologique des environs de Paris.	651

FIN DE LA TABLE.

AVERTISSEMENT.

Depuis la publication de notre premier essai sur la Géographie minéralogique des environs de Paris, lu à l'Institut en avril 1810, et celle de notre description des terrains qui composent le bassin où est située cette capitale, nous avons continué sans relâche nos observations, nous avons visité un plus grand nombre de lieux, et nous sommes retournés plusieurs fois sur les mêmes lieux, souvent accompagnés de naturalistes de toutes les nations, soit pour nous éclairer de leurs observations, soit pour vérifier avec eux des rapports qui pouvaient ne pas paraître suffisamment constatés. Nous avons par ce moyen considérablement augmenté notre travail. Mais ce qui nous paraît plus satisfaisant encore, nous avons donné à nos résultats un nouveau degré de généralité, de certitude, et par conséquent d'importance pour l'histoire de la structure du globe.

Les changemens que ces nouvelles recherches et ces communications instructives nous ont conduits à faire à notre première édition, ont eu pour objet d'établir des divisions moins nombreuses et par conséquent plus simples, de placer avec plus de certitude certains terrains dans leur véritable position relativement aux autres; mais aucune observation, ni de nous, ni des naturalistes qui ont examiné ces mêmes terrains avec une exactitude scrupuleuse, quelquefois même avec des idées différentes des nôtres, ne nous ont mis dans le cas d'apporter à nos résultats de ces changemens notables qui modifient les règles établies ou les conséquences admises.

Les changemens les plus importans sont relatifs à l'argile plastique, au calcaire siliceux, et au mélange des terrains marins et des terrains d'eau douce.

Nous n'avions rien dit dans la première édition sur l'origine marine ou lacustre des argiles et des lignites. Les nouvelles observations sur les mélanges des corps marins et lacustres ont confirmé ce que nous avions déjà proposé pour expliquer le seul mélange que nous connussions alors, et ont fourni de nouvelles applications de cette théorie. Enfin la position du calcaire siliceux, bien déterminée maintenant, avait déjà été présumée dans notre première édition.

Malgré ces nombreuses et scrupuleuses observations, malgré le concours des travaux de plusieurs naturalistes, les uns jeunes, pleins d'ardeur et pénétrés de ce que nous regardons comme la bonne méthode en géologie, les autres déjà consommés dans l'observation et connus par des travaux très-estimés, il reste encore beaucoup à faire pour compléter un travail tel que celui que nous avons entrepris. Les épaisseurs des différens terrains et de leurs couches dans tous les points du bassin, leur niveau relatif et par conséquent la connaissance de la forme des différens sols qu'ils ont dû successivement présenter, leur changement minéralogique, la comparaison rigoureuse des coquilles et des autres débris organiques que ces couches renferment (comparaison qui ne peut s'établir que lorsqu'on aura publié l'énumération complète, la description caractérisée et les figures très-exactes de toutes les espèces), la nature des terrains de transport et la manière de les caractériser par la prédominance des débris qu'ils renferment, sont, parmi toutes les connaissances qui restent à acquérir, celles que nous indiquons comme un aperçu de ce qui est encore nécessaire pour terminer l'édifice dont nous avons posé les bases.

Nous avons cru donner plus d'intérêt à notre travail en

AVERTISSEMENT.

faisant voir que les terrains que nous avons décrits n'étaient pas particuliers au bassin de Paris, et nous avons jugé que ce n'était pas lui associer des objets étrangers que d'y joindre l'indication et quelquefois même la description des terrains semblables aux nôtres qu'on a observés sur les différentes régions du globe. Nous avons choisi de préférence ceux que l'un de nous (M. Alex. Brongniart) a eu occasion de visiter et d'étudier sur les lieux mêmes. Ces terrains renfermant beaucoup de coquilles fossiles, et la plupart de ces corps organisés fossiles n'ayant point été décrits ou figurés, ou l'ayant été d'une manière souvent imparfaite, nous n'avons pas eu d'autre moyen de les faire connaître avec l'exactitude nécessaire à notre objet, que de les faire figurer, de leur donner un nom, et d'en faire remarquer les principaux caractères. Ce travail, qui était indispensable, car on sait qu'il n'est pas possible de désigner les coquilles fossiles qui paraissent caractériser un terrain par de seuls noms de genres, nous a forcés d'entrer dans des détails que les géologues ne pourront pas éviter tant que les corps organisés fossiles n'auront pas été exactement décrits, figurés, et convenablement nommés.

Quant aux coquilles du *terrain de Paris*, ce travail est fait depuis long-temps, au moins en grande partie, par M. de Lamarck, et nous avons continué de nous servir des noms qu'il a donnés aux coquilles fossiles de notre bassin. Nous avons tâché de rectifier celles de nos déterminations qui étaient incertaines; mais, malgré les soins que nous avons pris, les secours que nous avons trouvés dans M. Defrance et dans sa riche et savante collection, nous ne pouvons assurer qu'il n'y ait pas encore des erreurs dans ces déterminations. Ces erreurs sont plus importantes que nous ne l'avions cru d'abord, car elles empêchent d'établir les différences précises, s'il y en a, comme nous le croyons, entre les coquilles du terrain marin inférieur au gypse et celles du terrain marin qui lui est supérieur; mais ce travail, si difficile

AVERTISSEMENT.

et si long, exige un temps et des moyens qui ne sont pas à notre disposition.

A l'aide des recherches spéciales de M. Adolphe Brongniart sur les végétaux fossiles, nous avons donné à cette partie de l'histoire des corps organisés fossiles du bassin de Paris une étendue beaucoup plus considérable et une plus grande précision que nous n'avions pu le faire dans notre première édition, où ce sujet n'avait été qu'ébauché.

Il nous reste à témoigner de nouveau notre reconnaissance aux personnes qui ont bien voulu contribuer par leur zèle et leurs lumières à la perfection de notre premier essai, et à rappeler dans ce but les noms de MM. Defrance, Girard, ingénieur en chef des ponts-et-chaussées, Leman, Desmarest, Prevost, de Roissy, de Montlosier, Bralle, ingénieur en chef des ponts-et-chaussées, Héricart de Thury, ingénieur en chef des mines, Rondelet et feu Bélanger, architectes, Mathieu, secrétaire du bureau des longitudes, qui a bien voulu faire à l'Observatoire les observations correspondantes nécessaires à nos nivellemens barométriques. Nous y ajouterons les noms de MM. Berthier, ingénieur des mines, Beudant, et ceux de nos jeunes collaborateurs MM. Lajonkaire, Basterot, Bertrand-Geslin, et surtout celui de M. Audouin, qui, livré à des études et à des recherches d'histoire naturelle tout-à-fait étrangères au genre de cet ouvrage, mais très-instruit néanmoins en minéralogie et en géologie, non-seulement nous a communiqué de bonnes observations, mais a bien voulu nous aider constamment dans des parties d'exécution qui exigent la réunion de la patience nécessaire à un travail presque mécanique à la connaissance scientifique de la matière, connaissance sans laquelle les secours de ce genre sont toujours peu efficaces et leurs résultats imparfaits.

DESCRIPTION GÉOLOGIQUE

DES COUCHES DES ENVIRONS DE PARIS,

PARMI LESQUELLES SE TROUVENT LES GYPSES A OSSEMENS;

PAR MM. G. CUVIER ET ALEX. BRONGNIART.

PREMIÈRE SECTION.

ÉNUMÉRATION ET CARACTÈRES DES DIVERSES SORTES DE TERRAINS QUI CONSTITUENT LE SOL DES ENVIRONS DE PARIS.

La contrée dans laquelle cette capitale est située est peut-être l'une des plus remarquables qui aient encore été observées, par la succession des divers terrains qui la composent, et par les restes extraordinaires d'organisations anciennes qu'elle recèle. Des milliers de coquillages marins avec lesquels alternent régulièrement des coquillages d'eau douce, en font la masse principale; des ossemens d'animaux terrestres entièrement inconnus, même par leurs genres, en remplissent certaines parties; d'autres ossemens d'espèces considérables par leur grandeur, et dont nous ne trouvons quelques congénères que dans des pays fort éloignés, sont épars dans les couches les plus superficielles; un caractère très-marqué d'une grande irruption venue du sud-est, est empreint dans les formes des caps et les directions des collines principales; en un mot, il n'est point de canton plus capable de nous instruire sur les dernières révolutions qui ont achevé la formation de nos continens.

Ce pays a cependant été fort peu étudié sous ce point de vue; et quoique depuis si long-temps il soit habité par tant d'hommes instruits, ce que l'on en a écrit se réduit à quelques essais fragmentaires, et presque tous, ou purement minéralogiques, sans aucun égard aux fossiles organisés; ou purement zoologiques, et sans égard à la position de ces fossiles.

Un mémoire de Lamanon sur les gypses et leurs ossemens fait peut-être seul exception à cette classification; et cependant nous devons reconnaître que l'excellente description de Montmartre, par M. Desmarets; les renseignemens donnés par le même savant sur le bassin de la Seine, dans l'Encyclopédie méthodique; l'essai minéralogique sur le département de Paris, par M. Gillet-Laumont; les grandes et belles recherches sur les coquilles fossiles de ses environs, par M. de Lamarck, et la description géologique de la même contrée, par M. Coupé, ont été consultés par nous avec fruit, et nous ont plusieurs fois dirigés dans nos voyages.

Nous pensons cependant que le travail dont nous présentons ici les résultats ne sera point sans intérêt, après tous ceux que nous venons de citer.

Par la nature de leur objet, nos courses devaient être limitées selon l'espèce du terrain, et non pas d'après les distances arbitraires; nous avons donc dû d'abord déterminer les bornes physiques du canton que nous voulions étudier.

Le bassin de la Seine est séparé, pendant un assez grand espace, de celui de la Loire, par une vaste plaine élevée dont la plus grande partie porte vulgairement le nom de Beauce, et dont la portion moyenne et la plus sèche s'étend du nord-ouest au sud-est, sur un espace de plus de quarante lieues, depuis Courville jusqu'à Montargis.

Cette plaine s'appuie vers le nord-ouest à un pays plus élevé qu'elle, et surtout beaucoup plus coupé, dont les rivières d'Eure, d'Avre, d'Iton, de Rille, d'Orne, de Mayenne, de Sarthe, d'Huîne et de Loir tirent leurs sources : ce pays, dont la partie la plus élevée, qui est entre Seez et Mortagne, formait autrefois la province du Perche et une partie de la Basse-Normandie, appartient aujourd'hui au département de l'Orne.

La ligne de séparation physique de la Beauce et du Perche passe à peu près par les villes de Bonneval, Alluye, Illiers, Courville, Pontgouin et Verneuil.

De tous les autres côtés, la plaine de Beauce domine ce qui l'entoure.

Sa chute du côté de la Loire ne nous intéresse pas pour notre objet.

Celle qui est du côté de la Seine se fait par deux lignes, dont l'une à l'occident regarde l'Eure, et l'autre à l'orient regarde immédiatement la Seine.

La première va de Dreux vers Mantes.

L'autre part d'auprès de Mantes, passe par Marly, Meudon, Palaiseau, Marcoussis, La Ferté-Alais, Fontainebleau, Nemours, etc.

Mais il ne faut pas se représenter ces deux lignes comme droites ou uniformes : elles sont au contraire sans cesse inégales, déchirées; de manière que si cette vaste plaine était entourée d'eau, ses bords offriraient des golfes, des caps, des détroits, et seraient partout environnés d'îles et d'îlots.

Ainsi dans nos environs la longue montagne où sont les bois de Saint-Cloud, de Ville-d'Avray, de Marly et des Alluets, et qui s'étend depuis Saint-Cloud jusqu'au confluent de la rivière de Maudre dans la Seine, ferait une île séparée du reste par le détroit où est aujourd'hui Versailles, par la petite vallée de Sèvres et par la grande vallée du parc de Versailles.

L'autre montagne, en forme de feuille de figuier, qui porte Bellevue, Meudon, les bois de Verrières, ceux de Chaville, formerait une seconde île séparée du continent par la vallée de Bièvres et par celle des coteaux de Jouy.

Mais ensuite, depuis Saint-Cyr jusqu'à Orléans, il n'y a plus d'interruption complète, quoique les vallées où coulent les rivières de Bièvre, d'Yvette, d'Orge, d'Étampes, d'Essonne et de Loing entament profondément le continent du côté de l'est, celles de Vêgre, de Voise et d'Eure du côté de l'ouest.

La partie de la côte la plus déchirée, celle qui présenterait le plus d'écueils et d'îlots, est celle qui porte vulgairement le nom de Gâtinais français, et surtout sa portion qui comprend la forêt de Fontainebleau.

Les pentes de cet immense plateau sont en général assez rapides, et tous les escarpemens qu'on y voit, ainsi que ceux des vallées, et les puits que l'on creuse dans le haut pays, montrent que sa nature physique est la même partout, et qu'elle est formée d'une masse prodigieuse de sable fin qui recouvre toute cette surface, passant sur tous les autres terrains ou plateaux inférieurs sur lesquels cette grande plaine domine.

Sa côte qui regarde la Seine depuis la Maudre jusqu'à Nemours formera donc la limite naturelle du bassin que nous avons à examiner.

De dessous ses deux extrémités, c'est-à-dire vers la Maudre et un peu au-delà de Nemours, sortent immédiatement deux portions d'un plateau de craie qui s'étend en tous sens et à une grande distance pour former toute la Haute-Normandie, la Picardie et la Champagne.

Les bords intérieurs de cette grande ceinture, lesquels passent du côté de l'est par Montereau, Sézanne, Épernay, de celui de l'ouest, par Montfort, Mantes, Gisors, Chaumont, pour se rapprocher de Compiègne; et qui font au nord-est un angle considérable qui embrasse tout le Laonnais, complètent, avec la côte sableuse que nous venons de décrire, la limite naturelle de notre bassin.

Mais il y a cette grande différence, que le plateau sableux qui vient de la Beauce est supérieur à tous les autres, et par conséquent le plus moderne, et qu'il finit entièrement le long de la côte que nous avons marquée : tandis qu'au contraire le plateau de craie est naturellement plus ancien et inférieur à tous les autres; qu'il ne fait que cesser de paraître au dehors le long de la ligne de circuit que nous venons d'indiquer, mais que, loin d'y finir, il s'enfonce visiblement sous les supérieurs; qu'on le retrouve partout où l'on creuse ces derniers assez profondément, et que même il s'y relève dans quelques endroits, et s'y reproduit pour ainsi dire en les perçant.

On peut donc se représenter que les matériaux qui composent le bassin de Paris, dans le sens où nous le limitons, ont été déposés dans un vaste espace creux, dans une espèce de golfe dont les côtes étaient de craie.

Ce golfe faisait peut-être un cercle entier, une espèce de grand lac; mais nous ne pouvons pas le savoir, attendu que ses bords du côté sud-ouest ont été recouverts, ainsi que les matériaux qu'ils contenaient, par le grand plateau sableux dont nous avons parlé d'abord.

Au reste, ce grand plateau sableux n'est pas le seul qui ait recouvert la craie. Il y en a plusieurs en Champagne et en Picardie qui, quoique plus petits, sont de même nature, et peuvent avoir été formés en même temps; ils sont placés comme lui immédiatement sur la craie, dans les endroits où celle-ci était assez haute pour ne point se laisser recouvrir par les matériaux du bassin de Paris.

Nous décrirons d'abord la craie, la plus ancienne des matières que nous ayons dans nos environs.

Nous terminerons par le plateau sableux, le plus nouveau de nos produits géologiques.

Nous traiterons entre ces deux extrêmes des matières moins étendues, mais plus variées, qui avaient rempli la grande cavité de la craie avant que le plateau de sable se déposât sur les unes comme sur l'autre.

Ces matières peuvent se diviser en deux étages.

Le premier, qui couvre la craie partout où elle n'était pas assez élevée, et qui a rempli tout le fond du golfe, se subdivise lui-même en deux parties à peu près égales en niveau, et qui, se présentant rarement ensemble, paraissent en quelque sorte placées non pas l'une sur l'autre, mais bout à bout : le plateau de calcaire siliceux presque toujours non coquillier; et le plateau de calcaire grossier coquillier.

Nous connaissons assez les limites de cet étage du côté de la craie, parce que celle-ci ne le recouvre point; mais ces mêmes limites sont masquées en plusieurs endroits par le second étage et par le grand plateau sableux qui forme le troisième et qui recouvre une grande partie des deux autres.

Le second étage est formé de gypse et de marne. Il n'est pas répandu généralement, mais seulement d'espace en espace et comme par taches; encore ces taches sont-elles très-différentes les unes des autres par leur épaisseur et par les détails de leur composition.

Ces deux étages intermédiaires, aussi bien que les deux étages extrêmes, sont recouverts, et tous les vides qu'ils ont laissés sont en partie remplis par une autre sorte de terrain, mélangé aussi de marne et de silice, et que nous appelons dernier terrain d'eau douce, parce qu'il fourmille de coquilles d'eau douce seulement.

Telles sont les grandes masses dont notre canton se compose et qui en forment les différens étages. Mais, en subdivisant chaque étage, on peut arriver encore à plus de précision, et l'on obtient des déterminations minéralogiques plus rigoureuses, qui donnent jusqu'à neuf genres distincts de couches, dont nous allons présenter d'abord l'énumération et ensuite les caractères distinctifs.

Énumération des diverses sortes de terrains ou de formations (1) *qui constituent le sol des environs de Paris.*

TERRAIN DE SÉDIMENT MOYEN.

Formations.		Sous-formations et roches principales qui les composent.
I. Ancien terrain marin.	1	La craie.

TERRAIN DE SÉDIMENT SUPÉRIEUR.

II. Premier terrain d'eau douce.	2	Argile plastique. Lignites. Premier grès.
III. Premier terrain marin.	3	Calcaire grossier et le grès qu'il contient souvent.
IV. Deuxième terrain d'eau douce.	4 5	Calcaire siliceux. Gypse à ossemens. Marnes d'eau douce.
V. Deuxième terrain marin.	6 7	Marnes gypseuses marines. Troisième grès et sable marin supér. Calcaire et marnes marines supérieur
VI. Troisième et dernier terrain d'eau douce.	8	Meulières non coquillières. Meulières coquillières. Marnes d'eau douce supérieures.
VII. Terrain de transport et d'alluvion.	9	Cailloux roulés et poudingue ancien Limon d'atterrissement ancien et moderne. Marnes argileuses noires et tourbes.

---

(1) Nous croyons devoir indiquer ici la place que les

ARTICLE PREMIER.

De la craie.

La craie a été jusqu'à ces derniers temps considérée comme une roche d'une formation récente peu distincte et ne jouant dans la structure du globe qu'un rôle très-secondaire. Il est résulté de cette fausse opinion, qu'on lui a donné des caractères incertains tant minéralogiques que géognostiques, et qu'on a appliqué souvent ce nom à des marnes calcaires, blanches et tendres, qui ne sont de

---

terrains de Paris occupent dans les divisions qu'on a cru reconnaître et pouvoir établir parmi les différens terrains qui composent l'écorce du globe.

Après la grande division des terrains anciens ou *primordiaux*, généralement composés de roches formées par cristallisation confuse, tels que les granites, les porphyres, les marbres statuaires, certains schistes luisans, etc., division qui renferme les terrains nommés ordinairement *primitifs* et de transition, vient la seconde grande division qui comprend les terrains formés par voie de sédiment, et qu'on a nommés *terrains de sédimens*. Nous les sous-divisons en trois classes, auxquelles on peut assigner les limites et les noms suivans:

Ire. Les terrains de *sédiment inférieur*, qui s'étendent depuis les dernières roches de transition jusqu'au calcaire à gryphites inclusivement. Ils renferment notamment le terrain houiller, le calcaire alpin, et les pséphites rougeâtres (grès rouge).

IIe. Les terrains de *sédiment moyen*, qui s'étendent depuis

la craie ni minéralogiquement ni géognostiquement.

Notre objet ne pouvant être de donner ici les caractères généraux de la craie, ni de faire son histoire, nous devons nous borner à rappeler ses principaux caractères et à faire remarquer ceux qui sont propres à la craie du bassin de Paris.

Elle y est toujours blanche. En la supposant dégagée des corps étrangers qui y sont associés par voie de mélange, c'est de la chaux carbonatée pure dont on peut faire et dont on a fait de la chaux; mais elle est intimement mélangée de sable siliceux à grains très-fins et plus ou moins abondant selon les lieux.

---

le calcaire précédent ou le pséphite rougeâtre jusqu'au-dessus de la *craie*. Ils renferment principalement le calcaire du Jura compacte, blanchâtre et oolithique.

IIIe. Le terrain de *sédiment supérieur*, nommé aussi *terrain tertiaire*, s'étend depuis la craie exclusivement ou depuis les argiles plastiques et les lignites inclusivement, jusqu'à la surface de la terre, ou plutôt jusqu'aux derniers dépôts marins de l'ancienne mer.

Cette dernière classe, à laquelle appartiennent la plus grande partie du sol du bassin de Paris et un grand nombre d'autres terrains répandus sur toute la surface du globe, était presque entièrement inconnue aux géologues de la célèbre école de Freyberg. Nous avons donc dû donner à ces terrains des dénominations particulières et qui puissent fournir aux naturalistes le moyen de les désigner clairement.

D'après les analyses faites récemment par M. Berthier, la craie de Meudon et celle des environs de Nemours, dégagées, par le lavage, du sable qui y est interposé, sont composées ainsi qu'il suit :

	Craie de Meudon.	Craie de Nemours.
Chaux carbonatée.	98	97
Magnésie et un peu de fer.	1	3
Argile.	1	0
	100	100

Notre craie se présente en immenses dépôts, formant dans quelques points du milieu de notre bassin, mais principalement sur ses limites, des collines entières, des plateaux étendus et des buttes dont l'élévation passe quelquefois cent mètres.

On n'y remarque distinctement aucune assise continue ou régulière appartenant à la masse même, c'est-à-dire qu'on n'y voit pas ces couches séparées nettement par des fissures de stratification parallèles qui sont distinctes dans les calcaires des Alpes et du Jura et dans notre calcaire grossier.

Cependant des lits de pierre à fusil ou silex pyromaques noirs très-multipliés, et souvent assez près les uns des autres, annoncent qu'elle est le résultat d'un dépôt tranquille. La distance générale qui sépare ces lits est à Meudon d'environ deux mètres; à Bougival, elle est plus grande et les silex sont moins nombreux.

Ces lits très-étendus sont souvent parfaitement parallèles; les silex qui les composent présentent des rognons de forme bizarre se terminant en tubercules arrondis plus étendus dans le sens horizontal que dans le vertical; ils sont comme placés à côté les uns des autres, tantôt tout-à-fait indépendans ou séparés, tantôt liés ensemble et comme soudés par différens points, de manière que si l'on dégageait sur une grande surface les lits de silex de la craie qui les enveloppe, ils présenteraient dans beaucoup de cas une grande plaque d'une épaisseur moyenne à peu près égale, à surface couverte de tubérosités inégales, et criblée d'une multitude d'ouvertures aussi différentes par leur grandeur qu'irrégulières dans leur forme et leur disposition.

Le silex pyromaque se rencontre aussi quelquefois dans la craie du bassin de Paris en plaques épaisses de quatre à sept centimètres, qui conservent, sur une très-grande étendue, leur épaisseur, le parallélisme de leurs deux surfaces et leur horizontalité. Nous avons vu l'une de ces grandes plaques dans les carrières de Meudon, et on peut en voir encore des portions quand l'exploitation conduit dans les parties assez profondes où elle s'est montrée. On croit avoir remarqué que l'abondance des silex est moindre dans la profondeur; ils sont même très-rares dans les parties profondes des crayères inférieures de Meudon.

Les masses de craie des environs de Paris sont traversées et comme coupées par des fentes presque verticales, tantôt très-minces quoique se continuant à une très-grande distance, tantôt larges de près de sept décimètres. Les parois de ces fentes sont comme bosselées, mais ces bosses ne sont point en correspondance régulière entre elles.

Ces parois offrent parfaitement l'image de surfaces usées et comme polies par les eaux; on voit même, dans les parties où ces fentes se rétrécissent assez pour que les deux parois se touchent, des trous ronds à peu près verticaux, placés irrégulièrement et s'ouvrant dans les parties supérieures et quelquefois très-larges de la fente; outre ce bosselage, les parois sont picotées comme si elles l'eussent été par l'effet d'une pluie battante. Les silex sont en saillie dans ces fentes. Leurs faces supérieures sont couvertes de cristaux de chaux carbonatée et quelquefois de chaux sulfatée;

on n'en voit aucun à leurs surfaces inférieures.

On ne peut guère attribuer ces effets à l'action des *eaux actuelles* : car, 1° les masses de craie dans lesquelles nous les avons observés sont beaucoup au-dessus du plus haut niveau des eaux de la Seine et de tous les ruisseaux affluens; 2° les terres qui les recouvrent et les collines qui les dominent ont trop peu de masse et d'élévation pour donner naissance à des courans d'eau capables de produire ces effets; 3° enfin l'eau et les sources supérieures sont si rares dans la masse de craie où se voient ces fissures à surfaces polies, que les ouvriers des crayères de Meudon ont été obligés de creuser, pour avoir l'eau nécessaire à leurs travaux, un puits dans lequel l'eau n'est en été qu'à vingt-deux mètres au-dessous du sol déjà assez bas de la carrière.

On ne trouve dans la craie de Paris aucun gîte métallique d'une quantité et d'une étendue notable; le seul métal qui s'y rencontre, c'est le fer à l'état de sulfure ou de pyrites globuleuses, soit disséminées, soit incrustant les débris des corps organisés qui s'y rencontrent.

Ces débris organiques donnent le caractère géognostique le plus clair, le plus essentiel et par conséquent le plus certain de la craie. Ils sont très-inégalement répandus dans sa masse. Non-seulement ils sont, comme on va le voir, presque tous différens de ceux qu'on trouve dans d'autres terrains et notamment dans les terrains plus récens; mais ils présentent aussi des différences notables d'espèce et même de genre, suivant qu'ils appartiennent aux parties supérieures ou inférieures de la craie. Cette considération importante nous oblige de rappeler ici qu'on peut reconnaître dans la formation de craie trois parties assez distinctes dans leurs extrémités, quoique passant de l'une à l'autre par des nuances insensibles. Ces trois parties, qui diffèrent non-seulement par la position géognostique, mais encore par les caractères minéralogiques, sont : 1° la *craie blanche*.(c'est celle que nous avons plus particulièrement caractérisée ici); 2° la *craie* appelée *tufau* en Touraine (1), qui est généralement grisâtre et sableuse, et qui, au lieu de silex pyromaques, renferme plus ordinairement des silex cornés; 3° enfin la craie que nous avons appelée ailleurs *craie chloritée*, et à laquelle nous donnerons à l'avenir le nom de *glauconie*

---

(1) Ce nom technique a été employé par M. Omalius d'Halloy et adopté par beaucoup de minéralogistes.

crayeuse, qui est grisâtre, friable, toute parsemée de grains verts qui ont la plus grande ressemblance avec la chlorite et de nodules verdâtres ou rougeâtres qui, d'après l'analyse qu'en a faite dernièrement M. Berthier, renferment beaucoup de fer, et souvent tant de chaux phosphatée, qu'ils en sont presque entièrement composés (1).

Nous n'avons aux environs de Paris que la *craie blanche;* il est probable que les deux autres variétés de craie se trouvent au-dessous d'elle, et cela a été même constaté à Luzarches, dans une fouille dont nous parlerons

---

(1) M. Berthier, ingénieur des mines, a publié (Ann. des Mines, 1820, page 197) l'analyse exacte de ces nodules; et depuis cette publication il a analysé aussi les grains verts qui constituent la glauconie crayeuse. Nous rapporterons ici ces deux analyses.

Nodules de la glauconie crayeuse du Havre.		Grains verts de la glauconie crayeuse du Havre.	
Chaux phosphatée	0,57	Silice	0,50
Chaux carbonatée	0,07	Protoxide de fer	0,21
Magnésie carbonatée	0,02	Alumine	0,07
Fer et alumine silicatés	0,25	Potasse	0,10
Eau et matière bitumineuse	0,07	Eau	0,11

On remarque qu'il n'y a dans ces grains verts, si semblables aux nodules, ni chaux, ni magnésie, et qu'il n'y a par conséquent aucun rapport de composition entre ces deux substances disséminées dans la craie. Nous donnerons à ces grains le nom de *fer chloriteux granulaire*.

à son lieu. Cette circonstance restreint beaucoup le nombre des corps organisés fossiles qu'on trouve dans la craie de notre bassin; car c'est dans la craie tufau et dans la craie chloritée que se trouve la plus grande quantité de coquilles fossiles.

Ces fossiles caractérisant, comme nous l'avons dit, la formation de craie dans tous les points de l'Europe où on la connaît, nous devons en donner l'énumération aussi complète et aussi exacte que l'état actuel de nos connaissances le permet.

Corps organisés fossiles de la craie blanche ou supérieure, tant du bassin de Paris que de ses annexes évidens.

	SYNONYMES. — OBSERVATIONS.	LIEUX ET NOTES DE GISEMENT PARTICULIER.
Belemnites mucronatus..	Schlottheim. — Breynius. Polyth. belemn., fig. 1-6. — (Pl. K, fig. 1, A, B.) (1)...	Meudon, Bougival, etc.
Lituolites nautiloïdea...	Lam.	
— difformis........	Lam.	
Trochus Basteroti. A. Br. (Pl. K, fig. 3)........		Cette coquille, très-rare dans la craie blanche, a été trouvée à Meudon par M. Basterot. On remarquera que M. Webster ne cite aussi qu'une seule coquille univalve à spirale, et que c'est un *trochus*.

(1) Les citations de planches et de figures placées entre deux parenthèses se rapportent aux planches de cet ouvrage.

DESCRIPTION GÉOLOGIQUE

	SYNONYMES. — OBSERVATIONS.	LIEUX ET NOTES DE GISEMENT PARTICULIE
Ostrea vesicularis....	Lam. Ann. du Muséum, t. XIV, pl. XXVII, fig. 3. *Gryphea dilatata*, Sow., t. CXLIX, fig. 2. — (pl. K, fig. 5, A, B, C, D). Elle varie considérablement de grandeur et de figure en raison des corps sur lesquels elle adhère. M. Defrance regarde l'*ostrea deltoïdea* de Lamark (et non celle de Sowerby) comme des individus de cette huître qui ont pris une forme très-aplatie, due au corps sur lequel ils se sont fixés..........	Meudon, Bougival.
Ostrea serrata. Defr. .	(Pl. K, fig. 10, A, B.) Elle diffère sensiblement de celle qu'on trouve dans la craie chloritée, qui au premier aspect paraît être la même......	Dreux.
Catillus Cuvieri. A. Br.	(Pl. L, fig. 10.) *Inoceramus*. Sow. Parkinson.......	Meudon.
Crania parisiensis. Defr.	(Pl. K, fig. 2). Cette espèce remarquable est très-commune en mauvais état, mais très-rare dans celui où nous la figurons..........	Meudon.
Pecten quinquecostatus.	Sow. tab. 56, fig. 4-8 (pl. L, fig. 1)............	Nous en possédons depu long-temps une valve sup rieure de Meudon, ce qui pro ve que cette espèce n'est p particulière à la craie inf rieure.
— *cretosus*.........	Defr. (pl. K, fig. 7, A, B).	Meudon.
— *arachnoïdes*......	Defr. (pl. K, fig. 8, A, B).	Meudon, Dieppe.
Plagiostoma spinosa...	Sow. tab. 78.— (pl. L, fig. 2).	Meudon, Dieppe, Rouen.
Mytilus lævis.......	Defr. (pl. L, fig. 4).....	Bougival.
Terebratula Defrancii.	A. Br. (pl. K, fig. 6, A, B, C).	Meudon.
Terebratula plicatilis..	Sow., tab. 118, fig 1-(pl.L, fig.5).	Meudon.
— *alata*...........	Lam., Syst. des an. sans vert., t. L, n° 43. — Enc., pl. CCXLV, fig. 2.— (Pl. L, fig. 6)....	Meudon.
— *carnea*..........	Sow. tab. 15, fig. 5-6-(pl. L, fig. 7)...........	Meudon.

	SYNONYMES.	LIEUX ET NOTES
	— OBSERVATIONS.	DE GISEMENT PARTICULIER.
— subundata......	Sow., tab. 15, fig. 7.—Lam. n° 13.............	Rouen, Gravesende.
— octoplicata.....	Sow., tab. 118, fig. 2.— (pl. L, fig. 8).......	Dieppe.
Magas pumilus.....	Sow., tab. 119, fig. 1-4 — Terebratula tenuissima.Scul. —Ter. concava. Lam.—(pl. L, fig. 9)........	Meudon.
Spirorbis........ Serpula.........	Ces espèces sont trop peu caractérisées pour pouvoir être déterminées avec certitude et utilité.	

ZOOPHYTES

ECHYNODERMES. Asterias.........	Des articulations qui, par leur forme cuboïde, paraissent avoir appartenu à une espèce voisine de l'asterias aurantiaca.	
Ananchites ovata....	Lam. (pl. M, fig. 7)......	Meudon, Bougival.
— pustulosa.......	Lam. (pl. M, fig. 8)....	Environs de Joigny.
Galerites albo galerus.	Lam. (pl. L, fig. 12)....	Dieppe.
— vulgaris........	Echinus vulgaris.Lin.—Gmel.	Environs de Dreux, etc. On n'en trouve généralement que les moules intérieurs.
Spatangus Coranguinum.	Lam., etc. (pl. L, fig. 11)...	Meudon, Joigny, Dieppe.
S. Bufo. A. Br....	(Pl. M,fig. 4.)-Faujas. Maest. Pl. XXX, fig. 2 (mala).....	Meudon, et dans la craie tufau du Havre et de Maëstricht.

ZOOPHYTES.

Millepora.........	....	Meudon.
	Nous ne sommes pas encore en état de déterminer les différentes espèces de zoophytes pierreux qui se trouvent dans la craie blanche.	

Aucune de ces espèces ne se trouve dans le calcaire grossier. Cette formation de la craie est donc parfaitement distincte de la formation du calcaire grossier qui la recouvre. Il ne paraît pas qu'il y ait eu entre elles de transition insensible, ni dans l'espace de terrain que nous avons étudié, ni probablement ailleurs.

Au contraire, on ne reconnaît point de différences aussi tranchées entre la craie et le calcaire compacte qu'elle recouvre; et si c'était le lieu d'agiter ici cette question, nous rapporterions des observations qui nous portent à croire que ces deux formations passent de l'une à l'autre par des transitions insensibles. Il est certain, par exemple, que la craie d'autres pays renferme des espèces de coquilles que nous n'avons pas encore reconnues dans celle des environs de Paris, et qui ressemblent beaucoup, si elles ne sont même identiques, avec celles du calcaire du Jura.

Ces faits prouvent que la craie n'est pas, comme on l'a crue, d'une formation récente. Nous allons faire voir qu'elle a été suivie de quatre à cinq formations très-distinctes, et qui indiquent un long espace de temps et de grandes révolutions entre l'époque du dépôt de cette sorte de calcaire et celle où nos continens ont reçu la forme qu'ils ont actuellement.

L'énumération que nous venons de donner des fossiles de la craie, est le résultat de nos observations, et surtout de celles de M. Defrance. Nous ferons remarquer, avec ce naturaliste, que, si l'on excepte le *trochus* dont nous avons parlé plus haut, l'on n'a encore trouvé, dans la craie des environs de Paris, aucune coquille univalve à spire simple et régulière. Ainsi il n'y a aucune cérite, aucun fuseau, etc. Ce fait est d'autant plus remarquable, que nous allons rencontrer ces coquilles en grande abondance, quelques mètres au-dessus de la craie, dans des couches également calcaires, mais d'une structure différente.

La craie forme le fond du bassin ou du golfe sur lequel se sont déposés les différentes sortes de terrains qu'on voit aux environs de Paris. Avant que cet ancien sol eût été recouvert par les matières qui composent ces terrains, sa surface devait présenter des enfoncemens et des saillies qui y formaient des vallées, des collines ou des buttes. Ces inégalités nous sont indiquées par les îles et promontoires de craie qui percent dans quelques points les nouveaux terrains, et par les excavations qu'on a faites dans ceux-ci, et qui ont atteint la craie à des profondeurs très-variables. Ce qu'il y a de remarquable, c'est que ces inégalités ne paraissent avoir aucune correspondance avec celles de la surface actuelle du terrain qui nous occupe, comme le prouveront les détails que nous donnerons dans la seconde section.

ARTICLE II.

De l'argile plastique et du lignite, ou du premier terrain d'eau douce.

Presque toute la surface de la masse de craie est recouverte d'une couche d'argile, qui a des caractères communs fort remarquables, quoiqu'elle présente dans divers points des différences sensibles.

Cette argile, que nous appellerons *plastique* parce qu'elle prend et conserve aisément les formes qu'on lui imprime, est onctueuse, tenace et généralement composée des principes suivans :

Résultats d'analyses d'argiles plastiques faites par M. Berthier, ingénieur au corps royal des Mines.

	DE FORGES, Seine-Inférieure.	D'ABONDANT, près de Dreux.	DE MONTEREAU, département de S.-et-Marne.	DE PLEINE, près de Nemours.
umine.....	24	35	24	31
ice.......	64	50	64	62
oxidé....	«	«	«	1
u.......	12	13	10	14
aux......	«	«	«	«
gnésie....	«	«	«	3

Elle ne renferme donc que des traces de chaux et de fer, au moins dans le plus grand nombre des cas, et ne fait aucune effervescence avec les acides.

Elle est absolument infusible au feu de porcelaine, lorsqu'elle ne contient point une trop grande quantité de fer pyriteux disséminé.

Elle varie beaucoup en couleur : il y en a de très-blanche (à Moret, dans la forêt de Fontainebleau, etc.); de grise (à Montereau, à

Condé près d'Houdan); de jaune (à Abondant, près la forêt de Dreux); de gris-ardoisé pur, de gris-ardoisé mêlé de rouge, et de rouge presque pur (dans tout le sud de Paris depuis Gentilly jusqu'à Meudon).

Cette argile plastique est, selon ses diverses qualités, employée à faire de la faïence fine, ou des grès, ou des creusets et des étuis à porcelaine, ou bien enfin de la poterie rouge qui a la dureté du grès, lorsqu'on peut la cuire convenablement. Sa couleur rouge, les grains pyriteux, les portions de silex, les petits fragmens de craie et les cristaux de sélénite qu'elle renferme quelquefois, sont les seuls défauts qu'on y trouve.

Cette couche varie beaucoup d'épaisseur : dans quelques parties, elle a jusqu'à 16 mètres et plus; dans d'autres, elle ne forme qu'un lit mince d'un ou deux décimètres.

On rencontre souvent deux bancs d'argile : le supérieur, que les ouvriers appellent *fausses glaises*, est sablonneux, noirâtre, et renferme quelquefois des débris de corps organisés; il est séparé de l'inférieur par un lit de sable. C'est au banc inférieur seulement qu'appartiennent les caractères que nous avons donnés de l'argile plastique.

S'il se trouve réellement des fossiles marins ou terrestres dans cette argile, c'est-à-dire dans le banc inférieur d'argile plastique ayant les qualités que nous venons de lui assigner, ils y sont extrêmement rares; nous n'en avons point encore vu dans les couches d'argile plastique proprement dites, dans celles enfin qui sont immédiatement superposées à la craie. Nous avons cependant observé beaucoup de ces couches en place, et nous avons examiné des amas considérables de cette argile dans les nombreuses manufactures qui en font usage; enfin les ouvriers qui l'exploitent au sud de Paris, ceux qui l'exploitent aux environs d'Houdan et de Montereau, nous ont assuré n'y avoir jamais rencontré ni coquilles, ni ossemens, ni bois, ni végétaux.

Mais il n'en est pas de même du banc supérieur ou des *fausses glaises*. Ce banc, qui ne se montre pas toujours ou qui partage plusieurs des qualités du banc inférieur, qui existe aussi quelquefois seul avec une grande épaisseur et sur une grande étendue, est souvent très-riche en débris de corps organiques qui semblent lui appartenir en propre et le caractériser d'une manière particulière.

C'est à ce banc, et par conséquent au dépôt de l'argile plastique dont il fait partie, qu'appartiennent des sables, des lignites de diverses variétés, le succin ou ambre jaune, et de nombreuses coquilles fossiles, les unes évidemment marines, les autres évidemment d'eau douce.

Le lignite ou bois fossile bitumineux (*braunkohle* des minéralogistes allemands), tantôt n'y est pour ainsi dire qu'indiqué par des vestiges charbonneux de tige, de rameaux ou de feuilles; tantôt il s'y montre avec la texture ligneuse et même avec la forme qu'avaient les arbres enfouis dont ces dépôts se composent. Cette preuve évidente de son origine s'efface peu à peu, et le dépôt charbonneux, qu'on doit cependant toujours rapporter à la même origine, se présente alors avec des apparences très-différentes. Tantôt il forme des lits régulièrement stratifiés et même feuilletés, ou des couches d'aspect terreux : on lui donne dans ce dernier cas les noms de *cendres pyriteuses*, de *terre-houille*, de *tourbe marine* ou *du haut pays*; tantôt il constitue des masses compactes d'un noir assez pur, d'une texture dense et même susceptible de poli, divisées en parties parallélipipédiques par des fissures perpendiculaires l'une sur l'autre, et alors il prend les noms de charbon brun (*braunkohle*), de jayet et même très-souvent celui de houille, et plus particulièrement celui de houille sèche. Le lignite est sous ces deux formes, soit en lits minces et sans continuité, soit en couches puissantes et d'une grande étendue; mais on trouve presque toujours dans ces couches, où la texture ligneuse est entièrement effacée, quelques parties de végétaux assez bien conservées, soit tiges, soit feuilles, soit fruits, qui rappellent qu'elles sont originaires de végétaux plutôt ligneux qu'herbacés, très-fréquemment dicotylédons, quelquefois monocotylédons, presque toujours de la famille des palmiers, et jamais, à notre connaissance du moins, de celle des fougères. Cette dernière circonstance est un des caractères les plus remarquables et doit servir à établir une distinction très-nette entre les anciennes et véritables houilles, et ces dépôts de combustibles fossiles bien plus modernes, auxquels on applique cependant trop souvent le nom de houille.

C'est aussi dans ces couches, ou dans le sable et la marne argileuse qui leur sont interposés, que sont disséminés :

1° Les pyrites souvent abondantes qui donnent à ces lignites des propriétés nuisibles dans bien des cas et utiles dans quelques circonstances;

2° Du succin en nodules plus ou moins volumineux ou des résines succiniques, plus tendres, plus fragiles, plus pulvérulentes et plus opaques que le succin, et qui ne renferment point ou qui renferment à peine l'acide succinique, produit qui caractérise le succin proprement dit.

Les coquilles fossiles qui accompagnent très-communément, et quelquefois en quantité prodigieuse, cette couche supérieure du dépôt d'argile plastique ou de marne charbonneuse, appartiennent à des animaux dont les genres et peut-être même les espèces analogues vivent dans des milieux très-différens : les unes sont marines, les autres sont d'eau douce; ces coquilles sont quelquefois en lits ou dépôts minces qui se touchent, et qui, réunis, n'ont pas une épaisseur de 3 décimètres, mais qui sont cependant distinctes : ce cas est le plus rare, et la proximité des deux lits en indique aisément la cause. Dans le cas le plus ordinaire au contraire, qui est celui de tout le Soissonnais, disposition très-bien décrite par M. Poiret, ces coquilles sont mêlées; mais il est aisé de voir qu'elles sont mêlées au point de contact des deux terrains, que les coquilles d'eau douce dont nous allons donner l'énumération appartiennent même aux lignites, c'est-à-dire à ce dépôt puissant de corps organisés végétaux qui certes n'ont pas vécu dans les eaux marines, mais qui croissaient à la surface de la terre lorsque celle-ci, terminée alors à la craie, était couverte de forêts, de lacs, d'étangs ou de mares, tandis que les coquilles marines viennent du dépôt marin et uniquement marin, qui recouvre de couches quelquefois nombreuses et puissantes la formation argilo-charbonneuse que nous décrivons ici.

Telle est la disposition générale et constante du terrain qui recouvre la craie et qui est inférieur au calcaire grossier, non-seulement dans le bassin de Paris, objet principal de notre travail, mais dans un grand nombre de lieux dont nous indiquerons plus bas les principaux et les plus remarquables.

L'ensemble de tous ces caractères ne se présente que dans le Soissonnais, notamment aux environs de Vauxbuin; nous en devons la connaissance d'abord à M. Poiret, qui, dans le temps où il a fait ces observations, n'a pu en tirer les conséquences que nous en déduisons maintenant, mais qui a fort bien remarqué *qu'un lit de coquilles d'eau douce, qu'il rapportait aux bulimes, était recouvert d'un dépôt puissant de coquilles marines, en-*

suite à MM. Prévost et Héricart-Ferrand, qui nous ont donné, l'un, il y a près de dix ans, une coupe de la montagne de Paris près de Soissons, et l'autre, en 1813, des détails intéressans, une coupe que nous joignons ici (pl. C, fig. 1) et de nombreux échantillons relatifs à cette disposition aux environs de Soissons. Par conséquent, d'une part, la séparation des deux dépôts et leur position relative assez claire pour qu'elle ait frappé, il y a plus de trente ans, un naturaliste dont les observations n'étaient guidées par aucune considération théorique; de l'autre, le mélange de ces deux dépôts d'origine différente aux surfaces de contact, sont des faits reconnus depuis long-temps, et qui ne présentent rien qui ne soit facile à concevoir dans l'hypothèse des formations marines et fluviatiles distinctes et successives.

Dans le bassin de Paris, resserré dans les limites que nous lui avons assignées, on n'a pas encore trouvé une réunion aussi complète des roches, coquilles et minéraux qui constituent la formation de l'argile plastique; mais on a vu des portions plus ou moins considérables de ce terrain dans des endroits différens que nous décrirons dans leur ordre géographique.

Le premier est à Marly. En creusant, en 1810, des puits destinés à l'établissement d'une nouvelle machine hydraulique, on est parvenu, après avoir traversé toute la formation du calcaire grossier, à un banc puissant composé de deux couches distinctes : la plus inférieure ayant plus de 10 mètres d'épaisseur est une argile plastique grisâtre, marbrée de rouge, et ne renfermant aucune coquille; au-dessus est un banc de sable mêlé de pyrites, d'argile et d'une multitude de coquilles très-altérées, très-brisées, et qui ne peuvent être rapportées avec certitude à aucune espèce connue, ni même à aucun genre, mais qui semblent cependant avoir des rapports, non pas avec les cythérées, comme nous l'avions dit, mais avec les cyrènes (1), genre de coquille bivalve fluviatile assez voisin des cyclades.

Le lignite n'est représenté ici que par des empreintes charbonneuses de feuilles et de tiges, et par une poussière noire charbonneuse qui colore le sable. Les résines succiniques y sont comme indiquées par des nodules d'aspect bitumineux.

---

(1) C'est à M. Daudebard de Férussac que nous devons cette détermination plus précise.

Le second lieu où l'argile plastique s'est offerte avec ces résines mieux caractérisées, quoiqu'en grains extrêmement petits, est Auteuil, près de Paris. Le terrain de craie, qui ne paraît pas au jour dans ce lieu, y est cependant assez peu éloigné de la surface du sol, comme le prouvent les puits que l'on a creusés au lieu dit *le Point-du-Jour*. M. Becquerel a trouvé dans l'argile plastique qui se présente sur la pente du terrain vers la Seine, des fragmens de lignite, et dans ces fragmens de petits cristaux jaunes combustibles, ayant la plus grande ressemblance avec le succin ou le mellite; leur petitesse n'a pas permis de déterminer exactement leur nature.

Le troisième endroit est beaucoup plus éloigné de Paris et sur les limites de ce bassin : c'est au lieu dit *Noyers*, à la hauteur de Dangu, près de la route qui conduit de Gisors à Rouen. On y a trouvé et on y trouve encore dans les fouilles qu'on fait pour extraire l'argile plastique employée à la fabrication des briques, des grains de succin parfaitement caractérisés. Nous devons à M. le marquis Barbé-Marbois la première indication de ce lieu et les premiers échantillons de succin. Les fragmens de lignite où ils se trouvent sont souvent tellement pyriteux, qu'on les voit en peu de temps

se décomposer et se couvrir d'abondantes ef-
florescences de fer sulfaté. Le tout repose
sur un plateau de craie et n'est ici recouvert
par aucune roche.

Enfin tout nouvellement M. Constant Prevost vient de reconnaître ces lignites dans la
plaine de Mont-Rouge, au fond d'un puits qui,
après avoir traversé toute la formation du calcaire grossier, a pénétré jusque dans les argiles. Les lignites et les argiles, parfaitement
semblables à ceux du Soissonnais, sont accompagnés d'un banc de sable et de grès renfermant un grand nombre de coquilles marines
et de coquilles d'eau douce. Tantôt ces dernières, qui consistent en limnées, planorbes,
paludines et potamides, sont réunies sans être
mélangées à d'autres coquilles; tantôt elles
sont mêlées avec des coquilles marines qui
appartiennent au terrain de calcaire grossier.
On remarque ici une association semblable à
celle qu'on voit dans le Soissonnais, à Beauchamp près de Pierrelaie, etc. On y voit ces
cérites d'eau douce dont l'un de nous a cru
devoir faire un genre particulier sous le nom
de potamides, constamment réunies avec des
coquilles dont l'habitation dans les eaux douces
n'est point douteuse.

Les lieux que nous avons cités prouvent

que ce banc d'argile a une très-grande étendue, et qu'il conserve, dans toute cette étendue, ses principaux caractères de formation et de position.

Nous devons donner maintenant l'énumération des corps organisés fossiles qui appartiennent aux terrains d'argile plastique et de lignite dont nous venons de tracer les caractères; mais ce terrain étant, comme on vient de le voir, assez souvent peu épais, ayant été formé constamment par voie de sédiment et même de transport, et n'ayant par conséquent ni solidité, ni limites supérieures parfaitement déterminées, a dû recevoir des corps de différentes natures et de différentes origines au milieu de ses propres matériaux. Ces matériaux et les débris des corps organisés qui lui appartiennent en propre ont dû se mêler avec ceux des terrains marins supérieurs lorsque ceux-ci, également sédimenteux, grossiers même, et friables, se sont déposés ou ont été transportés à la surface spongieuse et pénétrable des terrains composés d'argile sableuse, d'argile plastique, d'argile charbonneuse, de pyrites, de lignite et de marne argileuse, sableuse et calcaire, qui composent la couche subordonnée au calcaire grossier que nous venons de décrire sous le nom de terrain d'argile plastique et de lignite.

Il résulte de cette disposition, particulière à ce terrain, que si nous voulions donner dans l'ordre zoologique, comme nous l'avons fait à la craie, l'énumération des corps organisés fossiles qu'il renferme, on y remarquerait un singulier mélange de coquilles vivant dans les eaux marines et de coquilles vivant dans l'eau douce ou dans l'air à la surface du sol, et on pourrait croire que ce mélange est aussi fréquent et aussi complet que cette liste le présenterait; mais quoiqu'il existe, en effet, un réel mélange de ces débris organiques, on peut encore y reconnaître certaines règles qui, si elles ne sont aussi limitées, aussi fixes que celles que nous avons reconnues dans la distribution des corps organisés dans les autres terrains, n'en sont pas moins importantes à faire remarquer, car elles se montrent assez clairement et se présentent assez fréquemment pour indiquer l'origine principale des diverses parties de ce terrain.

Ainsi, 1° c'est *ordinairement* dans les parties inférieures, comme nous l'avons dit au commencement de cet article, que se trouve la véritable argile plastique : l'argile pure infusible ne renfermant aucun débris organique.

2º C'est *ordinairement* dans la partie moyenne et par conséquent immédiatement au-dessus de l'argile plastique, que se présentent tous les débris de corps organisés dont l'origine n'est point marine, mais qui ont dû vivre, comme leurs congénères actuels, ou dans les eaux douces ou à la surface du sol. Il y a très-rarement mélange de corps marins dans cette partie, et si ce mélange se présente au-dessus de l'argile plastique ou même au-dessus de la craie, on doit en conclure que ces deux premiers lits ou dépôts n'existent pas, et que le troisième ou dernier s'est déposé immédiatement sur la craie.

3º C'est donc aux limites supérieures de la formation d'argile et de lignite que se montre le plus *ordinairement* le mélange et même l'alternance, ce qui est bien plus singulier, des animaux marins et des animaux et végétaux ou terrestres ou d'eau douce : c'est du moins ce qui paraît résulter, pour le mélange, des observations faites par M. Prevost à Bagneux; et pour l'alternance, de celles qu'a faites M. de Férussac dans les environs d'Épernay.

Mais à mesure qu'on s'élève dans ce mélange, les corps organisés d'origine lacustre et terrestre diminuent, tandis que les corps marins deviennent tellement dominans, qu'ils se montrent bientôt seuls; ce qui prouve encore que l'origine principale du terrain d'argile et de lignite n'est point sous-marine, et ce qui justifie le nom que nous lui avons donné de *premier terrain d'eau douce*.

C'est donc d'après cette règle que nous allons donner l'énumération : 1° des corps organisés non-marins qu'on trouve dans les lits inférieurs purement d'eau douce, des dépôts d'argile et de lignite; 2° des corps organisés marins qu'on trouve mélangés ou alternant avec ceux-ci dans les lits supérieurs.

Nous devons ces listes à M. Daudebard de Férussac, et comme il a donné la description et les figures des coquilles que nous désignons dans le mémoire qu'il a lu sur ce sujet et qu'il s'occupe de publier (1), nous renverrons à ce mémoire, et nous ne donnerons aucune figure de ces corps.

---

(1) Mémoire sur la formation de l'argile plastique et des lignites, avec la description des coquilles fossiles qui s'y trouvent, par M. Daudebard de Férussac.

Corps organisés fossiles qui se présentent le plus ordinairement dans les couches ou dépôts d'argile plastique et de lignite.

1° *Dépouilles solides d'animaux qui vivent dans les eaux douces ou à la surface du sol.*

NOMS.	RENVOIS ET OBSERVATIONS.	LIEUX OÙ ILS SE TROUVENT.
Planorbis rotundatus.	A. Br. (1)............	Soissons, Bagneux.
— *incertus.*........	Defer. Peut-être jeunes individus du *Pl. rotundatus.*........	Bassin d'Épernay, Montagne de Reims.
— *Punctum.*........	Defer............	Ibid.
— *Prevostinus.*......	Defer............	Bagneux.
Physa antiqua.......	Defer............	Bassin d'Épernay.
Limneus longiscatus...	A. Br............	Bagneux.
Paludina virgula....	Defer............	Bassin d'Épernay.
— *indistincta.*.......	Defer............	Ibid.
Paludina unicolor....	Oliv.............	Soissons, Beaurain, et très-commun en outre dans les terrains de même formation qu'on connaît à Headen-Hill dans l'île de Wight.
— *Desmaresti.*......	Prevost (2)........	Bagneux.
— *conica.*.........	Prev.............	Ibid.
— *ambigua.*........	Prev.............	Ibid.
Melania triticea.....	Defer. Très-voisine du *mel. hordacea*, mais lisse........	Bassin d'Épernay.
Melanopsis buccinoïdea.	Poiret. Cette coquille fossile ne diffère en rien, suivant M. Daudebard de Férussac, de celles qu'Olivier a prises vivantes dans le fleuve Oronte et dans toutes les rivières de la côte de Syrie, et de celles que M. de Férussac a ramassées dans les petites rivières d'Andalousie en Espagne.......	Bassin d'Épernay, Soissons, et aussi à Cuiseaux dans le Jura, à Headen-Hill, en Italie, en Grèce, etc.

---

(1) Mémoire sur les terrains d'eau douce, Ann. du Mus., t. xv, p. 381.
(2) Note sur un nouvel exemple de la réunion de coquilles marines et fluviatiles fossiles, etc. Journal de Phys.; juin 1821.

NOMS.	RENVOIS ET OBSERVATIONS.	LIEUX OÙ ILS SE TROUVENT.
lanopsis costata....	Oliv............	Soissons, et aussi en Italie et à Sestos, où elle forme des rochers solides (de Férussac).
rita globulus.....	Defer............	Bassin d'Épernay.
pisiformis.......	Defer............	*Ibid.*, Soissons.
sobrina.........	Defer............	*Ibid.*
rena antiqua.....	Defer............	*Ibid.*, Soissons, Ste-Marguerite près de Dieppe.
tellinoïdes.......	Defer............	*Ibid.*, Soissons.
cuneiformis......	Sowerby..........	Soissons, Headen-Hill.

2.º *Coquilles marines du mélange des couches supérieures.*

ritium..........	Defrance.........	Bassin d'Épernay, Anvers près de Pontoise.
funatum.........	Sow.............	*Ibid.* A Bagneux, à Ste-Marguerite près de Dieppe, en Angleterre.
ritium melanoïdes...	Sow.............	*Ibid.*, et à Beaurain.
npullaria depressa..	Lam? var. *minor*...	*Ibid.*, Bagneux, Headen-Hill.
trea bellovaca.....	Lam.............	Bassin d'Épernay, Beauvais, Soissons.
incerta..........	Defer............	Bassin d'Épernay, Dieppe.

3.º *Végétaux fossiles du dépôt lacustre et du mélange marin* (1).

ogenites.........	Indéterminables.....	
yllites multinervis...	Ad. B. (pl. R, fig. 2)....	Bagneux, Soissons.
dogenites echinatus..	Ad. B. (pl. R, fig. 1). Dans le mélange ou même dans ce sable marin verdâtre qui est immédiatement superposé aux lignites..........	Environs de Soissons.

---

(1) M. Adolphe Brongniart donnera à la suite de la Géologie des environs de ris, la détermination, la description et les figures des genres et espèces de étaux fossiles qu'on a trouvés jusqu'à présent dans les différentes couches ce canton.

Si nous comparons les descriptions que nous venons de donner des couches de craie et des couches d'argile plastique, nous remarquerons : 1° qu'on ne trouve dans l'argile aucun des fossiles qu'on rencontre dans la craie; 2° qu'il n'y a point de passage insensible entre la craie et l'argile, puisque les parties de la couche d'argile les plus voisines de la craie ne renferment pas plus de chaux que les autres parties.

Il nous semble qu'on peut conclure de ces observations : premièrement, que le liquide qui a déposé la couche d'argile plastique était très-différent de celui qui a déposé la craie, puisqu'il ne contenait point sensiblement de chaux carbonatée, et qu'il n'y vivait aucun des animaux qui habitaient dans les eaux qui ont déposé la craie.

Secondement, qu'il y a eu nécessairement une séparation tranchée, et peut-être même un long espace de temps, entre le dépôt de la craie et celui de l'argile, puisqu'il n'y a aucune transition entre ces deux sortes de terrain. L'espèce de brèche à fragment de craie et pâte d'argile que nous avons remarquée à Meudon, semble même prouver que la craie était déjà solide lorsque l'argile s'est déposée. Cette terre s'est insinuée entre les fragmens de craie produits à la surface du terrain crayeux, par le mouvement des eaux, ou par toute autre cause; elle a même quelquefois pénétré assez profondément dans les fentes qui coupent les bancs de craie.

Les deux sortes de terrain que nous venons de décrire ont donc été produites dans des circonstances tout-à-fait différentes. Elles sont le résultat de formations des plus distinctes et des plus caractérisées qu'on puisse trouver dans la géognosie, puisqu'elles diffèrent par la nature chimique, par le genre de stratification, et surtout par les fossiles qu'on y rencontre; enfin il y a tout lieu de croire que l'argile plastique appartient à une formation non-seulement distincte de la craie, mais distincte aussi de celle du calcaire grossier, puisque les débris de corps organisés qu'elle renferme, et qui paraissent lui appartenir en propre, sont d'origine terrestre ou d'eau douce, et que tous ceux du calcaire grossier sont d'origine marine.

ARTICLE III.

Du calcaire grossier et de ses grès coquilliers marins.

Le calcaire grossier ne recouvre pas toujours l'argile immédiatement; il en est souvent séparé par une couche de sable plus ou moins épaisse. Nous ne pouvons dire si ce sable appartient à la formation du calcaire ou à celle de l'argile. Nous n'y avons pas trouvé de coquilles dans les endroits peu nombreux, il est vrai, où nous l'avons observé, ce qui le rattacherait à la formation argileuse; mais la couche calcaire la plus inférieure renfermant ordinairement du sable et étant toujours remplie de coquilles, nous ne savons pas encore si ce sable est différent du premier ou si c'est le même dépôt. Ce qui nous ferait soupçonner qu'il est différent, c'est que le sable des argiles que nous avons vu est généralement assez pur, quoique coloré en rouge ou en gris bleuâtre; il est réfractaire et souvent à très-gros grains. Ce sable renferme quelquefois des masses ou des bancs de grès assez purs et assez solides et qui offrent le premier grès ou le grès le plus inférieur du terrain de sédiment supérieur.

La formation calcaire, à partir de ce sable ou grès, est composée de couches alternatives de calcaire grossier plus ou moins dur, de marne argileuse, souvent en couches très-minces, et de marne calcaire; mais il ne faut pas croire que ces divers bancs y soient placés au hasard et sans règles : ils suivent toujours le même ordre de superposition, dans l'étendue considérable de terrain que nous avons parcourue. Il y en a quelquefois plusieurs qui manquent ou qui sont très-minces; mais celui qui était inférieur dans un canton ne devient jamais supérieur dans un autre.

Cette constance dans l'ordre de superposition des couches les plus minces, et sur une étendue de douze myriamètres au moins, est, selon nous, un des faits le plus remarquables que nous ayons constatés dans la suite de nos recherches. Il doit en résulter, pour les arts et pour la géologie, des conséquences d'autant plus intéressantes, qu'elles sont plus sûres.

Le moyen que nous avons employé pour reconnaître, au milieu d'un si grand nombre de lits calcaires, un lit déjà observé dans un canton très-éloigné, est pris de la nature des fossiles renfermés dans chaque couche : ces fossiles sont toujours généralement les mêmes dans les couches correspondantes, et présentent, d'un système de couche à un autre système, des différences d'espèces assez notables. C'est un signe de reconnaissance qui jusqu'à présent ne nous a pas trompés. Depuis près de quinze ans que nous avons commencé ces observations qui ont été l'objet de l'étude, de l'examen et même de la discussion d'un grand nombre de géologistes, on n'a reconnu aucun fait positif qui infirme cette règle.

Il ne faut pas croire cependant que la différence d'une couche à l'autre soit aussi tranchée que celle de la craie au calcaire grossier. S'il en était ainsi, on aurait autant de formations particulières; mais les fossiles caractéristiques d'une couche deviennent moins nombreux dans la couche supérieure, et disparaissent tout-à-fait dans les autres, ou sont remplacés peu à peu par de nouveaux fossiles qui n'avaient point encore paru.

Nous allons indiquer, en suivant cette marche, les principaux systèmes de couches qu'on peut observer dans le calcaire grossier. On trouvera dans les chapitres suivans la description complète, lit par lit, des nombreuses carrières que nous avons examinées, et l'énumération des espèces de fossiles que nous y avons reconnues ; c'est de ces observations que nous avons tiré les résultats que nous présentons ici d'une manière générale.

Les premières couches et les plus inférieures de la formation calcaire sont le mieux caractérisées : elles sont très-sablonneuses et souvent même plus sablonneuses que calcaires. Quand elles sont solides, elles se décomposent à l'air et tombent en poussière : aussi la pierre qu'elles donnent n'est-elle susceptible d'être employée que dans quelques circonstances particulières.

Le calcaire coquillier qui la compose et même le sable qui la remplace quelquefois, renferment presque toujours de la terre verte en poudre ou en grain. Cette terre, d'après les essais que nous avions faits, nous avait paru analogue, par sa composition, à la chlorite baldogée ou terre de Vérone, et devoir sa couleur au fer.

Les analyses suivantes, que M. Berthier a faites de la terre de Vérone et des grains verts qui se trouvent dans les couches inférieures du calcaire grossier, nous mettent à même d'apprécier exactement cette analogie.

	TERRE de Vérone.	GRAINS VERTS du calcaire au-dessous de Paris.	GRAINS VERTS d'un calcaire des environs de Paris.
Silice.	0,68	0,46	0,40
Protoxide de fer. . .	0,17	0,22	0,25
Alumine.	0,01	0,07	0,02
Chaux.	0,00	0,03	0,03
Magnésie.	0,07	0,06	0,16
Potasse.	0,00	0,00	0,02
Eau.	0,06	0,15	0,12
	0,99	0,99	1,00

On voit que cette terre verte est en général un silicate de fer, et il est probable que si on pouvait l'obtenir plus pure elle offrirait entre sa composition et celle de la terre de Vérone une analogie plus complète.

Ce fer silicaté verdâtre, terreux et granuleux, ne se trouve que dans les couches inférieures du calcaire grossier : on n'en voit ni dans la craie blanche ou supérieure, ni dans l'argile, ni dans les couches calcaires moyennes ou supérieures, et on peut regarder sa présence comme l'indice sûr du voisinage de l'argile plastique, et par conséquent de la craie. Mais ce qui caractérise encore plus particulièrement ce système de couche, c'est la quantité prodigieuse de coquilles fossiles qu'il renferme; la plupart de ces coquilles s'éloignent beaucoup plus des espèces actuellement vivantes, que celles des couches supérieures.

C'est dans cette même couche qu'on trouve des camérines ou nummulites; elles y sont ou seules ou mêlées avec des madrépores et quelques coquilles. Elles sont toujours les plus inférieures, et par conséquent les premières qui se soient déposées sur la formation de craie; mais il n'y en a pas partout. Nous en avons trouvé près de Villers-Cotterets dans le vallon de Vaucienne, à Chantilly à la descente de La Morlaye. Elles y sont mêlées avec des coquilles très-bien conservées et avec de gros grains de quartz qui font de cette pierre une sorte de poudingue; au mont Ganelon, près de Compiègne; au mont Ouin, près de Gisors, etc.

Un autre caractère particulier aux coquilles de cette couche, c'est qu'elles sont la plupart bien entières et bien conservées; qu'elles se détachent facilement de leur roche, et qu'enfin beaucoup d'entre elles ont conservé leur éclat nacré.

Les autres systèmes de couches sont moins distincts.

Les couches moyennes renferment encore un très-grand nombre d'espèces de coquilles. On y remarque un banc tantôt tendre et ayant souvent une teinte verdâtre qui l'a fait nommé *banc vert* par les ouvriers, et tantôt dur et d'un gris jaunâtre. Ce banc présente fréquemment à sa partie inférieure des empreintes brunes de feuilles et de tiges de végétaux mêlées avec des cérites, des ampullaires épaisses et d'autres coquilles marines. La plupart de ces empreintes de feuilles, très-nettes et très-variées, ne peuvent être rapportées à aucune plante marine; la couche qui les renferme se voit à Châtillon, à Saint-Nom, à Saillancourt, etc., c'est-à-dire dans une étendue de près de dix lieues. Nous donnerons plus bas l'énumération des végétaux qui se sont trouvés dans ce terrain.

Le troisième système, ou le supérieur, renferme moins de coquilles que les deux précédens. On peut y reconnaître souvent, 1° des bancs gris ou jaunâtres, tantôt tendres, tantôt très-durs et renfermant principalement des lucines des pierres, des ampullaires, et surtout des cérites des pierres qui y sont quelquefois en quantité prodigieuse. La partie supérieure et moyenne de ce banc, souvent fort dure, est employée comme très-bonne pierre à bâtir, et connue sous le nom de *roche*.

Et 2° vers le haut, un banc peu épais, mais dur, qui est remarquable par la quantité prodigieuse de petites corbules allongées et striées qu'il présente dans ses fissures horizontales. Ces corbules y sont couchées à plat et serrées les unes contre les autres; elles sont généralement blanches.

Au-dessus des dernières couches de calcaire grossier viennent les marnes calcaires dures, se divisant par fragmens dont les faces sont ordinairement couvertes d'un enduit jaune et de dendrites noires. Ces marnes sont séparées par des marnes calcaires tendres, par des marnes argileuses et par du sable calcaire qui est quelquefois agglutiné et qui renferme des silex cornés à zones horizontales. Nous rapportons à ce système la couche des carrières de Neuilly, dans laquelle on trouve des cristaux de quartz, des cristaux rhomboïdaux de chaux carbonatée inverse, et de petits cristaux cubiques de chaux fluatée (1).

Ce quatrième et dernier système renferme très-peu de coquilles fossiles, et même on n'en voit ordinairement aucune dans les couches supérieures.

On peut caractériser chacun de ces systèmes par les fossiles contenus dans la liste suivante.

PREMIER SYSTÈME.

Couches inférieures.

Nummulites iœvigata.......... } Elles se trouvent toujours dans les parties les plus inférieures; on ne les trouve pas à Grignon : le banc de Grignon paraît appartenir plutôt aux couches moyennes qu'aux couches inférieures.
- scabra................
- numismalis............
- rotundata.............

Madrepora................ Trois espèces au moins.
Astrœa................... Trois espèces au moins.
Turbinolia eliptica.... A. Bn. (pl. P, fig. 2, A. B.)
- crispa............ Lam., enc., pl. CDLXXXIII, fig. 4 (pl. P, fig. 4).
- sulcata.......... Lam. (pl. P, fig. 3).
Eteporites digitalia... Lam^x., Polyp., pl. LXXII, fig. 6-8.
Lunulites radiata.... Lam^x., Polyp., pl. LXXIII, fig. 5-8.
- urceolata........ Lam. (pl. P, fig. 9).
Fungia Guettardi.... Guettard, 3, pl. XII. fig. 1-8 (pl. P, fig. 5, A. B.).

Cerithium giganteum........... { On ne trouve guère que cette espèce de cérites dans les couches réellement inférieures.

---

(1) C'est à M. Lambotin qu'est due la découverte de cette dernière substance.

Lucina lamellosa.
Cardium porulosum.
Voluta Cithara.
Crassatella lamellosa.
Turritella multisulcata.

Ostrea flabellula. . . . . ⎱ La plupart des autres huîtres décrites par M.
— *Cymbula.* . . . . ⎰ Lamarck appartiennent soit à la craie, soit
                                la formation marine au-dessus du gypse.

DEUXIÈME SYSTÈME.

Couches moyennes.

Presque toutes les coquilles du banc de Grignon appartiennent à ce système. Les fossiles les plus caractéristiques paraissent être les suivans.

Orbitolites plana.
Cardita avicularia.
Ovulites elongata. . . . Lam., — Lam^x., pl. LXXI, fig. 11-12.
— *margaritula.* . . . . . Deroissy. — Lam^x., pl. LXXI, fig. 9 et 10.
Alveolites Milium. . . . Bosc., Bull. des Sc., n° 61, pl. V, fig. 3.
Turritella imbricata.
Terebellum convolutum.
Calyptræa trochiformis.
Pectunculus pulvinatus.
Cytherœa nitidula.
— *elegans.*
Miliolites. . . . . Ils y sont extrêmement abondans.

Cerithium? . . . . ⎧ Peut-être quelques espèces; mais on n'
                                  ⎪ trouve ni le *Cerithium lapidum*, ni l
                                  ⎨ *Cerithium petricolum*, etc., ni les *Ceri*
                                  ⎪ *thium cinctum*, *plicatum*, etc. Ces der
                                  ⎪ niers appartiennent à la seconde formation
                                  ⎩ marine, à celle qui recouvre les gypses.

La réunion des espèces de coquilles qu'on trouve dans ces deux premiers systèmes de couches, va à près de six cents. Elles ont été presque toutes recueillies par M. Defrance et par nous, et décrites par M. de Lamarck.

TROISIÈME SYSTÈME.

Couches supérieures.

Les espèces y sont beaucoup moins nombreuses que dans les couches moyennes.

Miliolites...............	Ils y sont plus rares.
Cardium Lima, ou *obliquum*.	
Lucina saxorum.	
Ampullaria spirata, etc.	
Cerithium tuberculatum.........	
— *mutabile*..............	Et presque tous les autres *cérites*, excepté le *giganteum*.
— *lapidum*..............	
— *petricolum*............	
Corbula anatina?	
— *striata* (1).	

Végétaux fossiles du calcaire grossier.

Endogenites echinatus..	Ad. B. (pl. R, fig. 1)....	Des environs de Soissons.
	(Quoique nous l'ayons déjà cité au mélange des corps marins lacustres qui recouvrent les lignites, nous le rappelons ici, parce qu'il pourrait avoir été enfoui sous les eaux marines à l'époque de la formation du calcaire grossier.)	
Culmites nodosus....	Ad. B. (pl. P, fig. 1, F.)...	Mont-Rouge.
— *ambiguus*.......	Ad. B. (pl. P, fig. 6)...	Grignon.
Phyllites..........	(Plusieurs espèces, pl. P, fig. 1, A, B, C, D)......	Mont-Rouge, etc.
Flabellites parisiensis..	Ad. B. (pl. P, fig. 1, E)...	Saint-Nom.
Pinus Defrancii.....	Ad. B. (pl. S, fig. 1).....	Bagneux.
Equisetum brachyodon..	Ad. B. (pl. S, fig. 3)....	Mont-Rouge.

---

(1) Cette liste est loin d'être aussi complète et aussi exacte qu'elle est susceptible de le devenir; mais on ne pourra l'obtenir ainsi que par une longue suite de recherches et d'observations. Les résultats que peuvent présenter de semblables recherches sont très-importans pour la géologie.

Les assises du second et du troisième système renferment dans quelques lieux des bancs de grès ou des masses de silex corné, remplis de coquilles marines. Les bancs calcaires sont même quelquefois entièrement remplacés par ce grès, qui est tantôt friable et d'un gris blanchâtre opaque, tantôt luisant, presque translucide, à cassure droite, et d'un gris plus ou moins foncé. Les coquilles qui s'y voient souvent en quantité prodigieuse sont blanches, calcaires et très-bien conservées, quoique minces et quoique mêlées quelquefois avec des cailloux roulés.

Ce grès, qui est le second grès en montant depuis la craie, ainsi que le silex à coquilles marines, qui paraît quelquefois en tenir la place, sont tantôt placés immédiatement sur les couches ou dans les couches du calcaire marin, comme à Triel; à Frênes, sur la route de Meaux; à l'est de La Ferté-sous-Jouarre; à Saint-Jean-les-Deux-Jumeaux; près de Louvres; dans la forêt de Pontarmé; à Sèvres; à Maulle-sur-Maudre, etc.

Tantôt ils semblent remplacer entièrement la formation du calcaire, et offrent alors des bancs très-puissans, comme dans les environs de Pontoise, à Ézainville près d'Écouen, et à Beauchamp près de Pierrelaie.

Parmi les coquilles très-variées que renferment ces grès, il en est plusieurs qui paraissent être de la même espèce que celles du dépôt de Grignon; d'autres en diffèrent un peu; et, quoique cette différence soit légère, elle nous semble assez grande pour indiquer que les animaux des coquilles du grès marin et ceux des coquilles de Grignon ont vécu dans des circonstances un peu différentes.

Nous donnons dans la liste suivante les noms des espèces qui nous ont paru être le plus constamment dans ce grès, et le caractériser pour ainsi dire par leur présence.

FOSSILES.	LIEUX.
Calyptræa trochiformis? . .	Carrières de Beauchamp près de Pierrelaie.
Oliva laumontiana.	Pierrelaie, Triel.
Ancilla canalifera.	Triel.
Voluta Harpula?	Triel.
Fusus bulbiformis?	Pierrelaie.
Cerithium serratum.	Pierrelaie.
Cerithium tuberculosum. . . .	Ezainville.
— *coronatum.*	Pierrelaie.
— *lapidum.*	Pierrelaie.
— *mutabile.*	Pierrelaie.
Ampullaria acuta, ou *spirata.*	Pierrelaie, Triel.
— *patula?* mais très-petite. .	Pierrelaie.
Nucula deltoïdea?	Pierrelaie.
Cardium Lima?	Pierrelaie, Triel.
Venericardia imbricata. . . .	Pierrelaie, Triel.
Cytherea nitidula.	Triel.
— *elegans?*	Triel, Pierrelaie.
— *tellinaria.*	Pierrelaie.
Venus callosa?	Pierrelaie.
Lucina circinaria.	Ezainville.
— *saxorum.*	

Deux espèces d'huîtres encore indéterminées, l'une voisine de l'*ostrea deltoïdea*, et l'autre, de l'*ostrea cymbula*. Elles sont de Pierrelaie, et il paraît qu'elles se trouvent aussi à Triel.

On voit par cette énumération : 1° qu'il y a beaucoup moins d'espèces dans ces grès que dans les couches de Grignon ; 2° que ce n'est qu'avec doute que nous avons appliqué à la plupart de ces espèces les noms sous lesquels M. de Lamarck a décrit celles de Grignon.

C'est dans ce grès et à Beauchamp, à l'est de Pierrelaie, que MM. Gillet de Laumont et Beudant ont reconnu des coquilles de terre et d'eau douce (des limnées et des cyclostomes bien caractérisés) mêlées avec les coquilles marines nommées ci-dessus. Nous reviendrons sur ce fait remarquable dans le second chapitre (1) ; mais nous devons déjà faire observer, 1° que les grès de Pierrelaie sont placés immédiatement au-dessous du calcaire d'eau douce ; 2° qu'ils renferment des cailloux roulés qui indiquent un rivage, ou au moins un fond peu éloigné des côtes.

Il résulte des observations que nous venons de rapporter : 1° que les fossiles du calcaire grossier ont été déposés lentement et dans une mer tranquille, puisque ces fossiles s'y trou-

---

(1) Nous ne donnerons point d'énumération particulière des lieux où se présente ce grès ; nous les avons cités presque tous dans cet article. Nous décrirons ses gisemens les plus remarquables en décrivant les collines dans lesquelles il se trouve.

vent par couches régulières; que ces fossiles d'une couche ne sont point mêlés de ceux des autres couches, et que la plupart y sont dans un état de conservation parfaite, quelque délicate que soit leur structure, puisque les pointes mêmes des coquilles épineuses sont très-souvent entières; 2° que ces fossiles sont entièrement différens de ceux de la craie; 3° qu'à mesure que les couches de cette formation se déposaient, les espèces ont changé; qu'il y en a plusieurs qui ont disparu, tandis qu'il en a paru de nouvelles, ce qui suppose une assez longue suite de générations d'animaux marins; enfin, que le nombre des espèces de coquilles a toujours été en diminuant, jusqu'au moment où elles ont totalement disparu. Les eaux qui déposaient ces couches, ou n'ont plus renfermé de coquilles, ou ont perdu la propriété de les conserver.

Certainement les choses se passaient dans ces mers bien autrement qu'elles ne se passent dans nos mers actuelles : dans celles-ci, il paraît qu'il ne se forme plus de couches solides; les espèces de coquilles y sont toujours les mêmes dans les mêmes parages. Par exemple, depuis que l'on pêche des huîtres sur la côte de Cancale, des avicules à perles dans le golfe Persique, etc., on ne voit pas que ces coquilles aient disparu pour être remplacées par d'autres espèces (1).

ARTICLE IV.

Du calcaire siliceux.

Ce terrain est formé d'assises distinctes, de calcaire tantôt tendre et blanc, tantôt gris et compacte, et à grain très-fin, pénétré de silex qui s'y est infiltré dans tous les sens et dans tous les points ; il est fréquemment caverneux. Ces cavités sont souvent assez grandes, irrégulières, se communiquant dans toutes les directions ; tantôt elles sont cylindroïdes, mais sinueuses, et quoique encore irrégulières, elles conservent entre elles une sorte de parallélisme. Le silex, en s'infiltrant dans ces cavités, en a tapissé les parois de stalactites mamelonnées, diversement colorées, ou de cristaux de quartz très-courts et presque sans prisme, mais nets et limpides : cette disposi-

---

(1) L'un de nous a fait quelques recherches sur la connaissance qu'on peut acquérir de la nature de certains fonds de mer dans les temps historiques les plus reculés. Ces recherches, qu'on ne peut faire connaître ici, paraissent prouver que depuis environ deux mille ans le fond de ces mers n'a point changé, qu'il n'a été recouvert par aucune couche, et que les espèces de coquilles qu'on y pêchait alors y vivent et s'y pêchent encore aujourd'hui.

tion est très-remarquable à Champigny. Ce calcaire compacte, ainsi pénétré de silex, donne, par la cuisson, une chaux d'une très-bonne qualité.

La position de ce terrain et son origine sont très-difficiles à reconnaître. Nous avons fait depuis 1810 de nouvelles recherches pour déterminer ses rapports avec les autres terrains, et elles nous ont conduit, non pas à changer la place que nous lui avions assignée d'abord, mais à la déterminer avec plus de précision.

C'est la seule modification que nous ayons à apporter à notre premier travail, et encore l'avions-nous déjà fait pressentir à la page 137 de notre première édition, en disant que nous soupçonnions que les marnes calcaires dures, infiltrées de silice et de quartz, qui recouvrent les dernières assises du calcaire marin à Passy, Neuilly, Meudon, Sèvres, etc., appartenaient à la même formation que le calcaire siliceux de Champigny, etc. Nous avions néanmoins placé ce terrain pour ainsi dire hors de rang, et nous avions supposé qu'en certains lieux il remplaçait le calcaire grossier. Cette proposition ne serait fausse que si on la prenait d'une manière trop absolue. Le calcaire siliceux ne paraît pas remplacer entièrement le calcaire grossier, il lui est supérieur; mais quand il se présente en dépôt très-épais, il semble n'acquérir cette puissance qu'aux dépens du calcaire grossier, qui devient alors très-mince et disparaît presque entièrement ou même tout-à-fait sous ces masses considérables de calcaire siliceux.

Lorsqu'au contraire c'est le calcaire grossier marin qui est dominant, le calcaire siliceux semble avoir disparu; mais il est bien rare qu'il ait été complètement effacé. Il suffit d'observer avec soin pour remarquer quelquefois des lits assez distincts de ce terrain au-dessus du calcaire grossier marin, et presque toujours au moins des indices de cette formation, si différente de celle du calcaire marin, sur les assises les plus supérieures de ce dernier.

« Il y a, disions-nous, entre ces couches
« minces de marnes dures et siliceuses, et les
« bancs puissans de calcaire siliceux, la plus
« grande analogie. Leur position respective
« dans la série des couches est la même, puis-
« qu'on trouve toujours ces couches au-des-
« sous du gypse et dans le passage du gypse
« au calcaire, comme à Triel, à Meudon, à
« Saint-Cloud, etc. (1). »

---

(1) Première édition, page 137.

Cependant nous n'avions pas pu nous prononcer sur son origine, et dire s'il fallait la regarder comme marine ou comme lacustre, parce que les coquilles sont extrêmement rares dans ce calcaire, et qu'il paraît même qu'on n'en a pas encore trouvé dans ses parties moyennes. Mais nous avons eu occasion d'en voir dans ses parties supérieures, et de reconnaître qu'elles étaient toutes d'eau douce, et par conséquent que ce calcaire n'appartenait pas à la formation marine du calcaire grossier, mais à la formation d'eau douce moyenne qui fait partie du terrain gypseux.

C'est près de Septeuil, vers l'origine de la vallée de Vaucouleurs, au S.-S.-O. de Mantes, que nous avons reconnu avec MM. Brochant et Beudant, et la position réelle du calcaire siliceux sur le calcaire marin, et une partie des coquilles qu'il renferme.

On peut donc considérer le calcaire siliceux comme terminant d'une part la formation marine, et formant de l'autre la partie inférieure du terrain d'eau douce moyen. Il résulte de cette disposition : 1° que cette roche renferme quelquefois, dans ses assises inférieures, des coquilles marines analogues à celles du calcaire grossier, mêlées avec des coquilles d'eau douce, et qu'elle semble faire ainsi le passage de la formation marine à la formation d'eau douce qui la recouvre; 2° que les coquilles d'eau douce qu'elle contient dans ses parties supérieures sont les mêmes que celles du calcaire d'eau douce moyen.

Enfin si nous rapportons à ce terrain, comme cela nous paraît convenable, le calcaire compacte, jaunâtre, dur, mais très-facile à casser, que les ouvriers appellent *clicart*, nous devons comprendre dans l'énumération des coquilles que le calcaire siliceux renferme celles qui sont contenues dans le clicart, et que nous avons observées à Villiers près de Mantes : ce sont des coquilles turriculées qui ressemblent un peu à la cérite des pierres ou plutôt à des potamides, par la disposition particulière des stries d'accroissement qui peuvent donner une idée de la forme de l'ouverture de la coquille, lorsque celle-ci manque; mais ces potamides, par leur forme très-allongée, par les nombreux tours de spires qu'on y compte, sont certainement très-différentes du *potamides Lamarkii*, des terrains lacustres supérieurs. Elles sont associées dans ce même calcaire avec des individus très-entiers du *cyclostoma Mumia*.

C'est dans ce terrain que se trouve une des sortes de pierres connues sous le nom de meulières, et qui semblent avoir été la carcasse siliceuse du calcaire siliceux. Le silex, dépouillé de sa partie calcaire par une cause inconnue, a dû laisser et laisse en effet des masses poreuses, mais dures, dont les cavités renferment encore de la marne argileuse et qui ne présentent aucune trace de stratification. Nous avons fait de véritables meulières artificielles en jetant du calcaire siliceux dans de l'acide nitrique. Il ne faut pas cependant confondre ces meulières avec celles dont il sera question dans le huitième article. Nous ferons connaître dans la seconde partie les divers cantons qui sont formés de ce calcaire. Nous terminerons son histoire générale en disant qu'il est souvent à nu à la surface du sol, mais que souvent aussi il est recouvert de marnes argileuses, de grès sans coquilles, et enfin de terrain d'eau douce supérieur. Telle est, par exemple, la structure du sol de la forêt de Fontainebleau.

ARTICLES V et VI.

Du gypse, de la seconde formation d'eau douce et des marnes marines.

Le terrain dont nous allons tracer l'histoire est un des exemples le plus clairs de ce que l'on doit entendre par formation. On va y voir des couches très-différentes les unes des autres par leur nature chimique, mais évidemment formées ensemble.

Ce terrain, que nous nommons gypseux, n'est pas seulement composé de gypse : il consiste en couches alternatives de gypse et de marne argileuse et calcaire. Ces couches ont suivi un ordre de superposition qui a été toujours le même dans la grande bande gypseuse que nous avons étudiée, depuis Meaux jusqu'à Triel et Grisy, sur une longueur de plus de vingt lieues. Quelques couches manquent dans certains cantons, mais celles qui restent sont toujours dans la même position respective.

Le terrain gypseux est placé immédiatement au-dessus du calcaire marin, et il n'est pas possible de douter de cette superposition. Les carrières de gypse de Clamart, de Meudon, de Ville-d'Avray, placées au-dessus du calcaire grossier qu'on exploite aux mêmes lieux; les carrières de ces deux sortes de pierres à la montagne de Triel, dont la superposition est encore plus évidente; un puits creusé dans le jardin de M. Lopès, à Fontenay-aux-Roses, et qui a traversé d'abord le gypse et ensuite le calcaire; enfin l'inspection que nous avons faite par nous-mêmes des couches que traversent les puits des carrières à pierre qui sont situées au pied de la butte de Bagneux, sont des preuves plus que suffisantes de la position du gypse sur le calcaire.

Les collines ou buttes gypseuses ont un aspect particulier qui les fait reconnaître de loin; comme elles sont toujours placées sur le calcaire, elles forment comme de secondes collines allongées ou coniques très-distinctes, situées sur des collines plus étendues et plus basses.

Nous ferons connaître les détails de cette formation, en prenant pour exemple les montagnes qui présentent l'ensemble de couches le plus complet; et quoique Montmartre ait été déjà bien visité, c'est encore le meilleur et le plus intéressant exemple que nous puissions choisir.

On reconnaît, tant à Montmartre que dans les collines qui semblent en faire la suite, deux masses de gypse. La plus inférieure est composée de couches alternatives et peu épaisses de gypse souvent séléniteux (1), de marnes calcaires solides et de marnes argileuses très-feuilletées. C'est dans les premières que se

---

(1) C'est-à-dire mêlé de cristaux de gypse d'une forme déterminable.

voient principalement les gros cristaux de gypse jaunâtre lenticulaire, et c'est dans les dernières que se trouve le silex ménilite. Il paraît que les parties inférieures de cette masse ont été déposées tantôt à nu sur le sable calcaire marin coquillier, et alors elles renferment des coquilles marines, comme l'ont reconnu à Montmartre MM. Desmarest, Coupé, etc. (1), tantôt sur un fond de marne blanche renfermant une grande quantité de coquilles d'eau douce, et qui avait d'abord recouvert le sol marin. Cette seconde circonstance nous semble prouvée par deux observations faites, l'une à Belleville par M. Héricart de Thury, et l'autre par nous à la rue de Rochechouart. En creusant des puits dans ces deux endroits on traverse les dernières couches de la basse masse, et on trouve dans les parties inférieures de cette masse un banc puissant de cette marne blanche d'eau douce dont nous venons de parler. Au-dessous de ce banc on arrive soit aux premières assises du calcaire marin (2), soit au dépôt toujours

---

(1) Voyez dans les sections suivantes, à l'article Montmartre, les détails relatifs à ces coquilles.

(2) On donnera les détails des couches qu'a traversées le puits de la rue de Rochechouart, dans la seconde section, art. III.

de formation lacustre du calcaire siliceux.

On a voulu subdiviser cette masse en deux, et établir trois masses de gypse; mais nous nous sommes assurés que la troisième et la seconde ne présentent aucune distinction réelle entre elles; on remarque seulement que les bancs gypseux sont plus épais dans la partie supérieure que dans la partie inférieure, où les lits de marnes sont très-multipliés. On doit remarquer parmi ces marnes celle qui est argileuse, compacte, gris-marbré, et qui sert de pierre à détacher : c'est principalement dans cette masse qu'on a trouvé les squelettes et les os de poissons. On n'y connaît pas d'ailleurs d'autres fossiles; mais on commence à y trouver la strontiane sulfatée : elle est en rognons épars à la partie inférieure de la marne marbrée.

La masse superficielle, que les ouvriers nomment la première, est à tous égards la plus remarquable et la plus importante; elle est d'ailleurs beaucoup plus puissante que les autres, puisqu'elle a dans quelques endroits jusqu'à vingt mètres d'épaisseur; elle n'est altérée que par un petit nombre de couches marneuses, et dans quelques endroits, comme à Dammartin, à Montmorency, elle est située presque immédiatement au-dessous de la terre végétale.

Les bancs de gypse les plus inférieurs de cette première masse renferment des silex qui semblent se fondre dans la matière gypseuse et en être pénétrés. Les bancs intermédiaires se divisent naturellement en gros prismes à plusieurs pans : M. Desmarest les a fort bien décrits et figurés; on les nomme les *hauts piliers*. Enfin les bancs les plus supérieurs, appelés *chiens*, sont pénétrés de marne : ils sont peu puissans, et alternent avec des couches de marne. Il y en a ordinairement cinq, qui se continuent à de grandes distances.

Mais ces faits déjà connus ne sont pas les plus importans; nous n'en parlons que pour les rappeler et mettre de l'ensemble dans notre travail. Les fossiles que renferme cette masse, et ceux que contient la marne qui la recouvre, présentent des observations d'un tout autre intérêt.

C'est dans cette première masse qu'on trouve journellement des squelettes et des ossemens épars d'une multitude de quadrupèdes inconnus, ainsi que des os d'oiseaux, de crocodiles, de tortues trionyx, de tortues terrestres et d'eau douce, et de plusieurs sortes de poissons dont la plupart sont de genres appartenant à l'eau douce.

Mais ce qui n'est pas moins remarquable et ce qui concourt au même résultat, c'est qu'on y trouve des coquilles d'eau douce. Il est vrai qu'elles y sont très-rares; mais une seule suffirait, quand elle n'est point accompagnée de coquilles marines, pour démontrer la vérité de l'opinion de Lamanon et de quelques autres naturalistes qui, déjà avant nous, avaient pensé que les gypses de Montmartre et des autres collines du bassin de Paris se sont cristallisés dans des lacs d'eau douce. Nous allons rapporter dans l'instant de nouveaux faits confirmatifs de cette opinion.

Enfin cette masse supérieure est essentiellement caractérisée par la présence des squelettes de mammifères et de leurs ossemens. Ils servent à la faire reconnaître lorsqu'elle est isolée; car nous n'avons jamais pu en trouver, ni constater qu'on en ait trouvé dans les masses inférieures.

Au-dessus du gypse sont placés de puissans bancs de marne tantôt calcaire, tantôt argileuse.

C'est dans les assises inférieures de ces bancs, et dans une marne calcaire blanche et friable, qu'on a rencontré à diverses reprises des troncs de palmier pétrifiés en silex ; ils étaient couchés et d'un volume considérable. C'est dans ce même système de couches qu'on a trouvé, dans presque toutes les carrières de la butte Chaumont et même dans les carrières de l'est de Montmartre, des coquilles du genre des limnées et des planorbes qui diffèrent à peine des espèces qui vivent dans nos mares. Ces fossiles prouvent que ces marnes sont de formation d'eau douce, comme les gypses placés au-dessous.

Le calcaire siliceux, les calcaires et marnes qui renferment des corps organisés qui ne peuvent avoir vécu dans des eaux marines, et qui forment les lits supérieurs de ce calcaire, les gypses, les bancs de marne qui les séparent, ou qui les recouvrent jusqu'à la marne blanche que nous venons de décrire, inclusivement, constituent donc la seconde formation d'eau douce des environs de Paris. On voit que c'est dans la marne calcaire blanche que se trouvent principalement les coquilles d'eau douce qui caractérisent cette formation.

On ne connaît, dans cette formation d'eau douce intermédiaire, d'autres meulières que celles que nous avons mentionnées dans l'article précédent, ni d'autres silex que les ménilites, les silex cornés des assises inférieures de gypse de la haute masse, et les silex calcédoniens du calcaire siliceux.

Au-dessus de ces marnes blanches se voient encore des bancs très-nombreux et souvent puissans de marnes argileuses ou calcaires. On n'y a encore découvert aucun fossile; nous ne pouvons donc dire à quelle formation elles appartiennent.

On trouve ensuite un banc d'une marne jaunâtre feuilletée qui renferme, vers sa partie inférieure, des rognons de strontiane sulfatée terreuse, et un peu au-dessus, un lit mince de petites coquilles bivalves qui sont couchées et serrées les unes contre les autres. Nous rapportons ces coquilles au genre cythérée (1). Ce lit, qui semble avoir bien peu d'importance, est remarquable, premièrement par sa grande étendue : nous l'avons observé sur un espace de plus de dix lieues de long, sur plus de quatre de large, toujours dans la même place et de la même épaisseur; il est si mince, qu'il faut savoir exactement où on doit le chercher, pour le trouver. Secondement, parce qu'il sert de limite à la formation d'eau douce,

---

(1) Nous déduirons dans la seconde section les raisons qui nous ont dirigés dans la détermination de ces coquilles fossiles.

et qu'il indique le commencement d'une nouvelle formation marine.

En effet, toutes les coquilles qu'on rencontre au-dessus de celles-ci sont marines.

Ce banc de marne jaune feuilletée a environ un mètre d'épaisseur, et contient souvent entre ses feuillets supérieurs des cythérées d'une autre espèce, des cérites, des spirobes et des os de poissons.

On trouve d'abord, et immédiatement après, toujours en montant, un banc puissant et constant de marne argileuse verdâtre qui, par son épaisseur, sa couleur et sa continuité, se fait reconnaître de loin. Il sert de guide pour arriver aux cythérées, puisque c'est au-dessous de lui qu'on les trouve. Il ne renferme d'ailleurs aucun fossile, mais seulement des géodes argilo-calcaires et des rognons de strontiane sulfatée. Cette marne est employée dans la fabrication de la faïence grossière.

Les quatre ou cinq bancs de marne qui suivent les marnes vertes sont peu épais, et ne paraissent pas non plus contenir de fossiles; mais ces lits sont immédiatement recouverts d'une couche de marne argileuse jaune qui est pétrie de coquillages marins dont les espèces appartiennent aux genres cérites, trochus, mactres, vénus, cardium, etc. On y rencontre aussi des fragmens de palais d'une raie qui paraît être analogue à la raie-aigle ou du sous-genre des mylobates, et des portions d'aiguillon de la queue d'une raie, qui pourrait être du même sous-genre ou de celui des pastenagues.

Les couches de marne qui suivent celle-ci présentent presque toutes des coquilles fossiles marines, mais seulement des bivalves; et les dernières couches, celles qui sont immédiatement au-dessous du sable argileux, renferment deux bancs d'huîtres assez distincts. Le premier et le plus inférieur est composé de grandes huîtres très-épaisses : quelques-unes ont plus d'un décimètre de longueur. Vient ensuite une couche de marne blanchâtre sans coquilles, puis un second banc d'huîtres très-puissant, mais subdivisé en plusieurs lits; ces huîtres sont brunes, beaucoup plus petites et beaucoup plus minces que les précédentes. Ces derniers bancs d'huîtres sont d'une grande constance, et nous ne les avons peut-être pas vu manquer deux fois dans les nombreuses collines de gypse que nous avons examinées. Il nous paraît presque sûr que ces huîtres ont vécu dans le lieu où on les trouve aujourd'hui : car elles sont collées les unes aux autres comme dans la mer; la plupart sont bien entières, et, si on les extrait avec soin, on remarque que beaucoup d'entre elles ont leurs deux valves. Enfin M. Defrance a trouvé près de Rocquencourt, à la hauteur de la formation des marnes gypseuses marines, des morceaux arrondis de calcaire marneux coquillier percés de pholades, et portant encore les huîtres qui y étaient attachées.

La formation gypseuse est souvent terminée par une masse plus ou moins épaisse de sable argileux qui ne renferme aucune coquille.

Telles sont les couches qui composent généralement la formation gypseuse. Nous étions tentés de la diviser en deux, et de séparer l'histoire des marnes marines du sommet, de celle du gypse et des marnes d'eau douce du fond; mais les couches sont tellement semblables les unes aux autres, elles s'accompagnent si constamment, que nous avons cru devoir nous contenter d'indiquer cette division. Nous réunissons dans le tableau suivant les espèces de fossiles qui appartiennent au gypse et à la formation marine qui le surmonte.

Fossiles du gypse et des marnes marines qui le recouvrent.

FORMATION D'EAU DOUCE.

MASSE GYPSEUSE.

(MIFÈRES, ... { Les palæothériums, les anoplothériums, les carnassiers et autres mammifères qui seront décrits dans les chapitres II et III de cette seconde partie, nommément : *Palæotherium crassum,* — *medium,* — *magnum,* — *latum,* — *curtum,* — *minus,* — *minimum,* etc. *Anoplotherium commune,* — *secundarium,* — *gracile,* — *leporinum,* — *murinum,* etc., etc.

AUX. . . . . Oiseaux, 3 à 4 espèces.
TILES. . . . . Un *trionyx* et d'autres tortues.
Un Crocodile, etc.
SONS. . . . . Poissons, 3 à 4 espèces.

LUSQUES. . . . . . . *Cyclostomia Mumia*. . . . . { Tous les individus que nous possédons sont noirs ou d'un gris très-foncé.

MARNES BLANCHES
ÉRIEURES. . . . . . . { Palmier ou autres endogénites.
Débris de poissons.
Limnées.
Planorbes.

FORMATION MARINE.

MARNES JAUNES
ILLETÉES. . . . . . . { *Cytherea? convexa* (pl. P, fig. 7, A, B). . . . .
Spirorbes (fig. 7, S). . . . .
Os de poisson. . . . . . .
Cerithium plicatum. . . . .
Spirorbes. . . . .
Cytherea? plana (fig. 7, C, D, E). . . . . } { On ne trouve ordinairement que les moules intérieurs et extérieurs de ces coquilles ; le test a presque entièrement disparu, ou s'est réduit en un calcaire blanc pulvérulent ; circonstance qui a rendu impossible jusqu'à présent leur détermination exacte.

RNES VERTES. . . . Point de fossiles.

MARNES JAUNES,
LES DE MARNES FEUIL-
ÉES BRUNES. . . . . { Aiguillons et palais de raie. . .
Ampullaria patula ? . . . . .
Cerithium plicatum. . . . . .
— *cinctum.* . . . .
Cytherea elegans. . . . . . .
— *semisulcata ?* . . . . . .
Cardium obliquum. . . . . .
Nucula margaritacea. . . . . } { Presque toutes ces coquilles sont écrasées et difficiles à reconnaître.
Les deux cérites de la formation marine qui recouvre le gypse paraissent ne se trouver que dans cette formation : nous ne les avons pas encore vus dans le calcaire de la formation marine inférieure.

MARNES CALCAIRES A GRANDES HUITRES	Ostrea Hippopus. — Pseudochama. — longirostris. — canalis.	Les deux bancs d'huî[tres] sont souvent séparés par [des] marnes sans coquilles ; [et] nous ne pouvons pas en[core] lire exactement quelles [sont] les espèces qui appartien[nent] à chaque banc, et si même [elles] ne s'y trouvent pas indistin[cte]ment ; nous pouvons toute[fois a]vancer que les huîtres [des] marnes gypseuses ne se tr[ouv]ent point dans le calcaire i[nfér]ieur, et qu'elles sont géné[ra]lement bien plus sembla[bles] aux huîtres de nos côtes [qu'à] celles du calcaire grossier
MARNES CALCAIRES A PETITES HUITRES	— Cochlearia. — Cyathula. — spatulata. — Linguatula. Balanes. Pattes de crabes.	

Il nous reste à dire quelques mots sur les principales différences qu'offrent les collines qui appartiennent à cette formation. Les collines gypseuses forment comme une espèce de longue et large bande qui se dirige du sud-est au nord-ouest, sur une largeur de six lieues environ. Il paraît que dans cette zone il n'y a que les collines du centre qui présentent distinctement les deux masses de gypse ; celles des bords, telles que les plâtrières de Clamart, Bagneux, Antony, le mont Valérien, Gri-

---

(1) M. de la Jonkaire vient de trouver dernièrement à Montmartre, entre ces deux bancs d'huîtres, un petit lit de nodules de calcaire compacte en sphéroïdes aplatis, qui renferment une multitude de petites coquilles semblables aux bulimes, cyclostomes, paludines ou phasianelles qu'on trouve à Mayence, etc. Nous reviendrons sur ce sujet à l'article de la description particulière de Montmartre.

sy, etc., et celles des extrémités, telles que les plâtrières de Chelles et de Triel, ne possèdent qu'une masse. Cette masse nous paraît être analogue à celle que les carriers nomment la première, c'est-à-dire la plus superficielle, puisqu'on y trouve les os fossiles de mammifères qui la caractérisent, et qu'on ne rencontre pas dans ses marnes ces gros et nombreux cristaux de gypse lenticulaire qu'on observe dans les marnes de la seconde masse.

Quelquefois les marnes du dessus manquent presque entièrement ; quelquefois c'est le gypse lui-même qui manque totalement ou qui est réduit à un lit mince. Dans le dernier cas, la formation est représentée par les marnes vertes accompagnées de strontiane. Les formations gypseuses du parc de Versailles, près de Saint-Cyr, celles de Viroflay, sont dans le premier cas ; celles de Meudon, de Ville-d'Avray, sont dans le second cas.

Nous devons rappeler ici ce que l'un de nous a dit ailleurs (1), c'est que le terrain gypseux des environs de Paris ne peut se rapporter exactement à aucune des formations décrites par M. Werner ou par ses disciples.

---

(1) Brongniart, Traité élémentaire de Minéralogie, t. 1, page 177.

Cette formation n'est cependant pas aussi locale qu'on pourrait le croire, et le rapprochement que M. Gillet de Laumont et l'un de nous avaient indiqué dès 1807 entre ce gypse et celui d'Aix en Provence, est confirmé par les observations ultérieures dont nous rapporterons les résultats principaux à la suite de la description des terrains gypseux du bassin de Paris.

ARTICLE VII.

Des grès et sables marins supérieurs.

Les roches siliceuses dont nous allons parler, et qui forment un troisième dépôt de sable et de grès, ne diffèrent de la partie marine de la formation gypseuse que par leur nature minéralogique. Dans la division géologique que nous avons donnée au commencement de ce traité, nous avions compris dans la même formation, c'est-à-dire dans la formation marine supérieure, les couches qui recouvrent la masse gypseuse, à compter des marnes jaunes feuilletées, et par conséquent les grès qui sont l'objet de cet article; mais la nature des roches est si différente, les coquilles marines cessent d'une manière si tranchée après les huîtres des marnes, pour ne reparaître en place qu'au-dessus de la grande masse de sable, que nous avons cru devoir suivre dans la description de cette couche une séparation qui paraît si naturelle. Cette séparation est si fortement prononcée par l'absence de tout corps organisé dans la grande masse sableuse, que nous avons hésité pendant long-temps sur le terrain dans lequel nous la placerions, et que nous en avions fait un article distinct dans notre première édition. Mais de nouvelles réflexions, de nouvelles observations, dues en grande partie à MM. Omalius d'Halloy et Héricart-Ferrand, nous permettent de nous décider, et de placer cette masse de sable et de grès dans le terrain dont elle fait réellement partie.

Le terrain de sable et grès, tant celui qui ne montre aucune coquille en place que celui qui en renferme, fait partie intégrante de la dernière formation marine; il n'est jamais recouvert que par la formation du terrain d'eau douce supérieur et par les meulières qui lui appartiennent.

Ce terrain est composé de sable siliceux et de grès en bancs souvent très-épais et très-étendus, mais ces bancs ont rarement leurs deux surfaces parallèles : l'une et l'autre, et surtout la supérieure, offrent souvent des saillies et des cavités très-irrégulières mais à contours arrondis, qui, ne se correspondant presque jamais, donnent à ces bancs une épaisseur très-variable et très-inégale ; les dépressions supérieures et inférieures, étant souvent opposées, amincissent tellement les bancs de grès dans certains points, qu'elles les séparent en plusieurs masses, ou au moins leur permettent de se séparer avec la plus grande facilité lorsque le sable qui les supportait a été entraîné par les eaux. Alors ces portions de bancs rompus ont roulé sur les flancs des collines qu'ils formaient, et les ont couverts de gros blocs arrondis et comme entassés sur ces pentes. Telle est la disposition des grès sur les pentes des coteaux dans la forêt de Fontainebleau, à Palaiseau, etc.

D'après ce que nous venons de dire sur la masse de sable et de grès sans coquilles, on voit que ce terrain peut être subdivisé en deux parties : la partie inférieure, souvent très-épaisse, est composée d'un grès ou d'un sable qui non-seulement ne contiennent point de fossiles en place, mais qui sont souvent très-purs et fournissent des sables estimés dans les arts, et qu'on va recueillir à Étampes, à Fontainebleau, à la butte d'Aumont, et dans ce cas ils donnent naissance aux grès solides.

Ceux-ci sont quelquefois ou altérés par un mélange d'argile, ou colorés par des oxides de fer et mêlés de beaucoup de paillettes de mica. Vers la partie supérieure on trouve des rognons de minerai de fer souvent irréguliers et presque géodiques, disposés en lits horizontaux, et même des lits épais de près de deux décimètres d'un minerai de fer rougeâtre ou brunâtre et très-sablonneux. On peut observer aisément ces diverses circonstances dans la plupart des masses de sable qui terminent les buttes ou plateaux élevés, et notamment dans les bois de Chaville, sur la colline de Sannois, sur celles de Montmorency, de Meudon, du Plessis-Piquet, de Fontenay-aux-Roses, etc. Quelquefois enfin la partie supérieure de ces bancs de grès est imprégnée de chaux carbonatée qui les a pénétrés par infiltration, lorsqu'ils sont recouverts du terrain calcaire d'eau douce : tel est le cas des grès de plusieurs parties de la forêt de Fontainebleau.

Nous venons d'insister plusieurs fois sur cette circonstance, que la masse inférieure de la formation de grès supérieur ne montrait aucune coquille ni autre débris organique *en place*. En effet, malgré les recherches très-nombreuses qui ont été faites depuis dix ans, tant par nous que par plusieurs naturalistes, et notamment par M. Héricart-Ferrand, on n'a pu découvrir dans cette masse aucun banc ou lit de coquilles disposées régulièrement, et qui démontrent, par leur état d'intégrité, qu'elles ont vécu dans les lieux où on les trouve. Mais dans plusieurs cantons des environs de Villers-Cotterets, et notamment près de Thury et de Betz, M. Héricart-Ferrand a reconnu plus de douze endroits où les dépôts de sable ferrugineux renferment un grand nombre de coquilles dont les espèces paraissent être les mêmes que celles du calcaire grossier. Mais toutes ces coquilles sont ou brisées ou usées comme si elles avaient été roulées ; il n'y a que les petites espèces, renfermées et comme encaissées dans les cavités des grandes, qui aient échappé à cette altération. Elles sont donc *hors de place*, et ce fait n'infirme point encore la généralité de nos observations sur l'absence de tout banc de coquilles *en place* dans le terrain de sable et de grès.

Cependant on trouve mêlés avec ces coquilles, on trouve dans les cavités de la plupart d'entre elles des millions de petits corps organisés probablement de la famille des Céphalopodes, et que M. de Lamarck a nommés des *discorbites*. M. Héricart-Ferrand fait remarquer que ces petits corps, qui ont de l'analogie avec les camérines, semblent en tenir la place dans cette partie inférieure et sableuse de la formation marine supérieure.

Cette masse inférieure du troisième dépôt de grès est dans beaucoup de lieux terminée par une roche de grès ou de calcaire, ou calcaréo-siliceuse, qui est remplie de coquilles marines et qui constitue au-dessus de la craie un second terrain marin très-distinct.

Ce terrain varie de couleur, de solidité, et même de nature: tantôt c'est un grès pur, mais friable et rougeâtre (Montmartre); tantôt c'est un grès rouge et argileux (Romainville, Sannois); tantôt c'est un grès gris (Lévignen); enfin il est quelquefois remplacé par une couche mince de calcaire sableux rempli de coquilles, qui recouvre de grandes masses de grès gris dur et sans aucune coquille (Nanteuil-le-Haudouin).

Ce grès renferme des coquilles marines d'espèces assez variées et qui au premier aspect paraissent semblables à celles des bancs inférieurs du calcaire; quelquefois le test de la coquille a entièrement disparu, et il n'en reste plus que le moule (Montmartre, Romainville).

Ce qui nous fait dire que cette dernière formation marine est non-seulement supérieure à celle du gypse, mais encore aux bancs étendus et souvent très-puissans de grès et de sable sans coquilles, c'est premièrement sa position bien évidente au-dessus des masses de grès de Nanteuil-le-Haudouin, et en second lieu la masse considérable de sable rougeâtre dénué de tout fossile sur laquelle elle est placée à Montmartre, à Romainville, à Sannois, et dans tous les lieux où on a pu l'observer.

Les coquilles que renferme ce grès sont quelquefois différentes de celles qu'on trouve dans la formation marine inférieure, et se rapprochent davantage de celles des marnes calcaires qui surmontent le gypse, ainsi que le fait voir la liste suivante.

Coquilles de la formation marine la plus supérieure.

Oliva mitreola	Nanteuil-le-Haudouin.
Fusus? voisin du longævus. .	Romainville.
Cerithium cristatum.	Montmartre, Romainville.
— lamellosum.	Lévignan.
— mutabile?.	Montmartre.
Solarium? Lam., pl. VIII, fig. 7.	Montmartre.
Melania costellata?	Montmartre.
Melania?	Nanteuil-le-Haudouin.
Pectunculus pulvinatus. . . .	Montmartre.
Crassatella compressa? . . .	Montmartre.
Donax retusa?	Montmartre.
Cytherea nitidula.	Montmartre.
— lævigata.	Montmartre.
— elegans?	Montmartre, Nanteuil-le-Haudouin.
Corbula rugosa.	Montmartre.
Ostrea flabellula.	Montmartre.

Il y a donc aux environs de Paris trois sortes de grès, quelquefois très-semblables entre eux par leurs caractères minéralogiques, mais très-différens par leur position ou par leurs caractères géologiques. Le premier, le plus inférieur, fait partie des couches inférieures de la formation du calcaire marin grossier; il suit immédiatement les argiles plastiques et le lignite d'origine non marine qui en fait partie; il renferme généralement les mêmes espèces de coquilles que le calcaire grossier.

Le second paraît appartenir aux assises supérieures de ce même calcaire; au-dessous du premier on trouve le terrain d'eau douce et au-dessus le terrain marin, tandis que le second présente des rapports absolument inverses, ainsi qu'on peut l'observer à Beauchamp, à Triel, etc.

La troisième surmonte la formation gypseuse et même la formation de marne marine qui la recouvre : c'est le plus étendu; il est quelquefois entièrement superficiel et ne paraît contenir dans sa masse aucune coquille, mais souvent aussi il présente à sa surface supérieure un grand nombre de coquilles marines qui y forment comme un nouveau terrain marin plus ou moins calcaire.

En observant cette dernière formation marine, placée dans une position si différente des autres, on ne peut s'empêcher de réfléchir aux singulières circonstances qui ont dû présider à la formation des couches que nous venons d'examiner.

En reprenant ces couches depuis la craie, on se représente d'abord une mer qui dépose sur son fond une masse immense de craie et des mollusques d'espèces particulières. Cette précipitation de craie, et les coquilles qui l'accompagnent, cesse tout-à-coup; la mer se retire, des eaux d'une autre nature, très-probablement analogue à celle de nos eaux douces, lui succèdent, et toutes les cavités du sol marin se remplissent d'argiles, de débris de végétaux terrestres et de ceux des coquilles qui vivent dans les eaux douces; mais bientôt une autre mer produisant de nouveaux habitans, nourrissant une prodigieuse quantité de mollusques testacés, tous différens de ceux de la craie, revient couvrir l'argile, ses lignites et leurs coquilles, et dépose sur ce fond des bancs puissans, composés en grande partie des enveloppes testacées de ces nouveaux mollusques. Peu à peu cette production de coquilles diminue et cesse aussi tout-à-fait; la mer se retire, et le sol se couvre de lacs d'eau douce; il se forme des couches alternatives de gypse et de marne qui enveloppent et les débris des animaux que nourrissaient ces lacs, et les ossemens de ceux qui vivaient sur leurs bords. La mer revient encore : elle nourrit d'abord quelques espèces de coquilles bivalves et de coquilles turbinées. Ces coquilles disparaissent et sont remplacées par des huîtres. Il se passe ensuite un intervalle de temps pendant lequel il se dépose une grande masse de sable. On doit croire ou qu'il ne vivait alors aucun corps organisé dans cette mer, ou que leurs dépouilles ont été complètement détruites : car on n'en voit aucun débris dans ce sable; mais les productions variées de cette troisième mer reparaissent, et on retrouve au sommet de Montmartre, de Romainville, de la colline de Nanteuil-le-Haudouin, etc., les mêmes coquilles qu'on a trouvées dans les marnes supérieures au gypse, et qui, bien que réellement différentes de celles du calcaire grossier, ont cependant avec elles de grandes ressemblances (1).

Enfin la mer se retire entièrement, pour la troisième fois, des lacs ou des mares d'eau

---

(1) M. Prevost nous fait espérer une comparaison exacte et une détermination précise des coquilles de ces deux terrains marins.

douce la remplacent et couvrent des débris de leurs habitans presque tous les sommets des coteaux et les surfaces même de quelques-unes des plaines qui les séparent.

ARTICLE VIII.

Du troisième terrain d'eau douce comprenant les marnes et les meulières.

Ce troisième et dernier terrain d'eau douce, car on n'a jamais rien vu au-dessus de lui, se distingue des deux précédens par sa position et par quelques caractères géognostiques, mais ces derniers caractères ne sont pas assez tranchés et assez bien établis pour faire connaître avec certitude ce terrain lorsqu'il se présente isolément; c'est sa position bien déterminée aux environs de Paris, et bien distincte de celle du second terrain d'eau douce, qui ne laisse aucun doute sur la différence de ces deux terrains séparés par une formation marine. Sans cette circonstance la distinction de ces deux formations eût été très-difficile à établir, et quand elle n'existe pas, quand chacun de ces terrains se présente seul, on est fort embarrassé pour dire à laquelle des deux formations appartient celui qu'on rencontre.

Ce terrain lacustre ou d'eau douce supérieur est composé, suivant les lieux, de roches très-différentes : ce sont des marnes calcaires, blanches, friables ou au moins tendres (la plaine de Trappes), des silex cornés, translucides, blonds, gris, bruns (les environs d'Épernon); des silex jaspoïdes, opaques, blancs, rosâtres, etc. (la montagne de Triel, Montreuil, etc.); des silex meulières poreux ou compactes, rougeâtres, grisâtres et blanchâtres, tantôt sans aucune coquille, tantôt comme pétris de limnées, de planorbes, de potamides, d'hélix, de gyrogonites, de bois silicifiés, et d'autres débris de corps organisés qui doivent avoir vécu dans les eaux douces ou à la surface du sol (les plateaux de Meudon, Montmorency, Sannois, La Ferté-sous-Jouarre, etc.).

Nous allons d'abord parler de la roche qui domine ordinairement dans ces terrains, aux environs de Paris : c'est la meulière poreuse et sans coquilles.

Ces meulières sont immédiatement supérieures aux sables qui renferment les grès. Cette superposition est très-distincte sur les talus qui bordent la grande route de Chartres, à la descente du bois de Sainte-Appoline au village de Pontchartrain.

La formation des meulières consiste en sable argilo-ferrugineux, en marne argileuse verdâtre, rougeâtre, ou même blanche, et en meulière proprement dite. Ces trois substances ne paraissent suivre aucun ordre dans leur superposition ; la meulière est tantôt dessus, tantôt dessous et tantôt au milieu ou du sable ou de la marne argileuse. Elle y est très-rarement en couches continues, mais plutôt en morceaux anguleux comme résultant de couches minces brisées et enveloppées dans la marne argileuse ou dans le sable argilo-ferrugineux.

La meulière est, comme on sait, un silex criblé d'une multitude de cavités irrégulières, garnies de filets siliceux disposés à peu près comme le tissu réticulaire des os, et tapissées d'un enduit d'ocre rouge. Ces cavités sont souvent remplies de marne argileuse ou de sable argileux ; elles ne communiquent point entre elles.

La plupart des meulières des environs de Paris ont une teinte rougeâtre, rosâtre et jaunâtre ; quelques-unes, et ce sont les plus rares et les plus estimées, sont blanchâtres, avec une nuance bleuâtre.

Nous ne connaissons dans les meulières dont il est question, ni infiltration siliceuse mamelonnée à la manière des calcédoines, ni cristallisation de quartz ; et ce caractère nous paraît assez bon pour les faire distinguer, hors de place, des meulières du calcaire siliceux. Elles sont cependant quelquefois, comme ces dernières, presque compactes.

Lorsqu'on choisit dans une masse de meulière une partie compacte et exempte de terres étrangères mélangées, on reconnaît par l'analyse qu'elle est presque entièrement composée de silice (1).

Mais un autre caractère géologique des meulières proprement dites, de celles qui par la continuité de leur masse sont les plus propres à donner des *pierres à meules*, c'est l'absence de tout corps organisé animal ou végétal, marin ou d'eau douce. Nous n'en avons jamais vu aucun. Guettard et M. Coquebert-Montbret, dans les descriptions qu'ils ont données, le premier, des meulières d'Houlbec, et le second, de celles des Molières, font la même observation : ce qui doit inspirer beaucoup de confiance dans la généralité de ce caractère, quoiqu'il soit négatif.

La formation des meulières repose assez souvent sur un banc de marne argileuse qui paraît appartenir à la formation du gypse quand le dépôt de sable et grès marins supé-

---

(1) Hecht, Journ. des Min., n° 22, page 333.

rieurs manque, ce qui est fort rare; dans quelques endroits, elle est séparée de ces marnes par un banc plus ou moins puissant du sable ou du grès appartenant à cette formation.

Quelquefois ces meulières ne sont recouvertes que par la terre végétale, mais souvent aussi on trouve encore au-dessus d'elles tantôt les meulières compactes, les silex ou les marnes qui renferment les coquilles d'eau douce ou d'autres débris de corps organisés non marins; tantôt le terrain de transport ancien, consistant en cailloux roulés dans un sable à gros grains, comme à Houlbec, près de Pacy-sur-Eure.

Les autres roches qui composent ce troisième et dernier terrain d'eau douce sont les silex et les marnes calcaires.

Tantôt ces deux pierres se présentent indépendamment l'une de l'autre, tantôt elles sont mêlées et comme pétries ensemble.

Le calcaire d'eau douce à peu près pur est le plus commun; le mélange de silex et de calcaire vient ensuite; les grandes masses de silex d'eau douce sont les plus rares.

Ce silex est tantôt du silex pyromaque pur et transparent; tantôt un silex opaque à cassure largement conchoïde et terne, semblable à celle du jaspe (Triel); tantôt c'est un silex carié qui a tous les caractères de la meulière proprement dite, mais qui est généralement plus compacte que la meulière sans coquilles (forêt de Montmorency, Saint-Cyr, Sannois, etc.).

Quoique les caractères extérieurs du calcaire d'eau douce soient peu tranchés, ils sont cependant assez remarquables lorsqu'ils existent. Il suffit souvent d'avoir acquis l'habitude de voir ce calcaire pour en reconnaître des fragmens présentés isolément, et privés des coquilles qui le caractérisent essentiellement.

Tout celui que nous connaissons aux environs de Paris est blanc ou d'un gris jaunâtre; il est tantôt tendre et friable comme de la marne et de la craie, tantôt compacte, solide, à grain fin et à cassure conchoïde; quoique dans ce dernier cas il soit assez dur, il se brise facilement et éclate en fragmens à bords aigus, à la manière du silex, en sorte qu'il ne peut pas se laisser tailler.

Nous ne parlons ici que du calcaire des environs de Paris; car à une plus grande distance on trouve du calcaire très-compacte d'un gris-brun qui se laisse très-bien tailler et polir, malgré les infiltrations spathiques qui l'ont pénétré et qui n'ont pas entièrement rempli ses cavités : nous donnerons pour exemple le marbre de Château-Landon, qui est en bancs extrêmement puissans, renfermant des limnées et des planorbes, et présentant tous les caractères attribués au troisième calcaire d'eau douce, si toutefois il peut être rapporté à cette dernière formation.

Que ce calcaire soit marneux ou qu'il soit compacte, il fait voir très-souvent des cavités cylindriques irrégulières et à peu près parallèles, quoique sinueuses. On prendra une idée exacte de ces cavités, en se représentant celles que devraient laisser dans une vase épaisse et tranquille des bulles de gaz qui monteraient pendant un certain temps de son fond vers sa surface : les parois de ces cavités sont souvent colorées en vert pâle.

Enfin le terrain d'eau douce est quelquefois composé de calcaire et de silex mêlés ensemble; ce dernier est carié, caverneux, et ses cellules irrégulières sont remplies de la marne calcaire qui l'enveloppe (plaine de Trappes, Charenton).

Le calcaire d'eau douce, quelque dur qu'il paraisse au moment où on le retire de la carrière, a souvent la propriété de se désagréger par l'influence de l'air et de l'eau : de là vient l'emploi considérable qu'on en fait comme marne d'amendement dans la plaine de Trappes près de Versailles, dans celle de Gonesse et dans toute la Beauce.

Mais ce qui caractérise essentiellement cette formation, c'est la présence des coquilles d'eau douce et des coquilles terrestres presque toutes semblables, pour les genres, à celles que nous trouvons dans nos marais; ces coquilles sont des limnées, des planorbes, des potamides, coquilles turbinées voisines des cérites; des cyclostomes, des hélices, etc. On y trouve aussi ces petits corps ronds et cannelés que M. de Lamarck a nommés *gyrogonites*, et qui, d'après les observations de M. Leman, paraissent être des graines d'une espèce de *chara*. Il est assez remarquable qu'on ne trouve point de coquilles bivalves dans ce terrain, du moins aux environs de Paris (1).

La plupart des coquilles renfermées dans le terrain d'eau douce supérieur ayant été décrites spécialement par l'un de nous (2), nous renverrons aux descriptions et aux figures

---

(1) M. Brongniart en a reconnu dans les terrains d'eau douce du midi de la France, de la Suisse, etc. Nous en parlerons plus particulièrement en donnant l'énumération géographique des terrains d'eau douce.

(2) M. Brongniart, Ann. du Mus., tome xv, page 357, pl. 22 ou i, et 23 ou ii.

qu'il en a données; et nous emploierons les noms qu'il leur a imposés, comme nous avons employé ceux de M. de Lamarck à l'égard des coquilles marines.

Les fossiles qui appartiennent particulièrement au terrain d'eau douce supérieur, sont les suivans :

MOLLUSQUES TESTACÉS.

Cyclostoma elegans antiquum.
Potamides Lamarkii.
Planorbis rotundatus.
— *Cornu.*
— *prevostinus.*
Limneus corneus.
— *Fabulum.*
— *ventricosus.*
— *inflatus.*
Bulimus pygmeus.
— *Terebra.*
Pupa Defrancii.
Helix Lemani.
— *desmarestina.*

VÉGÉTAUX (1) (*de genres indéterminés*).

Exogenités. Ligneux et herbacées.
— *Culmites anomalus.* Ad. B. — Ann. du Mus., vol. XV, pl. XXIII, fig. 15 — (pl. S, fig. 2).
Lycopodites squamatus. Ad. B. — Ibid., fig. 14 — (pl. S, fig. 3.)
Poacites.
Carpolithes.

---

(1) Voyez les descriptions et les figures de la plupart de ces corps, dans le Mémoire cité plus haut. Ann. du Mus.,

Carpolithes thalictroïdes parisiensis.......	Ann. du Mus., pl. S, fig. 17 — (pl. S, fig. 4).......	Longjumeau.
— *thalictroïdes Websteri*............	Ad. B. (pl. S, fig. 5)....	Ile de Wight, etc.
— *Ovulum*......	— *Ib.*, pl. S, fig. 16 — (pl. S, fig. 6)........	Longjumeau.

(*De genres connus ou déterminables.*)

Chara medicaginula...	Leman.—Ann. du Mus., vol. XV, pl. XXIII, fig. 12 (pl. S, fig. 7).	Plateau de Montmorency.
— *helicteres*.......	Ad. B. (pl. S, fig. 8)....	Environs d'Épernay, etc.
Nymphea Arethusæ (rhizoma).........	Ad. B. (pl. S, fig. 10)....	Longjumeau.

On ne trouve jamais d'autres coquilles que des coquilles d'eau douce et des coquilles terrestres dans ce terrain, parce qu'il est toujours assez éloigné, par sa position, du terrain marin pour qu'il n'ait pu exister aucun mélange accidentel des deux sortes de productions. Quelque abondantes que soient ces coquilles, elles appartiennent toutes, comme dans nos marais actuels, à un petit nombre de genres et d'espèces; dans quelque lieu et sous quelque étendue de terrain qu'on les observe, on n'y voit jamais cette multitude de genres et d'espèces différentes qui caractérisent les productions de la mer.

Cette troisième formation d'eau douce de

---

tome xv, page 381. On donnera la figure des végétaux que M. Adolphe Brongniart a déterminés depuis, à la suite du chapitre qui traitera des végétaux fossiles du terrain de Paris.

notre bassin recouvre constamment toutes les autres, elle se trouve dans toutes les situations, mais cependant plutôt vers le sommet des collines et sur les grands plateaux que dans le fond des vallées; quand elle existe dans ces derniers lieux, elle a été ordinairement recouverte par le sol d'atterrissement ou de transport qui constitue la dernière formation. Dans les plaines hautes et dans les vallées elle est ordinairement composée de calcaire ou marneux ou compacte, avec des noyaux siliceux (la Beauce, Trappes, Le Ménil-Aubry, Melun, Fontainebleau); mais sur les sommets en forme de plateaux qui terminent les collines gypseuses, on ne trouve souvent que le silex et la meulière d'eau douce (Triel, Montmorency, Sannois, etc.).

On remarque que la meulière d'eau douce forme un banc peu épais, placé presque immédiatement au-dessous de la terre végétale, et que ce banc est séparé du sable sans coquilles qui le porte par une couche mince de marne argileuse.

Nous rapportons à cette formation les terrains sablonneux des hauteurs qui renferment des bois et des parties de végétaux changées en silex; nous avons été portés à faire cette réunion en observant, au sommet des collines de Longjumeau, des sables qui renferment des bois et des végétaux silicifiés, mêlés avec des silex remplis de limnées, de planorbes, de potamides, etc.

Le terrain d'eau douce est extrêmement répandu, non-seulement aux environs de Paris jusqu'à trente lieues au sud, mais on le trouve encore dans d'autres parties de la France : l'un de nous l'a reconnu dans le Cantal et dans le département du Puy-de-Dôme (1), et nous citerons plus loin un grand nombre de lieux dans lesquels ce terrain se présente constamment avec les mêmes caractères ; il nous paraît assez étonnant d'après cela que si peu de naturalistes y aient fait attention. Nous ne connaissons que M. Coupé qui en ait fait une mention expresse avant nous (2).

---

(1) Voyez les descriptions de ces terrains par M. Brongniart, Ann. du Mus., tome xv, page 388, et, dans le présent ouvrage, l'indication de quelques autres terrains de même origine à la suite de la description géographique de ces terrains.

(2) Bruguière avait reconnu que les coquilles qu'on trouve si abondamment dans les meulières de la forêt de Montmorency étaient des coquilles d'eau douce.
Nous n'avons trouvé aucune observation dans les minéralogistes étrangers qui puisse nous faire croire que cette formation, qui n'est ni accidentelle ni locale, ait été connue des géologues de l'école de Freyberg.

La grande étendue de ce terrain aux environs de Paris, sa présence dans beaucoup d'autres lieux doit nécessairement faire admettre l'existence de grands amas d'eau douce dans l'ancien état de la Terre; quand même nous n'aurions plus d'exemples de ces amas, il ne nous semblerait pas plus difficile de croire qu'ils ont dû exister, que d'admettre la présence de la mer sur le sol qui constitue actuellement notre continent, et tant d'autres phénomènes géologiques inexplicables et cependant incontestables; mais dans ce cas-ci nous avons encore sous nos yeux des exemples de lacs d'eau douce dont l'étendue en longueur égale presque celle de la France du nord au sud, et dont la largeur est immense. Il suffit de jeter les yeux sur une carte de l'Amérique septentrionale, pour être frappé de la grandeur des lacs Supérieur, Michigan, Huron, Érié et Ontario; on voit que si les eaux douces actuelles avaient la propriété de déposer des couches solides sur leur fond, et que ces lacs vinssent à s'écouler, ils laisseraient un terrain d'une étendue bien plus considérable que tous ceux dont nous avons parlé; ce terrain serait composé non-seulement des coquilles d'eau douce que nous connaissons, mais peut-être aussi de bien d'autres productions dont nous n'avons aucune idée, et qui peuvent vivre dans le fond inconnu de masses d'eau douce aussi considérables.

Non-seulement la présence de ce terrain suppose des lacs immenses d'eau douce, mais elle suppose encore dans ces eaux des propriétés que nous ne retrouvons plus dans celles de nos marais, de nos étangs et de nos lacs, qui ne déposent que du limon friable. On n'a remarqué dans aucune d'elles la faculté que possédaient les eaux douces de l'ancien monde de former des dépôts épais de calcaire jaunâtre et dur, de marnes blanches et de silex souvent très-homogènes, enveloppant tous les débris des corps organisés qui vivaient dans ces eaux, et les ramenant même à la nature siliceuse et calcaire de leur enveloppe (1).

(1) En examinant les circonstances qui ont accompagné et qui accompagnent encore la formation des calcaires d'eau douce nommés *travertins*, aux environs de Rome, dans plusieurs autres parties de l'Italie, et dans bien d'autres lieux ; en remarquant la propriété que beaucoup d'eaux minérales possèdent de tenir en dissolution, non-seulement une grande quantité de chaux carbonatée, mais encore de la silice, on est porté à présumer que la plupart des terrains d'eau douce ont été formés par les mêmes causes, agissant avec bien plus de puissance et sur une bien plus grande échelle à une époque où les phénomènes géologiques étaient dans leur plus grande activité. M. Ménard-la-Groye nous semble avoir émis à peu près la même idée. Al. B.

ARTICLE IX.

Des terrains de transport et d'alluvion.

Nous devons distinguer ces deux terrains, quoique nous en réunissions l'histoire dans le même article.

L'un, le terrain de transport, est composé de matériaux qui ont pu être transportés par les eaux, mais qui n'ont pu y être tenus en réelle suspension parce qu'ils sont généralement trop grossiers et trop pesans : tels sont les blocs de roches, les cailloux roulés et même le gros gravier.

L'autre, le terrain d'alluvion, est composé de matières terreuses, légères, qui ont dû être tenues en suspension dans les eaux pendant plus ou moins de temps et déposées par elles lors de leur repos : ce sont des sables fins, des marnes argileuses mêlées de débris de végétaux et imprégnées de carbone qui leur donne un aspect brun ou même noir : chacun de ces terrains doit encore être distingué sous le rapport de l'époque de sa formation.

Les uns sont antérieurs aux temps historiques et probablement à la dernière révolution qui a donné à nos continens leurs formes et leur étendue actuelles : les terrains de transport de cette époque sont généralement composés de roches et de cailloux volumineux tels que les cours d'eaux qui traversent actuellement le bassin de Paris ne pourraient les mettre en mouvement dans les crues les plus grandes que l'on puisse admettre; ces terrains et ceux d'alluvion de la même époque sont situés à des élévations ou dans des lieux que n'atteignent plus ou que n'ont jamais pu atteindre les cours d'eaux actuels.

C'est dans les terrains de transport ou d'alluvion de cette époque qu'on trouve de gros troncs d'arbres, des ossemens d'éléphans, de bœufs, d'élans et d'autres débris organiques qui ont appartenu à des êtres organisés dont on ne connaît les analogues dans ces cantons ni actuellement ni dans aucune époque historique, et qui diffèrent même souvent très-essentiellement des animaux et des végétaux qui paraissent le plus leur ressembler dans les climats éloignés.

Nous donnons, dès à présent, comme exemple de ces terrains : 1° les dépôts de cailloux roulés du fond des vallées, et ceux de quelques plateaux, tels que le bois de Boulogne, la plaine de Nanterre à Chatou, certaines parties de la forêt de Saint-Germain, etc. Ces terrains, quoique sablonneux, ne peuvent point être confondus avec le sable des hauteurs; ils s'en distinguent par leur position plus basse, quoique d'une formation postérieure à la sienne, par les cailloux roulés qu'ils renferment, par les blocs de quartz, de grès, de silex carié qui y sont dispersés, etc.; 2° le sol ou limon d'alluvion qui a rempli des vallées ou dépressions anciennes dont la position n'offre aucune liaison avec les vallées actuelles: tel est le dépôt remarquable, et sur lequel nous reviendrons, qu'on a reconnu dans la forêt de Bondy, du côté de Sévran, lorsqu'on a creusé la tranchée profonde qui fait partie du canal de l'Ourcq. Cette tranchée a fait voir la coupe d'une ancienne cavité remplie des matières qui composent le limon d'atterrissement, et c'est dans cette espèce de fond de marais qu'on a trouvé des os d'éléphans et de gros troncs d'arbres.

Les autres, ceux de la seconde époque ou de l'époque qui a commencé au moment où nos continens ont pris leur forme actuelle: sont composés de matières plus ténues, de sable moyen, de dépôts argileux et de limon d'alluvion; ils remplissent le fond des vallées actuelles, surtout dans les lieux où elles s'élargissent; ils sont exposés à être couverts par les eaux dans les grandes crues; ils renferment souvent des amas immenses de tourbe : les débris d'êtres organisés qu'on y trouve souvent sont à peine altérés; ils appartiennent à des animaux ou à des végétaux qui vivent encore dans nos cantons ou qu'on sait y avoir vécu : enfin on y rencontre fréquemment des débris d'ustensiles fabriqués par les hommes. Tels sont les terrains qui forment la plupart des îles de la Seine; ainsi on a trouvé, en 1800, dans l'île des Cygnes, en creusant les fondations du pont des Invalides, un bateau en forme de pirogue enfoui dans le sol d'alluvion qui forme cette île. Tels sont les tourbes de la vallée d'Essonne, les troncs d'arbres de l'île de Chatou, probablement ceux du lieu dit Le Port-à-l'Anglais, sur le bord de la Seine, au-dessus de Paris, etc.

C'est à l'existence de ces débris de corps organisés, qui ne sont pas encore entièrement décomposés, qu'on doit attribuer les émanations dangereuses et souvent pestilentielles qui se dégagent de ces terres lorsqu'on les remue pour la première fois après cette longue suite de siècles qui s'est écoulée depuis leur dépôt.

DEUXIÈME SECTION.

REVUE GÉOGRAPHIQUE DES DIVERSES SORTES DE TERRAINS QUI CONSTITUENT LE SOL DES ENVIRONS DE PARIS, ET DES LIEUX OÙ CHACUN D'EUX PEUT ÊTRE OBSERVÉ (1).

Nous venons de faire connaître, dans la première partie de ce Mémoire, les caractères et l'ordre de superposition des différentes sortes de roches qui composent le terrain dont nous avons entrepris la description; nous en avons

---

(1) Nous donnerons, à la suite de la description géographique de chacun des terrains qui entrent dans la structure du bassin de Paris, une indication plus ou moins développée de quelques terrains analogues, qui sont situés non-seulement hors des limites de notre bassin, mais encore dans des pays très-éloignés, et qui peuvent être rapportés aux six formations des environs de Paris : notre but en cela est de fournir des preuves que notre sol n'est pas dû, comme on l'avait cru, à une formation locale et accidentelle, et de contribuer à faire voir que la structure de la terre, même dans ce qu'elle a de plus superficiel, a été soumise à des règles qui sont presque partout les mêmes.

Ces additions, résultant des travaux et des observations particulières à M. Brongniart, seront signées des lettres initiales A. Br.

exposé les caractères distinctifs et les principales propriétés, nous avons fait voir l'ordre dans lequel elles ont été placées les unes par rapport aux autres; nous avons enfin indiqué quels sont les fossiles caractéristiques qu'elles renferment, et nous nous sommes contentés de donner quelques exemples pris des lieux où elles se montrent le plus facilement.

L'objet de cette seconde partie est de faire connaître, par une description détaillée, la position géographique des diverses sortes de roches ou de formations que nous avons déterminées, et les particularités qu'elles offrent dans les lieux où nous les avons étudiées. Nous combinerons donc ici l'ordre de superposition avec l'ordre géographique.

Nous diviserons en trois régions principales le bassin de Paris tel que nous l'avons circonscrit : celle du nord de la Seine, celle qui est située entre la Seine et la Marne, et celle du midi de la Seine. Nous irons généralement de l'est à l'ouest.

ARTICLE PREMIER.

1re. *Formation.* — Craie.

La craie étant la formation la plus ancienne, et par conséquent la plus inférieure de toutes celles qui constituent le sol du bassin de Paris, est aussi celle qui se montre le plus rarement à nu. Nous ferons mention non-seulement des lieux où on la voit à la surface du terrain, mais encore de ceux où on l'a reconnue par des fouilles plus ou moins profondes.

La craie paraissant former les parois de l'espèce de bassin dans lequel tous les autres terrains ont été déposés, notre but principal a été de déterminer les bords de ce bassin tant au nord qu'au midi. Nous en avons déjà indiqué les limites dans le premier chapitre; il nous reste à les décrire dans celui-ci avec plus d'exactitude.

On a déjà vu que les bords septentrionaux de ce bassin étaient assez faciles à suivre. La première partie visible de cette espèce de ceinture de craie, en partant du point le plus voisin de la rive septentrionale de la Seine à l'est de Paris, commence à Montereau, et se continue sans interruption sensible jusqu'à La Roche-Guyon, sur le bord de la Seine, au N. O. de Paris.

Elle passe derrière Provins, devant Sézanne, derrière Montmirail, devant Épernay, à Fîmes, derrière Laon, près de Compiègne au nord de cette ville, près de Beauvais et à Gisors. Au reste, la carte que nous présentons donnera les bords de cette ceinture plus exactement que la plus longue description.

Nous pouvons d'autant mieux regarder la ligne que nous venons de suivre comme formant les bords du bassin de craie, qu'en sortant de cette bordure pour s'éloigner de Paris, on se trouve dans presque toutes les directions sur des plateaux ou dans des plaines de craie d'une étendue très-considérable. Au-delà de ces limites, la craie ne s'enfonce que rarement, et qu'à très-peu de profondeur sous les autres terrains. Elle se montre, comme on le sait, absolument à nu à la surface du sol dans la Champagne; elle imprime à ce sol une telle stérilité, qu'on y voit des plaines immenses non-seulement privées de culture, mais encore arides et absolument dénuées de végétation, excepté dans quelques parties très-circonscrites où des masses de calcaire grossier forment comme des espèces d'îles ou d'oasis au milieu de ces déserts. Il est telle partie de ces plaines de craie qui, depuis des siècles, n'a peut-être été visitée par aucun être vivant; nul motif ne peut les y amener, aucun végétal n'y appelle les animaux : par conséquent ni la culture ni la chasse n'y peuvent attirer les hommes.

On fera remarquer, à cette occasion, que l'argile et la craie pures sont les deux seules sortes de terrains qui soient absolument impropres à la végétation; plusieurs espèces de plantes peuvent être cultivées dans les sables les plus arides si l'on parvient à les fixer; mais nous ne connaissons jusqu'à présent aucun moyen de défricher en grand ni l'argile ni la craie. Heureusement cette sorte de terrain ne se montre pas fréquemment aussi à découvert que dans les lieux que nous venons de citer; elle est ordinairement recouverte d'argile, de silex, de sable ou de calcaire grossier, qui, par leur mélange en diverses proportions, forment des terres propres aux différens genres de culture.

La craie s'élève près de Montereau, sur la rive droite de la Seine, en coteaux de 30 à 40 mètres de hauteur; elle porte une couche d'argile, dont l'épaisseur est variable. Cette argile appartient, comme nous l'avons dit, à la même formation que celle de Vanvres, d'Arcueil, etc.; mais elle est plus pure, et surtout beaucoup plus blanche; et comme elle conserve sa couleur à un feu modéré, elle est très-propre à la fabrication de la faïence fine. C'est aussi de ces carrières que les manufactures de faïence fine de Paris et de ses environs à plus de dix lieues à la ronde tirent leur argile.

La craie de Champagne commence près de Sézanne, aux marais de Saint-Gond, où elle est encore recouverte d'argile ; à Lanoue et à Changuyon, elle paraît immédiatement au-dessous d'un tuf calcaire (1).

Tout le coteau de Margny, en face de Compiègne, et depuis Clairoix au N. E. (2) jusqu'à Rivecourt au S. O., est de craie. Cette craie renferme peu de silex.

La craie ne paraît pas à nu sur la rive gauche de l'Oise, mais elle y est à très-peu de profondeur ; le sable calcaire qui se trouve sous tous les bancs de pierre calcaire en est l'indice certain. On sait d'ailleurs que tous les puits de Compiègne sont creusés dans la craie.

Nous avons retrouvé la craie près de Beau-

---

(1) Les terrains de craie indiqués à l'est de Fîmes, d'Épernay et de Sézanne avaient d'abord été placés d'après les Mémoires de Guettard, ils ont, depuis notre première édition, été reconnus soit par nous, soit par plusieurs des géologues qui ont étudié et fait connaître le sol de la France d'après les mêmes principes. Nous devons mettre à leur tête M. Omalius de Halloy, qui a publié de si excellentes observations sur cette partie de la géognosie de la France. Ces terrains sont hors de notre carte.

(2) Hors de la carte.

mont-sur-Oise, de Chambly, à Gisors, et à la côte de La Houssoye sur la route de Beauvais à Gisors. On monte près de ce lieu sur un plateau qui présente la craie presque à nu dans une grande étendue, depuis Puiseux au N. O. jusqu'à Belle-Église au S. E.; ce plateau se prolonge ainsi jusqu'à Gisors. Toutes les collines qui entourent cette ville font voir la craie dans leurs escarpemens, et nous l'avons reconnue, soit par nous-mêmes, soit par des personnes dont les rapports méritent toute confiance, le long des bords de l'Epte jusqu'à Saint-Clair. La craie qui est au N. E. de Gisors, étant très-relevée, forme un plateau qui n'est recouvert que par de la terre végétale d'un rouge de rouille et mêlée de silex; celle qui est au S. O. et au S. de cette ville, étant moins relevée, est revêtue d'argile plastique et de bancs de calcaire grossier.

La craie se montre encore à l'ouest et au N. O. de Beauvais, au-delà de Saint-Paul; elle se prolonge sans aucun doute du côté de Savignies, comme le prouvent les silex épars dans les champs; mais elle est cachée par les couches épaisses d'argile plastique, tantôt presque pure, tantôt mêlée de sable, qu'on trouve abondamment dans ces cantons, et qu'on exploite depuis long-temps aux environs de

Saint-Paul, du Bequet, de l'Héraulle (1), etc., pour la fabrication des grès de Saveignies et autres lieux.

Nous avons donné Mantes comme l'extrémité occidentale de la ceinture de craie qui entoure Paris au nord de la Seine. En effet, presque tous les escarpemens des collines qui dominent cette ville sur l'une et sur l'autre rive, présentent la craie surmontée souvent de calcaire grossier, comme on le verra à l'article de cette formation. Nous n'énumèrerons pas les points où la craie se montre à la surface du sol, la carte le fait voir suffisamment (2). On remarque que cette disposition se continue ainsi jusqu'à la Roche-Guyon.

A la Roche-Guyon la craie est à nu, et elle se continue presque toujours ainsi jusqu'à Rouen. C'est ici que nous la quittons, parce que nous regardons ce point comme le bord du bassin de Paris, puisqu'au-delà on ne trouve plus les gypses qui se sont déposés dans ce bassin particulier.

La ceinture de craie du midi de la Seine,

---

(1) Plus loin, au nord-ouest de Saveignies ; c'est hors des limites de notre carte.

(2) Nous tenons de M. de Roissy les renseignemens sur Mantes.

par les raisons exposées dans notre premier article, est beaucoup moins distincte, et laisse de grandes lacunes. Nous allons cependant essayer de la suivre en allant de l'ouest à l'est.

On la retrouve sur la rive gauche de la Seine en face de Mantes, dans la vallée où est placée Mantes-la-Ville; on peut la suivre jusqu'à Vers; mais elle ne tarde pas à disparaître sous le calcaire siliceux qui se présente dans ce lieu, pour ne plus se remontrer qu'à Houdan. On la voit à nu à la sortie de cette ville du côté de Dreux (1). Tous les coteaux élevés qui entourent cette dernière ville offrent sur leur flanc la craie entrecoupée de bancs interrompus de silex. Tout le plateau compris entre Dreux et Houdan est de craie. La forêt de Dreux, le plateau d'Abondant qui se continue en une plaine immense et parfaitement plane, sont de craie recouverte par l'argile plastique, le sable, et un agglomérat de silex dans une argile maigre, sablonneuse et rouge.

En allant plus au sud, on entre dans les plaines sablonneuses de la Beauce; ces masses de sable couvrent la craie, et la cachent dans une grande étendue. Il faut aller assez loin,

---

(1) Ces lieux sont hors des limites de notre carte.

et toujours vers le sud, passer la Loire et les plaines de la Sologne, pour la retrouver près de Salbris. Elle n'est pas encore ici précisément à la surface du sol, mais on la rencontre à si peu de profondeur, qu'on doit ne faire aucune attention à la petite couche de sable et de terre de bruyère qui la recouvre. Quoique nous ne l'ayons vue que dans une très-petite étendue, elle y est bien caractérisée par les silex blonds, et surtout par les oursins qu'ils contiennent, et qui la distinguent essentiellement des marnes blanches avec lesquelles on pourrait quelquefois la confondre, lorsqu'on ne la voit point en grande masse. On peut dire qu'une fois retrouvée dans ce lieu, on ne la perd plus jusqu'à Montereau, qui a été le point d'où nous sommes partis pour tracer la ceinture de craie du bassin de Paris.

Nous l'avons suivie sans interruption depuis Neuvy, sur la rive droite de la Loire, jusqu'à Nemours (1). Ici elle se relève, et forme, sur le bord oriental de la route de Montargis à Nemours, des collines assez élevées, et souvent escarpées ; on la voit encore près de Nanteau, à l'est, du côté de Montereau, où on l'emploie pour marner les vignes. Cette craie

---

(1) Au sud-est et hors de la carte.

est assez dure dans quelques endroits, et ses silex sont blonds; mais elle reprend ailleurs sa mollesse et ses silex noirs.

Nous venons de faire connaître les points principaux de la ceinture de craie qui entoure le bassin de Paris. La carte fera voir les autres. La craie de tous ces lieux, au moins celle qui forme la partie la plus superficielle du sol, appartient à celle que nous avons nommée *craie blanche*.

Au-delà de cette ligne, tout est craie dans une grande étendue; mais, quelque large que soit cette étendue, on peut cependant la comparer à un anneau ou à une ceinture qui est terminée et comme bordée extérieurement par le calcaire compacte plus ancien qui se montre à la surface du sol, comme à Caen, à Bar-sur-Aube, à Dijon, etc.

Une disposition assez remarquable tend à prouver que le terrain qui vient d'être décrit est en effet le bord d'une espèce de bassin ou de golfe; ce sont les cailloux roulés, souvent réunis en poudingues très-durs, qu'on remarque sur plusieurs points de ce rebord, comme on les trouve sur les grèves des golfes encore occupés par la mer.

On les voit très-bien et en bancs immenses près de Nemours, et précisément entre la craie et le terrain de calcaire siliceux qui la couvre.

On les revoit à Moret, près de la pyramide; ils y forment encore de très-beaux poudingues.

Le terrain que l'on parcourt en allant de Beaumont-sur-Oise à Ivry-le-Temple, est entièrement composé de cailloux roulés répandus plus ou moins abondamment dans une terre argilo-sablonneuse rouge qui recouvre la craie. C'est encore ici un des bords du bassin de craie.

On les retrouve du côté de Mantes, entre Triel et cette ville, dans un vallon qui est nommé sur les cartes *la Vallée des Cailloux*.

Du côté d'Houdan, ils sont amoncelés sur le bord des champs en tas immenses; enfin la partie des plaines de la Sologne, que nous avons visitée, depuis Orléans jusqu'à Salbris, est composée d'un sable siliceux brunâtre, mêlé d'une grande quantité de cailloux roulés de plusieurs espèces. Ici ce ne sont plus seulement des silex, il y a aussi des jaspes et des quartz de diverses couleurs. On remarquera que ce sol de rivage recouvre la craie presque immédiatement, comme on peut l'observer avant d'arriver à Salbris, etc., et qu'il est bien différent des sables du pays Chartrain, de la Beauce, etc., qui ne contiennent généralement aucun caillou roulé.

Le fond de ce bassin de craie n'était pas partout uni; il avait, dans divers points, des protubérances qui percent les terrains dont il a été recouvert depuis, et qui forment au milieu de ces terrains, comme des espèces d'îles de craie.

Le point le plus voisin de Paris où il se montre ainsi, c'est Meudon. La craie n'arrive pas tout-à-fait jusqu'à la surface du sol; mais elle n'est recouverte dans quelques endroits que d'une couche mince d'argile plastique. La partie supérieure de cette masse est comme brisée, et présente une espèce de brèche, dont les fragmens sont de craie et les intervalles d'argile. La partie la plus élevée de la masse de craie se voit au-dessus de la verrerie de Sèvres. Elle est à 15 mètres environ au-dessus de la Seine. Cette disposition relève toutes les couches qui la surmontent, et semble en même temps en diminuer l'épaisseur. On peut suivre ce promontoire de craie depuis la montée des Moulineaux, au bas de Meudon, jusqu'aux bases de la butte de Bellevue et dans Sèvres même; les caves et les fondations de toutes les maisons bâties sur le chemin de Bellevue sont creusées dans la craie. Dans le parc de Saint-

Cloud, les fondations du pavillon d'Italie sont placées sur ce terrain. Elle est souvent dans cette étendue recouverte d'argile plastique, et surmontée de calcaire grossier.

La craie du coteau de Meudon présente quelques faits particuliers que nous croyons devoir réunir ici.

La masse de craie est d'une consistance, d'une couleur et d'une nature assez uniformes; cependant vers sa partie supérieure elle est plus friable, plus sablonneuse, moins blanche; les ouvriers l'appellent marneuse et n'en font aucun usage. Derrière la verrerie de Sèvres, où elle a été mise à découvert, on remarque dans cette partie supérieure de nombreux canaux ondulés de 3 à 4 centimètres de diamètre, à peu près verticaux, mais s'anastomosant, et disposés comme le seraient des conduits qui auraient donné issue à un gaz se dégageant du milieu d'une masse pâteuse.

On croit avoir remarqué que la quantité de silex va en diminuant à mesure qu'on s'approfondit; la plus grande profondeur de ces crayères est d'environ 15 mètres au-dessous de la surface de la craie.

Dans la partie supérieure d'une de ces carrières, celle dont l'ouverture est une des premières en montant le chemin de Meudon, on a découvert, il y a environ cinq ans, la strontiane sulfatée en cristaux de 3 à 4 millimètres, d'une belle transparence et d'une couleur bleuâtre, dont la forme, voisine de celle de la strontiane sulfatée apotome, a été nommée *dioxynite* par M. Haüy.

Ces cristaux de strontiane se trouvent non-seulement dans les lits de silex les plus voisins de la surface de la craie et sur les parois des fissures qui traversent les parties supérieures de cette roche, mais encore dans les lits de silex assez profonds, situés au milieu même de la masse de craie, et qui ne paraissent avoir aucune communication avec la surface du sol.

Quoique ces cristaux semblent tapisser l'intérieur des rognons de silex noir, nous croyons devoir faire remarquer qu'ils ne se trouvent que dans des fissures. En examinant les silex qui les renferment, on voit qu'ils ont toujours été fendus, mais que ces fentes sont ouvertes, c'est-à-dire que les deux parois ne peuvent plus s'appliquer l'une contre l'autre à la manière de celles qui résultent d'une fracture actuelle, et que la surface de ces parois diffère encore d'une surface de fracture fraîche, en ce qu'elle est raboteuse ou au moins terne; c'est dans ces fentes que se sont déposés les cristaux de strontiane sulfatée qui les remplissent quelquefois presque entièrement. Ce n'est donc pas dans l'*intérieur* des silex et dans des cavités fermées de toutes parts qu'on les trouve, comme cela a lieu pour le quartz qui tapisse quelquefois ces cavités.

La strontiane sulfatée s'est déposée aussi sur les parois des fissures de la craie, en petits cristaux semblables à ceux des silex; elle s'est également déposée dans la cavité des oursins. Cette disposition générale semble indiquer que la strontiane sulfatée n'est pas essentiellement de la même époque de formation que la craie, et qu'elle peut appartenir à une époque postérieure, contemporaine de celle des argiles plastiques, mais qui aurait suivi de très-près celle de la craie supérieure et de ces silex; elle aurait pénétré dans ce sol à la manière des minéraux qui remplissent les filons. Ce que nous allons rapporter, en parlant de la craie de Bougival, paraît conduire au même résultat.

Cette même partie supérieure de la masse de craie qui renferme la strontiane, et qui, par la quantité de sable qu'elle contient, est regardée par les ouvriers comme faisant partie de la craie marneuse, renferme aussi un grand nombre de débris organiques, notamment ces grandes coquilles à texture striée que nous avons désignées sous le nom de *Catillus Cuvieri*, des *pecten*, des bélemnites, des térébratules et beaucoup d'oursins. C'est principalement dans ce lit, mais non pas uniquement, que se sont trouvés les silex à strontiane sulfatée.

Les terrains de craie de Meudon offrent à l'observateur des exemples assez nombreux et très-remarquables de ces cavités cylindroïdes irrégulières dans leur diamètre et leurs directions, qui représentent parfaitement les parois du conduit tortueux d'un puissant cours d'eau. Ces cavités ont une étendue qu'on n'a pas mesurée; non-seulement la surface des silex qui y sont en saillie est couverte de cristaux de chaux sulfatée; mais celle des parois de ces puits et des fentes brille d'une multitude de petites aiguilles cristallines qui échappent par leur petitesse à une détermination minéralogique, mais qui paraissent devoir être de même nature que les cristaux reconnaissables qui couvrent les silex.

La craie se relève également à Bougival près de Marly; elle est presque à nu dans quelques points, n'étant recouverte que par des pierres calcaires d'un grain assez fin, mais en fragmens plus ou moins gros et disséminés dans un sable marneux qui est presque pur vers le sommet de cette colline.

Au milieu de ces fragmens on trouve des géodes d'un calcaire blanc jaunâtre, compacte, à grain fin, avec des lames spathiques et de petites cavités tapissées de très-petits cristaux de chaux carbonatée. La pâte de ces géodes renferme une multitude de coquilles qui appartiennent à la formation du calcaire.

Parmi ces géodes, nous en avons trouvé une qui présentait une vaste cavité tapissée de cristaux limpides, allongés et aigus, ayant plus de deux centimètres de longueur.

La division mécanique seule nous a appris que ces cristaux appartenaient à l'espèce de la strontiane sulfatée, et un examen plus attentif de leur forme nous a fait connaître qu'ils constituaient une variété nouvelle. M. Haüy, auquel nous l'avons communiquée, l'a nommée *strontiane sulfatée apotome*.

Ces cristaux offrent des prismes rhomboïdaux à quatre pans, dont les angles sont les mêmes que ceux du prisme des variétés unitaire, émoussée, etc., c'est-à-dire 77 degrés 2′ et 102 degrés 58′. Ils sont terminés par des pyramides à quatre faces et très-aiguës. L'angle d'incidence des faces de chaque pyramide sur les pans adjacens est de 161 degrés 16'. Les faces sont produites par un décroissement par deux rangées à gauche et à droite de l'angle E de la molécule soustractive. C'est une loi qui n'avait pas encore été reconnue dans les variétés de strontiane sulfatée étudiées jusqu'à ce jour. Son signe sera $\dot{E}\ E^2\ {}^2E$ (1).

Les cristaux de strontiane observés jusqu'à présent aux environs de Paris sont extrêmement petits, et tapissent les parois de quelques-unes des géodes de strontiane qu'on trouve dans les marnes vertes de la formation gypseuse; mais on n'en avait point encore vu d'aussi volumineux et d'aussi nets.

En suivant cette ligne on voit encore la craie à Chavenay au nord-ouest de Versailles, à Mareil, à Maule et tout le long de la Mauldre presque jusqu'à la Seine Elle se présente toujours de la même manière, mais nous n'avons pas retrouvé dans ces derniers lieux l'argile plastique qui la recouvre ordinairement.

Il paraît qu'elle s'enfonce davantage vers le nord de la ligne que nous venons de suivre; cependant on la retrouve encore à peu de profondeur au sud d'Auteuil. En perçant, dans

---

(1) Nous ferons connaître à l'article de l'argile plastique un nouveau lieu où cette variété a été découverte.

la plaine du *Point du Jour* (1), un terrain composé de sable rougeâtre et de cailloux roulés, et qui a environ 5 mètres d'épaisseur, on trouve la craie immédiatement au-dessous sans qu'on puisse apercevoir aucun indice ni de l'argile plastique, ni du calcaire marin qui la recouvrent dans d'autres lieux.

Près de Ruel il faut creuser plus profondément; on y a percé des puits, dans l'espérance, fondée sur des prestiges rabdomanciques, de trouver de la houille. Ces puits, qui ont été jusqu'à 125 mètres au-dessous du niveau de la Seine, n'ont servi qu'à nous faire connaître que la craie existe sous ce sol d'attérissement et qu'elle y a une épaisseur considérable.

Les autres points où se montre la craie sont trop peu importans ou trop rapprochés des limites du bassin pour que nous en fassions une mention particulière; la carte les fera suffisamment connaître.

La craie se montre encore à la surface du sol après Chaumontel au N.-N.-E. de Luzarches, qui est situé à environ huit lieues au nord de Paris; on la suit jusqu'au pied de la

---

(1) M. Coupé en avait fait mention, Journ. de Physique, tome LXI, page 368.

côte de la Morlaie; mais à la descente du bois de Royaumont, dans la vallée de la Morlaie, elle disparaît sous des blocs considérables de poudingues siliceux à base de grès qui semblent avoir roulé du sommet des coteaux.

On ne la voit pas à Luzarches même, qui est dans une vallée dont le fond appartient généralement au terrain d'eau douce; mais on l'y a reconnue par des puits creusés pour le même but et sur les mêmes indices que ceux de Ruel, c'est-à-dire dans l'espérance d'arriver à une couche de houille. On a pénétré ici bien plus profondément, et après avoir traversé toute la masse de craie blanche remplie de silex, on est arrivé jusqu'à la craie tufau.

Le puits dit de la charbonnière est creusé tout près du bourg dans une prairie. On a d'abord traversé un lit de sable, puis une couche d'argile plastique grise et rougeâtre dans laquelle on a trouvé des pyrites et du lignite. On a percé dans la craie un puits qui, en 1818, avait environ 112 mètres de profondeur; c'est à cette profondeur qu'on est sorti de la craie blanche pour entrer dans la craie tufau; autant du moins que nous avons pu en juger par les morceaux répandus sur les haldes à l'ouverture de ce puits.

Ce sont les petites parties de lignite qu'on a

rencontrées et dans l'argile plastique et peut-être aussi dans la masse de craie, qui ont donné aux entrepreneurs de ces travaux des espérances bien peu fondées; càr il est bien reconnu en géologie que le lignite et la houille n'ont entre eux aucune relation. Il n'est pas absolument impossible de trouver de la houille au-dessous de la craie, cette roche pouvant recouvrir un terrain houiller; mais il n'y a pas plus de probabilité d'en trouver à Luzarches que dans tout autre endroit dont le sol est d'une formation postérieure à celle de la houille.

SUR QUELQUES TERRAINS DE CRAIE
HORS DU BASSIN DE PARIS.

PAR M. BRONGNIART.

§ I. *Craie de France.*

En s'éloignant du bassin de Paris, la craie, ou disparaît entièrement, et les terrains qui lui sont inférieurs et qui en sont réellement différens, non-seulement par leur nature minéralogique mais par l'époque de leur formation, se montrent à la surface du sol; ou bien la craie blanche disparaît seule, et ses assises inférieures, composées des variétés que nous avons désignées sous les noms de *craie tufau* et de *craie chloritée*, deviennent superficielles, en conservant encore plusieurs des caractères minéralogiques de cette roche; ou bien enfin elle les perd entièrement, et ne conservant plus que les caractères géognostiques tirés de sa structure et des corps organiques ou minéraux qu'elle renferme, elle se confond avec les roches calcaires qui l'ont précédée immédiatement, et devient alors très-difficile à distinguer.

Malgré ces différences et ces difficultés, je vais essayer de rapporter à l'une des trois sortes de craie que nous venons d'indiquer les terrains sur lesquels j'ai assez de renseignemens pour tenter ces rapprochemens.

Les terrains de *craie blanche* bien reconnus pour appartenir à la même formation que ceux de Bougival et de Meudon, semblent entourer le bassin de calcaire grossier d'une zone assez large non interrompue à l'est, au nord et à l'ouest, mais dont la partie la plus méridionale, située entre Chartres et Nemours, est cachée sous le terrain de sable et de calcaire d'eau douce qui fait suite au terrain de Paris. La carte dressée par M. d'Omalius d'Halloy, et publiée dans le volume de 1815 des Annales des Mines, fait voir très-clairement l'étendue et les limites du terrain de craie blanche le plus voisin de Paris. Mais comme la craie ancienne, renfermant les variétés minéralogiques que nous avons nommées *craie tufau* et *craie chloritée*, se lie avec la craie nouvelle par des nuances insensibles, on doit désigner en France, comme appartenant en tout ou en partie à la formation des différentes craies, les départemens et les contrées suivantes, en commençant par le nord et allant de l'ouest à l'est.

On remarque d'abord une large zone qui, partant des environs de Valenciennes, comprend une partie des départemens du Nord et du Pas-de-Calais, le département de la Somme, une grande partie de celui de l'Oise, ceux de l'Eure et de la Seine-Inférieure entiers, et les parties orientales de ceux du Calvados et de l'Orne, c'est-à-dire les environs des villes d'Honfleur, de Pont-l'Évêque, de Lisieux et de L'Aigle.

La craie blanche, tantôt seule, tantôt accompagnée par la craie tufau, ou même remplacée par elle, s'y présente avec tous ses caractères minéralogiques de couleur, de texture et de structure en grand. Elle y renferme des silex noirs, et si on y avait cherché avec plus de soin les débris de corps organisés qu'elle contient, il n'y a pas de doute qu'on n'eût trouvé dans tous ces lieux une grande partie de ceux qui la caractérisent, puisque nous pouvons déjà citer presque partout des *bélemnites* et le *spatangus coranguinum*. Le *mytiloïdes labiatus*, autre coquille propre à la craie, se montre au Mesnil, commune de Saint-Saulis, près de L'Aigle, département de l'Orne, et à Auvermesnil, vallée de Saint-Germain ; elle est, dans ce dernier endroit, accompagnée d'ammonites au milieu d'un lit de marne argileuse qui appartient à la craie inférieure.

En allant vers le sud-ouest, on suit la craie presque sans interruption dans les parties occidentales du département d'Eure-et-Loir et dans celui de Loir-et-Cher aux environs de Vendôme et de Blois. Dans celui du Loiret j'ai reconnu près de Salbris, au-dessous du terrain de transport qui forme la plaine de la Sologne, le silex pyromaque blond et le *spatangus coranguinum*, qui caractérisent si constamment cette formation. Plus à l'ouest, dans le département d'Indre-et-Loire, la craie se retrouve au-dessous des débris de calcaire grossier qu'on nomme le *falun* de Touraine ; et cette craie inférieure, qui reçoit dans ce pays-ci le nom de *tufau*, est caractérisée aux environs de Tours, à Luceau près d'Amboise, etc., par le *catillus Cuvieri* et par les *podopsis truncata* et *striata*.

Vers le sud on la suit encore dans le département de l'Indre, dans les environs d'Argenton et du Blanc ; j'ai de ce dernier lieu des silex pyromaques et cornés, le *spatangus coranguinum*, le *mytiloïdes labiatus* et la petite espèce ou variété du *gryphea columba*, qui appartient plus particulièrement à la craie tufau (1).

---

(1) Je tiens de M. Coquebert de Montbret la plupart de

Les terrains de craie ne se prolongent pas davantage au midi; ils sont interrompus et comme coupés par des terrains plus anciens; mais si on continue à réunir l'histoire de la craie ancienne à celle de la craie blanche, on peut les suivre presque sans interruption, en allant d'abord vers l'est et ensuite en remontant vers le nord, pour aller rejoindre le département du Nord dont on est parti. On retrouve dans la partie méridionale du département de l'Yonne, près de Nemours, de Sens et de Joigny, la craie blanche parfaitement caractérisée par la forme de ses collines, par leurs escarpemens en falaise, par ses silex, par ses coquilles, et notamment par le *spatangus coranguinum* et le *mytiloïdes labiatus*, qui se trouvant bien évidemment ici, comme à Rouen, dans la craie blanche, lient cette craie avec la craie tufau.

On entre ensuite dans les départemens de l'Aube et de la Marne, qui dépendent d'une province depuis long-temps célèbre par ses plaines crayeuses; dans les environs de Void, département de la Meuse, la craie passe par des nuances insensibles au calcaire oolithique du Jura, mais elle se reconnaît encore à sa couleur blanche, à sa texture lâche, et aux cidarites, térébratules, etc., qu'on y trouve ordinairement.

La craie se montre encore, mais moins à nu et par conséquent d'une manière beaucoup moins sensible, dans la pointe occidentale du département des Ardennes et dans quelques parties du département de l'Aisne, qui touchant à ceux du Nord, du Pas-de-Calais et de

---

ces échantillons et les renseignemens qui les rendent instructifs.

la Somme, termine et ferme, pour ainsi dire, le cercle que nous avons parcouru et au centre duquel Paris est placé.

Mais je dois m'arrêter plus particulièrement sur quelques parties de la Normandie, parce que j'ai eu occasion d'y étudier la craie dans ses diverses modifications.

Le premier des lieux dont je ferai mention est la côte de Sainte-Catherine, à l'entrée orientale de la ville de Rouen. La réunion de la craie blanche supérieure à la craie tufau et chloritée inférieure n'y laisse aucun doute sur l'identité de formation de ces deux roches; mais ces dernières contiennent une très-grande quantité de corps organisés fossiles différens de ceux qui se trouvent dans la craie blanche. Cette réunion de circonstances est très-favorable à l'observation, en ce qu'elle donne des moyens de ramener à la formation de la craie des terrains qui au premier aspect offrent des différences très-sensibles et assez nombreuses; ainsi on ne voit plus que ces deux dernières craies au lieu dit le cap de la Hève près du Havre, à Honfleur, etc. (1).

Cette craie inférieure est la même que celle qui a été observée en Angleterre, par Deluc, entre Beachy-Head et Sea-House, sur la côte de Sussex, et si bien décrite (2) par ce géologue, dont les bonnes observations

---

(1) J'ai observé moi-même la structure de la côte Sainte-Catherine, et celle des falaises de Honfleur jusqu'à Dives; mais je dois une grande partie des coquilles de ce premier lieu à M. de Saint-Brice, ingénieur au corps royal des mines. C'est de M. Audouin que je tiens tout ce que je sais sur la structure du cap de la Hève.

(2) Lettres géologiques à Blumenbach, page 200.

et les justes conséquences datent d'une époque où cette manière d'observer et de décrire en géologie était une chose presque nouvelle.

Cette craie ne diffère pas non plus de celle que M. William Phillips a reconnue sur les côtes de France à l'ouest de Calais, entre Saugatte et Saint-Pôt, et qui paraît correspondre exactement à celle des côtes d'Angleterre, entre Douvres et Folkstone; dans l'un et l'autre lieu, comme dans plusieurs autres endroits, la craie blanche et la craie tufau sont séparées de la craie chloritée (*green-sand* des géologues anglais) par un lit plus ou moins épais de marne argileuse bleuâtre (1).

Parmi les coquilles fossiles qui se trouvent dans ces craies et qui paraissent les caractériser, je citerai les suivantes comme venant principalement des trois endroits que je viens de nommer, c'est-à-dire de Rouen, du Havre, de Honfleur, et même de la continuation de cette côte jusqu'à Dives.

Corps organisés fossiles de la craie tufau et de la glauconie crayeuse (craie chloritée) (2) de Rouen, *du* Havre, *de* Honfleur, *des environs de* Dives, *etc.*

NOMS.	CITATIONS, FIGURES, SYNONYMES, OBSERVATIONS ET DÉTERMINATIONS.	LIEUX, GISEMENS PARTICULIERS, ET OBSERVATIONS.
Nautilus simplex.	Sow ?............	Rouen.
Scaphites obliquus.	Sow. tab. 18, fig. 4-7-(pl. N, fig. 13)	Rouen, Brighton.
Ammonites varians.	Sow. tab. 176.—(pl. N, fig. 5)...	Rouen, le Havre, où il se présente sous un très-grand volume.

(1) Trans. of geol. Soc. Lond., 1819, part. 1re, page 16, avec profils, etc.
(2) Nous avons dit, page 33, que les grains verts disséminés dans cette

NOMS.	CITATIONS, FIGURES, SYNONYMES, OBSERVATIONS ET DÉTERMINATIONS.	LIEUX, GISEMENS PARTICULIERS, ET OBSERVATIONS.
Ammonites inflatus.	Sow. tab. 178.—(pl. N, fig. 1)...	Le Havre.
— *rhotomagensis.*	Defr. (pl. N, fig. 2).......	Rouen. Il acquiert une taille de plus d'un décimètre.
— *Coupei.*	A. Br. (Pl. N, fig. 3)......	Rouen.
— *Gentoni.*	Defr. (Pl. N, fig. 6)......	Rouen.
—	Voisin du *Gentoni* et du *Splendens*; mais ce fragment est trop petit pour être déterminé avec exactitude............	Rouen.
Hamites rotundus.	Sow. tab. 61, fig. 3.-(pl. O, fig. 5).	Rouen.
Turrilites costatus.	Montf. — Sow. tab. 36. — (pl. N, fig. 7)............	Rouen, Le Havre.
Turbo?	Des moules intérieurs indéterm.	Rouen.
Trochus.	Des moules intérieurs qui paraissent pouvoir se rapporter aux *trochus* de la Perte du Rhône désignés par les noms de *T. Gurgitis Rhodani, Cirroïdes* (pl. Q, fig. 7-8-9)............	Rouen.
Cassis avellana.	A. Br. (pl. N, fig. 10). Quoique ce ne soit souvent qu'un moule intérieur, il reste assez d'empreintes des diverses parties pour qu'on puisse arriver, à la détermination du genre et de l'espèce............	Rouen.
Podopsis truncata.	Lam. — (Pl. M, fig. 2)......	Le Havre, les environs de Tours?
— *striata.*	Lam.—(Pl. M, fig. 3).......	*Ibid.*, Brighton.
Inoceramus concentricus.	(Pl. N, fig. 11).-Park. *Trans. of the Geol. Soc. of London*, vol. V, pl. 1, fig. 4 Quoique je n'en possède qu'un petit fragment, je ne doute pas de l'exactitude du rapprochement.	Rouen.

craie n'étaient pas de la chlorite; par conséquent, que le nom de *craie chloritée*, indiquant une composition qui n'est pas exacte, ne pouvait plus convenir à cette roche composée par agrégation de craie, de sable et de fer chloriteux granulaire, et que nous la nommerions à l'avenir *glauconie crayeuse*.

NOMS.	CITATIONS, FIGURES, SYNONYMES, OBSERVATIONS ET DÉTERMINATIONS.	LIEUX, GISEMENS PARTICULIERS, ET OBSERVATIONS.
Ostrea carinata...	Lam. — (Pl. K, fig. 11).....	Le Havre.
— *pectinata*.....	Lam. Ann., t. XIV, pl. XXVIII, fig. 1.	Le Havre.
Gryphea columba..	Lam. — (Pl. N, fig. 8)......	Le Havre? Le Blanc; Longleat.
Pecten quinquecostatus......	Sow. tab. 56, fig. 4-8. — (pl. L, fig. 1)...............	Le Havre. Il paraît un peu différent de celui de la craie blanche.
Pecten intextus...	A. Br. (pl. M, fig. 10)......	Le Havre.
— *asper*.......	Lam. (pl. M, fig. 1)........	Le Havre.
— *dubius*......	Defr. (pl. K, fig. 9)........	Rouen.
Plagiostoma spinosa.	Sow. tab. 78. — (pl. L, fig. 2).	Rouen. Il se trouve dans la craie tufau très-près de la craie blanche, et ne paraît pas différer de l'espèce qui appartient à cette dernière roche. — Brighton.
— *Mantelli* (1)...	A. Br. (pl. L, fig. 3)......	De la côte de Douvres.
Trigonia......	Moule intérieur qui paraît indiquer une espèce voisine du *Tr. scabra*. Lam. ou du *Tr. striata* de Sow. qui pourraient bien être la même espèce. (Voyez pl. Q, fig. 5.)............	Rouen.
Mytiloïdes? labiatus.	*Ostracites labiatus*. Schlotheim (pl K, fig. 4).......	Rouen, et dans la craie tufau de beaucoup d'autres lieux.
Crassatella.....	Des moules intérieurs qui semblent indiquer des petites espèces de ce genre...........	Rouen.

---

(1) M. G. Mantell nous ayant envoyé, pendant la composition de ce travail, une suite aussi nombreuse qu'intéressante des corps organisés fossiles de la craie, et plusieurs des planches d'un ouvrage qu'il prépare sur la craie des environs de Douvres, nous croyons devoir lui témoigner ici nos remercîmens de cette communication généreuse, et lui prouver combien nous l'apprecions, en indiquant quelques-uns des fossiles de la craie d'Angleterre, en lui dédiant cette espèce de plagiostome que nous n'avons encore trouvée décrite nulle part, et en sortant ainsi un peu des limites que nous nous sommes tracées. Nous y avons aussi été engagés par un semblable don de coquilles fossiles de la craie, que M. Crow vient de nous faire, et qui a considérablement augmenté nos richesses dans ce genre.

NOMS.	CITATIONS, FIGURES, SYNONYMES, OBSERVATIONS ET DÉTERMINATIONS.	LIEUX, GISEMENS PARTICULIERS, ET OBSERVATIONS.
Terebratula semi-globosa	Sow. tab. 15, fig. 9. — Lam. (pl. Q, fig. 1)	Rouen, Le Havre.
— *gallina*.	A. Br. (pl. Q, fig. 2).	Le Havre.
— *alata*.	Lam. (pl. L, fig. 6)	Le Havre.
— *pectita*.	Sow. tab. 138, fig. 1.-(pl. Q, fig. 3).	Le Havre.
— *octoplicata*. . . .	(Pl. L, fig. 8)-Sow. tab. 118, fig. 2?	Le Havre.
Cidarites variolaris.	A. Br. (pl. M, fig. 9).	Le Havre.
Spatangus bufo. . .	A. Br. (pl. M, fig. 4). Fauj. . . .	Le Havre.
— *suborbicularis*. .	Defr. (pl. M, fig. 5).	Env. de Dives, dans la craie tufau

On a dû remarquer que la craie finit au sud de Paris aux confins méridionaux du département de l'Indre ; elle cesse réellement ici, puisque les terrains qui lui succèdent sont composés de roches qui lui sont inférieures ; mais quand on a traversé ces terrains plus anciens, on retrouve, en allant toujours au S.-O., la craie tufau dans le département de la Dordogne, aux environs de Périgueux et notamment à l'ouest de cette ville. Les coteaux élevés et escarpés qui bordent la rivière de Lille, depuis Périgueux jusqu'au lieu dit la Massoulie, sont en craie grise sablonneuse et souvent micacée, c'est-à-dire en craie tufau qui se présente en masse immense sans assises distinctes dans la plus grande partie de son étendue ; mais sa stratification est indiquée par les bancs de silex noirs qui la divisent en couches assez nombreuses. Ces silex appartenant plutôt à la variété que nous avons nommée *silex corné*, qu'à celle qu'on appelle *silex pyromaque*, sont, comme nous l'avons dit ailleurs, caractéristiques de la craie tufau dans laquelle ils semblent se fondre.

Les coquilles que renferme cette craie sont nombreuses dans quelques points, et quoique je n'aie vu cette colline que très-rapidement (1), j'ai pu recueillir les espèces suivantes :

Liste de quelques coquilles de la craie tufau des environs de Périgueux.

Nautilus pseudopompilius ? Schloth.
Deux *Trochus*. . . . Moules intérieurs indéterminables.
Ostrea vesicularis. . Lam. . . . . { Les individus sont plus petits et ressemblent à ceux de Luzarches, et ceux-ci aux petits de Meudon.
Gryphea auricularis. A. Br. (pl. N, fig. 9).
Plagiostom aspinosa. Sow. . . . . { Quoique je n'aie vu que la surface intérieure de quelques valves, je ne doute pas de cette détermination.

Malgré les différences spécifiques que plusieurs de ces coquilles ont avec celles de la craie, on reconnaît, par la masse des ressemblances, qu'elles se rapprochent des espèces qui existaient à cette époque, plus que d'aucune de celles de toute autre époque.

En allant plus au sud on retrouve encore le terrain de craie dans des lieux où jusqu'à présent on ne l'avait ni reconnu, ni même indiqué. Je ne doute plus que l'on ne doive rapporter à cette formation les terrains de calcaire gris, dur, sableux, micacé, qui forment le fond du sol aux environs de Bayonne, et notamment la côte et les rochers de Biaritz. C'est en 1808 que j'ai pris cette

---

(1) C'est en 1808 que j'ai visité cette côte, et que j'y ai reconnu les caractères de la formation de la craie tufau, que je rapporte ici.

idée sur l'époque de formation de cette roche. L'examen ultérieur que j'ai fait des circonstances qui l'accompagnent, de sa ressemblance avec certaines variétés d'une des craies tufau, et le *spatangus* qui vient des environs de Bayonne, et dont je donne la figure pl. M, fig. 6, sous le nom de *spatangus ornatus*, que M. Defrance lui a assigné, me confirment pleinement dans l'opinion qu'on doit rapporter ce terrain à la craie tufau. Cette roche se présente comme une masse continue, dans laquelle on ne peut reconnaitre de stratification distincte qu'au moyen des différences de solidité des parties qui la composent; on y remarque, en effet, des zones alternatives d'un calcaire grisâtre, argiloïde ou sableux d'une désagrégation facile, et d'un calcaire dur, comme divisé en une suite de nodules irréguliers plus ou moins renflés, qui restent en saillie sur les escarpemens, à la manière des bancs de silex de la craie blanche.

Cette masse renferme un grand nombre de débris de coquilles fossiles qu'il ne m'a pas été possible de déterminer, mais dans lesquels j'ai reconnu des échinites dont le *spatangus ornatus* fait probablement partie. Je n'y ai vu aucune ammonite.

§ II. *Craie d'Angleterre.*

Nous ne citerons pas les lieux nombreux où cette roche se montre avec tous les caractères tirés de sa couleur, de sa texture, de sa disposition en grand, des corps organisés fossiles qui lui sont propres, caractères que nous avons exposés en traitant de la craie du bassin de Paris.

Les géologues anglais MM. Buckland, Greenough, Smith, Webster, W. Phillips, Parkinson, Mantell, etc., ont très-bien décrit ce terrain et l'on fait connaître par les moyens les plus clairs et les plus certains, c'est-à-dire par de bonnes cartes, par des coupes et par une énumération précise des roches qui le constituent, des minéraux qu'il renferme et des corps organisés qui y sont enfouis ; ils nous ont appris que dans l'Angleterre proprement dite la craie forme en tout ou en grande partie les comtés de Norfolk, d'Hertford, de Wilts, de Dorset ; qu'elle forme également la plus grande partie du Hampshire, dans lequel se trouve l'île de Wight, cette contrée complètement analogue au terrain de Paris et si bien décrite par M. Webster ; le comté de Sussex, où se remarquent les côtes escarpées de Beachy-Head et de Brighton, dont M. Mantell publie une description aussi détaillée qu'intéressante ; celui de Surrey, et celui de Kent, dans lequel se trouvent Gravesend, Folkstone, Douvres, l'île de Thanet, tous lieux célèbres dans l'histoire de la craie ; ils nous ont appris enfin que les deux rives de la rivière d'Humber, vers son embouchure, appartiennent à la craie chloritée.

Cet aperçu rapide suffit pour nous faire voir que la craie entoure le bassin de Londres, composé du terrain meuble, et de ceux de sédiment supérieur, comme elle entoure le bassin de Paris, composé des mêmes terrains, mais plus solides.

Nous apprenons aussi par les travaux des géologues anglais, que la craie blanche à silex pyromaques est superposée en Angleterre comme en France à la craie tufau et à la craie chloritée qu'ils appellent souvent sable vert (*green-sand*), parce qu'elle paraît contenir généralement beaucoup plus de sable que la nôtre ; que cette craie blanche est quelquefois séparée de la craie tufau par un lit de marne argileuse qui renferme des corps fossiles un peu différens de ceux de ces craies; que ces diverses sortes de craie présentent d'ailleurs, non-seulement la même association de genres dans leurs coquilles, non-seulement des espèces très-voisines des nôtres, mais un grand nombre d'espèces qui sont absolument les mêmes.

Il suffit de comparer les énumérations et les figures données par MM. Sowerby, Parkinson, Webster, Mantell, etc., quelque incomplètes qu'elles soient encore, pour être convaincu de ces analogies, et pour voir que non-seulement le terrain de craie tout entier correspond à l'ensemble de nos trois variétés par les corps organisés qu'il contient, mais que chacune de ces variétés renferme, en Angleterre comme en France, des espèces de coquilles et des associations d'espèces analogues : ainsi la craie blanche de Gravesend, de Brighton, etc., contient des coquilles, des coraux, des échinites semblables à ceux de la craie blanche de Meudon, de Dieppe, etc.; la craie chloritée (*green-sand*) de Folkstone contient des coquilles et d'autres corps marins qui sont souvent de la même espèce que ceux qu'on observe dans la craie chloritée de Rouen, du Havre, de Honfleur, etc.

Nous ne disons pas que, dans les deux pays, les trois sortes de craie soient et parfaitement différentes l'une de l'autre, et parfaitement semblables lorsqu'on les compare sorte à sorte, pays à pays, mais seulement que la somme des différences et des ressemblances est à peu près la même, dans les deux pays, entre ces trois variétés de roche de la même formation. Il résulte de cette considération, qui est l'application d'une des généralités les plus importantes de la géognosie, qu'on ne peut caractériser ni la craie ni aucune de ses divisions par un caractère unique tiré soit de sa nature minéralogique, soit de sa structure en grand, soit même des corps organisés qu'elle renferme, mais qu'il faut toujours avoir recours à un ensemble de caractères.

Les personnes qui ont réfléchi sur les classifications naturelles ont observé et ont fait remarquer qu'on était obligé d'en agir ainsi lorsqu'on voulait rapprocher, dans des groupes naturels, les corps qui se ressemblent par les propriétés les plus nombreuses et les plus importantes.

§ III. *Craie du nord et de l'est.*

Nous allons maintenant suivre, dans les parties orientales et septentrionales de l'Europe, la craie bien caractérisée et assez généralement reconnue pour telle.

Nous l'avons quittée à l'orient de la France, dans les départemens du nord. Nous la retrouvons en entrant dans le royaume des Pays-Bas; mais, si elle ne présente plus ici la couleur, la texture ni aucun des caractères minéralogiques qu'on a l'habitude d'attribuer à la craie, elle offre tous ceux qu'on peut tirer de sa structure en grand, et des corps organisés fossiles qu'elle renferme.

On peut sans aucun doute rapporter à la formation de la craie la montagne de Saint-Pierre près de Maestricht, ou au moins une grande partie de ce terrain; car il serait possible qu'il fût recouvert dans quelques points par des dépôts plus ou moins épais de calcaire grossier. La roche qui compose les parties inférieures de cette montagne, s'éloigne de la craie blanche par sa structure grenue, sa consistance friable, sa couleur jaunâtre; mais elle ressemble d'autant plus par là à la craie tufau. On ne remarque ici aucune stratification distincte; la formation sédimentaire horizontale est indiquée par de nombreux lits de silex qui appartiennent plutôt aux silex cornés qu'aux pyromaques, autres caractères propres à la craie tufau.

Deluc avait déjà remarqué (1) l'analogie de cette roche avec la craie, et tout en l'appelant *sable* à cause de sa texture grenue et de sa consistance friable, il faisait observer que ce sable était entièrement dissoluble dans l'acide nitrique. Les coquilles sont inégalement distribuées dans cette masse; il y a des bancs qui n'en contiennent aucune. Les silex, dit ce judicieux géologue, y sont disposés exactement comme dans la craie, et les bélemnites, différentes de celles du calcaire compacte alpin, ressemblent à celles de la craie. MM. Defrance et de Schlotheim, etc., admettent la même analogie.

Près du bourg de Fauquemont, de l'autre côté de la Meuse, presque en face de Maestricht, les collines sont de craie tufau à leur base, et de sable quartzeux à leur sommet (2).

On remarque dans cette masse puissante de craie friable, des canaux à peu près verticaux ouverts à la surface du terrain de craie, et par lesquels s'écoule, lorsque les circonstances le permettent, le sable qui recouvre ce terrain et qui forme le sol superficiel de la colline de Saint-Pierre; M. Bory de Saint-Vincent a

---

(1) Lettres géologiques sur la terre et sur l'homme, t. IV, lettres LXXXIII, page 558, et XC, pages 114, 121, 123.

(2) *Idem*, tome IV, page 131.

décrit cette particularité remarquable, sous le nom d'Orgue géologique (1).

Malgré la description que M. Faujas a donnée de cette colline, et les nombreuses figures de fossiles qu'il en a publiées, il est encore difficile de former une liste un peu étendue des coquilles fossiles qu'elle renferme, déterminées avec assez d'exactitude pour qu'on puisse les reconnaître avec certitude ; nous ne pouvons indiquer que les suivantes :

Ostrea vesicularis. Lam. Fauj.
Thecidea radians. Defr. Fauj. tab. XXVII, fig. 8.
Thecidea hieroglyphica. Defr.
Spatangus bufo. A. Br. (pl. M, fig. 4).—Fauj. pl. XXX, fig. 2.

En s'avançant davantage vers l'est, la craie se montre sur une étendue plus considérable et avec des caractères qui n'ont jamais permis d'hésiter sur sa nature. Il paraît qu'elle forme le fond du sol des pays d'Oldenbourg et de Hanovre, du Holstein, du Danemark et de toutes ses îles, parmi lesquelles on a fréquemment indiqué et décrit, comme exemple remarquable de cette roche, la Séelande et l'île de Moëns, ainsi que celle de Rugen vis-à-vis la côte de Poméranie.

Dans ce point les deux rivages de la Baltique en sont composés ; car sur le rivage du nord, tous les géologues qui ont étudié ou visité la Suède, MM. Debuch, Hausman, et en dernier lieu M Wahlenberg, citent les environs de Malmoë comme appartenant à la formation de craie ; sur le rivage du sud, le sol fondamental du Meck-

---

(1) Description du plateau de Saint-Pierre de Maestricht, par M. Bory de Saint-Vincent. Ann. des Sc. phys. de Bruxelles, tome 1, 1819.

lenbourg, de la Poméranie, des environs de Dantzick, etc., appartiennent aussi, sans aucun doute, à la craie. Cette roche n'est pas toujours visible dans les lieux que nous venons de citer, parce que des terrains de transport d'une nature quartzeuse et d'une origine particulière, la recouvrent dans beaucoup de points; mais elle s'y manifeste, soit en perçant ces terrains, soit en fournissant les rivages des silex et des coquilles remplies de silex qui lui appartiennent, et que la mer a détachés de sa masse.

La craie ne compose pas seulement le fond du sol des rivages de la Baltique, elle s'étend presque jusqu'au pied des montagnes du Harz, de la Saxe, de la Silésie et des Krapacks, car on la voit très-distinctement à Grodno et à Cracovie.

Mais notre but n'est pas de présenter l'énumération de tous les terrains de craie qu'on peut connaître en Europe. Ceux que nous venons de citer suffisent pour donner une idée de l'étendue de ces terrains. Nous avons seulement l'intention de faire remarquer que cette craie est souvent semblable en tout à celle de France et d'Angleterre, en rapportant quelques faits particuliers qui tendent à le prouver et qui ont été observés dans différens points des pays que nous venons de citer.

Le *spatangus coranguinum*, cet échinite que nous avons si souvent désigné comme propre à la craie, a également frappé un observateur qui exerce sa sagacité dans un pays bien différent et bien éloigné du nôtre : M. Wahlenberg le cite comme indiquant des lits de craie sur les rivages de la Scanie (1).

---

(1) *Act. Soc. regiæ Sc. Upsal.*, vol. VIII, page 51.

M. Vargas-Bedemar, en décrivant les terrains de craie des environs de Faxoe en Seelande, et de l'île de Moens, croit avoir trouvé quelques différences entre cette craie et celle du bassin de Paris; mais il convient ensuite qu'elle présente les caractères essentiels qui doivent néanmoins la faire considérer comme appartenant à la même formation que la nôtre. Il est malheureux qu'il n'ait donné ni coupe du terrain, ni détermination, accompagnée des figures nécessaires, des corps organisés fossiles qu'on y trouve. Ce sont les seuls moyens sûrs que l'on puisse employer pour établir les identités de formation (1).

Je choisirai dans la vaste étendue de craie de la Pologne trois points assez éloignés l'un de l'autre, et sur lesquels j'ai des renseignemens particuliers.

Les deux premiers sont dans les environs de Grodno en Lithuanie, et de Krzemeniec en Volhinie: la craie y est blanche comme celle de Meudon; elle renferme comme elle des silex pyromaques noirs, des bélemnites, mais une espèce qui paraît différente des nôtres, le *cidarites vulgaris*, le *plagiostoma spinosa* de Sowerby (2), et probablement d'autres corps organisés fossiles, que le peu d'échantillons que nous possédons ne nous a pas permis de connaître. Il paraît que toute la craie de Po-

---

(1) Dans le Taschenbuch, etc., de Leonhard, année 1820, page 40 et suiv.

(2) Je tire ces rapprochemens des échantillons qui m'ont été envoyés par M. Horodecki, professeur à Wilna. Je les avais déjà annoncés dans le Rapport que j'ai lu à l'Académie royale des Sciences, le 2 août 1819.

Je tiens également de M. Horodecki des coquilles qui in-

logne présente la même ressemblance, car M. Buckland, qui l'a vue en place, m'écrivait en 1820 : « La craie sur « laquelle est situé le château de Cracovie est absolu-« ment semblable à celle de Meudon, pleine d'oursins « et de silex. Peut-être est-elle un peu plus dure. Je « n'ai pas vu d'argile plastique en contact, mais j'ai « trouvé dans les collections de Cracovie des coquilles « semblables à celles du calcaire grossier et des monta-« gnes subapennines, qu'on dit avoir trouvées à une « petite distance N.-E. de Cracovie; je n'ai aucun doute « sur l'identité des deux formations. » Les différens terrains de craie que je viens de citer ou de décrire seront regardés, sans difficulté, comme appartenant à cette formation; plusieurs sont même généralement reconnus pour en faire partie, et pour ceux-ci je n'ai fait qu'ajouter des preuves zoologiques aux rapprochemens géologiques qu'on avait déjà établis. Mais je vais encore rapporter à cette formation des lieux où jusqu'à ces derniers temps on n'a pas reconnu la craie, où ce terrain est même tellement déguisé que je ne ferai pas admettre sans quelques difficultés son analogie de formation avec le terrain de craie inférieure ou chloritée auquel je crois pouvoir l'associer. Dans un de ces lieux les caractères minéralogiques disparaissent entièrement, la position géognostique est obscure, il ne reste plus que les caractères zoologiques (1).

---

diquent sur la craie de Lithuanie un terrain de sédiment supérieur semblable à celui des environs de Paris. Nous reviendrons sur ce sujet à l'article du calcaire grossier.

(1) Il paraît donc convenable d'examiner de nouveau la valeur de ces caractères avant de les employer :

§ IV. *Craie chloritée de la perte du Rhône près de Bellegarde.*

On observe dans ce lieu remarquable deux terrains très-différens : le premier, inférieur, est un calcaire compacte fin, gris-jaunâtre, disposé en assises régulières et

---

On avait remarqué, il y a plus de cent ans (*), qu'on trouvait presque toujours des différences entre les coquilles et les autres animaux qui vivent actuellement dans les mers et sur la surface de la terre, et les coquilles et les autres corps organisés qu'on trouve fossiles dans toutes les contrées. Ce premier aperçu a été confirmé par un examen plus détaillé, et a conduit peu à peu à cette autre règle, que les dépôts de débris organiques enfouis dans l'écorce du globe y sont disposés comme par générations successives, de manière que tous les débris d'un même dépôt ont entre eux une somme particulière de ressemblance, et avec les dépôts supérieurs et inférieurs une somme générale de différence. On a cru aussi reconnaître que cette dernière somme devient d'autant plus forte, ou les différences d'autant plus grandes, que ces dépôts sont plus distincts ou plus éloignés l'un de l'autre dans le sens vertical. Cette règle, posée d'abord timidement et pour certaines localités seulement (comme on doit le faire lorsqu'il s'agit d'établir des lois qui ne peuvent résulter que de l'observation d'un grand nombre de faits), cette règle, dis-je, a paru pouvoir s'appliquer à presque tous les lieux observés dans les différentes parties du globe et à tous les débris de corps organisés enfouis dans les couches du globe, à quelque classe qu'ils appartiennent des animaux ou des végétaux ; jusqu'à présent les exceptions qui paraissent s'être présentées se sont éva-

(*) Leibnitz d'abord, dans le Misc. Berol., tome I, page 111 ; ensuite Michælis, professeur à Gœttingue, dans le Mag. de Gœtt. — Deluc, dans le XXIVe lettre, Journ. de Phys., juillet 1792, etc., etc.

presque horizontales, qui ne laisse voir aucune pétrification. Desaussure l'avait déjà remarqué, et il assure que jamais on n'en a trouvé; c'est dans ce calcaire compacte que se rencontrent les cavités étendues et nom-

---

nouies par un examen plus scrupuleux, ou se sont expliquées par la découverte des circonstances particulières qui ont pu les faire naître. Ainsi, en réduisant cette règle à l'exposé général que nous en avons fait, elle ne paraît susceptible d'aucune objection réelle, et tous les géologues conviennent maintenant que les générations des corps organisés qui ont successivement habité la surface de la terre, étaient d'autant plus différentes de la génération actuelle, que leurs débris se trouvent enfouis dans les couches plus profondes de la terre, ou, ce qui revient à peu près au même, qu'ils ont vécu dans des temps plus éloignés de l'époque actuelle. Par conséquent, lors même que cette succession distincte de générations se présenterait seule dans la structure de l'écorce du globe, seule aussi elle suffirait pour établir, comme l'a dit M. Cuvier, que cette écorce n'a pas été formée d'un seul jet. Mais ce caractère de succession dans la formation des couches de la terre est fréquemment associé avec d'autres différences très-notables; telles que la nature des roches, leur structure en grand, leur ordre reconnu de superposition, les minéraux qui les accompagnent, etc. Or ces circonstances minéralogiques se sont presque toujours trouvées d'accord avec les caractères qu'on tire de la ressemblance générale des corps organisés dans des dépôts regardés comme de même formation d'après leurs caractères géognostiques; et elles se sont aussi trouvées assez constamment d'accord avec leur différence dans le cas inverse.

Néanmoins il est des cas où ces deux classes de caractères, sans être en opposition manifeste, ne se suivent plus : deux de ces cas vont se présenter dans les deux formations que je

breuses au travers desquelles les eaux du Rhône se précipitent.

Mais entre ces bancs et probablement même au-dessous d'eux se trouvent, comme dans tout le Jura,

---

vais rapporter à la craie chloritée ; il s'agit donc de savoir auquel des deux caractères on doit donner la préférence, pour déterminer l'époque de formation du terrain qui ne les présente plus associés, c'est-à-dire, de répondre à la question suivante :

« Lorsque, dans deux terrains éloignés, les roches sont de
« nature différente, tandis que les débris organiques sont ana-
« logues, doit-on, d'après cette différence, regarder ces ter-
« rains comme de formation différente, ou bien doit-on, à
« cause de la ressemblance générale et convenablement dé-
« terminée des corps organisés fossiles, les regarder comme
« de même époque de formation, lorsque d'ailleurs aucun
« fait de *superposition* ne s'y oppose évidemment ? »

Il ne faut pas perdre de vue que l'un des principaux buts de la géognosie est de distinguer les différentes époques qui se sont succédé dans la formation du globe, et de déterminer quels sont les terrains qui ont été formés à peu près à la même époque.

Or on conviendra que des roches de nature très-différente peuvent être formées dans le même temps, presque dans le même moment, non-seulement dans différentes parties du globe, mais aussi dans le même lieu.

On ne peut se refuser à une conséquence tirée des faits que nous avons sous les yeux, car tout ce qui se passe actuellement à la surface de la terre appartient bien à la même époque géognostique, qui a commencé au moment où nos continens ont pris la forme actuelle : et quoique cette époque ait un caractère de stabilité, de faiblesse dans ses phénomènes géologiques et même de repos, qui ne permet que des lits de marnes très-différens du calcaire dont je vais parler, et qui renferment une assez grande quantité de coquilles. Je n'ai eu connaissance de ces corps fossiles

---

dans des circonstances très-peu nombreuses la formation de nouvelles roches, il s'en produit cependant encore assez pour nous faire voir, par exemple, que les roches argilo-trappéennes formées par le Vésuve et par la plupart de nos volcans, les roches calcaires formées par beaucoup de nos sources, les roches siliceuses formées par quelques autres (celles d'Islande, etc.), sont assurément très-différentes, minéralogiquement, les unes des autres; mais que les débris organiques qu'elles enveloppent ont tous le caractère commun de la génération rétablie sur la terre depuis le commencement de cette époque. Vouloir augmenter le nombre des exemples, et par conséquent des preuves d'une semblable vérité, ce serait allonger sans nécessité une suite de raisonnemens déjà un peu longue.

Il n'en est pas de même des générations des êtres organisés : elles peuvent être, il est vrai, détruites en un instant; mais il faut nécessairement un temps considérable pour les recréer, pour qu'elles prennent en nombre et en variétés le développement qu'elles nous présentent ordinairement. Ce développement suppose une longue série de siècles ou au moins d'années, qui établissent une véritable époque géognostique, pendant laquelle tous les corps organisés qui habitent, sinon toute la surface du globe, au moins de très-grandes étendues sur cette surface, ont pris un caractère particulier de famille ou d'époque qu'on ne peut définir, mais qu'on ne peut non plus méconnaître.

Je regarde donc les caractères d'*époque de formation*, tirés de l'analogie des corps organisés, comme de première valeur en géognosie, et comme devant l'emporter sur toutes les autres différences, quelque grandes qu'elles paraissent;

que par ce que M. Deluc m'en a dit, et par les échantillons qu'il m'a envoyés ; mais les espèces de ces fossiles, la nature de la pierre qui y est liée, établissent

ainsi, lors même que les caractères tirés de la nature des roches (et c'est le plus faible), de la hauteur des terrains, du creusement des vallées, même de l'inclinaison des couches et de la stratification contrastante, se trouveraient en opposition avec celui que nous tirons des débris organiques, j'attribuerais encore à celui-ci la prépondérance ; car toutes ces différences peuvent être le résultat d'une révolution et d'une formation instantanée qui n'établissent point en géognosie d'époque spéciale. Sans chercher à prouver ce principe par de plus longs raisonnemens, il me suffira de citer un seul fait : les terrains de la Calabre ont été, il y a trente-huit ans, le théâtre de bouleversemens affreux; des couches horizontales ont été redressées, des masses entières de terrains ont été transportées assez loin et sont venues se placer en stratification contrastante sur d'autres terrains, et aucun géologue n'a proposé de regarder ces masses et ces terrains comme d'une époque géognostique différente. Il faut pour le changement des espèces organisées des circonstances d'une bien autre nature, des phénomènes bien plus généraux et des temps bien plus considérables; en peu de jours les terrains de la Calabre ont éprouvé des dérangemens comparables à ceux qu'on voit dans les couches des Alpes, et depuis cinq à six mille ans les espèces organisées n'ont pas manifesté de changemens appréciables dans leurs formes ou dans leurs autres qualités.

Je ne prétends pas dire cependant que les caractères tirés de la disposition relative des couches (mais non pas de la *superposition évidente*), de leur nature, etc., ne doivent pas être employés, même avec confiance, par le géologue, pour déterminer les différentes époques de formation. Seuls, ou

entre ces lits de marnes et ceux qui sont interposés au milieu des bancs de calcaire du Jura la plus grande ressemblance.

Ce terrain paraissant par sa position tout-à-fait étranger à celui qui m'occupe, je me contenterai d'indiquer ces coquilles, devant réunir l'histoire de leur association, leur description et leur figure, avec celle des coquilles qui appartiennent au calcaire du Jura, et qui doivent être le sujet d'un autre travail.

Ce sont : — de gros noyaux intérieurs d'une strombe

réunis avec ceux qu'on tire de la nature des corps organisés fossiles, ils ont la plus grande valeur; mais je pense seulement, et je crois avoir donné de puissans motifs de cette opinion, que lorsque ces caractères sont en opposition avec ceux qu'on peut tirer de la présence des corps organisés fossiles ces derniers doivent avoir la préférence.

Je ne dissimule pas qu'il faut apporter beaucoup d'attention et de ménagemens dans l'emploi qu'on en fait, je n'ignore pas qu'il faut savoir distinguer et évaluer même l'influence des distances horizontales ou des climats sur les différences spécifiques; qu'il faut savoir apprécier les ressemblances apparentes, quelquefois même réelles, que présentent, dans des formations évidemment très-distinctes, quelques espèces qui ont eu le privilége assez rare de survivre à la destruction de leurs contemporains et de rester toujours les mêmes, au milieu de tous les changemens qui se sont passés autour d'elles. Je n'ignore pas qu'il faut savoir aussi reconnaître les individus arrachés à d'autres terrains et transportés par des causes quelconques dans des terrains plus nouveaux, et les distinguer de ceux qui ont vécu sur les lieux et dans les temps que les espèces auxquelles ils appartiennent doivent caractériser. Je connais toutes ces difficultés,

que je nommerai *strombus Pelasgi;* — des moules intérieurs de *mya* ou de *lutraria*; car, comme on ne voit pas la charnière, il est difficile de se décider sur le genre; ces coquilles sont entièrement semblables à celles qu'on trouve dans le calcaire du Jura; près de Ligny, département de la Meuse; près de Soulaine, département de l'Aube; à Gondreville près de Nancy, dans le calcaire oolithique de cette formation, etc.; — un moule intérieur d'*hemicardium*, voisin, pour la forme, du *cardita tuberculata* de Sowerby, mais ce n'est pas un cardite; — un *donacite*, qui est aussi un moule intérieur, mais

je suis en garde contre ces causes de déception qui introduisent dans la géologie des incertitudes comme on en rencontre dans toutes les sciences, et qui exigent du géologue une attention et un travail suivis, pour employer avec discernement les espèces dont il doit tirer ses caractères et pour y attacher la vraie valeur qu'ils doivent avoir.

J'ai donc examiné, avec toute l'attention que les circonstances m'ont permis d'y apporter, l'influence de ces différentes causes dans la structure des terrains de craie dont je vais parler.

Ces terrains sont assez étranges pour que j'aie cru nécessaire d'en faire précéder la description des considérations générales que je viens d'exposer, et pour préparer, pour ainsi dire, les naturalistes à reconnaître pour de la craie une roche dure et noire qui se trouve, à plus de 2000 mètres d'élévation, sur un sommet de montagne d'un si difficile accès à certaines époques que je n'ai pu atteindre le point où elle se trouve.

Mais avant d'arriver à la détermination de cette singulière craie, je vais en examiner une autre dont les dissemblances moins étranges nous amèneront aussi moins brusquement à celle par laquelle je terminerai cette notice.

semblable, comme l'*hemicardium*, à ceux qu'on trouve dans le calcaire du Jura proprement dit ; — un spatangue, nommé *Sp. oblongus* par M. Deluc, et qui sera décrit et figuré sous ce nom ; — et peut-être d'autres coquilles dont la position ne peut pas être assignée avec certitude.

Les coquilles précédentes sont bien du lieu nommé la Perte du Rhône, mais elles ne sont pas près du terrain analogue à la craie chloritée qui lui est superposée.

Ce second terrain, supérieur à celui que nous venons d'indiquer, a une stratification très-distincte et presque horizontale, plongeant un peu au S.-E ; l'assise inférieure la plus épaisse est composée d'une roche calcaire jaunâtre, souvent même nuancée ou veinée de parties argilo-ferrugineuses : elle semble composée d'un amas immense de pierres lenticulaires qu'on a prises d'abord pour des camérines ou coquilles multiloculaires, mais qui ont été reconnues depuis pour être de petits madrépores auxquels M. de Lamarck a donné le nom d'orbitolites (*orbitolites lenticulata*).

Au-dessus sont des assises alternatives de calcaire marneux et d'argile sableuse mêlée de ces grains verts qu'on trouve constamment dans les parties inférieures des bancs de craie, et que nous avons comparés à de la chlorite.

Cette roche renferme un grand nombre de corps organisés fossiles, dont la ressemblance avec ceux de la craie chloritée me frappa dès l'instant où je les vis : cette ressemblance avait également et depuis long-temps frappé M. J.-A. Deluc, et il me la fit remarquer lorsque nous examinâmes ensemble, dans son cabinet, les nombreuses pétrifications de ce terrain qui y ont été réunies depuis long-temps par son oncle et par son père. L'analogie est encore plus complète et plus sensible lorsqu'on rapproche, comme il l'a fait, ces pétrifications de celles de Folkstone en Angleterre, qui est un terrain appartenant à la craie chloritée; enfin elle devint pour moi encore plus décisive, lorsque je pus comparer ces coquilles avec celles de la montagne de Sainte-Catherine près de Rouen. Néanmoins ces rapports sont plus réels et plus faciles à saisir par leurs traits généraux que par la comparaison spéciale de ces corps. Ainsi on trouve dans ces trois endroits à peu près les mêmes genres, des espèces tellement voisines, qu'il faut les mettre à côté l'une de l'autre pour apercevoir leur différence et seulement quelques espèces parfaitement identiques. La liste comparative suivante, qui résulte des coquilles que j'ai ramassées en très-grand nombre dans ce lieu, de celles que MM. Deluc y ont recueillies depuis l'année 1750, et qui m'ont été envoyées avec une obligeance empressée par M. J.-A. Deluc, neveu de celui que j'ai si souvent occasion de citer, suffira pour donner une idée assez précise de ces rapports.

Corps organisés fossiles de la glauconie crayeuse (craie chloritée) de la Perte du Rhône, près de Bellegarde.

NOMS, CITATIONS, NOTES ET DÉTERMINATIONS.	OBSERVATIONS ET EXEMPLES D'AUTRES LIEUX.
Bélemnites. — Indéterminable.	
Ammonites inflatus. — Sow. (pl. N, fig. 1)	De Rouen et du Havre. Il varie beaucoup de grandeur. Le renflement du dernier tour n'est pas très-sensible dans les petits individus.
— Deluci. — A. Br. (pl. N, fig. 4).	

NOMS, CITATIONS, NOTES ET DÉTERMINATIONS.	OBSERVATIONS ET EXEMPLES D'AUTRES LIEUX.
Ammonites canteriatus. — DEFR. (pl. N, fig. 7). . . .	(*Collect.* de DELUC.)
— *subcristatus.* — DELUC. (pl. O, fig. 10)	(*Coll.* de DELUC.) — Il ressemble beaucoup à l'*amm. cristatus* de Folkstone (fig. 9).
— *Beudanti.* A. BR. (pl. O, fig. 10)	(*Coll.* de DELUC.)
Hamites rotundus. — SOW. (pl. O, fig. 5).	De Rouen. — Ce sont les orthocératites de Desaussure, § 412.
— *funatus.* — A. BR. (pl. O, fig. 7).	(*Coll.* de DELUC.)
— *canteriatus.* — A. BR. (pl. O, fig. 8).	(*Coll.* de DELUC.)
Turrilites Bergeri. — A. BR. (pl. O, fig. 3).	(*Coll.* de DELUC.)
Trochus Gurgitis. — A. BR. (pl. Q, fig. 7)	(*Coll.* de DELUC.) Ce ne sont en grande partie que des moules intérieurs; mais un petit reste du test de la coquille qu'on voit sur la base, et l'empreinte des stries qui paraît encore sur ce moule, montrent qu'il était strié comme la figure le représente.
Trochus? Rhodani. — A. BR. (pl. Q, fig. 8).	Même observation que sur le précédent. — On le trouve aussi à Liguerolle au-dessus d'Orbe. (DELUC.)
Trochus? Cirroïdes. — A. BR. (pl. Q, fig. 9)	On ne trouve que des moules intérieurs; mais leur forme, une rangée de protubérances arrondies peu saillantes en-dessus, et de protubérances allongées en-dessous, qui semblent indiquer les cavités de la base d'épines ou de tubercules, donnent à ce moule un caractère particulier qui rapproche la coquille qui l'enveloppait de cette division des *turbo* dont M. Sowerby a fait un genre, sous le nom de *cirrus*, et qui fait reconnaître que le moule de cette même coquille se trouve à Rouen, au Havre, à Brighton, dans la craie. M. G. Mantell nous a envoyé un moule semblable sous le nom de *cirrus*.
Cassis avellana. — A. BR. (pl. N, fig. 10)	Aussi à Rouen. — On les prend au premier aspect pour des ampullaires ou des *turbo*.

NOMS, CITATIONS, NOTES ET DÉTERMINATIONS.	OBSERVATIONS ET EXEMPLES D'AUTRES LIEUX.

Ampullaria ? — Moule intérieur indéterminable.

Eburna. . . . . Autant qu'on puisse le juger sur un moule intérieur, cette coquille, qui fait partie de la collection de M. Deluc, paraît appartenir, par la couleur du calcaire qu'elle renferme, au banc des orbitolites. Il en est de même des moules de coquilles spirales, qui ont bien quelque ressemblance avec ceux des *terebra*, *nassa*, *buccinum*, mais qui ne présentent aucun caractère suffisant pour y être rapportés.

Cerithium excavatum. — A. Br. (pl. Q, fig. 10) . . . . (*Coll.* de Deluc.)

Griphea Aquila. — A. Br. (pl. Q, fig. 11, A, B, C.) (*Coll.* de Deluc.) — Ce sont les coquilles indiquées comme des huîtres par Desaussure. Je regarde cette gryphée comme de la même espèce que celle qu'on trouve près de la Rochelle (fig. 11, C) dans un terrain qui a aussi beaucoup d'analogie avec la craie tufau. J'attribue les différences qu'elle paraît présenter à l'influence qu'a eue sur sa forme le corps sur lequel elle était attachée.

Pecten quinquecostatus. Sow. (pl. L, fig. 1) . . . . *Coll.* de Deluc.) Il y a des valves inférieures tellement étroites, qu'elles pourraient bien appartenir à une autre espèce. A Rouen, au Havre et dans tous les terrains de craie.

Lima ou *Plagiostoma pectinoïdes.* — Sow. tab. 114, fig. 4. (*Coll.* de Deluc.)

Spondylus? Strigilis. — A. Br. (pl. Q, fig. 6.) (*Coll.* de Deluc.)

Trigonia rugosa? — Lam. Park. Org. rem., vol. III, tab. 12, fig. 11. (*Coll.* de Deluc.)

— *scabra.* — Lam. Enc., pl. 237, fig. 1. — (pl. Q, fig. 5.) (*Coll.* de Deluc.) A Rouen.

Inoceramus concentricus. — Park. — (pl. N, fig. 11.) De Folkstone et de Rouen.

— *sulcatus.* — Park. — (pl. N, fig. 12.) De Folkstone.

Lutraria Gurgitis. — A. Br. (pl. Q, fig. 15) . . . . Je donne cette espèce parce qu'elle est bien caractérisée et différente de celle qu'on trouve dans les marnes du calcaire du Jura.

Les autres coquilles bivalves ne présentent que des

NOMS, CITATIONS, NOTES ET DÉTERMINATIONS.	OBSERVATIONS ET EXEMPLES D'AUTRES LIEUX.
	moules intérieurs dont le genre même est indéterminable et dont l'indication serait inutile. Cependant deux de ces coquilles engagées dans la roche paraissent indiquer, suivant M. Deluc, l'une une *lutraria*, l'autre une *venus* très-voisine de l'*erycina*.
Terebratula Gallina. — A. Br. (pl. Q, fig. 2.) (*Coll.* de Deluc.) — *ornithocephala.* — Sow.	
Spatangus lœvis. — Deluc. — (pl. Q, fig. 12.) (*Coll.* de Deluc.)	
Cidarites variolaris? — A. Br. (pl. M, fig. 9).	Le même qu'on trouve dans la glauconie crayeuse du Havre.
Orbitolites lenticulata. — Lam. — (pl. Q, fig. 4) . . .	Polypier fossile connu depuis longtemps sous le nom de pierre lenticulaire de la Perte du Rhône.

Cette liste nous fait voir, comme nous venons de le dire, un grand nombre de coquilles de l'époque de la craie; mais elle ne nous montre presque aucune coquille ni des terrains inférieurs et beaucoup plus anciens, ni des terrains supérieurs ou plus nouveaux.

Ces considérations, d'après les principes que nous avons posés, suffisent pour nous porter à conclure que le terrain composé de glauconie crayeuse, superposée au calcaire du Jura, à la Perte du Rhône, appartient à la formation de la craie chloritée ou craie inférieure; que cette craie chloritée, analogue au sable vert (*green-sand*) des géologues anglais, comme ils le reconnaissent eux-mêmes, se voit ici presque immédiatement sur le calcaire compacte fin du Jura, et qu'elle n'en est séparée que par une marne argileuse qui renferme des pyrites, disposition qui est analogue à celle qu'on observe en France au cap de la Hève, à Honfleur, à Dives, etc., et en Angleterre à Tesworth, etc. On pourrait encore augmenter le nombre des analogies, sans être accusé de forcer les rapprochemens, en comparant la roche à pierre lenticulaire, qui est si pénétrée d'oxyde de fer que Desaussure la désigne *comme une vraie mine* DE FER, en la comparant, dis-je, au *sable ferrugineux* qui est souvent placé en lits plus ou moins puissans au-dessous de la craie chloritée.

Ainsi, malgré l'éloignement très-considérable des lieux, malgré la forme si différente des montagnes et des terrains, malgré quelques différences minéralogiques, la roche calcaire ferrugineuse, jaunâtre, mêlée de grains verdâtres, etc., de la Perte du Rhône, offre avec les terrains de craie chloritée du nord de la France et du S.-E. de l'Angleterre des analogies qu'on peut appeler complètes, puisque les caractères d'association de roches, de minéraux et de superposition, s'accordent avec ceux que donnent les corps organisés fossiles pour établir cette analogie de formation.

§ V. *Formation de l'époque de la craie dans la chaîne du Buet.*

Nous voici arrivés à un rapprochement qui paraît bien plus extraordinaire, et que je présenterais même encore avec hésitation (car ma manière de voir à ce sujet date du voyage que j'ai fait en Suisse, en 1817) si mon opinion n'avait été puissamment confirmée par celle de M. Buckland; opinion que ce géologue avait déjà lors de son passage à Paris, à la fin de 1820, et qu'il vient de consigner dans le numéro de juin 1821 des *Annals of Philosophy*.

Il part du sommet du Buet, dans la chaîne des Alpes de Savoie, un chaînon de sommets qui semblent en dépendre, et qui sont remarquables par leur couleur noire, par leur forme souvent à pic d'un côté et en pente plus ou moins rapide de l'autre, et par leur élévation très-considérable au-dessus de la mer, élévation qui atteint jusqu'à 2500 mètres.

Les montagnes principales qui font partie de celles auxquelles on doit appliquer ce que je vais dire sont : la montagne de Varens, la dent de Morcle, la montagne de Sales et le rocher des Fis, dans la vallée de Servoz (1). C'est de ce dernier que je parlerai principalement, parce que je l'ai gravi aussi loin que les neiges me l'ont permis, en 1817.

La montagne des Fis, couronnée par le rocher de ce nom, coupée à pic du côté de Servoz dans une grande partie de sa hauteur, et couverte des débris des masses supérieures, est composée de lits nombreux qui, vers Servoz, paraissent presque horizontaux, parce qu'ils s'inclinent du S.-E. au N.-O. Les roches qui forment ces lits sont calcaires, schisteuses, entremêlées de silex cornés et de jaspe schistoïde; elles appartiennent, comme je l'ai dit ailleurs (2), à la formation de transition. On n'y trouve que fort rarement quelques coquilles; ce sont des ammonites très-déformés, ou même seulement des empreintes de ces coquilles; mais dans celles qu'on m'a montrées ou que j'ai trouvées on en voit encore assez pour y reconnaître une espèce différente des am-

---

(1) Je ne comprends pas dans cette énumération les Diablerets vers l'est de Bex, dont le sommet me paraît appartenir à une formation différente et plus nouvelle, comme j'ai essayé de le prouver dans un mémoire que j'imprime actuellement.

(2) Mémoire sur le gisement des Ophiolites, etc., dans les Apennins. (Annales des Mines, 1821, page 177.)

monites dont je vais parler plus loin, et assez semblable au contraire à celle que j'ai mentionnée à la page 224 de mon Mémoire sur les Ophiolites, et qui vient d'une montagne alpine (de l'Oberhassli) analogue par sa nature à la partie de transition de la montagne des Fis.

C'est vers le plus haut point de la crête de cette montagne, sur la pente raide qui est au N.-O. et qui descend vers les chalets de Sales, que se trouve une association de coquilles tout-à-fait distincte de celles qu'on rencontre quelquefois dans la masse même de cette montagne ou des autres montagnes analogues, autant du moins que j'ai pu en juger lorsque, placé avec M. Lainé sur la crête de cette montagne, le guide me fit voir la couche presque toujours inaccessible d'où se détachaient les coquilles qui étaient l'objet de mes recherches ; cette couche, superposée à toutes les autres, est située vers le sommet sur le plan très-incliné qu'il présente dans cette partie (voyez la coupe, pl. G). La roche qui enveloppe les coquilles est un calcaire noir compacte, même assez dur, sublamellaire, et laissant surnager, lors de sa dissolution dans l'acide nitrique, beaucoup d'une poudre noire charbonneuse. Ces caractères minéralogiques paraissent, comme on le voit, très-éloignés de ceux que présente la craie ; la position élevée est aussi fort différente de celle qu'atteint ordinairement cette roche, et sans les coquilles qu'on y trouve, rien certainement ne rappellerait ici l'idée de la craie.

Ces coquilles ne sont en général que des moules ou plutôt des reliefs moulés dans la cavité des coquilles dont le test a été presque toujours détruit. Ces reliefs sont en outre très-déformés, fortement engagés l'un dans l'autre et collés l'un contre l'autre. Cependant ils sont encore assez reconnaissables pour qu'on puisse déterminer avec certitude les genres et les espèces compris dans la liste suivante :

Corps organisés fossiles des couches supérieures et non recouvertes, des rochers et montagnes des Fis, de Sales, etc., faisant partie de la chaîne du Buet dans les Alpes de Savoie.

Nautilus. — Indéterminable. { On sait que c'est un genre de coquilles dont la plupart des espèces fossiles appartiennent à la craie.

Scaphites obliquus. — Sow. — (pl. L, fig. 13) . . . . { Dans la craie de Rouen.

Ammonites varians. — Sow. Dans la craie de Rouen.

— *inflatus.* — Sow. . . . . { Dans la craie de Rouen et dans celle de la Perte du Rhône.

— *Deluci.* — A. Br. (pl. N, fig. 4) . . . . { Dans la craie de la Perte du Rhône.

— *clavatus.* — Deluc. — (pl. N, fig. 14) . . . . . { (*Coll. de* Deluc.)

— *Beudanti.* — A. Br. (pl. O, fig. 2). . . . . { Dans la craie de la Perte du Rhône.

— *Selliguinus.* — A. Br. (pl. O, fig. 1).

Hamites virgulatus. — A. Br. (pl. O, fig. 6).

— *funatus* — A. Br. (pl. O, fig. 7).

Turrilites Bergeri. — A. Br. (pl O, fig. 4).

— *? Babeli.* — A. Br. (pl. Q, fig. 16).

Trochus. . . . . { Moule indéterminable, mais tout-à-fait semblable à celui qui a été nommé *Tr. Gurgitis.*

Cassis avellana. — A. Br. (pl. N, fig. 10). . . . . { De la craie de Rouen et de la Perte du Rhône. Il est souvent tellement déformé qu'on ne peut le reconnaître qu'aux stries de la bouche.

Ampullaria. . . . . { Moule intérieur, mais on ne peut guère douter que ce ne soit celui d'un ampullaire.

Cerithium	Deux espèces Elles sont écrasées, mais parfaitement reconnaissables pour être de véritables cérithes, et l'une d'elles est tellement semblable au *cerithium mutabile* de Beauchamp, près de Paris, que je ne puis jusqu'à présent voir aucune différence entre elles.
Inoceramus concentricus. — Park. — (pl. N, fig. 11) . . .	De Folkstone, de Rouen et de la Perte du Rhône.
— *sulcatus.* — Park. — (pl. N, fig. 12)	De Folkstone et de la Perte du Rhône.
Cytherea ? . . . . *Cardium ?* . . . . *Pecunculus ?* . . . . *Arca.*	Moules absolument indéterminables, même pour le genre, excepté ceux de l'*arca*, qui ont beaucoup de ressemblance avec les moules intérieurs de l'*arca Noe*.
Terebratula ornithocephala. — Sow. tab. 101, fig. 1.	(Coll. de Deluc.) De la montagne du Reposoir. Malgré l'état imparfait de l'individu, il paraît pouvoir être rapporté à l'espèce indiquée.
— *plicatilis.* — Sow. tab. 118, fig. 1.	(Coll. de Deluc.) Absolument semblable à celle qui se trouve dans la craie.
— *obliqua ?* — Sow. tab. 277, fig. 3.	
Echinus.	Ovale, assez semblable au *mamillaris*, mais beaucoup plus petit.
Spatangus coranguinum. .	De tous les terrains de craie.
Nucleolites ? Rotula — A. Br. (pl. Q, fig. 13) . . .	Il a la plus grande ressemblance avec les *N. rotularis* de Lamarck, mais la description est trop brève et les figures citées trop vagues pour qu'on puisse déterminer une espèce avec certitude.
— *castanea.* — A. Br. (pl. Q, fig. 14)	Les échinites sont très-abondans, mais tous en très-mauvais état.
Galerites ? depressus. — Lam. (pl. Q, fig. 17).	

On voit par cette liste que le dépôt coquillier du sommet de la montagne des Fis présente un assez grand nombre de coquilles qui appartiennent presque exclusivement à la formation de la craie inférieure; il n'y a point de bélemnites et peu de térébratules, parce qu'en effet ces coquilles, sans être exclues de la craie chloritée, s'y rencontrent rarement.

Les coquilles que renferme ce dépôt sont tellement semblables à celles de la craie chloritée, qu'il m'a suffi de les nommer pour les faire connaître, et que je n'en ai eu qu'un très-petit nombre à faire figurer. On remarquera aussi combien les ammonites sont différens de ceux qu'on trouve dans le corps de la montagne.

Je dois convenir que malgré le soin que j'ai pris de me procurer à Servoz, à Chamouny chez les guides, et à Genève, toutes les coquilles de cette couche que j'ai pu y découvrir, malgré celles qui m'ont été données par MM. Berger, Lainé, Soret, Selligue et Beudant, et qui m'ont été envoyées dernièrement par M. Deluc, je dois convenir, dis-je, que cette liste est encore très-incomplète ; mais elle a déjà assez d'étendue pour nous indiquer dans quelle proportion se trouve, à la montagne des Fis, le nombre des coquilles de la craie chloritée, comparé à celui des coquilles qu'on trouve dans le même lieu et qu'on n'a pas encore rencontrées dans cette craie inférieure (1).

---

(1) Mais tout ce qui pouvait me manquer pour compléter ce rapprochement autant qu'il était possible, pour confirmer ce qu'il y avait de douteux dans la position des terrains, et pour, en ajoutant au nombre des analogies, diminuer ainsi les grandes dissemblances extérieures ; ce qui pouvait, dis-je, me manquer m'a été fourni par M. Beudant, qui a visité la montagne des Fis en 1818, et qui est descendu dans le vallon des Chalets de Sales. Il a vu la roche noire coquillière en place, à très-peu de chose près, dans la position où je l'ai indiquée sur ma coupe; mais il y a trouvé une roche calcaire grenue, micacée, sableuse, qui n'a plus cette couleur noire qui paraît si étrange dans un terrain qu'on rapporte à la craie : celle-ci est d'un gris blanchâtre et analogue à la craie

Nous sommes donc autorisés à conclure que certains terrains de la Perte du Rhône et des sommets d'un des chaînons du Buet doivent être rapportés à la formation de la craie inférieure, ou, pour plus de précision, qu'ils sont semblables par leurs caractères zoologiques aux terrains de craie inférieure de Rouen, de Folkstone, etc., malgré les différences minéralogiques très-considérables qu'on observe entre les roches qui composent ces terrains et celles qui entrent dans la composition des terrains de craie généralement reconnus.

---

tufau, elle renferme des débris de coquilles indéterminables; enfin il a reconnu dans la roche noire une multitude de grains d'un vert tellement foncé qu'ils paraissent noirs aussi. Ces grains broyés donnent une poussière verte; ils sont indissolubles dans l'acide nitrique : ils sont donc pareils en tout aux grains verts de la craie chloritée, et complètent ainsi les points de ressemblance qui existent entre la roche noire supérieure de la montagne des Fis et la craie inférieure. Cette circonstance qui paraît si minutieuse couronne le tableau des analogies que j'ai présentées, et offre une nouvelle et remarquable application de la constance des phénomènes géologiques dans presque tous les points connus de la surface du globe.

ARTICLE II.

2me *Formation*. — Argile plastique et lignites.

Cette couche, remarquable par l'association assez fréquente qu'elle présente de débris organiques terrestres ou lacustres et de débris marins, ne se montre que d'une manière très-subordonnée et que dans peu d'endroits du bassin de Paris. Nous avons fait connaître presque tous ces lieux, comme exemples, dans les caractères généraux que nous avons donnés de cette formation à l'article II de la première section. Nous n'y reviendrons que pour indiquer quelques autres lieux où des dépôts de l'une des roches, ou des minéraux qui composent ce terrain, se présentent encore.

Au S.-E. de Paris, sur la rive droite de la Seine, une couche d'argile plastique d'un gris-blanchâtre, d'une épaisseur très-variable, recouvre les coteaux de craie qui s'élèvent près de Montereau et sur la rive gauche au lieu dit la Montagne de Moret.

Cette argile, souvent assez blanche et conservant sa couleur à un feu modéré, est très-propre à la fabrication de la faïence fine, et est employée dans toutes les manufactures des environs de Paris, à plus de dix lieues à la ronde, où l'on fabrique cette faïence. Elle a néanmoins l'inconvénient de devenir rougeâtre à une température élevée, et de donner alors cette teinte à ce que l'on appelle le *biscuit* de la *faïence fine*, *terre de pi e* ou *cailloutage* : car ces trois noms sont à peu près synonymes.

A l'O. et au N.-O. de Beauvais, un banc d'une argile semblable, plus grise, mais toujours infusible, recouvre la craie, surtout dans les environs de Saveignies, aux lieux dits Saint-Paul, Le Béquet, L'Héraulle, etc. Elle y est exploitée pour les fabriques nombreuses de vases, jarres, grandes terrines, fontaines pour conserver l'eau et autres grandes pièces de cette poterie dure qu'on nomme *grès*.

Dans l'angle rentrant que la Seine forme en face de Rolleboise, à l'ouest de Paris, l'argile plastique est placée entre le calcaire grossier et la craie : ici elle renferme, suivant l'observation de Dolomieu, quelques traces de lignite qu'on a pris pour des indices de houille, ainsi que cela arrive très-souvent.

Mais c'est surtout précisément à l'ouest de Paris, sur le plateau de craie qui est entre Houdan et Dreux, principalement vers la bordure orientale de la forêt de Dreux, du côté du village d'Abondant, que se présente un dépôt d'argile plastique intéressante par sa blancheur, sa ténacité, son infusibilité, employée à cause de ses qualités dans un grand nombre de fabriques de faïence et même de porcelaine, et tellement recherchée qu'on en transporte à plus de cinquante lieues de distance.

Nous sommes descendus dans un puits creusé pour exploiter l'argile plastique, et nous avons reconnu la succession des couches suivantes :

1° Agglomérat composé de fragmens de silex empâtés dans une terre argilo-sablonneuse, d'autant plus rouge qu'on s'approche davantage de la surface du sol.

2° Sable blanc ou gris, ou même verdâtre, selon les lieux où l'on creuse, composé de grains de quartz assez gros, d'un peu de mica, le tout faiblement agglutiné par un peu d'argile.

3° Argile plastique blanche, très-homogène, très-tenace, avec de grandes marbrures d'argile jaune de même nature. Elle renferme quelquefois des fragmens de craie.

4° Silex en fragmens et craie.

Ces couches n'ont aucune régularité dans

leur épaisseur. On trouve dans la même plaine et dans des points peu distans l'un de l'autre l'argile tantôt à cinq mètres, tantôt à vingt mètres et plus. Le banc d'argile varie lui-même d'épaisseur; et ces différences sont si subites, qu'il disparaît quelquefois presque entièrement dans les petites galeries de deux ou cinq mètres que les ouvriers percent au fond des puits. La coupe que nous donnons sert à expliquer comment on peut concevoir la disposition de ce terrain et l'incertitude où est constamment le tireur d'argile de trouver cette matière au fond du puits qu'il creuse.

L'argile plastique se voit encore au sud d'Houdan, dans la vallée où se trouve le village de Condé. C'est au-dessous du sol même d'atterrissement qui constitue le fond de la vallée, que se montre l'argile : elle est grise; ses premières couches renferment souvent des cristaux de sélénite, circonstance qui se présente souvent dans les bancs de cette argile.

Tout auprès de Paris, au sud de cette ville, le terrain de calcaire grossier s'amincissant en descendant vers la vallée de la Seine, a permis de reconnaître la présence de l'argile plastique qui lui est inférieure, et de l'exploiter au moyen de puits peu profonds qu'on cherche à creuser, pour éviter des frais d'extraction, au fond des carrières dans lesquelles on exploite la pierre à bâtir. De semblables puits, percés dans les carrières de la vallée de la Bièvre près de Gentilly et d'Arcueil, au bas de la plaine de Mont-Rouge, au sud et au sud-est de Vaugirard et d'Issy, ont appris que le banc d'argile se soutenait avec assez de constance et même de régularité dans toute cette étendue; on ne l'a pas traversé complètement : par conséquent on ne peut admettre la craie au-dessous de cette argile que par analogie; mais en allant jusqu'au point où la craie forme le promontoire de Meudon, on voit distinctement l'argile plastique en couche inégale et peu puissante recouvrir cette roche.

L'argile plastique de ce canton est assez rarement accompagnée de fausse glaise; on n'y connaissait point d'autre indication de lignite que des veines et enduits noirâtres et charbonneux que nous avions remarqués dans les parties superficielles de l'argile plastique trouvée en creusant un puits au lieu dit *la Ferme de l'École militaire*, à l'entrée orientale de Vaugirard, jusqu'au moment où M. Prevost en a reconnu des indices certains dans le fond d'un puits de la plaine de Mont-Rouge, au pied de Bagneux.

Cette argile est brunâtre, bleuâtre, marbrée de jaune d'ocre et surtout de rouge; elle contient souvent une grande quantité de pyrites qui en altèrent la qualité, et qui la rendent peu propre à la fabrication des poteries destinées à éprouver l'action d'un feu violent. Cependant, en la choisissant exempte de ces corps étrangers et en la mêlant avec du ciment de la même argile, c'est-à-dire avec une poudre grossière résultant de la trituration de cette argile cuite, on peut en faire des briques très-bonnes et en état de résister au feu.

Nous avons parlé de l'argile plastique précédée des fausses glaises ou glaises mêlées de sables, de coquilles et d'indices de lignites, et même de résine fossile, que nous avons reconnue au fond des grands puits creusés à Marly; nous avons parlé de l'argile plastique d'Auteuil renfermant les mêmes matières; mais depuis ce que nous avons dit sur ce lieu à la page 50, M. Bequerel a fait des observations nouvelles qui font connaître des circonstances propres à établir l'analogie la plus complète entre ce gisement et ceux que nous avons indiqués ailleurs.

Il y a reconnu l'argile marneuse brune, avec quelques empreintes de végétaux charbonneux, des morceaux de lignite et des nodules, de la grosseur d'une amande et même beaucoup au-delà, de succin très-bien caractérisé, tantôt jaune opaque, tantôt jaune transparent, avec une écorce d'un rouge de rubis; celui-ci se trouve dans l'argile plastique rouge. Ce succin a présenté à M. Bequerel le phénomène de la double réfraction d'une manière très-sensible. Il se montre quelquefois en couches minces dans le lignite, vers l'écorce; circonstance qui a déjà été remarquée par M. Schweigger dans le succin de Pologne.

M. Bequerel a reconnu dans ce même gisement la chaux phosphatée terreuse en nodules brunâtres, disséminés dans l'argile comme le succin, et accompagnés de fer phosphaté en très-petits cristaux.

On rencontre vers la surface de cette couche d'argile des masses de la grosseur de la tête, et souvent aussi beaucoup plus petites, d'un calcaire presque compacte, ou composées de petits nodules compactes comme agrégés ensemble par concrétion. Ces masses de calcaire ont leurs arêtes émoussées, leurs angles, tant saillans que rentrans, arrondis comme si elles avaient été plongées dans un liquide dissolvant. Elles montrent la plus grande analogie avec celles que nous avons trouvées à Bougival, près de Marly, dans une position géologique analogue, et dont nous avons fait mention à la page 138, renfermant comme elles, dans leurs cavités, des cristaux de strontiane sulfatée appartenant aussi à la variété *apotome*, et ne différant de ceux que nous avons décrits que parce qu'ils sont plus petits. Enfin cette même variété de strontiane sulfatée se montre également sur quelques fragmens du lignite.

M. Bequerel a encore reconnu dans ce même banc d'argile et de lignite des pyrites en grande quantité, des ossemens d'animaux vertébrés dont la classe n'a pu jusqu'à présent être déterminée, et des fragmens de coquilles pyriteuses qui ont beaucoup de ressemblance avec des ampullaires, des paludines ou des limnées. La partie inférieure de ce banc qui avoisine la craie est effervescente et mêlée avec des fragmens de craie. Le gîte d'argile plastique d'Auteuil réunit donc toutes les circonstances minéralogiques et géologiques qui appartiennent à cette sorte de terrain.

Ce que nous avons indiqué, tant dans l'histoire générale de cette formation que dans cet article, complète l'énumération de tous les lieux notables où l'on connaît l'argile plastique dans le bassin de Paris et même un peu au-delà de ce bassin.

DE QUELQUES TERRAINS D'ARGILE PLASTIQUE
ET DE LIGNITE HORS DU BASSIN DE PARIS;

PAR M. ALEX. BRONGNIART.

Avant la première édition de notre essai de description géologique des environs de Paris, publiée définitivement en 1810, aucun géologue, du moins à notre connaissance, n'avait pensé à assigner nettement la position géognostique de l'argile plastique. On confondait, sous la dénomination d'argile et de glaise, toutes les terres à potier; et je crois que nous avons été les premiers à faire remarquer que l'argile plastique tenace, liante, infusible et non effervescente, avait dans le bassin de Paris une position déterminée bien différente de celle des marnes argileuses effervescentes; que l'argile plastique faisait partie principale d'un dépôt qui s'était fait à une époque postérieure à celui de la craie et antérieure à celui du calcaire marin que nous avons nommé *grossier* ou *à cérites*, et qu'on appelle aussi *tertiaire*, en sorte que les argiles qui sont dans la craie ou au-dessous de la craie, celles qui sont dans le calcaire grossier ou au-dessus de ce calcaire, étant généralement effervescentes, appartiennent au mélange que j'ai désigné minéralogiquement sous le nom de *marnes argileuses*.

C'est du moins ainsi que les choses se sont toujours

présentées dans l'étendue du bassin de Paris, dans toute la ceinture de craie qui entoure ce bassin, sur la limite de cette ceinture, sur les côtes de la Manche, en Alsace, dans les Ardennes, en Champagne, dans la Touraine, etc., c'est-à-dire sur une étendue circulaire de plus de quatre-vingts lieues de diamètre. En supposant que cette règle de position se bornât à cet espace, il était encore assez grand pour qu'elle valût la peine d'être remarquée.

Il a été reconnu depuis que les combustibles charbonneux fossiles, qu'on nommait quelquefois houilles, et qu'en raison de leur origine évidente j'ai désignés sous nom de *lignite*, et que le succin qui accompagne si souvent les lignites, faisant partie du dépôt de l'argile plastique, appartenaient à la même époque de formation qu'elle.

Pour savoir quelle importance peut avoir cette règle si constante dans le bassin de Paris et dans les pays qui forment sa ceinture, il faut examiner si elle est également suivie dans des pays situés tout-à-fait hors de ce bassin et qui en sont quelquefois très-éloignés.

Les dépôts d'argiles plastiques et de lignites, et les mines de succin sont si nombreux, que, si je voulais les énumérer tous, je me jetterais dans un travail de détail considérable et tout-à-fait étranger au sujet que nous traitons. Je me bornerai donc à présenter quelques exemples que j'aurai cru devoir choisir en raison ou de leur éloignement du bassin de Paris, ou de leur importance, ou des renseignemens plus précis et plus particuliers que j'ai sur eux. Mais, avant de commencer cette énumération il faut encore rappeler quelques règles ou principes de géologie.

1.° Pour établir qu'un terrain est postérieur ou inférieur à un autre, il n'est pas nécessaire de le voir immédiatement placé dessus ou dessous ce terrain. Il suffit qu'on n'ait jamais vu au-dessus de lui le terrain ni aucun des terrains qu'on regarde comme plus anciens, et *vice versâ*; il peut donc se présenter tantôt à nu à la surface du sol, et tantôt placé immédiatement sur un terrain très-ancien.

2° Il n'est pas nécessaire que dans une formation composée de plusieurs sortes de roches et de minéraux, comme est celle de l'argile plastique, toutes ces roches se présentent, ni même que la roche principale s'y trouve, pour que la formation soit représentée. Par conséquent, en admettant que la formation d'argile plastique soit composée d'argile, de sable quartzeux et de lignite mêlés de pyrites, de succin, d'huîtres, de cérites et de coquilles d'eau douce, la présence de deux de ces roches, même d'une seule quand c'est la principale, et de quelques-uns de ces minéraux ou pétrifications, suffira pour caractériser la formation.

C'est d'après ces principes que je rapporterai à la formation de l'argile plastique les terrains que je vais citer en exemple.

§ I. *En France.*

Nous trouvons en France l'association complète de ces roches sur les bords du bassin de Paris, dans presque tout le département de l'Aisne, et notamment aux environs de Soissons; nous avons déjà parlé de ce lieu, et je ne le rappelle ici que pour faire remarquer qu'il se présente avec toutes les circonstances propres à établir son véritable gisement; il est sur la craie qui se montre évidemment et immédiatement au-dessous près de Laon, près de Reims, près d'Épernay ; il est recouvert par le calcaire grossier dans un grand nombre de lieux, et notamment aux environs de Soissons, comme le font voir les coupes (fig. 1 de la pl. G). Il est composé de lignite plus ou moins compacte, de pyrites, de sable et d'argile plastique. Celle des environs d'Épernay est renommée par l'emploi que l'on en fait dans la fabrication des poteries les plus réfractaires. Enfin, on a trouvé dans plusieurs points des environs de Vauxbuin et de Villers en Prayer près de Soissons, des nodules de succin. Nous ne parlons plus des coquilles fossiles qui l'accompagnent presque constamment, puisque nous en avons donné, d'après MM. Daudebard-de-Férussac et Constant Prevost, une énumération assez complète à l'article II, dans lequel nous avons établi les caractères zoologiques de cette formation.

Au fort Sainte-Marguerite, près de Dieppe, le lignite pyriteux, alternant avec des lits d'argiles, de sable, et des masses de grès renfermant des huîtres (*ostrea bellovacina*, Lam.), des cérites (*cerithium funatum*, Lam.), se montre placé immédiatement au-dessus des falaises de craie blanche ; mais ici il n'est recouvert que par des terrains de transport (1).

Les argiles plastiques célèbres d'Andennes et d'autres

---

(1) C'est l'observation de ce lieu où je vis si clairement la position de l'argile plastique et du sable sur de la craie, et l'association des lignites pyriteux avec les huîtres et les cérites dans les parties supérieures de ce dépôt, qui me conduisit à regarder comme de formation identique les lignites de Marly, du Soissonnais, etc. M. Buckland, auquel je com-

lieux des environs de Namur semblent, à l'inspection de la carte, être dans le terrain de transition; mais on apprend, par la description que M. Bouesnel a donnée de ce gîte, qu'elles sont sur ce terrain dans des espèces de bassins ou cavités de sa surface. On voit d'ailleurs qu'elles sont sur les limites du terrain de transition et peu éloignées de celui de craie. Enfin, on reconnaît dans la succession des lits qui composent cette formation, le sable quartzeux et le lignite terreux et compacte qui lui appartiennent généralement.

Aux environs de Cologne, les argiles plastiques employées dans les fabriques de poterie de grès de cette ville, et les masses immenses de lignite terreux de Bruhl et de Liblar, ne peuvent être placées que sur la craie tufau, qui est la roche fondamentale de ce pays.

Au mont Bastberg, au pied des Vosges et non loin de Bouxviller en Alsace, on exploite depuis long-temps une puissante couche de lignite alumineux qui est accompagné d'argile plastique et bitumineuse, et placé sous un calcaire d'eau douce également célèbre par les belles coquilles et les os de Lophiodon qu'il renferme. Le tout paraît être recouvert de calcaire marin de la formation de sédiment supérieur : les géologues qui ont donné la description de cette montagne, n'ayant pas eu les moyens de déterminer les espèces, et n'ayant pu indiquer que des genres, il n'est pas possible de dire avec

---

muniquai ces observations et cette opinion, voulut bien, en l'admettant, la consigner avec détails dans son Mémoire sur l'argile plastique du bassin de Londres, inséré dans le quatrième volume des Trans. de la Soc. géologique de Londres pour 1817, page 298.

certitude qu'il appartienne au calcaire à cérites; mais celui de Lobsann près de Weissembourg, qui est accompagné de minerai de fer en grain et de bitume, et qui, suivant M. Calmelet, est situé dans un terrain tertiaire dont un grès coquillier fait partie, ne laisse guère de doute sur sa position, et éclaire par conséquent celle de Bouxviller qui en est peu éloigné.

Ces exemples suffiront pour le nord de la France; nous allons en prendre quelques autres au midi.

Les rapports de position des argiles plastiques et des lignites ont encore été moins bien observés dans cette région, plus éloignée de la route des observateurs, que dans celle du nord, en sorte que nous n'avons, pour ainsi dire, que des faits négatifs à rapporter; mais tous concourent à faire voir qu'aucune roche solide calcaire ou de toute autre nature, mais plus ancienne que la craie, ne recouvre les dépôts de lignite, et que tous ces dépôts sont placés sur un calcaire compacte fin qui est analogue au calcaire du Jura.

C'est ainsi que se présentent les gîtes de lignites que j'ai eu occasion de visiter en Provence, il y a plus de vingt-cinq ans, c'est-à-dire dans un temps où on faisait fort peu d'attention aux rapports de position des formations.

Les lits de lignite de la forêt de Saon, près de Crest, département de la Drôme, sont dans un dépôt de sable qui est appliqué sur le pied de montagnes assez hautes composées de calcaire compacte coquillier.

Celui de Nyons est en bancs puissans dans un terrain de sable qui s'appuie contre des montagnes d'un calcaire compacte renfermant des silex pyromaques blonds.

Le lignite de Piolenc, au sud-ouest d'Orange, est

en bancs horizontaux, de près d'un mètre d'épaisseur, dans un terrain de sable placé sur le calcaire analogue à celui du Jura, qui constitue toute cette partie de la Provence, et recouvert d'un dépôt très-puissant de cailloux roulés. Nous reviendrons sur ce terrain à la suite de la description du calcaire grossier.

On connaît aux environs de Sisteron et de Forcalquier, sur un terrain calcaire qui me paraît être analogue à celui que je viens d'indiquer, des dépôts pareils de sable, qui non-seulement renferment des lits de lignite, mais le succin, l'un des minéraux qui appartiennent à cette formation.

De l'autre côté du Rhône, dans la partie méridionale et occidentale de la France, nous retrouvons des exemples semblables du gisement du lignite.

A Saint-Paulet, près du Pont Saint-Esprit, dans le département du Gard, ce lignite renferme des coquilles d'eau douce (1) et du succin ; il est accompagné d'argile et recouvert de calcaire grossier à cérites. On ne dit pas sur quelle roche il repose, mais on peut raisonnablement présumer que c'est sur un calcaire du Jura ou sur un calcaire alpin, qui forme la base fondamentale du sol calcaire de cette contrée.

A Saint-Victor, dans le même département, on trouve plusieurs bancs d'argile de diverses couleurs, qui peuvent, par leur position, être rapportés à l'argile

---

(1) *Ampullaria Faujasii*. A. Br. — *Fauj.*, Ann. du Mus., tome xiv, page 314, pl. xix, fig. 1-6.
Melania? ibid. fig. 7-10.
Melania? ibid. fig. 11-12.
Cyrena?

plastique; ils en présentent en outre le caractère de pureté, et ne font aucune effervescence avec les acides.

On a trouvé près de Bordeaux un lit de lignite à une assez grande profondeur; il est dans le sable qui compose le sol des landes au sud de cette ville, et que je crois pouvoir rapporter à la formation de sable immédiatement supérieure à la craie.

Le lignite de Cezenon près de Béziers, dans le département de l'Hérault, est accompagné d'argile et de coquilles d'eau douce, déterminées par M. Marcel de Serre sous les noms de *planorbis regularis*, etc.; il est situé sous un calcaire grossier à cérites.

On remarque dans quelques dépôts de lignite du département de l'Isère, notamment dans ceux du canton de Roussillon, aux environs de Vienne, l'alternance ordinaire des argiles et des lignites d'autant plus compactes et plus purs qu'on s'approfondit davantage, et dans les bancs supérieurs une grande quantité de coquilles fossiles, terrestres et fluviatiles écrasées (1).

Je ne parle pas des mines de lignite de Voreppe, parce que l'analogie de leur position avec celle des prétendues mines de houille de la Provence aux environs d'Aix, de Marseille et de Toulon, exige des développemens particuliers pour établir que ces dépôts, quoique beaucoup plus puissans, beaucoup plus étendus que ceux que nous venons de citer, ont cependant avec eux la plus grande analogie de formation, et ne sont pas placés dans le calcaire compacte du Jura, comme on l'avait cru généralement, et comme je l'avais cru moi-

---

(1) Héricart de Thury; Journ. des Min., t. xxxiii, p. 60.

même jusqu'au voyage que j'ai fait en Provence, en avril 1820.

§ II. *En Angleterre.*

Le terrain des environs de Londres, et d'une grande partie des comtés de Kent et de Sussex, ayant été reconnu par M. Webster et par tous les géologues anglais, ainsi que nous l'avons déjà dit, comme parfaitement analogue à celui du bassin de Paris, il était présumable que les mêmes minéraux s'y présenteraient dans les mêmes circonstances géologiques, et c'est en effet ce que l'on a observé.

M. Buckland a déjà fait voir (1) que l'argile plastique du bassin de Londres était située, comme dans celui de Paris, au-dessus de la craie; que cette formation argileuse était souvent divisée en deux dépôts par un banc de sable; que la partie supérieure était accompagnée, comme en France, d'huîtres, de cérites et de cyrènes, et recouverte par un terrain analogue aux assises inférieures de calcaire grossier. Dans un assez grand nombre de lieux connus, à l'île de Sheppey, à l'île de Wight, etc., on a rencontré des lignites et des parties de végétaux, telles que des tiges, des feuilles, des fruits très-reconnaissables. Ce que M. Crow a trouvé de ces derniers dans le dépôt argileux de l'île de Sheppey, à l'embouchure de la Tamise, est prodigieux. Ce dépôt se fait surtout remarquer par le nombre considérable

---

(1) Description of a Series of specimens from the plastic-clay, etc., by the R. W. Buckland. *Transact. of the Geol. Soc.*, 1817, vol. IV, page 277.

d'espèces très-distinctes et d'une parfaite conservation; ce qui donne l'espoir qu'on pourra arriver à déterminer assez exactement, si ce n'est les espèces, au moins les familles, et peut-être même les genres auxquels ces fruits appartiennent (1). Toutes ces parties sont changées en pyrites, combinaison ferrugineuse qui accompagne si constamment l'argile plastique, mais qui semble, comme nous l'avons dit, se montrer pour la dernière fois dans cette formation.

Le succin ou au moins les résines succiniques se rencontrent dans le dépôt argileux, supérieur à la craie, du bassin de Londres; on les a reconnues dans les argiles bleues de la colline de Highgate, près de Londres, et à Brentford. La position de cette argile au-dessus de la craie, et dans les parties les plus inférieures de la formation analogue au calcaire grossier, est la même que celle de l'argile plastique; elle renferme, comme elle, des fragmens de lignites, et est mêlée d'une grande quantité de pyrites. La résine succinique y est disséminée en petits nodules, accompagnés de coquilles marines, dont les espèces n'ont pas été déterminées. M. Trimmer y a trouvé un Nautile. Ces coquilles sont souvent tapissées de pyrites (2).

---

(1) M. Crow nous a remis directement une très-grande quantité de ces fruits, et c'est à lui que nous devons d'enrichir notre travail des faits et des observations que nous fournit cette nombreuse et intéressante collection.

(2) Ayant eu, en 1815, l'intention de faire voir que le succin n'appartenait pas aux terrains d'alluvion, comme tous les minéralogistes le disaient, mais à un dépôt très-ancien (c'est-à-dire formé long-temps avant que nos continens aient

§ III. *En Suisse.*

En s'avançant dans les parties orientales de l'Europe, on rencontre, dans un grand nombre de lieux, le même terrain à peu près dans les mêmes circonstances.

Dans certains cas le terrain de formation d'eau douce domine par les roches calcaires et siliceuses mêlées de dépouilles organiques, qui sont ordinairement une de ses parties constituantes. Il est placé immédiatement ou médiatement sur le calcaire du Jura, et la présence du lignite n'y est indiquée que par quelques débris de végétaux. Tels sont les terrains du Locle dans le Jura de Neufchâtel, d'OEningen près de Schaffhouse; localités sur lesquelles je reviendrai à l'article des terrains d'eau douce.

En descendant dans la grande vallée qui sépare le Jura des Alpes, les terrains de cette vallée montrent le lignite, non plus en indice, mais en bancs puissans et dominans, accompagné de coquilles d'eau douce et de végétaux qui ne peuvent laisser aucun doute sur son origine.

---

pris leur forme actuelle) et recouvert par deux terrains marins et deux terrains d'eau douce, j'avais demandé à M. Blagden des renseignemens sur le gisement de la résine succinique de Highgate; il me transmit une lettre de M. J. Trimmer à sir Joseph Banks à ce sujet. Les faits que je viens de rapporter sont extraits de cette lettre et de l'article intitulé *Carbo retinas phallum* de la Minéralogie britannique de M. Sowerby, page 229, tab. DXXII; article dans lequel il me fait l'honneur de citer mon opinion, et les secours que MM. Banks, Blagden et lui ont bien voulu me donner pour la constater.

Mais si cette origine est expliquée par ces débris organiques, la position de ces formations n'est pas, comme on va le voir, aussi évidente que celle des lignites que nous avons donnée pour exemple.

Les dépôts de lignite que je choisirai ici pour exemple, parce que j'ai eu occasion de les visiter en 1817, sont ceux de Saint-Saphorin près de Vevay, de Paudé près de Lausanne, et de Kœpfnach près d'Horgen, sur la rive occidentale du lac de Zurich.

Je crois pouvoir avancer que la position de ces trois gîtes de combustibles fossiles charbonneux, que je rapporte aux lignites, étant la même, les circonstances qui se présentent dans l'un sans s'offrir dans les autres, pourront servir à compléter l'ensemble des caractères qui leur appartiennent.

Ce combustible charbonneux fossile est placé, en lits plus ou moins puissans, au milieu d'une roche d'agrégation à laquelle on a donné aussi le nom de grès; mais ce grès possède cependant des caractères assez particuliers pour qu'on ait senti la nécessité de le désigner par les épithètes de *molasse* dans les pays français, et de *Nagelflue Sand,* dans les pays allemands.

Cette roche couvre des étendues immenses de terrain ; elle a une épaisseur considérable, et s'élève à une assez grande hauteur (elle forme en grande partie le Jorat); elle est recouverte dans plusieurs endroits d'une autre roche d'agrégation, que j'ai désignée sous le nom de *poudingue polygénique* (1), et qu'on appelle *Nagelflue* dans la Suisse.

---

(1) Essai d'une classification minéralogique des roches mélangées. Journ. des Min., 1813, juillet, n° 199.

Ce poudingue recouvre évidemment le psammite molasse où alterne avec lui dans ses parties supérieures dans plusieurs endroits; mais on n'admet pas généralement qu'il lui soit constamment supérieur, et comme je n'ai pas eu occasion de l'observer dans un assez grand nombre de lieux, je n'ose affirmer que cette superposition soit constante : j'ai cependant beaucoup de motifs pour présumer que quand ces deux roches, le *psammite molasse* et le *poudingue polygénique*, se trouvent ensemble, la masse générale du premier est inférieure à la masse générale du dernier, et que ce n'est que dans les points de contact que ces deux roches alternent; mais cette question étant étrangère au sujet que nous avons à traiter, je ne dois pas m'en occuper davantage.

Malgré les différences extérieures très-nombreuses et très-remarquables qu'on trouve au premier aspect entre le *psammite molasse* et nos terrains de calcaire grossier des environs de Paris, malgré la différence encore plus grande qu'il y a entre nos terrains de sédiment supérieur et le *poudingue polygénique* (*Nagelflue*), qui s'élève en masse immense pour former, au milieu de la chaîne des Alpes, des montagnes extrêmement hautes (par exemple le Rigi, qui a environ 2000 mètres), je présume que ces terrains sont de la même époque de formation, c'est-à-dire des mêmes temps géologiques, et dus aux mêmes causes que nos terrains de sédimens supérieurs.

Ce n'est point ici le lieu de développer les preuves de cette opinion; d'ailleurs ce rapprochement, qui pouvait paraître très-hasardé au moment où je crus l'apercevoir en 1817, et où j'osai en faire part à plusieurs naturalistes, a beaucoup moins besoin de preuves actuellement qu'il est admis par plusieurs géologues qui ont observé ce terrain dans différens temps, et dont l'opinion est pour moi d'un grand poids. (M. Beudant, en Hongrie; M. Prevost, aux environs de Vienne en Autriche; M. Buckland, en Suisse.) Il ne reste donc qu'à rechercher maintenant de quelle partie du terrain de sédiment supérieur il peut être plus particulièrement rapproché; quelle est la valeur des différences frappantes qu'on trouve entre ces deux terrains, et à quelles circonstances sont dues ces différences; mais l'examen de toutes ces questions nous éloignerait trop de notre sujet, et leur solution n'est pas absolument nécessaire pour arriver au résultat que nous voulons obtenir : il nous suffit donc d'avoir montré que les terrains de psammite molasse de la Suisse (*Nagelflue Sand*), et de poudingue polygénique qui le recouvre, alterne avec lui ou au moins l'accompagne, peuvent être rapportés avec la plus grande probabilité aux terrains de *sédimens supérieurs* (terrains tertiaires), pour en conclure que les couches de lignites de Saint-Saphorin, de Paudé, et de Kœpfnach, qui sont situées au milieu du *psammite molasse*, ou même au-dessous de cette roche, sont dans une position géologique analogue à celle des lignites du bassin de Paris.

Nous allons voir actuellement que les circonstances minéralogiques et géologiques de détail concourent également à établir cette analogie de formation, et je vais dans cette intention donner une courte description de chacun de ces gîtes.

A Saint-Saphorin, près de Vevay, le lignite, qui y a été autrefois exploité avec avantage, présente encore des affleuremens très-instructifs dont la coupe (pl. G, fig. 2) donnera une idée suffisante. De Vevay à Saint-Saphorin, la partie supérieure du sol est composée de poudingue polygénique (*Nagelflue*), qui varie par la grosseur de ses parties, et un peu par leur nature; ce sont généralement des cailloux de calcaire compacte, gris de fumée, de silex corné noirâtre, d'eurite, etc., fortement agrégés par une brecciole calcaréo-calcaire, c'est-à-dire à ciment calcaire, et traversé par des veines de calcaire spathique quelquefois très-épaisses.

Au-dessous de ce poudingue se voient des bancs peu puissans d'une roche très-dure que je rapporte aux psammites calcaires compactes, c'est-à-dire aux roches argilo-calcaires micacées.

C'est entre les assises et les fissures de cette roche que se voyait en 1817, exactement comme la coupe le représente, un lit de matière charbonneuse et bitumineuse que je rapporte au lignite.

Au-dessous de ce lit de lignite on trouve une couche assez puissante d'une argile endurcie fragmentaire, ou marne argileuse dure; et encore au-dessous, presque sur les bords du lac, des bancs puissans de psammite calcaire compacte et assez solide : je n'y ai vu aucun débris de corps organisés; mais je tiens de M. de Charpentier des échantillons de cette même mine, pris lorsqu'elle était en exploitation au moyen de la galerie dont on voit encore l'ouverture un peu au-dessus du niveau du lac. Ces échantillons, qui sont du calcaire compacte marneux et bitumineux, brun de chocolat, et du lignite terreux fissile, sont remplis de débris de limnées et de planorbes.

Un peu avant Lausanne, entre cette ville et Lutri, auprès du village de Paudé, on retrouve la même formation, c'est-à-dire un autre dépôt de lignite qui se montre dans une assez grande étendue sur les bords coupés verticalement du ruisseau de Paudèze. Ici il n'y a plus de poudingue, et le psammite molasse est bien mieux caractérisé. En allant de la surface du sol à la plus grande profondeur, on remarque la succession de roches suivante (voyez pl. G, fig. 3) :

1° Un gros banc de psammite calcaire dur, semblable au banc le plus nférieur du gîte de Saint-Saphorin, et recouvert par un petit lit d'argile ;

2° Un gros banc de psammite molasse (1) gris verdâtre, tendre, calcaire, présentant quelques impressions de végétaux ;

3° Un banc d'environ deux décimètres d'un calcaire compacte marneux bitumineux, d'un brun de chocolat, semblable en tout à celui de Saint-Saphorin, pénétré de veinules de lignite charbonneux, et recouvrant un lit d'argile endurcie, qui néanmoins se ramollit dans l'eau ;

4° Un banc d'environ deux décimètres du même cal-

---

(1) Ce nom indique les caractères suivans :
Roche d'agrégation, à petits grains, peu solide, quelquefois même friable, composée de quartz sableux, d'argile et de calcaire, c'est-à-dire de marne tantôt calcaire, tantôt argileuse, suivant la prédominance de l'un des deux composans, et de mica en paillettes distinctes, plus ou moins abondant. Le psammite molasse n'est point décrit dans mon Essai de Classification des Roches mélangées ; mais dans la nouvelle édition cette espèce y sera placée dans un nouveau genre, qui réunira tous les psammites calcaires, sous le nom de *Macigno*, nom employé depuis long-temps par les naturalistes italiens pour désigner ces roches. Le psammite calcaire proprement dit ne diffère du psammite *molasse* que parce qu'il est plus compacte, très-solide et à grains plus fins.

caire compacte brun, présentant, comme le précédent, des lits minces de lignite charbonneux, mais surtout de nombreuses empreintes de coquilles fluviatiles, planorbes et limnées, trop altérées pour qu'on puisse les déterminer ou les décrire.

Encore au-dessous un lit d'argile endurcie.

C'est dans cette argile endurcie que j'ai reconnu des fragmens de coquilles bivalves qui appartiennent sans aucun doute au genre Anodonte.

5° Enfin, au niveau du ruisseau, un psammite molasse gris, verdâtre, micacé, dont on ne connaît pas l'épaisseur.

Il est probable que tous les gîtes de charbon bitumineux fossile du pays de Vaux et des environs de Genève appartiennent à la même formation, que tous doivent se nommer lignites et non pas houille; du moins j'en suis sûr pour le gîte particulier de Vernier, près de Genève, qui a été décrit par M. Soret, et dont je tiens les échantillons qui me le prouvent. Ce gîte renferme en outre du gypse, circonstance qui n'est nullement étrangère aux terrains de lignite, et pourra contribuer à établir avec encore plus de précision la place de ceux-ci dans la série des formations qui constituent les terrains de sédiment supérieur.

Le troisième gîte de combustible charbonneux que je citerai, et auquel je crois pouvoir appliquer également le nom de lignite, est celui de Kœpfnach, près d'Horgen, sur la rive gauche ou occidentale du lac de Zurich.

Le charbon fossile ne se montre plus ici à la surface du sol; le terrain n'offre plus d'escarpemens. La mine est exploitée par des galeries qui s'enfoncent dans la colline; mais je dois au rapport du maître mineur, qui paraît instruit, et à la suite d'échantillons qu'il m'a remis, ce que je sais sur la succession des couches. Ces renseignemens ont acquis toute l'autorité d'une observation directe par ce que j'ai appris des géologues de la Suisse, et par l'inspection que j'ai eu occasion de faire des roches environnantes.

Or ces renseignemens de diverses origines s'accordent à placer le lit assez épais de charbon bitumineux fossile au milieu des psammites molasses, verdâtres, grisâtres et très-micacés, qui constituent le sol de ces collines.

C'est dans un banc puissant de psammite argileux, mêlé de lits de marne argileuse, que se trouve le lit de lignite, qui a trente à quarante centimètres d'épaisseur; il est divisé vers sa partie supérieure par un lit mince de calcaire fétide, et dans son intérieur par quelques feuillets de marne argileuse noirâtre. Le lignite charbonneux est assez friable, d'un beau noir brillant, et ne m'a laissé voir dans aucun échantillon la texture du bois; mais les corps organisés fossiles qu'il renferme donnent, avec sa position, des moyens presque certains de placer ce combustible fossile dans la formation dont il dépend.

Ces corps organisés appartiennent à trois divisions des règnes organiques très-éloignées l'une de l'autre, aux végétaux, aux mollusques et aux mammifères.

Les débris de végétaux se présentent sous forme de petites baguettes ou de grosses fibres sinueuses, à peu près parallèles, et qui me semblent avoir beaucoup de ressemblance avec des masses fibreuses qu'on trouve dans le lignite de Cologne, et qu'on pourrait rapporter à des tiges de palmier (1); on croit avoir reconnu des fruits dans des corps ovoïdes dont la forme n'est pas assez tranchée pour qu'on puisse la déterminer.

Les coquilles sont des planorbes et des limnées bien caractérisés, ces derniers y sont assez rares, et des coquilles turbinées que je crois pouvoir rapporter au genre *mélanie* et désigner sous le nom de *melania Escheri*, en l'honneur du naturaliste célèbre qui connaît si bien la structure des Alpes, et dont le nom se lie avec celui de la rivière (la Linth) dont il a su arrêter les ravages.

Enfin ce qu'il y a de plus remarquable dans ce gisement de lignite, ce sont les débris de mammifères que l'on trouve au milieu même de la couche de charbon. Ceux que j'ai recueillis appartiennent bien certainement à un animal de l'ordre des rongeurs et très-voisin du castor, si ce n'en est pas un, et ceux que j'ai vus chez M. Meisner, à Berne, sont une tête du même animal et des dents de mastodonte (2).

La présence fort remarquable d'os de mammifères dans la couche de lignite d'Horgen, sert à confirmer l'exactitude d'une semblable association, observée à Cadibona dans le golfe de Gênes, et dans les environs de Soissons; et loin d'infirmer la position géognostique que j'attribue à ce charbon fossile, elle contribue au contraire à la rendre plus certaine, en l'éloignant davantage de la formation de la houille, avec laquelle on l'avait souvent confondu, et en le plaçant non-seulement dans les terrains de sédiment supérieur, mais dans les parties les

---

(1) Voyez, à l'article des végétaux fossiles des terrains de sédiment supérieur, les motifs de ce rapprochement.

(2) Voyez à ce sujet tome II, page 365 — 367.

plus nouvelles de ce terrain, au-dessus du calcaire grossier et dans la formation du terrain d'eau douce à laquelle appartiennent les gypses à ossemens. Je dois rappeler à cette occasion ce que j'ai dit plus haut de la présence du gypse dans le lignite de Vernier près de Genève.

Plusieurs autres circonstances, moins importantes il est vrai, concourent à indiquer cette position; ce sont principalement : la présence des marnes argileuses, remplaçant les argiles plastiques, l'abondance du mica dans les psammites qui les recouvrent (on se rappelle que ce minéral est généralement rare dans les sables inférieurs au calcaire grossier, et commun au contraire dans les sables supérieurs au gypse), la présence des coquilles marines et notamment des huîtres dans les bancs de psammite molasse supérieurs, enfin l'absence du fer chloriteux granulaire, des camerines et des autres matières et corps organisés qui accompagnent ordinairement les lignites inférieurs au calcaire grossier.

La réunion de ces circonstances et surtout la présence des os de mammifères doivent concourir à faire établir que ces lignites appartiennent à une formation postérieure à celle de l'argile plastique et du calcaire grossier, et dans ce cas nous aurions dû placer l'histoire de ce terrain à l'article des terrains d'eau douce du gypse; mais ce résultat, quoique très-probable, n'est pas encore assez bien constaté pour nous autoriser à séparer ces dépôts de lignite des dépôts de même nature qui, par leur position bien connue, appartiennent à la formation de l'argile plastique.

Ce qui est certain, c'est que l'on ne voit dans ces terrains aucun des caractères des terrains de houille ancienne, et cependant, ce qui est assez remarquable, on y retrouve pour ainsi dire les mêmes genres de roches, mais avec des caractères de variétés ou même d'espèces très-différentes des premières.

Ainsi l'argile schisteuse des houilles anciennes est représentée ici par les marnes argileuses presque plastiques ; le schiste bitumineux, par la marne bitumineuse, etc. ; le psammite micacé dur, souvent felspathique ou grès des houillères, par le psammite molasse également micacé, mais sans apparence de felspath ; les cailloux roulés ou poudingues, ordinairement de jaspe schistoïde, qui recouvrent ces roches ou alternent avec elles, par le poudingue polygénique. Les débris de végétaux se montrent abondamment dans l'une et l'autre formation ; mais ces végétaux sont tellement et si constamment différens dans chacune, qu'ils offrent un des meilleurs caractères distinctifs de ces deux dépôts charbonneux formés dans des circonstances bien différentes, et certainement à des époques bien éloignées l'une de l'autre.

Si le fer oxidé, qui est si constamment associé avec la houille ou charbon fossile de l'ancienne formation, semble manquer dans les lieux que je viens de citer, ce n'est pas une preuve de son absence complète : on sait déjà qu'il n'est pas toujours étranger à la nouvelle formation charbonneuse, et qu'il l'accompagne dans des lieux que nous n'aurons pas occasion d'examiner ici.

§ IV. *En Allemagne et dans l'Europe orientale.*

L'argile plastique est à peine sensible dans les gîtes de lignite que nous venons d'examiner ; les caractères de la formation qui y dominent sont le lignite lui-même, les roches sableuses, et surtout, comme on l'a vu, les coquilles fossiles. Dans ceux que je vais prendre pour exemple, en Allemagne, le lignite, sans cesser d'être dominant, est accompagné plus ou moins immédiatement d'argile plastique très-abondante et de roches sableuses; mais les coquilles d'eau douce ne s'y montrent plus, tandis que l s débris reconnaissables de végétaux y sont très-communs.

Je choisirai parmi les nombreux exemples que je pourrais réunir, les lieux que j'ai visités ou ceux sur lesquels j'ai eu des renseignemens particuliers, et je me bornerai à citer parmi les premiers les lignites de l'Habichtwald et du Meissner en Hesse, et ceux de Putchern près Carlsbad en Bohême : mon intention ne peut être de décrire des lieux connus depuis long-temps, mais seulement de faire remarquer les rapports qu'ils ont avec les terrains qui nous occupent.

Je commence par le mont Meissner, parce qu'il réunit le plus grand nombre de ces rapports.

Le sol fondamental sur lequel est placée la formation de lignite est un calcaire compacte, gris de fumée, renfermant l'*ammonites nodosus* Schlot., et que je considère comme de même formation que le calcaire alpin, par conséquent comme de beaucoup inférieur à la craie.

Le dépôt de combustible fossile est très-puissant et composé, 1° de ce combustible qui présente de nombreuses variétés minéralogiques dont quelques-unes paraissent tellement s'éloigner du bois bitumineux et se rapprocher de la houille, qu'on l'a pendant long-temps considéré comme de même espèce et désigné sous ce nom. C'est un exemple important de l'influence trop considérable qu'on laisse quelquefois prendre en géologie aux caractères minéralogiques. En effet, pour nous borner aux principales variétés, on trouve dans cette masse charbonneuse de véritable anthracite, c'est-à-dire du charbon dense sans bitume, tantôt terne et bacillaire, tantôt éclatant dans sa cassure. On y trouve un lit puissant de charbon bitumineux fossile, compacte, solide, à cassure presque droite, brûlant avec facilité et présentant plusieurs des caractères de la véritable houille, et on ne voit dans ces variétés aucun des caractères extérieurs du lignite. Mais leur manière de brûler, l'odeur qu'ils répandent en brûlant, et, bien mieux que cela, l'amas considérable de tiges ligneuses, les unes parfaitement reconnaissables et à peine altérées, les autres assez altérées pour que le tissu ligneux ait presque entièrement disparu, sont des circonstances positives qui ne laissent plus de doute sur l'origine de cet amas de combustibles fossiles. L'absence de tout végétal de la famille des fougères et de tout autre végétal appartenant à l'ancienne formation des houilles, sont des caractères négatifs qui, en s'ajoutant aux premiers, contribuent à distinguer cette formation de celle de la houille.

L'argile plastique, c'est-à-dire non effervescente et infusible, se trouve au-dessous du lignite; celle qu'on observe entre les lits de lignite est déjà moins pure et sablonneuse, et accompagnée quelquefois de bancs de grès, en sorte que les rapports de ces deux argiles semblent être ici les mêmes qu'auprès de Paris sur le plateau d'Arcueil et de Vanvres, circonstance qui complète l'ensemble des caractères de ce terrain. C'est dans l'argile plastique que se trouve le calcaire spathique nacré dit *schaumerde*, et c'est cette même argile qu'on exploite dans le même terrain, au pied de la montagne, près du village de Grossalmerode, pour en fabriquer les célèbres creusets de la Hesse.

Ce dépôt n'est pas à nu au mont Meissner, il est recouvert par une masse de basalte fameuse par les discussions que des géologues célèbres ont élevées sur son origine : nous n'avons pas à nous en occuper ; il nous suffit de dire qu'il est reconnu maintenant que la plupart des terrains trappéens ou basaltiques, et peut-être même tous, se sont répandus ou déposés à la surface de la terre à une époque contemporaine de celle des terrains de sédiment supérieur, et postérieurement à la formation de la craie et de l'argile plastique. Par conséquent le terrain de lignite du mont Meissner, malgré son apparence si différente, est dans la même position géognostique que les lignites du bassin de Paris, et présente dans sa composition plusieurs des mêmes caractères.

Celui de l'Habichtwald près de Cassel est aussi dans la même position et présente le même ensemble de caractères ; il est également recouvert par des breccioles volcaniques et par du basalte ; il est accompagné de bancs puissans de véritables grès et d'argile qui ne fait aucune effervescence avec les acides ; outre les tiges ligneuses qu'il renferme, il offre une nombreuse suite d'empreintes de plantes et de feuilles d'arbres dicotylédons, mais aucune *véritable fougère*, malgré la ressemblance extérieure que quelques-unes de ces empreintes semblent avoir avec ces plantes (1).

---

(1) Ces parties de végétaux seront figurées et décrites à l'article des végétaux fossiles.

A Tœflitz et à Putchern au nord de Carlsbad et sur la rive gauche de l'Eger, la formation de lignite se compose principalement d'argile plastique d'un gris blanchâtre, très-pure, très-infusible, et qui est employée avec avantage dans les manufactures de porcelaine et de poterie de grès établies près de cette ville. Cette argile est accompagnée d'amas peu puissans composés de lignite bitumineux, de bois silicifiés au moins en grande partie et d'empreintes de feuilles dans une roche brune, siliceuse et ferrugineuse; on n'y voit aucune coquille. Là formation gît immédiatement sur le terrain primordial de granite porphyroïde, et elle paraît recouverte par un véritable grès composé de grains de quartz anguleux et assez volumineux; elle m'a paru accompagnée plutôt que recouverte de roches trappéennes que je présume être d'origine volcanique.

J'ai dit que je regardais le succin comme une des substances minérales qui faisaient partie, et partie presque caractéristique, de la formation des lignites. Il faut donc examiner si un des lieux les plus célèbres par l'abondance de ce combustible, les rives méridionales de la mer Baltique, c'est-à-dire la côte de la Poméranie dans les environs de Kœnigsberg et de Dantzick, montrent, ou au moins indiquent, la présence des autres parties caractéristiques de cette formation.

Nous avons admis, d'après l'autorité des naturalistes qui ont visité ces contrées et d'après l'examen des pétrifications rejetées par la mer sur le rivage, que le sol fondamental de la Poméranie et des environs de Dantzick était très-probablement de la craie. Le terrain de sable qui forme la plus grande partie visible de ce sol jusqu'à une grande profondeur, me paraît être analogue à celui qui recouvre la craie et les argiles plastiques; toutes les analogies l'indiquent, et si on ne le voit pas clairement dans les lieux qu'on vient de citer, Deluc a reconnu cette superposition dans des vallons profonds de certaines contrées du Mecklenbourg, dont le sol superficiel est composé d'un sable siliceux entièrement semblable à celui de la Poméranie.

Or, c'est dans les parties inférieures de cette masse de sable que se trouvent les noyaux de succin souvent accompagnés de lignite que les vagues de la mer arrachent et rejettent sur le rivage, ou que des pêcheurs hardis vont détacher dans les escarpemens de ce terrain incohérent, au risque d'être engloutis dans la mer par les masses que le moindre effort fait écrouler. Ce succin adhère quelquefois à des portions de lignite; il se présente même en lits de quelques centimètres d'épaisseur entre les couches de lignite. Quand on le trouve dans des parties entières d'arbres, on remarque qu'il est placé plutôt entre les couches corticales qu'entre les ligneuses. La terre qui le renferme près de Rantau, Palmeiken et Grosshubeniken, à l'extrémité septentrionale du golfe de Dantzick, est assez ferrugineuse (A. F. Schweiger). Il est accompagné de parties de végétaux, de feuilles et de fruits qui n'ont pas encore été décrits avec toute la précision désirable, mais dont la seule présence suffit pour confirmer les analogies déjà reconnues; enfin on y connaît aussi l'argile qui complète l'association des roches dont ce terrain se compose ordinairement. Par conséquent, s'il n'est pas parfaitement prouvé que les célèbres mines de succin du golfe de Dantzick gisent dans l'argile plastique supérieure à la craie, rien aussi n'indique une position différente, et toutes les analogies portent à croire que la formation d'argile, de sable et de lignite, qui renferme du succin dans cette partie orientale de l'Europe, à plus de cinq cents lieues de Paris, est la même à tous égards que celle que M. Béquerel a découverte près du village d'Auteuil à la porte de cette ville, et qu'on a reconnue dans d'autres parties du bassin dont la description et les rapports géologiques sont l'objet principal de ce chapitre.

Notre intention n'étant pas de donner une énumération complète des lieux où se présente la formation des lignites, les exemples que je viens de rapporter suffisent pour prouver la ressemblance de presque tous ces terrains dans une grande partie de l'Europe.

Mais nous pouvons encore la suivre bien plus loin et jusque dans l'Amérique septentrionale.

§ V. *Amérique septentrionale.*

M. G. Foost a fait connaître un gîte de résine succinique au lieu dit le Cap-Sable, sur la rivière Magothy, dans l'état du Maryland.

En lisant la notice qu'il a rédigée sur ce sujet, on voit paraître successivement tous les caractères de la formation des lignites.

D'abord du sable, ensuite de l'oxide rouge de fer agglutinant le sable en grès ferrugineux, ensuite du sable et des bancs de lignite dans tous les états, c'est-à-dire compacte, fibreux, terreux, pénétré de fer sulfuré; puis le succin dans toutes ses variétés de couleurs et de transparence, en grains depuis la grosseur du millet jusqu'à celle d'une sphère de douze à quinze centimètres, placé sur le lignite ou dans ses masses mêmes, et accompagné de branches d'arbres changées en pyrites, mais ayant conservé la structure du bois.

Au-dessous de ces lits de lignite, de pyrite et de sable reviennent encore le sable et les pyrites, et ici commence l'argile grisâtre en couches avec des cailloux roulés de quartz hyalin. Cette argile est placée sur un grès argileux, superposé lui-même à une masse d'argile blanche de douze à quatorze décimètres d'épaisseur.

Les exemples de gisement de la formation des argiles plastiques, lignites et succins que je viens de rapporter, me semblent suffisans pour établir : « Que la règle ob-
« servée pour la première fois aux environs de Paris en
« 1810 n'est point uniquement fondée sur un fait isolé,
« et que si tous les lignites n'appartiennent pas à ce
« mode de gisement, ceux au moins qui se présentent
« en grandes couches et accompagnés d'argile plastique
« ont une position analogue à celle de cette argile dans
« le bassin de Paris. »

ARTICLE III.

3ᵉ *Formation*. — Calcaire grossier marin.

La formation du calcaire marin est beaucoup plus répandue aux environs de Paris, et partout beaucoup plus variée que celle de la craie. Elle présente, dans l'intérieur du vaste bassin de craie dont nous avons indiqué les bords, un grand plateau sillonné par des vallons, et dont la superficie est tantôt à nu et tantôt recouverte par des masses de gypse ou par des nappes de sable.

La plus grande partie visible de ce plateau est placée sur le côté septentrional de la Seine, depuis l'Epte jusqu'à la Marne. Ce n'est pas qu'on ne trouve du calcaire grossier au-delà de l'Epte; mais nous n'en faisons pas mention, parce que cette rivière forme de ce côté les limites du terrain que nous avons étudié particulièrement. D'ailleurs, ce calcaire ne se montre plus au-delà de cette ligne que par lambeaux appliqués sur la craie, dont la masse très-relevée devient alors le terrain dominant. Ce que nous disons sur cette limite du calcaire doit s'appliquer à toute la ligne de circonscription que nous avons établie pour la région située au nord de la Seine et de la Marne.

Cette partie du plateau est sillonnée par deux vallées principales, celle de l'Oise et celle de l'Ourcq. Dans la partie où nous les examinons, elles se dirigent toutes deux du N.-E. au S.-O.

Il ne paraît entre Seine et Marne que de très-petites parties de ce plateau ; encore ne les voit-on qu'au confluent de ces deux rivières et sur la rive gauche de la Marne.

Sur le côté méridional de la Seine, le plateau calcaire ne présente qu'une zone qui n'a guère plus de 12,000 mètres de large, en partant des angles saillans de cette rivière. On peut voir que cette zône semble border la Seine, et qu'elle part de Meulan pour se terminer à Choisy.

On remarque au milieu du grand plateau septentrional une plaine à peu près elliptique, dont le grand diamètre s'étend depuis Frepillon, près de l'Oise et en face de Pontoise, jusqu'à Claye près de la Marne : sa plus grande largeur est entre Louvres et le pied de Montmartre. Le calcaire marin proprement dit ne se montre dans aucune partie de cette grande plaine ; nous ne pouvons même pas dire s'il existe dessous ou s'il manque tout-à-fait : tout ce que nous savons, c'est qu'en creusant le canal de l'Ourcq, dans la plaine de Saint-Denis, M. Girard a fait sonder partout à plusieurs mètres sans trouver de pierre calcaire, quoique la formation marine se fasse voir dans quelques cantons à très-peu de profondeur.

Ce n'est pas ici le lieu de décrire la nature de cette plaine; il nous suffit de faire remarquer que cette espèce de grande lacune, placée au milieu de notre plateau calcaire, est composée de terrain d'eau douce.

Ce que nous venons de dire, et mieux encore l'inspection de la carte, suffit pour donner une idée générale de la disposition géographique du calcaire grossier marin aux environs de Paris. Nous allons reprendre cette formation et faire connaître ce qu'elle offre de plus intéressant, en suivant une marche analogue à celle que nous avons adoptée dans la description des terrains crayeux.

Nous subdiviserons ce grand plateau en plusieurs petits plateaux, auxquels nous donnerons même des noms particuliers; mais nous devons prévenir que cette division n'est fondée que sur les intersections des rivières, et n'a d'autre objet que de rendre nos descriptions plus méthodiques et plus claires.

§ I. *Plateau de La Ferté-sous-Jouarre.*

Ce plateau calcaire, situé le plus à l'est de nos limites, est compris entre la vallée de la Marne et celle de l'Ourcq. Il ne se montre guère que dans les escarpemens; il est recouvert dans les plaines basses par des terrains d'alluvions, et, sur les sommets des collines, il est caché ou par la formation gypseuse, ou par la formation des meulières, ou enfin par la formation d'eau douce.

Ce plateau n'offre que dans un petit nombre de points des couches épaisses et exploitables. Il paraît que les meilleures pierres de taille sont prises dans les carrières de Changy. Nous n'avons pas visité ces carrières, mais nous avons vu, près de Trilport, les pierres qu'on en tire; elles sont très-coquillières, et appartiennent aux bancs intermédiaires voisins de celui qu'on nomme *roche*, ou peut-être à ce banc même.

Les autres carrières exploitées sont : 1° *celles de Varrède*, près Poincy, sur les bords de la Marne : la masse des bancs est de sept à huit mètres; les bancs inférieurs, tendres et friables, sont abandonnés, comme ils le sont presque toujours; 2° *celle de Reselle;* 3° *celle de Germiny-l'Évesque*, sur la Marne : la tour de

Saint-Pharon, à Meaux, en est construite; 4° enfin *celle de Monthenard*, près Trilbardou (1).

Sur les bords de ce plateau, à l'est et à l'ouest, la masse calcaire est encore plus mince, et les bancs de vrai calcaire marin coquillier qui restent pour caractériser la formation, sont mêlés de bancs de marnes calcaires, et même de marne argileuse. On y remarque aussi des lits et des rognons en masses puissantes de grès à coquilles marines et absolument semblables à celui de Triel. Nous avons observé cette disposition en sortant de La Ferté-sous-Jouarre, du côté de Tarteret, pour monter sur le plateau de meulière.

§ II. *Plateau de Meaux.*

C'est celui qui est au-dessus de Meaux, au nord et à l'est de cette ville; il paraît avoir une structure analogue à celle du précédent, et en être même une continuation. Nous avons pu l'observer assez exactement, au moyen de la tranchée creusée, entre Fresne et Vilaine, pour le passage du canal de l'Ourcq. Dans ce lieu, la formation du calcaire marin n'est re-

---

(1) Nous tenons ces renseignemens de M. Barigny, architecte de la cathédrale de Meaux.

présentée que par des lits très-étendus de grès gris coquillier, et par des couches minces de calcaire coquillier situées au-dessous du grès; les coquilles y sont d'un blanc perlé, mais tellement brisées qu'il n'est pas possible d'en reconnaître les espèces. Ces masses ou bancs de grès interrompus sont quelquefois placés dans une couche épaisse d'un sable argilo-calcaire, au milieu de laquelle courent des lits minces de calcaire solide et fin, et qui reposent sur des lits de marne calcaire sableuse et de marne argileuse.

§ III. *Plateau de Crépy.*

En remontant vers le nord du côté de Villers-Cotterets, nous ne connaissons point de carrière de pierre calcaire avant Vaucienne; c'est-à-dire que, jusque là, la formation calcaire est trop recouverte ou trop mince pour mériter d'être exploitée.

En suivant la route de Paris à Villers-Cotterets, et immédiatement à la sortie de Nanteuil-le-Haudouin, on trouve, au-dessus d'une masse très-épaisse de grès dur sans coquilles, une couche mince d'un décimètre d'un calcaire sableux, renfermant dans sa moitié supérieure des coquilles marines très-variées. Le sol au-dessus de cette couche est de calcaire d'eau douce. On retrouve près de Levignan ces mêmes coquilles marines, et notamment des cérites au milieu du terreau végétal qui recouvre les grès. Il paraît que cette couche marine, située immédiatement au-dessus des grès sans coquilles, appartient à la seconde formation des grès marins (1).

Après avoir traversé Gondreville et des collines de grès assez élevées, et au moment de descendre dans la vallée de Vaucienne, on trouve encore, sur le sommet de la colline, des grès en blocs peu volumineux qui sont coquilliers; ils renferment principalement des cérites; mais on doit remarquer que nous n'avons pu apercevoir aucune coquille dans les bancs du grès inférieur à celui qui est coquillier : c'est une preuve que le grès supérieur appartient à la seconde formation marine, car on sait que ce grès marin repose constamment sur un banc plus ou moins épais de sable ou de grès sans coquilles, qui constitue la partie inférieure de cette formation. Nous n'en parlons donc ici que pour indiquer exactement sa position, et faire voir qu'il ne faut pas le confondre avec

---

(1) On pourrait la rapporter au calcaire marin supérieur du midi, décrit sous le nom de calcaire moellon, par M. Marcel de Serre.

celui du calcaire marin inférieur. Nous y reviendrons en son lieu.

En descendant dans la vallée on arrive au calcaire en gros bancs, qui compose le sol à une grande profondeur et sur une grande étendue. On en voit très-loin la coupe sur les bords escarpés de la vallée où coule la petite rivière d'Autonne, qui se jette dans l'Oise : comme la route creusée dans ces coteaux a coupé les bancs, il est facile d'en remarquer la succession et de voir qu'ils suivent l'ordre que nous avons indiqué dans la première section (1).

Il paraît que le sable verdâtre se trouve sous le calcaire tout le long de la vallée de l'Autonne jusqu'à Verberie, où nous l'avons retrouvé en allant à Compiègne. La présence de ce sable et des nummulites nous faisait

---

(1) On remarque en allant de haut en bas la succession de bancs suivante :

1° Calcaire coquillier, dur, renfermant :
    Des *Miliolites.*
        Turritella imbricata.
        Pectunculus.
        Cytherea elegans.
        Cardium obliquum.
        Orbitolites plana, etc.

2° Calcaire composé d'un si grand nombre de coquilles, qu'il ne paraît pas y avoir de pâte. Il est peu dur, et quel-

soupçonner que la craie ne devait pas être loin, et en effet elle se rencontre à une petite profondeur dans toutes les parties un peu élevées de la plaine sur laquelle est situé le bord occidental de la forêt de Compiègne. Le calcaire compose toutes les hauteurs qui environnent cette forêt, à l'exception de la côte de Margny, où la craie est à nu, c'est-à-dire dépourvue du chapeau de calcaire qui la recouvre souvent.

Le mont Ganelon, au N. de Compiègne et sur la rive droite de l'Oise, quoiqu'à la suite de la côte de Margny et à peu près de la même élévation qu'elle, en est cependant séparé par un vallon; il est entièrement calcaire, et présente dans ses couches une disposition sem-

---

ques-unes des coquilles y ont conservé leur nacre. Nous y avons déterminé les espèces suivantes :

Voluta cithara.
Ampullaria patula.
Turritella multisulcata.
Cardium porulosum.
Cytherea nitidula.
Lucina lamellosa, etc.

3° Calcaire composé de nummulites, réunies assez solidement, et renfermant du fer chloriteux granulaire.

4° Bancs composés de sable à gros grains, et même de petits cailloux roulés, de *nummulites lævigata* et des mêmes espèces que celles du n° 2, et en outre du *turbinolia elliptica*.

5° Bancs de sable verdâtre assez fin.

blable à celle des couches de Vaucienne; sa base consiste en un banc de sable très-épais, mêlé de rognons de marne comme à Verberie, et interrompu par des lits de *nummulites lævigata*. Lam, Il renferme dans sa partie moyenne du fer chloriteux.

Plus haut on trouve toujours les nummulites, mais en bancs mêlés d'autres coquilles qui ont conservé la plupart leur éclat nacré (1). Ce banc très-dur est exploité en moellons, dont la surface noircit à l'air d'une manière assez remarquable. Enfin, en examinant un petit mamelon qui paraît plus élevé que le reste de la montagne, on le trouve composé de calcaire grossier ordinaire, renfermant des *cardium obliquum*, etc.

§ IV. *Plateau de Senlis.*

Le grand plateau calcaire qui porte Pont-Sainte-Maxence, Creil, Senlis, la forêt de Chantilly, la forêt de Hallate, etc., ne présente rien de particulier. Nous ferons seulement remarquer : 1° que les lits moyens qui donnent la belle pierre de Sainte-Maxence sont plus épais dans ce lieu que dans ceux dont

---

(1) Ces coquilles sont tellement brisées et engagées dans la pierre, qui est généralement fort dure, que nous n'avons guère pu y reconnaître que des *anomies*.

nous avons fait mention; 2° qu'on trouve le grès marin du calcaire dans la forêt de Pontarmé, sur le bord du plateau; 3° que sur le bord méridional de ce plateau on retrouve, comme sur son bord septentrional, l'espèce de poudingue qui forme ses couches inférieures et qui est composé de sable quarzeux à gros grains, de coquilles nacrées et de nummulites (1) : on voit principalement ce poudingue en sortant de la forêt de Chantilly du côté de La Morlaye, et au-dessous est une masse considérable de sable renfermant, comme à Vaucienne et à Verberie, du fer chloriteux (2).

---

(1) Nos échantillons renferment les espèces suivantes :
    Nummulites lævigata?
    Venus texta.
    Lucina lamellosa.
    Turbinolia elliptica.
    Cardium obliquum.
    — *calcitrapoides.*
    etc., etc.

(2) On observe en allant de bas en haut, c'est-à-dire des assises inférieures aux supérieures, la succession de bancs suivante :

1° Une masse considérable de sable siliceux, mêlé de grains de fer chloriteux et de quelques points de fer ocreux.

2° Un gros banc formé de plusieurs assises d'une roche, composé d'une immense quantité de débris de coquilles renfermant des camerines ou nummulites, des grains de

Quoique par la disposition du terrain ce plateau semble être terminé par la vallée où coule la Thève, et dont la largeur s'étend depuis La Morlaye jusqu'à Chaumontel, on retrouve cependant absolument les mêmes couches calcaires dans le cap qui porte Luzarches. Ce n'est pas précisément à Luzarches que nous nous sommes assurés de cette structure, mais à la montée qui est au sud du petit vallon de Chauvigny.

L'isthme calcaire qui porte Luzarches (1) et

---

quarz et des grains assez gros de fer chloriteux. C'est le poudingue mentionné dans le texte; il se désagrège très-facilement.

3° Vers la partie supérieure un calcaire sableux, mêlé d'un grès calcaire à grains assez fins renfermant du fer chloriteux.

(1) Sur cet isthme et avant d'arriver à Luzarches, on voit à droite et à gauche de la route, vers le sommet de la colline qui domine ce bourg au midi, des carrières de calcaire grossier présentant, en assises puissantes, les bancs inférieurs de cette formation :

1° Vers le sommet de la colline toutes les coquilles des couches moyennes de ce calcaire, les orbitolites, les turritelles, etc., dans une roche de moyenne dureté et renfermant déjà quelques grains verts. Toutes ces coquilles, à l'exception des huîtres, ont perdu leur test. Ce ne sont que des moules intérieurs.

2° Un peu plus bas le calcaire à fer chloriteux granulaire, ne renfermant plus autant de coquilles et offrant des parties dures et saillantes au milieu d'une masse très-friable.

qui s'étend vers l'Oise, est un appendice du petit plateau qui s'étend à l'est jusqu'à Louvres et qui s'y termine. Il n'est lui-même qu'une dépendance du grand plateau que nous venons de décrire, quoiqu'il en paraisse assez distinctement séparé par la vallée de la Thève, et par l'alluvion étendue qui en a nivelé le sol.

On trouve sur ce petit plateau le grès gris à coquilles marines, dans lequel on voit des empreintes du *cerithium serratum*, etc., et un calcaire sableux, friable, qui semble renfermer au premier aspect presque autant de coquilles que celui de Grignon. Le grès est situé près de Louvres et visible dans le vallon qui est à l'ouest de ce bourg. Le calcaire se trouve à Guespelle presque à la surface du sol; il renferme un grand nombre d'espèces qui sont presque toutes semblables à celles qu'on connaît à Grignon. Cependant on doit remarquer qu'on voit à Guespelle beaucoup de cérites et peu d'orbitolites; que ce lieu manque de la plupart des espèces communes dans les couches inférieures du calcaire; qu'il n'y a point de fer chloriteux; et qu'enfin cette couche a, par la présence de son sable siliceux et par la nature des espèces de coquilles qu'il renferme, encore plus de rapport avec la couche de Pierrelaie ou Beauchamp, c'est-à-dire avec les assises supérieures du calcaire marin, qu'avec celles de Grignon, qui appartiennent aux couches moyennes et inférieures. Cette analogie est telle, que l'énumération que nous avons donnée des coquilles de Pierrelaie peut convenir parfaitement à celles de Guespelle.

La formation calcaire de ce petit plateau est généralement mince : aussi n'exploite-t-on des pierres à bâtir que près de Louvres (1); dans ce lieu, où la formation est plus épaisse,

---

(1) Nous avons de Villeron, au nord-est de Louvres, la série des couches qui constituent le sol jusqu'à environ trente-cinq mètres de profondeur : nous la devons à M. Audouin. Elle est intéressante en ce qu'elle paraît présenter les restes du terrain marin supérieur, du terrain d'eau douce, et comme le passage du calcaire siliceux, ou de ce terrain d'eau douce sur les limites duquel est situé Villeron, au calcaire grossier marin. Nous prenons la série des couches en allant des plus superficielles aux plus profondes.

1° Un calcaire sableux grisâtre ou grès calcaire poreux et rempli de débris de coquilles marines indéterminables.

2° Un grès calcaire grisâtre, compacte, sans coquille. Ces deux roches paraissent représenter la formation du calcaire marin supérieur.

3° Une marne calcaire compacte, partie supérieure du terrain d'eau douce moyen.

4° Une marne calcaire feuilletée avec potamides ou cérite des pierres.

5° Des nodules de silex pyromaque noirâtre avec débris des coquilles précédentes qui y adhèrent.

6° Des nodules en sphéroïdes très-déprimés de marne

on trouve les marnes calcaires qui la recouvrent ordinairement, et les géodes de marne dure, infiltrée de calcaire, qu'elles renferment souvent. Ici et près de Luzarches la formation est entière; mais de Guespelle jusqu'aux alluvions de la Thève les couches intermédiaires manquent. Ce qui paraît le prouver, c'est qu'il n'y a plus d'exploitation; les pierres à bâtir viennent de Comelle et de Montgresin, de l'autre côté de la Thève. Or on sait, d'après ce que nous avons dit, que les pierres employées à bâtir appartiennent aux couches intermédiaires de la formation.

§ V. *Plateau d'entre Seine et Oise.*

Nous placerons une extrémité de ce plateau à Beaumont-sur-Oise et l'autre à Argenteuil. Il forme une bande presque demi-circu-

---

calcaire compacte, dure, pesante, avec des fentes perpendiculaires aux grandes faces.

7° Calcaire compacte fin, marneux, jaunâtre. Ces couches, qui nous paraissent représenter le calcaire siliceux et la formation d'eau douce moyenne, alternent plusieurs fois dans une épaisseur d'environ vingt mètres.

8° Calcaire grossier marneux, friable, blanchâtre, avec un grand nombre de coquilles brisées ou altérées.

9° Calcaire grossier compacte, dur, jaunâtre, avec *Miliolites, Ostrea, Cytherea elegans*, et autres coquilles marines.

C'est au n° 8 que la formation de calcaire grossier marin inférieur nous paraît commencer.

laire, qui borde à l'ouest le bassin de terrain d'eau douce dont nous avons parlé plus haut. Nous avons cherché à saisir le point de contact de ces deux terrains, et nous les avons examinés avec attention : 1° du côté de la pointe occidentale de la longue colline gypseuse et sablonneuse de Montmorency, c'est-à-dire en allant de Frépillon à Méry et à Villiers-Adam; 2° de Moisselles à Beaumont-sur-Oise.

Dans le premier lieu nous n'avons pu saisir clairement la superposition de ces terrains, ni nous assurer si le calcaire marin passe sous le gypse et sous le terrain d'eau douce de ce canton, comme cela paraît probable, ou s'il se termine à la ligne où commence la vaste plaine d'eau douce de Gonesse, etc. De ce terrain on passe sur le sol de sable et de grès des bois de Villiers-Adam, et de là sur les masses de calcaire qui bordent les deux rives de l'Oise et celles des petits vallons qui y aboutissent. Ces bords sont presque tous escarpés, ce qui permet d'observer les couches qui composent cette formation. Nous n'y avons rien remarqué qui ne tende à confirmer ce que nous avons déjà dit de leur disposition générale. On exploite à l'abbaye du Val de belles pierres de taille.

Il nous a été plus facile de reconnaître la position du calcaire marin sous le terrain d'eau douce de la plaine dans le second lieu, c'est-à-dire aux approches de Beaumont-sur-Oise.

Après Maffliers on commence à descendre vers la vallée de l'Oise. Cette première descente, déjà très-rapide, fait voir la coupe de ce terrain; on y reconnaît :

1° Le calcaire d'eau douce en fragmens bouleversés;
2° Un lit mince de marne d'eau douce feuilletée, appliqué tantôt sur un lit mince de calcaire friable, rougeâtre, renfermant un assez grand nombre de coquilles marines mal conservées, tantôt sur le grès même ou sur le sable;
3° Un grès dur en assises assez épaisses, ne renfermant pas de coquilles;
4° Le calcaire marin dont les assises supérieures sont dures, siliceuses, et renferment les coquilles marines qui appartiennent à ces assises, et notamment des cérites.

A la seconde descente, qui mène à Presles, on trouve la suite des couches de la formation marine, savoir :

5° Le calcaire marin homogène, mais tendre, en assises épaisses;
6° Un sable calcaire jaunâtre, mêlé de fer chloriteux et renfermant des rognons très-durs, souvent très-gros, formant des bancs interrompus, mais horizontaux, et composés d'un calcaire sableux à grains verts, agglutinés par un ciment spathique, et ressemblant à un porphyre à petits grains.

Ce sable calcaire, qui est la partie inférieure de la formation du calcaire grossier, est ici d'une épaisseur immense; il forme tous les coteaux des environs de Beaumont. La forêt de Carneille est placée sur ce sable; on remarque partout des rognons durs, souvent en partie composés de grains très-gros de sable quarzeux; en sorte qu'ils passent aux poudingues à petits grains.

7° Enfin la craie, dont le voisinage était annoncé par ces diverses roches, paraît dans un espace très-circonscrit à l'est de Beaumont.

Nous n'avons vu aucun fossile dans le sable à grains verts.

Du côté de Pontoise le calcaire exploitable finit à Pierrelaie, comme on peut le voir sur notre carte.

A Conflans-Sainte-Honorine la bande calcaire apparente est très-étroite, mais elle n'en est pas moins épaisse; elle renferme des carrières nombreuses qui donnent de très-belles pierres de taille. Cette bande s'étend depuis Conflans jusqu'à Sartrouville, en bordant la rive droite de la Seine de coteaux escarpés qui la serrent de très-près dans quelques points, et qui descendent même jusque dans son lit.

Le cap qui porte Montesson, Carrières-Saint-Denis, etc., est entièrement calcaire, et présente quelques particularités assez intéressantes. Nous avons suivi cette masse calcaire jusqu'au pied de la montagne gypseuse de Sannois.

Les carrières de l'extrémité de ce cap font

voir dans leur partie supérieure vingt-deux lits très-distincts de marne calcaire dans lesquels on n'aperçoit aucune coquille fossile. Les coquilles ne commencent à paraître qu'au vingt-troisième lit : ce sont principalement des cérites et des *corbula striata* qui les accompagnent souvent.

On trouve du côté de Houilles, dans les bancs calcaires qui dépendent de l'exploitation de Carrières-Saint-Denis et au milieu des marnes supérieures, un lit de quarz blanc carié, dont les cavités sont tapissées de petits cristaux de quarz prismé bisalterne et de chaux carbonatée inverse. Ce banc ressemble entièrement à celui qu'on connaît depuis longtemps dans les carrières de Neuilly, et nous soupçonnons qu'il pourra servir à caractériser les derniers dépôts de la formation calcaire; car si on ne le retrouve pas avec la même pureté dans les carrières de Meudon, de Sèvres, de Saint-Cloud, etc., il paraît y être représenté par un lit de sable blanc, quelquefois agglutiné en une espèce de grès luisant ou de silex corné qui forme des noyaux sphéroïdaux au milieu de ce lit. Les bancs intermédiaires de Carrières-Saint-Denis sont les seuls qui soient exploités; les bancs inférieurs sont friables et renferment, comme à l'ordinaire, du fer chloriteux granulaire et de grandes coquilles d'espèces très-variées.

Cette masse calcaire offre deux autres particularités : 1° l'escarpement du bord oriental de ce plateau fait voir, à une hauteur de plus de vingt-cinq mètres au-dessus du niveau actuel de la rivière, de larges sillons longitudinaux arrondis dans leur fond, et qui ne peuvent point être considérés comme l'effet de la décomposition d'un banc plus tendre que les autres : ils offrent tous les caractères d'érosions produites par un ancien et puissant courant; 2° on voit dans toutes ces carrières des coupes de puits naturels assez exactement cylindriques qui percent toutes les couches, et qui sont actuellement remplis d'argile ferrugineuse et de silex roulés et brisés.

Ce plateau, que nous avons comparé à un demi-cercle, porte dans son milieu une plaine assez élevée, où sont situés les bois de Pierrelaie et les grès de Beauchamp, les villages de Margency, Soisy, Deuil, Saint-Gratien, etc.; elle est bordée au S. O. par les coteaux de Cormeil et de Sannois, et au N. E. par celui de la forêt de Montmorency. Cette plaine forme ce que l'on nomme la *vallée de Montmorency*, espèce de grande vallée sans col, sans rivière dans son milieu, enfin très-différente des vraies vallées des pays de montagnes ; mais si elle en diffère par sa forme, elle en est aussi très-différente par sa structure géologique : le fond et les deux extrémités de cette espèce de vallée sont d'une autre nature que ses bords. Ce sont deux collines gypseuses qui forment ceux-ci, tandis que le fond de la vallée a pour sol le terrain d'eau douce moyen et les couches supérieures du plateau de calcaire marin que nous décrivons. En effet, de quelque point qu'on arrive dans cette vallée, soit de Louvres, soit de Pontoise, soit d'Herblay ou de tout autre bord du plateau calcaire, il faut monter et s'élever au-dessus des dernières assises de ce plateau. Le terrain qui constitue le sol de cette vallée n'a été entamé que dans un petit nombre de points, et encore très-peu profondément. Cependant on peut en connaître les premières couches en les examinant dans les carrières de grès de Beauchamp, situées dans les bois de Pierrelaie, entre ce village et Franconville.

On remarque les couches suivantes au-dessous de la terre végétale : voyez la coupe de ce terrain (pl. D, fig. 1).

1° Fragmens de marne d'eau douce compacte et dure dans un sable calcaire. Il y a aussi des fragmens de silex corné semblable à celui qu'on voit dans les gypses ; environ. . . . . 0,2 mètres.

2° Sable verdâtre agglutiné, renfermant un grand nombre de petites coquilles turbinées du genre des mélanies (*Melania hordeacea*, Lam.) ou d'un genre très-voisin. Il est comme divisé en deux assises. . . . . mètres. 0,15

3° Sable fin, blanc, renfermant les mêmes mélanies que le banc précédent, plus des limnées et des cyclostomes très-bien conservés (1), et quelquefois un lit mince de pierre calcaire sableuse, rempli de ces petites mélanies. 0,60

4° Grès dur, même luisant, renfermant une immense quantité de coquilles marines très-bien conservées, et disposées généralement par lits horizontaux (2). On y remarque en outre, mais

---

(1) Ces coquilles, non marines, ont été décrites par l'un de nous (*Ann. du Mus. d'Hist. Nat.*, tome XV, page 357) sous les noms suivans :

Cyclostoma mumia. Lam.
Limneus acuminatus. A. Br.
— *Ovum*. A. Br.

(2) Nous avons reconnu parmi ces coquilles les espèces suivantes :

Cerithium coronatum.
— *mutabile*.
Oliva Laumontiana.
Ampullaria spirata.
— *depressa*.
Cardium Lima.
Cytherea elegans.
— *tellinaria*.
Nucula deltoïdea.
Venericardia imbricata.
Venus callosa.
Ostrea. Deux espèces non déterminées.

très-rarement, quelques limnées absolument semblables à ceux du sable précédent. Ces bancs sont quelquefois au nombre de deux, séparés par une couche de sable contenant une prodigieuse quantité de coquilles marines.

Il y a ici un fait fort singulier, et dont la première observation est due à M. Beudant : c'est le mélange réel des coquilles d'eau douce avec les coquilles marines. Nous devons faire remarquer : 1° que ce mélange a lieu dans un sol marin, et, non dans un calcaire ou silex d'eau douce, constituant ce que nous appelons proprement *terrain d'eau douce;* 2° que ce singulier mélange s'offre dans un terrain marin meuble, et, pour ainsi dire, d'alluvion, placé immédiatement au-dessous du calcaire d'eau douce bien caractérisé; 3° que nous croyons en avoir aperçu des indications dans quelques autres points des environs de Paris (1); mais qu'il n'a jamais lieu que dans les derniers lits, c'est-à-dire dans les lits les plus superficiels du calcaire marin, et que s'il y a réellement dans ces lits marneux des co-

---

(1) Dans les couches supérieures des marnes calcaires de Meudon et de Saint-Maur; c'est encore peu clair, parce qu'on n'y voit que des coquilles *semblables à des planorbes*, mais point de limnées. M. C. Prevost a observé un semblable mélange dans la colline de Triel; nous en parlerons à son lieu.

quilles d'eau douce, elles y sont extrêmement rares, tandis que les coquilles marines, qui ne sont guère que des cérites et des *cardium obliquium*, y sont au contraire très-abondantes.

La circonstance remarquable de ce mélange de coquilles marines et de coquilles d'eau douce, dans les carrières de grès de Beauchamp, et la position de cette roche dans la série du bassin de Paris, a été, depuis la publication de notre première édition, le sujet d'un grand nombre d'observations et de discussions. Nous avons eu nous-mêmes occasion de revoir plusieurs fois ce lieu intéressant et d'ajouter à ce que nous venons d'en rapporter.

Premièrement, le mélange des coquilles marines et lacustres sur la même masse de grès est tellement rare, qu'il ne nous a plus été possible d'en retrouver, depuis dix ans, un seul échantillon, quoique bien des naturalistes aient depuis ce temps visité cette carrière.

Secondement, outre les coquilles fossiles que nous venons d'indiquer, nous avons trouvé au milieu même du grès le plus dense, mais dans la partie supérieure, des portions de mâchoires de paléothérium; les cavités des os sont remplies de grès, non-seulement dense, à cassure presque luisante, mais couvert sur ses surfaces de petits cristaux de quarz, en sorte qu'on ne peut pas douter que la matière quarzeuse en dissolution, au moins en partie, n'ait pénétré en cet état les cavités les plus petites, et ne s'y soit solidifiée en cristallisant. Des portions assez considérables de la masse de grès qui se présentent dans un état dense, translucide, quoique grenu, mais à grains brillans, fournissent une nouvelle preuve de cette théorie.

Les cavités allongées et *horizontales*, qui ne sont par conséquent point des fissures, ont leurs parois comme mamelonnées, couvertes de petits cristaux de quarz qui ne sont pas en enduit déposé sur ces parois par voie d'infiltration, mais qui font partie de la masse même du grès et en offrent la surface cristallisée. On ne peut donc regarder cette masse de grès comme formée de sable quarzeux transporté et aggrégé; une partie du quarz, si ce n'est la totalité, a été dissoute puisqu'elle se présente cristallisée.

Cette considération nous mettra sur la voie de nous rendre compte d'un autre phénomène.

On trouve au milieu de cette masse de grès, au milieu des coquilles les plus minces, les plus fragiles et cependant les plus entières, des cailloux siliceux roulés qui sont de la grosseur d'une noix : cette circonstance semble indiquer un rivage; mais ces cailloux y sont peu abondans et disséminés dans le grès. Ils offrent une autre particularité : lorsqu'on les examine avec attention, on remarque que leur surface n'est point polie ou au moins unie comme celle des cailloux de même nature qu'on trouve sur le rivage des fleuves, des lacs ou de la mer; mais elle offre des saillies qui n'auraient pas dû résister au frottement plus que le reste de la pierre, ou du moins conserver une forme tuberculeuse. On y remarque des parties sinueuses creusées comme si on les avait incisées. Ces cailloux ont entièrement l'apparence extérieure d'un corps de densité un peu inégale qu'on aurait laissé séjourner dans une liqueur dissolvante; enfin celle qu'offrirait une dragée de sucre qu'on aurait tenue quelque temps dans l'eau.

Les coquilles sont parfaitement entières, comme nous l'avons dit : elles sont d'un blanc pur; elles ont été plongées au milieu de la dissolution siliceuse et n'en ont pas été attaquées, ce qui peut donner quelques indications sur la nature chimique de ce dissolvant. Nous disons qu'elles étaient au milieu de la dissolution, car leurs cavités sont remplies de quarz grenu, et quand elles n'en sont pas entièrement remplies, la surface libre du quarz est tapissée de petits cristaux (1).

Nous ajouterons à ces remarques une observation de géologie qui concourt aussi à prouver la véritable position de ces grès.

On peut observer, dans la série des couches qui entrent dans la composition des différens terrains du bassin de Paris, une époque où une dissolution de quarz plus ou moins abondante s'est montrée dans le cours du dépôt de ces couches. La présence de cette formation de quarz est prouvée par l'abondance des silex cornés, tapissés dans leur intérieur de cristaux de quarz; par les grès cristallins dont les fissures sont tapissées de cristaux de quarz; par des coquilles dont l'intérieur est rempli de silex translucide et calcédonien ; par les masses énormes de silex molaire très-translucide dont toutes les cavités sont hérissées de cristaux de quarz assez volumineux et parfaitement limpides (2). Or, c'est dans les assises les plus supérieures du calcaire marin grossier et dans

---

(1) Ces faits concourent bien efficacement à prouver l'opinion de MM. Voigt et d'Aubuisson sur la formation de la plupart des grès par voie de cristallisation confuse.

(2) On va voir, à l'article du calcaire siliceux, de nombreux exemples de cette formation quarzeuse.

les parties les plus inférieures de ce calcaire d'eau douce, si riche en silice que nous l'avons nommé *calcaire siliceux*, c'est, disons-nous, dans ces deux terrains qui se suivent immédiatement et qui se confondent presque, que se présentent toutes les particularités que nous venons de rapporter, et que se manifeste la présence d'une abondante dissolution quarzeuse. Le grès de Beauchamp, qui offre plusieurs de ces phénomènes, est situé précisément, suivant notre manière de voir, dans la position qui correspond à cette formation de quarz. Enfin la position d'un grès absolument semblable qu'on voit à Triel, où sa place est nettement déterminée, à Écouen, à Essainville, etc., ne nous laisse aucun doute sur celle que nous avons assignée depuis long-temps au grès de Beauchamp, et que les observations faites depuis notre première édition concourent à confirmer.

La plaine qui est au pied du penchant septentrional du coteau de Montmorency, et qui forme encore une sorte de large vallée sans eau, bordée au nord par les coteaux gypseux de Luzarches, Mareil, etc., présente une structure absolument semblable à celle de la vallée de Montmorency. On y rencontre partout à sa surface, c'est-à-dire depuis Écouen jusqu'à la grande descente qui est presque vis-à-vis de Maffliers, au-delà de Moisselles, le calcaire d'eau douce généralement blanc compacte, assez dur, quoique facilement destructible à l'air. Ce calcaire recouvre immédiatement le grès marin, souvent coquillier vers sa surface supérieure, souvent mêlé de calcaire, et quelquefois même entièrement remplacé par du calcaire marin en couches très-minces. C'est presque au pied de la butte d'Écouen, à l'ouest, et au nord-ouest de cette butte, et surtout près d'Ézanville, que se voit le mieux la disposition du grès à coquilles marines entre le calcaire d'eau douce et le grès sans coquilles. Les coquilles que renferme ce petit banc de grès sont presque toutes semblables pour les espèces, et même pour le mode de conservation, à celles du grès de Pierrelaie, etc. On y remarque surtout en quantité prodigieuse cette petite mélanie que nous avons déjà mentionnée sous le nom de *melania hordeacea*.

§ VI. *Plateau de Marines*.

Ce vaste plateau est terminé au nord, à l'ouest et au sud par des collines de craie; il porte dans plusieurs endroits ou des masses de sable ou des masses de gypse, surmontées de sable et de terrain d'eau douce.

Il est assez élevé au-dessus du lit des rivières qui le bordent, telles que l'Oise, la Seine, l'Epte et le Troêne. Quand on est sur ce plateau, on ne monte plus d'une manière remarquable que pour passer par-dessus les collines de sable et de gypse qui le surmontent, telles que celles de Grisy, de Marines, de Sérans, de Mont-Javoult, de Triel, etc., et on ne descend que pour traverser les lits des rivières qui le sillonnent : alors on voit les couches épaisses qui composent cette puissante masse calcaire, comme à Chars; ou même la craie qui la supporte, comme à Gisors, à Saint-Clair, à Magny, à Mantes et à Juziers. Au reste la carte indique très-clairement cette disposition.

Nous examinerons d'abord la partie septentrionale en suivant la route de Pontoise à Gisors et la vallée du Troêne.

Avant de monter à Cormeils, on trouve dans une cavité creusée à la surface du plateau calcaire une couche mince de quarz caverneux semblable à celui de Neuilly et à celui que nous avons trouvé dans la plaine des Sablons et près de Houilles. Nous devons faire remarquer de nouveau la régularité de ces formations jusque dans les moindres couches; ce quarz est très-certainement le caractère des derniers lits de la formation calcaire, puisque nous l'avons vu assez constamment dans les lieux où le voisinage du gypse semble indiquer que cette formation est complète.

Ainsi celui qu'on trouve dans la plaine des Sablons est au pied de Montmartre, celui d'entre Houilles et Carrières-Saint-Denis est presque au pied de la montagne de Sannois, celui de Neuilly est au pied du mont Valérien, et celui de Cormeilles est aussi au pied d'une montagne gypseuse.

Près de Lattainville, un peu avant de descendre à Gisors et d'arriver à la craie qui se montre dans la vallée de l'Epte, on trouve des coquilles fossiles entièrement analogues à celles de Grignon. Ce lit est, comme nous l'avons déjà dit plusieurs fois, le caractère des couches inférieures de la formation calcaire.

On le retrouve encore :

1° Au mont Ouin, à l'est de Gisors; il est placé sur un lit de sable calcaire renfermant des nummulites qui sont toujours inférieures aux coquilles de Grignon; au-dessus et vers le sommet de cette butte se voient des cérites;

2° Sur la pente méridionale de la vallée du Troêne à Laillery et à Liancourt près de Chaumont. Le banc est ici épais et riche en espèces extrêmement variées : aussi ce lieu célèbre parmi les amateurs des coquilles fossiles mérite-t-il quelques détails.

En montant à Liancourt on trouve :

1° Un banc de sable qui renferme une grande quantité de petites nummulites (*nummulites lenticularia*);
2° Un autre banc de sable renfermant de plus grosses nummulites (*nummulites lævigata*) et des blocs de calcaire sablonneux rempli de fer chloriteux ;
3° Une couche de deux mètres d'épaisseur environ, renfermant une immense quantité de coquilles. On y remarque plus de bivalves que d'univalves. Les coquilles qui nous ont paru particulières à ce lieu, sont :

Un *Cerithium*, voisin du *vertagus*.
Turritella terebellata, en quantité considérable.
Une autre turritelle voisine de l'*imbricataria*.
Crassatella sulcata.
Venericardia planicosta.
Lunulites urceolaria. (pl. P, fig. 9.)
Turbinolia elliptica. (*Ibid.*, fig. 2.)

4° Des bancs assez épais de calcaire tendre, et renfermant des miliolites. On les connaît sous le nom de *lambourde*.
5° Des bancs d'un calcaire en plaques minces et souvent brisées. Nous n'y avons pas vu de coquilles.

Cette disposition est toujours la même sur le coteau jusqu'à Gisors ; mais le lieu où les coquilles fossiles se voient le mieux, et où il est le plus facile d'obtenir ces coquilles entières, c'est sur le bord coupé à pic du chemin qui monte de la vallée pour aller gagner la grande route de Chaumont à Pontoise, au hameau de Vivray.

La partie méridionale du plateau de Marines

offre quelques particularités dans la disposition des couches de la formation calcaire. En sortant de Poissy, on traverse un terrain d'alluvion très-étendu, après lequel on arrive au cap méridional du plateau calcaire, d'où l'on extrait du moellon. En suivant la route de Paris à Triel, on trouve à droite du chemin une carrière dans laquelle M. de Roissy, qui nous accompagnait, nous fit remarquer des puits naturels semblables à ceux dont nous avons fait mention plus haut, en parlant du plateau d'entre Seine-et-Oise.

Ces puits verticaux, à parois assez unies, et comme usées par le frottement d'un torrent, ont environ cinq décimètres de diamètre; ils sont remplis d'une argile sablonneuse et ferrugineuse et de cailloux siliceux roulés. Mais ce qu'ils offrent de plus remarquable que les premiers, c'est qu'ils ne percent pas les couches supérieures; ils commencent tous au même niveau. On doit conclure naturellement de cette disposition que ces puits avaient été ouverts et étaient déjà remplis lorsque les couches calcaires supérieures ont été déposées. Cette observation, jointe à celles que nous avons faites sur les différences qui existent constamment entre les coquilles fossiles des principaux systèmes de lits calcaires, concourt à nous prouver que les couches calcaires ont été déposées à des époques assez éloignées les unes des autres : car il paraît évident qu'il a fallu que les couches inférieures fussent toutes déposées, que les puits eussent été creusés par la cause inconnue qui les a formés et qui a dû agir pendant un certain temps pour unir leurs parois comme elles le sont; il a fallu ensuite qu'ils aient été remplis par les argiles ferrugineuses, les sables et les cailloux, avant que les couches calcaires qui les ont fermés se soient déposées : ces opérations ont dû nécessairement se succéder, et leur succession suppose un temps assez considérable. Mais nous n'avons aucune donnée qui puisse nous faire évaluer ce temps, même par approximation.

Ces puits sont d'ailleurs assez communs dans le calcaire marin. Nous ne les décrivons pas tous, parce qu'ils ne sont pas tous aussi remarquables que ceux-ci; mais il y a peu de carrières qui n'en présentent; ils ne sont pas toujours verticaux. Nous en connaissons un dans les carrières de Sèvres, qui ressemble à un long canal oblique, à parois unies, mais sillonnées par un courant; il est rempli de sable quarzeux. Il y en a un assez grand nombre dans les carrières dites *du Loup*, dans la plaine de Nanterre; et tous sont remplis d'un mélange de cailloux siliceux et calcaires dans un sable argilo-ferrugineux.

Le long de la côte, entre Triel et Meulan, la formation calcaire est très-épaisse, et le coteau lui-même, très-élevé, présente deux sortes d'exploitations de carrières placées immédiatement l'une au-dessus de l'autre, le calcaire en bas et le plâtre en haut. Ici la formation calcaire montre quelques particularités que nous n'avons pas vues ailleurs. Premièrement les couches y sont inclinées dans quelques endroits, notamment à la sortie de Triel; mais cette inclinaison n'a aucune régularité. Il paraît cependant que toute la masse va un peu en montant du côté de Meulan, et que les bancs qui sont au tiers inférieur de la côte se relèvent du côté de la rivière. Ces bancs présentent des sillons longitudinaux, arrondis dans leur fond, et qui semblent avoir été creusés par un courant : ils sont en tout semblables à ceux que nous avons observés près de Houilles (1); ces érosions se représentent encore sur les rochers calcaires du ma-

---

(1) Nous connaissons les objections faites par M. Deluc contre une origine semblable attribuée par de Saussure à des érosions qu'il avait remarquées dans le Salève; ces objections, qui peuvent être fondées dans le cas rapporté par M. Deluc, ne nous paraissent pas applicables à celui-ci.

melon d'Issou, entre Meulan et Mantes, et se continuent jusque vis-à-vis de Rolleboise. En second lieu, on remarque vers la partie supérieure de la formation calcaire des bancs puissans de sable siliceux, tantôt presque pur, tantôt mêlé de calcaire, mais renfermant toujours des coquilles plus ou moins nombreuses, et changées en calcaire blanc; elles sont très-bien conservées, d'espèces assez variées et analogues la plupart à celles de Grignon. Ce sable est quelquefois friable, comme on l'observe immédiatement à la sortie de Triel; mais plus souvent il est agglutiné en grès, tantôt tendre, blanc et opaque, tantôt dur, luisant, gris et translucide. Ces sortes sont mêlées dans la même couche. On prend la plus dure pour paver la route. Toute la côte, jusqu'aux deux tiers de sa hauteur, présente ces bancs de grès coquillier alternant avec des marnes calcaires ou avec du calcaire assez solide, et qui paraît moins coquillier que ce grès. Il ne faut pas confondre ce grès, 1° avec ceux qu'on trouve près du sommet de la côte: ceux-ci recouvrent le penchant de la colline; ils ne font point partie de la formation calcaire, et ne renferment aucune coquille; 2° ni avec les grès à coquilles marines qui recouvrent quelquefois les montagnes de gypse, comme à Montmartre, etc. Les grès coquilliers de Triel sont bien certainement au-dessous du gypse et appartiennent à la formation calcaire; ils ont les plus grands rapports de structure, de formation, de position et même de hauteur avec ceux de Beauchamp, de Pierrelaie, d'Ézanville, de Louvres, de Moisselles, etc. (1).

Au nord-est de Meulan, à la naissance du joli vallon de Sagy, sont les carrières célèbres de Saillancourt, exploitées pour le compte du Gouvernement et pour l'usage particulier des ponts et chaussées.

Le calcaire marin présente dans ce lieu un aspect un peu différent de celui qu'il offre dans les environs de Paris. C'est une masse sans assises distinctes, laissant voir seulement quelques lignes sinueuses à peu près horizontales,

---

(1) S'il eût pu rester quelques doutes à ce sujet, ils seraient complètement détruits par les observations que M. C. Prevost vient de faire sur la position de ces grès et sur le passage des terrains marins aux terrains d'eau douce par les couches inférieures de ceux-ci, dans un grand nombre de lieux, notamment à Beauchamp, à Pierrelaie, à Marcouville, à Osny et à Cergy près de Pontoise, c'est-à-dire sur les deux versans des collines à Triel, à Andresy, etc. Nous reviendrons sur ce sujet à l'article de la description des terrains d'eau douce inférieurs; mais nous empruntons dès ce moment à M. Prevost les coupes de Triel, que nous donnons pl. D, fig. 2.

mais dont les sinuosités ne sont pas même parallèles.

Cette masse calcaire a environ dix-huit mètres d'épaisseur depuis le point le plus élevé jusqu'au lit de sable sur lequel repose le dernier banc. Elle peut être divisée en deux parties.

La partie supérieure, nommée *décomble* par les ouvriers, a dans sa plus grande épaisseur douze mètres cinq décimètres ; le calcaire qui la compose est blanc, tendre, même friable, et ne peut guère, par ces raisons, être employé dans les constructions. Elle renferme les coquilles fossiles des couches moyennes du calcaire des environs de Paris ; mais ces coquilles sont tellement brisées qu'on ne peut guère en distinguer quelques-unes que dans la partie inférieure de la masse. On y reconnaît quelques cérites, trop altérées pour qu'on puisse en déterminer les espèces, des empreintes du *Cytherea nitidula*, le *Nucula margaritacea*, le *Cardita avicularia*, des *Orbitolites plana*. Les parties moyennes de cette masse supérieure présentent, comme à Châtillon, à Saint-Nom, etc., des empreintes de feuilles très-bien conservées, et de la même espèce que celles des lieux que nous venons de nommer.

On ne voit donc dans cette masse ni marnes argileuses, ni marnes calcaires fragmentaires, ni fer chloriteux pulvérulent, excepté dans quelques veines de sa partie inférieure, et encore y est-il fort rare.

La partie inférieure est composée comme celle que nous venons de décrire, et peut-être même plus évidemment qu'elle, d'une masse continue de calcaire généralement jaunâtre, et formé de grains assez gros, mais solidement agglutinés.

Ces grains sont de toute nature : on y voit un grand nombre de débris de coquilles, des coquilles entières, du sable siliceux et du sable calcaire; ce dernier semble formé de débris de coquilles enveloppés de plusieurs couches concentriques de calcaire, et de petits corps ovoïdes, que nous n'avons pu déterminer, et qui ressemblent par leur structure à de petites dragées. On y voit aussi beaucoup de grains de fer chloriteux. On trouve dans certaines parties de cette masse des amas de grosses coquilles, ayant quelquefois conservé leur brillant nacré, et absolument semblables à celles des assises à fer chloriteux de Meudon, de Bougival, etc. Mais ce qu'on y trouve de plus que dans ces derniers lieux, ce sont de grands oursins du genre des cassidules (1). Les orbitolites se continuent jusque dans les derniers bancs, qui contiennent, comme fossile caractéristique, des turbinolites (Pl. P, fig. 2).

Quoiqu'il n'y ait point d'assises réelles et distinctes, on y reconnaît cependant des lits de pierre qui diffèrent entre eux par leur couleur, par leur solidité, par la grosseur des grains qui les composent, et même par la nature des fossiles qu'ils renferment. On remarque que, quand on enlève de grandes parties de ces lits, les blocs, en se détachant, indiquent plutôt une stratification oblique qu'une stratification horizontale.

> On peut reconnaître avec les ouvriers trois qualités de pierre différentes dans cette masse inférieure.
> 1° Le *banc rouge*, qui est le plus élevé et d'une couleur ocracée. Il est composé de grains très-gros, d'espèces de pisolites, et renferme principalement des oursins

---

(1) Ces oursins, fortement engagés dans la pierre, sont difficiles à déterminer; mais on en voit assez pour s'assurer qu'ils sont très-différens de l'*ananchites ovatus* et du *spatangus coranguinum* de la craie, puisqu'ils ont *la bouche inférieure et centrale et les ambulacres bornés*. Ils appartiennent donc même à un autre genre, et nous paraissent pouvoir être rapportés aux cassidules ou aux clypeastres de M. de Lamarck.

mentionnés plus haut. Il ne contient que rarement des grains de fer chloriteux. Il n'est point continu, et disparaît entièrement dans quelques endroits. Il n'est ni assez solide ni assez durable pour être employé dans les constructions.

2° Le *banc* que nous appellerons *jaune*, c'est le plus épais. Il est jaunâtre et généralement composé de grains assez fins et assez solidement agglutinés par un ciment spathique; il renferme beaucoup de fer chloriteux granulé. Son grain devient d'autant plus fin et plus serré, et ce banc est d'autant plus dur qu'on s'enfonce davantage. Sa partie supérieure est même rebutée, parce que la texture en est trop lâche.

3° Le *banc vert*; celui-ci est le plus inférieur, le plus dur, et contient le plus de fer chloriteux. On y a trouvé, outre les fossiles cités plus haut, des glossopètres. La couleur de ce banc, qui fait dans les constructions extérieures une disparate trop sensible avec celles des autres pierres, en réduit beaucoup l'emploi.

Au-dessous du banc vert on trouve le sable, et il n'y a pas de doute que si l'on creusait davantage, on ne trouvât bientôt l'argile plastique, puis la craie; car l'argile se montre sur le penchant des coteaux voisins, et on voit la craie avec ses silex dans les champs entre Saillancourt et Sagy, et même à l'arrivée de Sagy du côté de Saillancourt.

La masse de calcaire marin exploitée à Saillancourt rentre donc dans les lois de superposition que nous avons reconnues au calcaire des environs de Paris. Les seules différences qu'elle offre existent dans l'épaisseur des couches inférieures, plus considérables ici qu'ailleurs, et surtout dans la solidité et dans la durée à l'air des pierres de taille qu'on en extrait. Cette différence est d'autant plus remarquable, que les bancs inférieurs de la formation calcaire donnent généralement une pierre qui devient friable à l'air. Les carrières de Saillancourt présentent donc une sorte d'exception à cette règle; mais cette exception n'est pas même complète, car dans beaucoup de points la pierre du banc jaune est de mauvaise qualité; et dans les lieux où elle est solide et durable on peut remarquer qu'elle doit ces qualités à une infiltration spathique qui la pénètre, et qui lie entre elles ses diverses parties, infiltration que nous n'avons pas eu occasion d'observer dans les couches analogues qu'on trouve à Issy, à Meudon, à Sèvres, à Bougival, excepté dans les nodules dures qui restent souvent en saillie au milieu de ces couches désagrégées, etc.

Après Meulan, le calcaire coquillier de Mézy et celui qui couronne la craie au-dessus de Juziers, n'offrent rien de particulier. On doit seulement faire remarquer que les bancs inférieurs d'Issou, qui suivent presque immédiatement la craie, renferment du fer chloriteux, et qu'à Fontenay-Saint-Père, au nord de Mantes, et sur le bord occidental du plateau, on voit le banc des coquilles analogues à celles de Grignon (1).

C'est encore un peu plus au nord que sont les belles carrières de pierre à bâtir de Vétheuil, situées immédiatement au-dessus de la craie qu'on voit à nu sur le bord de la Seine, et qui offrent près de La Rocheguyon des escarpemens remarquables.

En montant à ces carrières, on trouve la succession de couches suivantes :

1° Un dépôt peu puissant d'argile plastique renfermant des cristaux assez nets de gypse-sélénite.

2° Un lit de sable.

3° Un banc tendre, ferrugineux, verdâtre, rempli de grains de fer chloriteux et de débris de grosses coquilles.

4° Un banc dur blanchâtre, composé d'une multitude de débris de corps organisés, blanchâtres, indéterminables, en assises très-épaisses, peu distinctes, peu régulières.

5° Un banc dur grisâtre, différant très-peu du précédent, composé des mêmes corps, mais plus jaunâtre.

6° Un banc de calcaire grossier, jaunâtre,

---

(1) Nous tenons ces derniers renseignemens de M. de Roissy.

ferrugineux, renfermant une si grande quantité d'alvéolites, qu'il semble en être entièrement composé. Ces alvéolites appartiennent aux deux espèces décrites par M. Bosc, sous les noms d'*alveolites milium* et d'*alveolites festuca* : il renferme aussi quelques parties d'échinites.

Il y a à Chérence, dans le même canton, des carrières qui présentent absolument les mêmes variétés de calcaire grossier disposées de la même manière.

Le calcaire des bancs n°s 4 et 5 est employé dans les constructions des ponts et chaussées, et regardé comme donnant une pierre très-solide.

On doit remarquer entre ces bancs calcaires et ceux qu'on exploite pour le même objet à Saillancourt, à peu près sous le même parallèle, la plus grande analogie jusque dans les plus petites circonstances.

§ VII. *Plateau d'est et d'ouest de Paris.*

Pour terminer la description des plateaux calcaires de la rive droite de la Seine, il ne nous reste plus à parler que de deux petites bandes qui bordent la rivière à l'est et à l'ouest de Paris.

Celle de l'ouest s'étend depuis Chaillot, et même probablement depuis le lieu nommé *l'Étoile* jusqu'à Passy. La partie visible de cette colline calcaire forme une bande très-étroite. Vers le N. O. le calcaire paraît s'enfoncer sous le terrain de transport ancien qui forme le sol du bois de Boulogne et de la plaine des Sablons; car, en creusant dans cette dernière, près la porte Maillot, on trouve au-dessous d'une couche de sable mêlée de cailloux roulés et qui a environ quatre mètres d'épaisseur, les premières couches de la formation calcaire caractérisées, comme nous l'avons dit, par des lits de marne calcaire blanche renfermant de petits cristaux de quarz et de calcaire spathique.

A la butte de l'Étoile on a creusé jusqu'à 8 mètres pour asseoir les fondations du monument qu'on y a commencé. On a trouvé des lits alternatifs de sable argileux, de sable calcaire et de marne calcaire sablonneuse (1);

---

(1) *Détail des couches qui composent le sommet de la butte de l'Étoile*, par MM. Desmarest *et* Leman.

		mètres.
1.	Calcaire blanc graveleux en différens bancs.	1,30
2.	Marne blanc-verdâtre fissile.	0,04
3.	Sable calcaire verdâtre.	0,52
4.	Marne blanche argileuse, en deux bancs. .	0,30
5.	Sable calcaire verdâtre.	0,90
6.	Sable calcaire gris, veiné de sable verdâtre. .	1,45
		4,51

mais on n'a point atteint le calcaire en banc. Nous devons faire remarquer que ces bancs très-distincts s'inclinent un peu du sud au nord, et semblent par conséquent plonger sous Montmartre.

C'est à Passy qu'on voit les bancs calcaires dans leur plus grande épaisseur, ils présentent une masse de 12 à 13 mètres.

Avant d'arriver aux premiers lits de pierre calcaire, on traverse environ vingt-quatre couches, tantôt calcaires, tantôt sablonneuses ; les couches supérieures renferment souvent des masses de quarz composées de cristaux lenticulaires, groupés et convergens. Ces masses, connues sous le nom de *quarz lenticulaires*, semblent avoir pris la place du gypse, qui, dans les couches inférieures des carrières de Montmartre, affecte précisément la même forme.

	mètres.
Ci-contre.	4,51
7. Sable calcaire jaunâtre, avec filets de sable verdâtre.	1,40
8. Sable calcaire verdâtre.	0,80
9. Quarz lenticulaire empâté de marne.	0,12
10. Marne sablonneuse jaunâtre.	0,50
11. Marne grise compacte.	0,06
12. Quarz carié, terreux, jaunâtre.	0,20
Total.	7,59

Ces diverses couches forment une épaisseur d'environ 7 mètres. Les bancs calcaires qu'on trouve au-dessous ne contiennent que le *cerithium lapidum* et le *lucina saxorum*, Lam.; ce qui concourt, avec l'observation précédente, à nous apprendre qu'on ne voit dans ce lieu que les couches supérieures de la formation calcaire.

On peut suivre les bancs calcaires au-delà d'Auteuil, de Passy et de Chaillot, et on les perd vis-à-vis de Chaillot, à 110 et 150 mètres du bord de la Seine, et vis-à-vis de Passy, à 450 mètres. Mais d'après quelques observations que les fouilles qu'on vient de faire dans les faubourgs du nord de Paris nous ont permis de recueillir, il paraît que cette formation, réduite à l'état de marne calcaire jaune, se continue sans interruption de l'ouest à l'est, et forme le premier plateau qu'on monte en sortant de Paris pour aller, soit à Montmartre, soit à Ménil-Montant; nous regardons les marnes calcaires et gypseuses marines qu'on trouve à l'ouest de Montmartre, au-dessous de la deuxième masse, qu'on revoit au S. de cette montagne dans la rue des Martyrs et à l'est près de l'hôpital Saint-Louis, comme représentant la formation marine, puisqu'on trouve dans ces trois points des coquilles marines semblables à celles qui caractérisent le calcaire grossier.

A l'est de Paris, on reconnaît à peu près la même disposition, c'est-à-dire qu'il règne sur la rive droite de la Marne et de la Seine une bande calcaire qui s'étend depuis Bercy jusqu'à Saint-Maur. Elle est étroite comme celle de Passy. Elle commence à la barrière de Reuilly; à Bercy elle est à 200 ou 300 mètres de la Seine; vers le nord elle plonge d'abord au-dessous du terrain de transport ancien, qui constitue le sol du bois de Vincennes, et probablement au-dessous des montagnes gypseuses de Belleville, etc., qui font suite à celle de Montmartre.

On serait porté à croire, d'après la description précédente, que cette bande calcaire est une suite de celle de Passy, et qu'elle traverse la partie septentrionale de Paris; mais cela n'est point ainsi. Toutes les fouilles qu'on y a faites, soit pour le canal de l'Ourcq, soit pour d'autres travaux, et dont nous avons eu connaissance, nous ont appris que la partie la plus voisine de la Seine est composée d'un terrain de transport moderne, c'est-à-dire des alluvions de la Seine faites depuis la formation de nos continens dans l'état où nous les voyons; que la partie moyenne vers la porte Saint-Denis et la foire Saint-Laurent est située sur le calcaire d'eau douce; et que vers l'extrémité du faubourg, lorsqu'on creuse un peu profondément, on rencontre ou la formation gypseuse, et le gypse lui-même, ou ces marnes marines que nous venons d'indiquer, et qui représentent la formation marine. Toutes nos recherches et tous les renseignemens que nous avons reçus de M. Héricart de Thury, nous portent à croire qu'il n'existe pas de vrai calcaire en bancs solides, ou pierre à bâtir dans cette partie de Paris.

§ VIII. *Plateau de Maisons.*

Ce plateau est très-circonscrit, car il ne tarde pas à être remplacé vers le S. E. par la formation du calcaire siliceux : c'est le seul point depuis le confluent de la Seine avec la Marne jusqu'à la hauteur de Changy, entre Meaux et La Ferté-sous-Jouarre, où le calcaire marin se montre, et c'est probablement aussi le seul où il existe. Ce petit plateau n'offre d'ailleurs rien de remarquable; il porte des masses de gypse à son extrémité S. E.

RIVE GAUCHE DE LA SEINE.

§ IX. *Plateau du sud de Paris.*

Ce plateau est un des mieux connus; il fournit le plus grand nombre des pierres employées dans les constructions de Paris. Il est percé de carrières dans une multitude de points. On peut aisément déterminer ses limites. Il comprend la partie méridionale de Paris, et s'étend de l'est à l'ouest depuis Choisy jusqu'à Meudon. La rivière de Bièvre le sépare en deux parties; celle de l'est porte la plaine d'Ivry, et celle de l'ouest forme la plaine de Montrouge et les collines de Meudon.

Dans la plaine d'Ivry, le calcaire marin se trouve presque immédiatement au-dessous de la terre végétale; il n'est recouvert que d'un à deux mètres d'un agglomérat composé de silex roulés et de débris de calcaire enveloppés d'un sable rougeâtre argileux. Le calcaire marin proprement dit est précédé d'environ un mètre de marne ou de sable calcaire.

Le plateau de la plaine d'Ivry se prolonge au nord dans Paris, jusqu'à l'extrémité orientale de la rue de Poliveau.

Le plateau de la plaine de Montrouge est séparé du précédent par le vallon où coule la rivière des Gobelins; ce vallon est creusé assez profondément pour couper tous les bancs calcaires, en sorte que la rivière des Gobelins coule sur l'argile plastique. Les bords de ce plateau, dans Paris, forment une ligne qui passe sous l'extrémité méridionale du Muséum d'Histoire Naturelle, et suit les rues Saint-Victor, des Noyers, des Mathurins, de l'École-de-Médecine, des Quatre-Vents, de Saint-Sulpice, du Vieux-Colombier et de Sèvres jusqu'à Vaugirard. Sur cette limite, les bancs de calcaire marin n'ont plus aucune solidité; ils sont minces, friables et marneux (1). C'est sous cette portion de la ville que sont creusées ces fameuses carrières qui ont quelque temps menacé la solidité des édifices qu'elles supportent.

Le bord oriental de la plaine de Montrouge présente une disposition à peu près semblable à celle du bord occidental du plateau d'Ivry. Dans les deux carrières que nous avons étudiées particulièrement, au lieu dit *la Croix penchée*, près du Petit-Gentilly, on trouve les premiers lits de calcaire marin coquillier, dès qu'on a traversé environ un mètre de terre meuble, mélangée de pierrailles calcaires et

---

(1) Nous tenons la plupart de ces renseignemens de M. Héricart de Thury, ingénieur des mines et inspecteur-général des carrières du département de la Seine.

siliceuses. Les couches de marne qui précèdent ordinairement le calcaire coquillier ne se voient point ici. Il y a 15 à 17 mètres de masse; mais les couches inférieures, composées de calcaire sablonneux et formant environ trois mètres, ne sont pas exploitées.

C'est une règle qui n'a pas encore présenté de véritables exceptions (1).

---

(1) *Détail des carrières de Gentilly.*

Numéros des couches observées en allant de haut en bas.

N° 1. Marne calcaire avec quelques moules de coquilles bivalves indéterminables.

2 — 4. Calcaire dur, mais presque entièrement composé de cérites, et renfermant aussi quelques autres coquilles :
Cerithium serratum,
Fusus bulbiformis,
Corbula,
Cardium Lima,
Miliolites.

5 — 6. Calcaire friable.
Les mêmes coquilles,
Les *miliolites* plus abondantes.

7. Calcaire tendre, coquilles plus rares, surtout les cérites.
Les mêmes espèces qu'aux numéros précédens.
En outre *Corbula analina*,

La formation calcaire paraît s'amincir sensiblement à mesure qu'elle approche du lit de la Seine. Près d'Issy on ne traverse guère que 10 à 12 mètres de calcaire pour arriver à la glaise. Dans la plaine de Grenelle, le calcaire a disparu entièrement, et la craie se trouve

Ampullaria acuta?
Cytherea lævigata?

8 — 10. Calcaire tendre.
Beaucoup de coquilles, mais tellement brisées qu'il est presque impossible de déterminer les espèces; presque plus de cérites.

11 — 13. Calcaire plus dur que le précédent.
Point de cérites.
Corbula anatina,
Lucina saxorum.
Une grande quantité de miliolites.

14 — 15. Calcaire tendre, coquilles non apparentes.

16 — 17. Calcaire dur, entièrement semblable aux numéros 2 — 4.

18. Calcaire tendre, coquilles non apparentes.

19 — 20. Calcaire dur, absolument semblable aux numéros 2 — 4, 16 et 17.

21 — 22. Calcaire moins dur que le précédent, renfermant les mêmes fossiles que les numéros 11 — 13.

Ces divers lits réunis forment une masse d'environ quatorze mètres. On remarquera que ces lits ne sont que des subdivisions de la couche puissante qui renferme les *cérites tuberculées* et les *cérites des pierres*, la seule qui soit exploitée. Les assises à coquilles variées, à fer chloriteux granulaire, etc., sont situées au-dessous; comme elles ne sont pas

presque immédiatement au-dessous du sol d'attérissement qui forme cette plaine basse. Ce sol, entièrement composé de silex roulés dans un sable argileux, ferrugineux, est très-épais dans quelques endroits; il a, auprès de l'École-Militaire, 6 et 7 mètres d'épaisseur.

---

exploitées, nous n'avons pu les voir dans le lieu où cette description a été prise; mais en visitant les puits qu'on creuse pour l'exploitation de l'argile plastique et qu'on ouvre précisément au fond des carrières, nous avons reconnu, en le mesurant nous-mêmes, qu'on traversait encore treize mètres de calcaire pour arriver à la glaise, et que les dernières assises étaient composées de sable siliceux, de calcaire jaunâtre, d'une quantité considérable de fer chloriteux granulaire d'un beau vert, et de coquilles extrêmement variées et d'un très-beau blanc.

Dans la seconde carrière qu'on trouve en sortant du village de Gentilly et en suivant le bord de la vallée de la Bièvre qui est exposé au levant, après avoir traversé, en allant du nord au sud, les carrières dans le fond desquelles on a creusé les puits destinés à l'exploitation de l'argile plastique, on remarque une circonstance particulière au-dessus du banc que nous avons désigné avec les ouvriers sous le nom de *Lambourde*. (Pl. D, fig. 5.)

L'ordre de succession des bancs est comme à l'ordinaire, en allant de haut en bas :

1° La roche, qui est très-dure;

2° Des lits de calcaire grossier, nombreux, assez tendres, très-coquilliers et de mauvaise qualité;

3° Un banc puissant d'un calcaire grossier, tendre, homogène. C'est dans ce banc qu'on remarque des petits lits assez

Sur les parties inférieures des pentes des collines qui bordent la vallée de la Seine au midi, la glaise n'est recouverte que par des couches minces de calcaire grossier et tendre.

En remontant vers la colline qui est située au S. E. de Vaugirard, entre ce village et

---

nombreux, interrompus, très-minces, très-parallèles, d'un silex corné, noirâtre, qui, retirés du banc friable qui les renferme, se présentent sous la forme de plaques de plusieurs décimètres d'étendue sur quelques centimètres d'épaisseur et très-sonores.

4° Le banc très-épais appelé *Lambourde*.

Dans d'autres carrières situées un peu plus au S.-O., les marnes qui recouvrent le calcaire marin, et qui paraissent manquer dans celle que nous venons de décrire, présentent la succession de lits suivante :

1. Marne calcaire en fragment.
2. Sable calcaire.
3. Marne calcaire dure.
4. Marne calcaire dure, avec trois petits lits de marne argileuse feuilletée.
5. Sable calcaire fin avec rognons géodiques, blanchâtre dans sa partie supérieure.
6. Grès calcaire à cérites.
7. Grès calcaire spathique.
8. Calcaire blanc, friable, fissile, à fragmens de coquilles analogues à celles de Beauchamp près de Pierrelaie.

Nous avons rapporté cette disposition avec détail, parce qu'elle nous offre une nouvelle preuve que le grès de Pierrelaie appartient aux assises supérieures de la formation marine.

Mont-Rouge, on trouve des carrières ouvertes qui font connaître la disposition des couches calcaires dans cette partie du plateau. Il y a d'abord dix-huit lits de marne calcaire et argileuse, qui forment une masse d'environ 3 mètres d'épaisseur. On voit parmi les lits supérieurs cette couche de sable quarzeux, agglutiné, qui caractérise généralement les premières assises de la formation calcaire; on trouve ensuite les bancs qui renferment les lucines et les cérites des pierres, les corbules anatines, etc., des miliolites en quantité prodigieuse; ces bancs nous ont paru plus puissans ici qu'ailleurs. Au milieu d'eux, et immédiatement au-dessous d'un banc rouge presque uniquement composé de cérites, se voit une couche de calcaire marneux qui présente de nombreuses empreintes de feuilles. Cette couche très-mince de feuilles, placée entre des bancs de calcaire marin, dont les supérieurs renferment les mêmes espèces de coquilles que les inférieurs, est un fait assez remarquable et dont nous allons retrouver bientôt de nouveaux exemples. Cette carrière nous a offert 7 mètres et demi de bancs calcaires exploités; les plus inférieurs contiennent des *cytherea nitidula*, des *cardium obliquum*, des *terebellum convolutum* et des *orbitolites plana;* il n'y a pas de doute qu'en creusant plus profondément, on ne trouvât le calcaire sablonneux à coquilles de Grignon et à fer chloriteux granulaire ; mais comme il n'est pas susceptible d'être employé, on n'a aucune raison pour entamer ces bancs. Pour qu'on puisse les voir, il faut que quelques circonstances les mettent à découvert, et c'est ce qui a lieu à peu de distance de la carrière que nous venons de détailler. En allant vers Issy on rencontre d'abord des carrières qui ressemblent à la précédente ; mais derrière le parc qui dépend de la première maison de ce village du côté de Paris, il y a des escarpemens qui font voir le calcaire sablonneux à coquilles très-variées, et souvent nacrées (1), et à fer chloriteux ; ici ces bancs sont visibles, parce qu'ils sont comme relevés par l'île de craie qui se montre à Meudon, au milieu du bassin de calcaire grossier que nous décrivons.

On retrouve dans les carrières de Clamart la même couche mince de feuilles très-bien conservées ; elle est située au milieu des cérites et des lucines des pierres.

(1) Il est inutile d'énumérer ici ces coquilles : elles sont absolument de même espèce que celles que nous allons citer plus bas, et que toutes celles des couches inférieures du calcaire.

Le monticule calcaire qui porte Fleury et Meudon, quoique placé sur une protubérance de la craie et comme soulevé par celle-ci, présente cependant toutes les couches de la formation calcaire, depuis les plus inférieures jusqu'aux marnes les plus superficielles; il est facile de les suivre dans les diverses carrières placées les unes au-dessus des autres.

On peut observer presque au-dessus de la verrerie, mais un peu vers l'est, la craie, l'argile plastique ferrugineuse (1) qui la recouvre, et les premiers bancs de sable et de calcaire sablonneux à fer chloriteux granulaire qui reposent sur l'argile. Ce banc très-épais, et situé à environ quarante mètres au-dessus des moyennes eaux de la Seine au bas des Moulineaux, est d'un jaune de rouille; il est friable et renferme une grande quantité de coquilles très-variées, mais de même espèce que celles qu'on trouve à Grignon.

Nous avons compté dans cette carrière vingt bancs distincts de marne calcaire et de calcaire marin coquillier, qui forment, en y compre-

---

(1) Cette argile n'est visible que dans un seul point, et quelquefois la cavité dans laquelle on la voit est remplie de décombres et l'argile n'est plus visible; mais quelques coups de pioche la font retrouver.

nant le calcaire sablonneux, une masse de 23 à 24 mètres d'épaisseur, dont on trouvera ci-dessous le détail (1). Il n'y a au-dessus que

---

(1) *Carrières de Meudon, au-dessus des crayères exploitées.*

Énumération prise à partir de l'argile plastique qui est au-dessus de la craie.

N° 1. Calcaire friable, d'un jaune d'ocre, plus dur dans certaines parties, se désagrégeant à l'air ; il est composé de calcaire à gros grains de sable, de chlorite granulée, et d'une quantité prodigieuse de coquilles presque toutes analogues à celles qu'on trouve à Grignon, savoir :

		mètres.
Calyptræa trochiformis.	*Cardita avicularia.*	
Terebellum convolutum.	*Cardium porulosum.*	
Pyrula lævis.	*Crassatella lamellosa.*	
Voluta harpæformis.	*Tellina patellaris.*	
Turritella imbricata.	*Modiola cordata.*	
— *sulcata.*	*Mytilus rimosus.*	
Cerithium giganteum.	*Venus texta.*	
Ampullaria patula.	*Turbinolites.* (Lm.)	
Venericardia imbricata.	*Pinna margaritacea.*	
Lucina concentrica.	*Orbitolites plana.*	
— *lamellosa.*	*Fungia Guettardi*	
Cytherea nitidula.	(pl. P, fig. 5)...	3,50
Pectunculus pulvinatus.		

N° 2. Banc blanc assez tendre, formé de lits séparés par de la chaux carbonatée farineuse. Il renferme dans ses dernières assises les mêmes espèces de coquilles que le banc n° 1 ; mais il n'est point friable comme lui, il ne contient point autant de sable et ne renferme

3 mètres au plus de marne calcaire sans coquilles, mais on doit remarquer aussi qu'on ne trouve pas les couches sablonneuses et quar-

		mètres.
	que très-peu de fer chloriteux ; il contient des miliolites en très-grande abondance.	3,10
N° 3.	Banc tendre d'un blanc jaunâtre, renfermant des empreintes blanchâtres rhomboïdales allongées de quinze millimètres de longueur, ressemblant à des feuilles. On ne peut y voir aucune nervure, et nous soupçonnons que ce sont des empreintes de *flustres*. . . .	1,00
4.	Banc tendre. Il est très-tendre et même friable. On y voit des *terebellum convolutum*, et des veines plus jaunes formées d'une pâte grossière de coquilles brisées.	0,70
5.	Calcaire plus dur, plus grossier que le précédent ; encore quelques orbitolites ; beaucoup de miliolites.	0,40
6.	(La roche des Carriers.) Calcaire jaune dur, surtout vers son milieu, quoique à grain grossier, renfermant beaucoup de moules de coquilles, notamment :	

Miliolites.   *Ampullaria spirata?*
Cardium Lima?   *Cerithium serratum* en
— obliquum.   grande quantité . . 1,20
Turritella imbricata.

    Un filet de marne argileuse feuilletée le sépare du banc suivant.

  7. Calcaire dur jaunâtre très-coquillier, renfermant les mêmes espèces de coquilles que le n° précédent, et de plus *lucina saxorum*. . . 0,15

zeuses qui caractérisent les marnes superficielles.

Ces couches se retrouvent dans des carrières

		mètres.
N° 8.	Calcaire moins dur, très-peu coquillier, fragmens indéterminables..........	0,12
9.	Calcaire très-friable, se divisant en feuillets perpendiculaires, renfermant des masses dures et quelques coquilles bivalves blanches qui paraissent être des fragmens de la lucine des pierres.,..................	0,60
10.	Calcaire gris assez dur, mais fragile et même friable dans sa partie inférieure........	0,6
	Coquilles. *Cerithium serratum.*	
	Lucina saxorum.	
	Miliolites, etc. et autres coquilles des numéros 7 et suiv.	
11.	Calcaire jaunâtre assez compacte, presque point de coquilles, des miliolites........	0,22
12.	Calcaire très-coquillier : presque toutes les coquilles sont des *cerithium serratum* et des *ampullaria spirata* ? On y voit aussi quelques lucines des pierres, quelques *cardium lima* et des miliolites. Il est dur à sa partie inférieure, et friable à sa partie supérieure........	0,92
13.	Calcaire à grain fin, assez compacte, argileux, et même fissile dans sa partie inférieure, ayant la cassure conchoïde dans son milieu, des fissures perpendiculaires très-nombreuses, dont les parois sont teintes en jaune d'ocre et couvertes de dendrites. Il ne renferme que des *cerithium lapidum*, des corbules lisses et peu de miliolites...................	0,25

plus élevées que celles-ci, et situées au-dessus des Moulineaux; on y trouve même du quarz lenticulaire, comme à Passy.

		mètres.
N° 14.	Calcaire jaune un peu rougeâtre, dur dans sa partie supérieure, composé d'une pâte de coquilles brisées. On y trouve des cérites, des corbules et des miliolites comme dans les couches précédentes.	0,30
15.	Calcaire dur très-compacte, en lits minces, ondulés, renfermant quelques coquilles entières dans son épaisseur et beaucoup de coquilles écrasées à sa face inférieure. Mêmes espèces que dans le précédent. Épaisseur variable.	0,05
16.	Calcaire dur, compacte, avec dendrites noires, ne renfermant que des cérites lisses (*cerithium lapidum*). L'épaisseur de ce banc est variable : il se réduit presque à rien dans certains points, et est remplacé par de la marne blanche à retrait prismatique, qui paraît venir de la couche supérieure.	0,15
17.	Couche de marne calcaire, composée, en allant de bas en haut : 1° de rognons ovoïdes pesans, remplis de larges fentes dans leur milieu; ces fentes sont quelquefois tapissées de petits cristaux blancs de chaux carbonatée; le tout est entièrement dissoluble dans l'acide nitrique; 2° de masses blanches comme crayeuses; 3° d'un lit inégalement renflé de marne calcaire dure, rempli de noyaux de cérite lisse (*cerithium lapidum*), et d'un lit de marne	

Les marnes sablonneuses, calcaires et argileuses, ne forment qu'une masse de 3 mètres; on ne voit guère que 16 mètres de la masse de calcaire coquillier qu'elles recouvrent. Les bancs sablonneux inférieurs n'ont point été mis à découvert; mais dans une autre carrière très-élevée, située précisément à l'est du château de Bellevue, on voit très-distinctement, en allant de bas en haut :

1° Une masse de sable, d'un blanc grisâtre, veiné de jaune;

		mètres.
	calcaire dure, à fissures perpendiculaires, sans coquilles apparentes.	0,25
N° 18.	Marne calcaire assez compacte, mais fragmentaire, les fissures couvertes d'un enduit jaunâtre et de dendrites noires; coquilles très-rares, probablement cérites lisses.	0,90
	Ce banc est divisé en quatre assises; on remarque des rognons vers la partie supérieure; il est séparé du banc suivant par une petite couche d'argile	
19.	Marne calcaire friable, tendre, assez fissile.	0,1
20.	Marne calcaire grise, friable, poreuse, renfermant très-peu de coquilles, quelques cérites et quelques bivalves indéterminables.	1,0
	Total des bancs calcaires renfermant des coquilles, environ.	26 m.
21.	Marne sablonneuse et argileuse très-tendre.	0,22
22.	Marne calcaire friable blanche, marbrée de jaune pâle, renfermant dans sa partie supé-	

2° Un banc puissant de calcaire grossier, pétri de fer chloriteux granulaire d'un beau vert, et de coquilles nombreuses très-blanches.

3° Le calcaire grossier d'un blanc jaunâtre; il est ici très-tendre;

§ X. *Plateau du mont Valérien.*

La vallée de Sèvres forme sa limite à l'est, et celle de Marly sa limite à l'ouest. Le grand coteau sableux qui porte la forêt de Marly

	rieure des parties dures, cariées, à cassure spathique, et dont les cavités sont tapissées de chaux carbonatée en très-petits cristaux.	
	La partie inférieure présente des veines et de petits rognons de calcaire spathique transparent.	mètres. 0,50
N° 23.	Marne calcaire d'un blanc jaunâtre, homogène, tendre, surtout vers les assises inférieures.	1,02
24.	Marne calcaire ferrugineuse, rubannée de jaune et de blanc, très-friable, avec des parties dures dans ses assises inférieures.	0,20
25.	Calcaire dur, spathique, en rognons irréguliers.	
	Épaisseur moyenne.	0,10
26.	Marne calcaire très-friable, avec quelques filets jaunâtres horizontaux.	
	Jusqu'à la terre végétale.	0,80
	TOTAL de la marne calcaire sans coquilles, environ.	3 mèt.

couvre au S. O. tous les plateaux qui bordent immédiatement la rive gauche de la Seine. Le vallon de Sèvres, depuis son embouchure jusqu'à Chaville, est bordé sur ses deux côtés de carrières nombreuses ; les bancs de bonne pierre y sont plus rares que dans les carrières du plateau de Mont-Rouge, et nous croyons pouvoir en indiquer la cause. Nous avons déjà dit que les couches calcaires les plus inférieures, celles qui se rapprochent le plus de la craie, étaient presque toujours sablonneuses et même friables, d'un jaune ferrugineux, et pénétrées de fer chloriteux; que lorsqu'elles étaient solides dans la carrière, elles ne tardaient pas à se désagréger à l'air et à tomber en poussière, de sorte qu'on n'exploitait jamais ces derniers bancs, même quand ils se présentaient à fleur de terre.

La craie qui se montre au jour, et dans une position très-relevée, non-seulement à Meudon, mais encore à Sèvres au pied de la colline de Bellevue, et dans le parc de Saint-Cloud au pied du pavillon d'Italie, a rehaussé tous les bancs calcaires, en sorte que la plupart des carrières, et surtout celles du bas de Sèvres, ne présentent que les bancs inférieurs du calcaire grossier, ceux qui sont les plus voisins de la craie. La roche, c'est-à-dire les bancs durs à cérites, y manquent quelquefois entièrement; et quand ils s'y trouvent, ils sont minces; ou enfin s'ils sont épais, ils donnent une pierre qui se détruit à l'air par parties et qui est généralement de mauvaise qualité.

Sur la gauche en montant, on trouve d'abord les carrières qui sont au pied du plateau de Bellevue, ensuite celles de la manufacture de porcelaine, et l'on en trouve ainsi de distance en distance jusqu'à Chaville.

Sur le côté gauche du vallon, nous regardons comme la première carrière celle qui est dans le parc de Saint-Cloud, presque en face du pavillon d'Italie; tout le bord du plateau calcaire de Saint-Cloud est ainsi percé de carrières jusqu'à Chaville.

Ces carrières, que nous avons examinées avec soin et dont on trouvera ci-dessous les détails (1), offrent quelques particularités.

---

(1) *Carrières de Sèvres, en partant des couches visibles les plus inférieures. — Seconde carrière en montant.*

Nº 1. Calcaire jaunâtre pointillé de blanc, friable. Miliolites et moules intérieurs de turritelles.
(Comme c'est le plus inférieur, et qu'on n'a pu le voir en entier, il n'a pas été mesuré.)

2. Calcaire jaune tendre, séparé du précédent par une couche d'argile très-mince, avec des moules intérieurs de coquilles indéterminables

On trouve dans les lits supérieurs de marne sans coquille, et même dans les assises supé-

		mètres.
	d'*Arca scapulina*, de tellines, de turritelles, de miliolites.	0,18
N° 3.	Calcaire plus dur.	0,34

Cerithium rugosum.   *Cardium Lima.*
— *thiara?*   *Miliolites.*
— *lamellosum.*

4. Banc tendre d'un cendré verdâtre lorsqu'il est humide, nommé à cause de cela *banc vert*, ne renfermant que peu de coquilles; partie inférieure plus tendre, remplie d'empreintes brunes de feuilles posées à plat. Partie supérieure plus dure, présentant des fissures remplies de calcaire jaune grossier. 0,50

Troisième carrière.

N° 1. Calcaire jaunâtre, peu dur, renfermant peu de coquilles, mais de grandes coquilles bivalves, avec des infiltrations siliceuses et des silex coquilliers à sa partie inférieure. 1,50

On voit dans le calcaire, au-dessous des silex, des miliolites et des moules peu entiers de cythérées, de cérites, d'ampullaires, de cardium; mais les espèces ne sont pas déterminables.

Ces silex renferment une grande quantité de coquilles; comme ce ne sont que des moules intérieurs, elles sont très-difficiles à déterminer; nous avons cru pouvoir y reconnaître les espèces suivantes :

Cerithium serratum.   *Ampullaria spirata?*

rieures du calcaire proprement dit, des couches de sable à gros grains, souvent mêlé de

---

Cytherea elegans?   *Lucina saxorum.*
Venus callosa?   Miliolites.
Cardium Lima.

mètres.

N° 2. Calcaire marneux, très-friable, renfermant des empreintes de feuilles et quelques coquilles brisées dans sa partie supérieure.   0,40

3. Calcaire blanc assez compacte, dur, renfermant beaucoup de cérites des pierres.   0,80

4. Calcaire jaunâtre tendre, renfermant des miliolites et quelques cérites. . . . , ...   0,40
Nous y avons vu un fragment du *pinna margaritacea*.

5. Calcaire jaunâtre dur, renfermant des miliolites, des *cerithium serratum*, des ampullaires et des cythérées; le tout brisé.   1,00
C'est dans ce banc ou aux environs que se trouvent les moules intérieurs d'ampullaires, de cérites et de lucines entièrement siliceux, et composés d'un silex translucide noirâtre dont la surface blanchâtre représente très-exactement la coquille qu'il a remplacée.

6. Calcaire jaunâtre très-dur; mêmes espèces que dans le n° précédent; très-peu de miliolites.
Il renferme vers sa partie supérieure une zone continue de silex rubanné de calcaire.   0,50

7. Calcaire marneux tendre, avec une zone dure, et très-fragmentaire vers son milieu. . .   0,60

8. Banc d'argile continu, recouvert d'une couche de sable calcaire blanc.   0,15

calcaire ou pénétré d'infiltrations calcaires; quelquefois la matière siliceuse s'est agrégée de manière à former des bandes de silex corné (*hornstein*). Cette disposition se voit dans la carrière du parc de Saint-Cloud, dans celle de la butte de Bellevue et dans la troisième carrière du côté gauche du vallon de Sèvres; dans cette même carrière, les bancs qui appartiennent à la famille des ampullaires, des cérites et des grandes cythérées, renferment ces mêmes coquilles dont le vide est rempli de silex noir; lorsque ce vide a été trop grand, comme dans les cythérées, pour être rempli entièrement, les parois sont tapissées d'espèces de stalactites siliceuses, contournées comme le flos-ferri et souvent hérissées de très-petites pointes de quarz. On trouve dans

---

  Dans quelques endroits ce sable devient plus pur, et s'agglutine même en silex corné zonaire.

			mètres.
N° 9.	Calcaire jaunâtre assez dur, rempli de fragmens blancs de coquilles qui sont des *cerithium serratum*, des *corbula striata*? S'il y a des miliolites, elles y sont rares.		0,60

  On trouve à sa face inférieure une couche d'argile qui renferme les mêmes coquilles écrasées.

| 10. | Banc de calcaire sableux, et même un peu spathique et carié. . . . . | 0,60 |

ces mêmes couches des lits de silex pyromaque, comme pétris de coquilles des genres
précédens; les cavités de ces coquilles renferment de l'eau, qu'on en voit sortir en cassant
ces silex, long-temps même après leur extraction de la carrière; cette eau n'a aucune sa-
veur, et ne nous a paru avoir aucune action
sur le nitrate d'argent.

Enfin, au milieu des bancs à cérites, se
trouve un lit de calcaire marneux, présentant
des empreintes de diverses plantes; elles sont
noires, charbonneuses, et par conséquent
friables; ces empreintes, quoique peu reconnaissables, ne ressemblent cependant point
aux empreintes de feuilles dont nous avons
parlé précédemment. Nous devons seulement
faire remarquer à leur sujet qu'elles se trouvent dans les mêmes couches calcaires que
celles de Châtillon, etc., c'est-à-dire au milieu
des cérites; mais qu'au lieu d'être sur un banc
de calcaire solide, comme dans les lieux cités
plus haut, elles se trouvent au milieu d'une
marne calcaire friable.

En suivant ce plateau du sud au nord, on
y rencontre encore d'autres carrières qui en
font voir la structure. On en trouve d'abord
une derrière le palais de Saint-Cloud et dans
l'enceinte même de ce palais. Il y en a trois

autres sur la pente S. E : 1° une au S. E. du mont Valérien, du côté de Surênes et presque au pied de ce monticule, ce qui est une nouvelle preuve de la position du gypse sur le calcaire marin; 2° deux autres sur les deux côtés de la route en descendant au pont de Neuilly. C'est dans les couches de marnes calcaires de celles-ci qu'on a trouvé ce lit de quarz cristallisé dodécaèdre bisalterne, mêlé de chaux carbonatée inverse et de chaux fluatée (1), dont nous avons fait mention plusieurs fois. Nous donnons en note (2) la succession des couches qui renferment ces quarz et la chaux fluatée.

Sur la pente nord-ouest du même plateau on remarque les grandes et belles carrières de Nanterre qui bordent les deux côtés de la grande route, à la descente du plateau; ni ces

---

(1) C'est M. Lambotin qui a reconnu le premier la présence de la chaux fluatée en petits cubes jaunâtres dans cette couche. Il l'a vue d'abord près du Marché aux Chevaux, au S. E. de Paris, ensuite à Neuilly.

(2) Les carrières et escarpemens du N. et du S. de la route sont généralement semblables entre elles. Les couches supérieures qui renferment le quarz, etc., se suivent ainsi en allant de haut en bas.

N° 1. Marne calcaire en fragmens irréguliers.
    2. Banc puissant de calcaire extrêmement friable, renfermant des moules de coquilles marines, assez

carrières, ni celles du *Loup*, qui se trouvent plus au nord et qui ont une étendue imposante, ne nous ont offert aucune particularité. On sait qu'on trouve, sur les parois des fissures des carrières de Nanterre, ce calcaire cotonneux qu'on nomme vulgairement *farine fossile*.

En suivant le bord septentrional du plateau que nous décrivons, on arrive aux crayères de Bougival; elles sont surmontées, comme celles de Meudon, de bancs de calcaire marin : les plus inférieurs de ces bancs sont friables, et remplis de fer chloriteux; ils contiennent en outre des coquilles marines, souvent nacrées et d'espèces très-variées semblables à celles de Grignon; ces bancs reposent sur une couche de sable très-épaisse. Cette disposition est donc absolument semblable à celle qu'on

---

variées, mais dans lesquelles nous n'avons pu reconnaître que le *cardium obliquum*.
N° 3. Marne compacte fragmentaire.
4. Marne blanche friable.
5. Sable quarzeux et quarz.
6. Marne blanche avec rognons et zones horizontales, remplies ou composées de calcaire spathique et cristallisé de la variété inverse? mêlé de petits cristaux de quarz bisalterne et de chaux fluatée.
7. Marne blanche friable.

19

observe à Meudon sur le bord méridional du même plateau.

§ XI. *Plateau de Saint-Germain.*

On sait qu'on monte rapidement lorsqu'on veut gagner le sommet de ce plateau à Saint-Germain même. Ses bords escarpés présentent la coupe des couches calcaires qui le composent : on voit dans ses couches inférieures les grains de fer chloriteux et les espèces de coquilles qui annoncent le voisinage de la craie.

La colline de Luciennes appartient à ce plateau; les fouilles qu'on y a faites, depuis le pied de l'aqueduc de Marly, qui est situé sur le sable de son sommet, jusqu'au premier réservoir de Marly, près de sa base, font très-bien connaître la nature de cette colline et nous offrent une nouvelle confirmation des règles de superposition que nous avons reconnues : car on a percé successivement les sables sans coquilles des hauteurs, les marnes du gypse, le calcaire marin jusqu'à l'argile plastique qui recouvre la craie, et qui a ici une épaisseur considérable. On peut en lire les détails dans la note ci-dessous (1).

---

(1) On réunit ici les différens terrains traversés par les cinq

Ce plateau descend au nord en pente insensible vers la Seine, et se confond avec le terrain d'alluvion par lequel il est en grande partie recouvert.

puits qui sont situés les uns au-dessus des autres. On n'a trouvé le sable des hauteurs que dans le premier et le second puits.

N° 1. Sable jaune argileux sans coquilles.
2. Sable jaune plus argileux.
3. Sable noirâtre argileux, renfermant des silex roulés, altérés, devenus blancs et opaques.
4. Marne noirâtre argileuse, sableuse et un peu calcaire. On a trouvé au milieu de cette couche, dans le premier puits, une côte de *lamantin* très-bien caractérisée, changée en un silex noirâtre ; on verra plus loin le même fossile trouvé à Longjumeau dans le même terrain marin.
5. Marne calcaire renfermant des huîtres fossiles. (*Ostrea linguatula*, Lm.)
6. Marne calcaire compacte.
7. Marne argileuse.
8. Marne argileuse verte, à peine effervescente.
9. Marne calcaire très-compacte.
10. Silex pyromaque en rognons, enveloppé de calcaire blanc crayeux mêlé de silice.
11. Calcaire marin, grenu, friable, sans coquilles apparentes.
12. Calcaire marin grossier à coquilles blanches très-variées et à fer chloriteux granulaire très-abondant.
13. Argile noire sableuse, renfermant des coquilles blanches friables, qui paraissent être des cyrènes et des coquilles turbinées indéterminables. On y a trouvé

Nous ne connaissons l'extrémité occidentale de ce plateau, qui se prolonge jusqu'à Bouaffle, que par l'examen que nous en avons fait de la rive droite de la Seine, et par les renseignemens que nous avons reçus.

En revenant sur nos pas, nous allons reprendre le plateau calcaire qui s'étend de Versailles jusqu'à Maulle.

§ XII. *Plateau de Villepreux.*

Ce plateau semble être la partie méridionale du grand plateau calcaire qui s'étend de Sèvres à Bouaffle, et dont nous venons de décrire la partie septentrionale et les deux appendices; sa partie moyenne est recouverte par la grande bande sablonneuse qui s'étend

---

aussi du bois charbonné, des pyrites et du bitume asphalte. Elle est quelquefois précédée de silex roulés.

N° 14. Argile plastique grise, marbrée de rouge, sans coquilles.

On reconnaît : du n° 1 à 3 inclusivement, la formation du sable sans coquilles. — Du n° 4 au n° 8 ou 9, la formation marine qui recouvre le gypse. Il paraît que le gypse, et par conséquent que la formation d'eau douce inférieure manque. — Du n° 9 ou 10 au n° 12, la formation du calcaire marin, qui paraît être très-mince ici, parce que la craie et l'argile plastique sont très-relevées. — Les numéros 13 et 14 appartiennent à la formation de sable et de l'argile plastique qui précède la craie.

sans interruption de Ville-d'Avray à Aubergenville.

Il est percé de carrières, dont l'ouverture est peu élevée au-dessus du fond de la vallée; car ce plateau calcaire, recouvert d'une masse considérable de marne argileuse et de sable, est généralement bas et ne présente que peu d'escarpemens. Il va toujours en s'abaissant vers le sud et disparaît entièrement sous les masses de sables de la Beauce, dont la nappe immense et non interrompue commence sur le bord méridional de la grande vallée qui s'étend depuis Versailles jusqu'à la rivière de Maudre : aussi les carrières n'existent-elles guère que sur le bord septentrional de ce vallon.

Ce plateau calcaire nous offre sur son bord méridional trois points intéressans : Saint-Nom, Grignon et Maulle.

Aux environs de Saint-Nom, c'est-à-dire au pont de Noisemont près de Villepreux, d'une part, et au pont de Fontaine sur la route de Maulle de l'autre, on retrouve le lit de calcaire, qui présente des empreintes de feuilles parfaitement semblables à celles de Châtillon; elles sont, comme celles-ci, dans une assise de calcaire dur, à grain assez fin et en plaques minces; la partie de ces plaques qui présente les empreintes végétales n'a peut-être pas trois centimètres d'épaisseur; et cependant on voit combien cette couche mince avait d'étendue. Les feuilles sont mêlées ici, comme à Châtillon, à Sèvres et à Saillancourt, avec des cérites et des lucines des pierres, et placées plutôt vers la partie inférieure du banc de cérite que vers sa partie supérieure. On reconnaît aussi fort bien, dans ces carrières, la position du banc de cérite, toujours supérieur à tous les autres.

Nous avons examiné ces empreintes de feuilles, avec MM. de Jussieu, Desfontaines, Correa, Decandolle, etc. Le plus scrupuleux examen ne nous a pas permis de déterminer même les genres de plantes auxquels elles peuvent être rapportées (1). Mais cet examen nous a prouvé que la plupart de ces feuilles n'avaient pu appartenir à des plantes marines proprement dites, et cependant elles se trouvent au centre des bancs de calcaire marin et au milieu des coquilles marines les mieux caractérisées. Quant à l'habitation des tiges articulées (pl. P, fig. 1, F, G) qui se trouvent mêlées avec ces

---

(1) On reprendra cet examen et on donnera l'énumération des espèces différentes de feuilles qu'on y peut reconnaître au chapitre des végétaux fossiles qui suivra cette description.

feuilles, il est probable qu'elle est également terrestre.

Le hameau de Grignon, célèbre par l'amas étonnant de coquilles fossiles que renferme son parc, est situé dans ce même vallon et vers son embouchure, entre les craies apparentes à Chavenay et celles qui forment les collines de Mareil.

Le banc coquillier se fait voir déjà près de Galluys, ensuite aux environs de Villepreux; mais il est dans ces lieux plus solide qu'à Grignon.

En examinant la couche friable qui renferme ces coquilles, on remarque aisément qu'elle appartient aux couches moyennes et inférieures du calcaire; elle offre les coquilles fossiles variées, et les sables siliceux qui s'y voient constamment.

On remarque, en allant de bas en haut, la succession suivante de couches :

N° 1. Calcaire grossier assez solide, quoique grenu, sableux, et même friable en partie, renfermant beaucoup de coquilles et du fer chloriteux granulaire. C'est le sol inférieur du terrain de Grignon. Il faut donner quelques coups de pioche pour le voir.

Nous y avons reconnu ce petit polypier en forme de dé à coudre, que M. de Lamarck décrit sous le nom de *lunulites urceolata* (pl. P, fig. 9), et qu'on trouve à Laillery près de Chaumont, mais que nous n'avions pas encore vu dans la couche n° 2 de Grignon. On y trouve aussi, mais très-rarement, des portions du même cassidule que nous avons cité comme fort commun à Saillancourt.

N° 2. Calcaire jaunâtre grossier, grenu, sableux, friable et sans aucune consistance, renfermant la quantité prodigieuse de coquilles marines fossiles qui sont particulièrement citées à Grignon. Il ne renferme ni les nummulites, ni les turbinolites, ni les fongites, ni les *venericardia costata*, ni le fer chloriteux des bancs inférieurs; il ne renferme point non plus les cérites des bancs supérieurs.

Les coquilles y sont pêle-mêle, quelquefois par amas ou filons; elles sont bien conservées, faciles à détacher du calcaire qui les enveloppe; plusieurs ont conservé les points ou lignes jaunes qu'elles avaient avant d'être fossiles. On trouve beaucoup de coquilles bivalves avec leurs deux valves réunies, notamment le *crassatella sulcata*. Ces coquilles, quoique parfaitement fermées, sont remplies du même sable calcaire coquillier qui les entoure: ce qui semble prouver qu'elles sont restées long-temps ouvertes au milieu de ce sable après leur mort, en sorte que le sable calcaire qui les entourait a pu y pénétrer, et qu'elles n'ont été fermées ensuite que par la compression des couches qui se sont déposées au-dessus d'elles. Cette disposition doit forcer aussi d'admettre dans l'eau qui les recouvrait une grande tranquillité.

Ce banc est de cinq à six mètres d'épaisseur. Il paraît qu'on y a trouvé des lits durs, composés d'un calcaire moins grenu, mais renfermant les mêmes coquilles, et notamment le *cardium aviculare*, et présentant les empreintes des plantes articulées dont nous donnons la figure (pl. P, fig. 6). Nous n'avons pu parvenir à voir ces pierres en place.

Nº 3. Banc de calcaire tendre à grain fin, renfermant moins de coquilles que le précédent, mais offrant dans ses fissures des empreintes jaunes de feuilles, qui ressemblent à des feuilles de graminées aquatiques ou à des feuilles de fucus. On y voit aussi des empreintes de *flustra* et de polypiers. Ces empreintes sont recouvertes des petits spirorbes qui habitent ordinairement sur ces corps, et qu'on prendrait au premier aspect pour des planorbes.

Ce banc paraît correspondre à celui qui renferme les empreintes de feuilles que nous avons reconnues et citées à Châtillon, Saint-Nom, etc.

4. Calcaire tendre fissile, renfermant principalement la lucine des pierres.
5. Calcaire tendre fissile, ne renfermant presque point de coquilles.
6. Calcaire plus dur, souvent même assez dur, mais se désagrégeant facilement, surtout vers la surface du sol, et renfermant une quantité prodigieuse de cérites de diverses espèces et quelques autres coquilles, savoir :

Ancilla buccinoides. *Cerithium Thiara.*
Voluta Cythara.   — *clavatulum.*
Fusus bulbiformis. — *lamellosum.*
Pleurotoma lineata. — *mutabile.*
Turritella subcarinata. *Natica cepacea.*
Melania costellata. *Ampullaria acuta.*
Miliolites. *Venus Scobinella.*
Phasianella turbinoides. *Cardium obliquum.*
Cerithium lapidum. *Lucina saxorum.*
— *cristatum.*

Vers la partie la plus supérieure de ce banc, on trouve quelques individus fort rares du *cyclostoma mumia.*

On voit donc ici toujours la même succession de fossiles, et cette partie du plateau calcaire n'est remarquable que parce que les coquilles y sont réunies en bien plus grand nombre, et que les bancs qui les renferment y sont plus friables qu'ailleurs, ce qui permet d'en extraire les coquilles facilement et dans leur entier.

Nous ne donnerons aucun détail ni sur le nombre ni sur les espèces de fossiles qu'on trouve à Grignon. Nous avons dit, dans le premier chapitre, que M. Defrance y avait compté près de six cents espèces différentes, et qu'elles avaient été décrites et figurées pour la plupart par M. de Lamarck (1). Il nous suffit de faire remarquer que toutes les coquilles de la couche de calcaire sableux, quoique bien conservées, sont pêle-mêle, tandis que les empreintes végétales et les cérites sont placées séparément et dans les couches supérieures,

---

(1) M. de Lamarck décrit, parmi les coquilles de Grignon, qui sont toutes marines, plusieurs espèces de coquilles qui appartiennent à des genres dans lesquels on ne devrait trouver que des coquilles d'eau douce. Cette contradiction apparente vient de deux causes : 1° il décrit des coquilles réellement d'eau douce qui se trouvent bien à Grignon, comme le *cyclostoma mumia*, le *limneus palustris ;* mais elles se trouvent à la surface du sol et non dans le banc de coquilles proprement dit ; 2° il cite des mélanies, des planorbes, etc.,

comme nous venons de le dire plus haut.

Le plateau de Villepreux est terminé à l'ouest par le vallon où coule la Maudre. Les coteaux qui bordent ce vallon, depuis environ une lieue au-dessus de Beyne jusqu'à son embouchure dans la Seine, sont de craie à leur base et de calcaire marin à leur sommet.

Cette craie est recouverte, comme partout, d'une terre argilo-sablonneuse rougeâtre, renfermant une grande quantité de silex. Le bois de Beyne, situé à l'ouest de ce village, est posé sur ce terrain; mais en sortant de ce bois, du côté de Lamarre-Saulx-Marchais, on trouve, dans une plaine un peu inclinée vers le nord, et à des différences de niveaux très-légères, les successions de terrain suivantes :

1° Dans la partie déclive un sol argilo-sablonneux rougeâtre, mêlé de silex et de craie *sans aucune coquille*.

---

qui font partie du banc de coquilles marines; mais en examinant avec quelque attention les espèces qu'il rapporte à ces genres, on voit qu'elles n'en ont pas les caractères, qu'elles diffèrent des coquilles d'eau douce renfermées dans ces mêmes genres, et qu'elles doivent faire, comme M. de Lamarck en convient, des genres distincts. (Voyez le Mémoire que l'un de nous a publié sur le terrain d'eau douce et sur la description de ses coquilles, *Annales du Muséum*, t. xv.)

2° En remontant un peu, c'est-à-dire d'un ou deux mètres au plus, on trouve dans ce même sol une quantité prodigieuse de coquilles qui appartiennent aux couches inférieures du calcaire grossier. Les espèces principales, c'est-à-dire les plus abondantes, sont :

Patella spirirostris. *Turritella sulcata.*
Ancilla canalifera. — *imbricata*, en quantité immense.
— *buccinoïdes.*
Mitra terebellum. *Venericardia planicosta.*
Voluta muricina. *Crassatella compressa.*
Fusus longævus. — *sulcata.*
— *bulbiformis?* *Cytherea nitidula.*
Pyrula lævigata. — *semisulcata.*
Ampullaria patula. *Pectunculus pulvinatus.*
Solarium plicatum. Trois espèces d'huîtres que nous n'avons pu déterminer.

Les coquilles qui se trouvent dans la transition d'une formation à une autre au milieu des silex sont pêle-mêle et généralement brisées. Nous n'avons pu découvrir, parmi les milliers de *turritella imbricata* que nous avons vus, un seul individu dont la boucle fût entière.

3° En remontant encore de quelques mètres, et surtout en allant vers l'ouest, on voit à une portée de fusil une petite carrière de calcaire grossier, friable, sans aucune consistance, en un mot, à l'état de sable comme celui de Grignon : ce sont les couches moyennes et supérieures du calcaire grossier. Les coquilles qu'elles renferment sont disposées comme à

Grignon, également bien conservées, quoique très-fragiles; mais l'épaisseur du tout est beaucoup moins considérable. On y reconnaît la succession suivante de lits:

N° 4 (1). Calcaire sableux, fer chloriteux granulaire et immense quantité de coquilles.
5. Calcaire sableux, sans fer chloriteux, moins de coquilles; une petite zone plus dure sépare ces deux lits.
6. Calcaire sableux et quantité prodigieuse de coquilles; ce lit est un peu plus dur que les précédens.

Les coquilles renfermées dans ces trois lits appartiennent absolument aux mêmes espèces que celles du lit friable de Grignon. Il est donc inutile de rapporter ici l'énumération que nous en avons faite.

7. Calcaire friable, avec des morceaux irréguliers, durs, saillans, rangés sur deux ou trois lignes horizontales parallèles, renfermant quelques coquilles mal conservées.
8. Sable siliceux et calcaire, renfermant quelques espèces de coquilles, et notamment une quantité innombrable de cérites. Les espèces de coquilles que nous avons vues dans ce banc sont:

Voluta muricina, un seul fragment.
Buccinum?
Pleurotoma punctatum?
Cerithium lapidum, extrêmement abondant.
— *angulosum?* assez abondant.
— *cristatum*, très-abondant.

---

(1) Ces numéros se rapportent, en allant de bas en haut, aux lits de la coupe figurée que nous donnons de ce lieu (pl. B, fig. 3).

Cerithium clavatulum.
— *mutabile.*
— *lamellosum.*
Turritella subcarinata.
Melania multisulcata? assez abondant.
Dentalium..........?
Ampullaria..........?
Lucina saxorum, très-commun.
Nucula..............? la même espèce qu'on trouve dans les grès de Beauchamp, etc.
Corbula.

Les cérites sont aux autres coquilles comme 100 à 1. Elles sont disposées en un lit d'un à deux décimètres d'épaisseur, horizontal et parfaitement régulier. Elles sont bien entières, mais très-fragiles.

N° 9. Terre végétale, cinq à six décimètres, mêlée d'un grand nombre de cérites.

En descendant le vallon de Maudre, on trouve le bourg de Maulle. Nous avons encore visité et étudié dans ce lieu les bancs de calcaire grossier qui recouvrent la craie; et nous avons reconnu, dans la superposition de ces bancs, exactement le même ordre que dans les couches calcaires des autres collines. Ainsi les bancs les plus inférieurs sont friables comme à l'ordinaire; ils renferment de grosses coquilles fossiles et des grains de fer chloriteux; au-dessus se trouvent des couches de pierre calcaire plus dure sans fer chloriteux. Vers le sommet on trouve le premier grès marin; il renferme ici, dans sa partie inférieure, des concrétions siliceuses, cylindroïdes et rameuses, grosses comme des fémurs humains, presque toujours creuses, mais dont la cavité est tantôt garnie de stalactites de silex, tantôt remplie de silex noir. Ces concrétions, très-nombreuses dans cette couche sablonneuse, pourraient être des zoophites fossiles, voisins du genre des antipathes. On sait que l'axe de ces zoophites est corné et plus tendre que leur écorce : il aura laissé, en se détruisant, la cavité que l'on voit dans ces fossiles. Au-dessus, mais dans le même banc sablonneux, est un lit de coquilles entièrement silicifiées : ces coquilles ne sont pas seulement des cérites. On y trouve aussi des *cardium obliquum*, des ampullaires, des cythérées élégantes, des lucines des pierres, et la plupart des autres coquilles du grès marin; nous avons observé ces diverses particularités dans les carrières à l'ouest de Maulle.

Au sud, c'est-à-dire en montant vers Saint-Jacques, on voit également du calcaire grossier placé immédiatement sur la craie. Les couches inférieures de ce calcaire sont friables, sablonneuses; mais, au lieu de fer chloriteux granulaire, elles renferment une multitude de petits grains noirs qui, séparés du calcaire par l'acide nitrique, font voir un sable quarzeux, transparent, coloré en noir par de l'oxide de fer.

A l'est de Maulle, sur le chemin des Alluets, on retrouve encore le calcaire sur la craie, mais en bancs très-minces, dont les assises inférieures contiennent beaucoup de sable et une grande quantité de coquilles analogues à celles de Grignon.

Le terrain de calcaire grossier se termine à l'ouest de notre carte, à Maulette près d'Houdan, et il offre ici une disposition particulière et des rapports avec le terrain d'eau douce, qui méritent d'être décrits.

Après le village de La Queue, deux lieues avant d'arriver à Houdan, on traverse un cap très-avancé vers le nord-ouest du grand plateau sableux de la Beauce; lorsqu'on commence à descendre son second étage au lieu dit le *Bœuf couronné*, on voit épars dans les champs, en fragmens arrondis et en place sur le bord septentrional de la route, du calcaire blanc, compacte, très-dur, un peu sableux, renfermant des petits bulimes et présentant des empreintes de coquilles qui paraissent être des potamides. On trouve ensuite sur un plateau inférieur très-peu élevé, qui est composé de deux sortes de terrains, le terrain d'eau douce en couche très-mince, et le terrain marin ayant également très-peu d'épaisseur; cette disposition est très-apparente lorsqu'on descend ce petit plateau immédiatement avant d'arriver à Maulette. Alors la coupure du bord septentrional de la route présente les bancs suivans, en allant de haut en bas :

1° Une couche composée de fragmens de ce même calcaire blanc, dur, et de masses ou fragmens de silex pyromaque à empreintes de cérites ou de potamides. Ces fragmens sont bouleversés et mêlés de terre végétale qui semble avoir pénétré dans leurs interstices.

2° Un banc régulier d'un sable calcaire, tantôt jaune, tantôt verdâtre, tantôt blanc, tantôt rougeâtre, renfermant une immense quantité de coquilles marines, dont les principales espèces sont :

Oliva laumontiana.
Marginella ovulata, rare.
Pleurotoma lineatum?
Ancilla olivula.
— *auricula.*
Cerithium clavatulum.
— *umbrellatum.*
— *angulatum.*
— *calcitrapoides?*
— *hexagonum.*
— *lapidum.*
— *plicatum?*
Pyrula subcarinata.
— *lævigata.*
Melania lactea, en quantité considérable, et une ou deux autres espèces très-voisines.
— *hordeacea*, qui caractérise, comme nous l'avons dit, les grès marins voisins des terrains d'eau douce.
Ampullaria depressa.
Cytherea elegans.
— *semisulcata.*

Cerithium interruptum?   Lucina circinnaria.
— Thiara.   — hosdinciaca. MEN. (1).
— mutabile.   Venus callosa.

A mesure qu'on descend, ce banc se montre davantage; il renferme dans sa partie inférieure du calcaire marin très-solide, en zone d'un décimètre d'épaisseur au plus. Le banc superficiel, n° 1, composé de fragmens de calcaire d'eau douce, diminue peu à peu et disparaît presque entièrement.

Mais sur la partie déclive du terrain la terre végétale devient plus épaisse, et renferme une quantité innombrable de coquilles toutes bouleversées, notamment des cérites et presque toutes les coquilles du sable calcaire n° 2. On doit remarquer que ce mélange est si récent qu'on trouve avec les mêmes coquilles des coquilles terrestres, telles que des hélices et des cyclostomes élégantes qui ne sont point fossiles, mais seulement altérées par l'action du soleil et par celle des météores atmosphériques (2).

---

(1) Cette énumération est le résultat de nos propres observations et de celles de M. Ménard-la-Groye.

(2) M. Ménard-la-Groye, qui a vu ce terrain avec beaucoup de soin, et qui se propose même d'en donner une description particulière, a trouvé, dans cette couche de terre végétale mêlée de cérites et de coquilles terrestres non

Si on veut prendre la peine de comparer cette description avec celle que nous avons donnée des points de contact du terrain d'eau douce et du sable marin, on y verra absolument la même sorte de terrain, la même disposition de couche, et généralement les mêmes espèces de coquilles qu'à Beauchamp près de Pierrelaie, qu'à Ézanville près d'Écouen, les mêmes cérites que dans les couches marines superficielles, et pareillement mêlées au sol cultivé, comme nous l'avons observé à Grignon, à Beyne, à Lévignen, etc.

Ce plateau se termine à l'ouest à la vallée de la Vaucouleurs, petite rivière qui se jette dans la Seine à Mantes, et dont le lit est creusé depuis Le Breuil jusqu'à Septeuil, et même au-delà, dans le calcaire siliceux.

A Mantes-la-Ville, ce plateau de calcaire grossier semble déjà indiquer le commencement du calcaire siliceux par les lits de calcaire compacte connu sous le nom de *clicart* qui le surmontent, et qui renferment des *cyclostoma mumia* et des potamides.

A Septeuil, le calcaire grossier n'est plus visible à la surface du sol, du moins sur les

---

fossiles, des portions d'ossemens humains, notamment un frontal.

hauteurs; mais en creusant dans les caves de ce village ou en descendant dans les parties basses du parc, on retrouve ce calcaire, qui passe évidemment ici sous le calcaire siliceux, et qui renferme un grand nombre de coquilles fossiles, et notamment le *cerithium*...... dans un très-bel état de conservation (1).

---

(1) Nous avons examiné cette disposition importante du calcaire grossier sous le calcaire siliceux avec MM. Brochant, de Roissy et Beudant. Nous reviendrons sur ce sujet à l'article du calcaire siliceux.

DE QUELQUES TERRAINS
ANALOGUES A LA FORMATION DU CALCAIRE GROSSIER
HORS DU BASSIN DE PARIS.

PAR M. BRONGNIART.

Les terrains que nous venons de décrire dans le bassin de Paris étaient à peine connus il y a environ quinze ans (1). Lorsqu'avant ce temps on en faisait mention dans les dissertations géologiques, on les désignait sous le nom de terrains d'alluvions. Quand nous les fîmes connaître en 1810, quand nous eûmes fait ressortir les nombreux caractères qui leur appartiennent, on convint que ces terrains jouaient un rôle assez important dans la structure du sol des environs de Paris; mais on les considéra, dans la plupart des géologies, comme une formation locale, pour ainsi dire exceptionnelle, particulière au lieu où on l'avait observée, et ne pouvant être mise au rang des formations qui se représentent à peu près les mêmes sous une grande étendue et dans un grand nombre de lieux à la surface du globe.

Maintenant les idées à cet égard sont bien changées. Un terrain composé de couches puissantes et nombreuses, formé de roches calcaires souvent assez compactes, renfermant des lits de roches quarzeuses produites par dissolution et souvent même complètement

---

(1) Ceci était écrit en 1822.

cristallisées, contenant des parties qui ont évidemment éprouvé une altération chimique et recouvert d'un autre terrain offrant ces caractères de dissolution calcaire, gypseuse et quarzeuse, avec encore plus d'évidence ; un pareil terrain, dis-je, ne peut plus être considéré comme de transport et d'alluvion, c'est-à-dire comme formé par une voie mécanique des plus simples, des plus fréquentes et des plus superficielles.

Mais ce terrain pouvait être particulier au bassin de Paris, ou tout au plus se représenter hors de ce bassin dans quelques points qui en sont peu éloignés, puis disparaître ensuite peu à peu pour ne plus se montrer nulle autre part ; il n'aurait offert alors qu'une formation locale et assez circonscrite.

Le travail que nous avons fait, M. Cuvier et moi, sur ce terrain, nous imposait, pour ainsi dire, le devoir de prouver qu'il n'en était pas ainsi, et de montrer que ce même terrain, souvent entièrement semblable à celui du bassin de Paris, quelquefois modifié par diverses circonstances qui le rendent plus difficile à reconnaître, se présentait sur une grande partie de la surface de la terre que nous connaissons.

C'est ce que je vais essayer de faire dans cet article. Je n'indiquerai pas tous les lieux où il existe : on sent qu'une semblable énumération n'est pas nécessaire pour prouver ce que j'annonce ; elle exigerait des détails et des recherches qui ne peuvent entrer dans le plan de notre ouvrage.

Je prendrai donc seulement des exemples, et je les choisirai principalement dans les lieux que j'ai vus et dans ceux sur lesquels j'ai eu des renseignemens particuliers.

Je dois, avant de commencer cette énumération, rappeler les caractères auxquels nous croirons pouvoir reconnaître ces terrains.

Ce ne sont, comme nous l'avons dit à l'article de la craie, ni la texture de la roche calcaire qui les compose essentiellement, ni le mode de stratification de cette roche, ni son élévation au-dessus du niveau actuel de la mer, ni l'identité complète des corps organisés fossiles qu'ils renferment avec ceux du calcaire grossier, qui peuvent seuls caractériser ce terrain. C'est d'abord l'ensemble de ces caractères ; c'est ensuite et principalement la position évidente sur des terrains de l'âge de la craie ou même plus anciens qu'elle ; c'est la présence d'une série de genres et d'espèces de coquilles semblables à la série de genres et d'espèces reconnus et déterminés pour le bassin de Paris ; c'est surtout l'absence constante, tant dans leur intérieur qu'au-dessus d'eux, des bélemnites, orthocératites, ammonites, baculites, et des autres coquilles qui ne se sont jamais trouvées dans ceux de ces terrains qui, réunissant tous les caractères essentiels de position, de nature de roches et de nature de corps organisés fossiles, en sont considérés comme le type ; c'est ce caractère négatif, très-difficile à établir, qui semble indiquer que la race de ces animaux était éteinte sur presque toutes les parties du globe à l'époque où ces terrains se sont déposés.

C'est d'après ces principes que je crois pouvoir rapporter les terrains dont je vais parler à la même époque géologique que ceux des environs de Paris.

On se rappellera que nous avons reconnu dans les terrains supérieurs à la craie deux formations marines, l'une placée sous le dépôt gypseux non marin, et l'autre au-dessus de ce dépôt. Cette roche de séparation, très-épaisse, suppose un assez long intervalle entre la formation des deux terrains marins, et par conséquent des différences assez importantes, tant dans la circonstance de formation de ces terrains que dans la nature des roches qui les composent et des corps organisés fossiles qui y sont enveloppés. Il était donc intéressant de savoir à laquelle des deux formations se rattachent les terrains de calcaire grossier qu'on connaît hors du bassin de Paris, et de rapporter chacun des lieux où l'une de ces formations se présente à celle à laquelle il appartient. Nous avons essayé de le faire toutes les fois que ce rapprochement a été possible ; mais dans beaucoup de cas les caractères ne sont pas assez tranchés, et la position n'est pas assez bien connue pour y parvenir. C'est ce qui nous a engagés à réunir dans cet article tout ce qui est relatif aux formations marines des terrains de sédiment supérieurs.

§ 1. *En France.*

Nous n'indiquerons ici que les terrains analogues au calcaire grossier qui sont non-seulement hors de notre carte, mais hors des limites du bassin de Paris, tel qu'il a été circonscrit par M. d'Omalius d'Halloy (1).

On verra facilement, en examinant la circonscription de ce bassin telle que le présente la carte jointe au Mémoire de M. d'Omalius d'Halloy, et que nous reproduisons ici (pl. D), que le terrain de Paris, en y comprenant les diverses sortes de formations qui le composent, s'étend au nord et à l'est très-peu au-delà

---

(1) *Ann. des Mines*, volume de 1815.

des pays renfermés dans notre carte. Son extension de ces deux côtés consiste uniquement en calcaire grossier, ordinairement trop friable pour être employé dans les constructions, et formant des petites buttes ou des plateaux peu étendus sur la craie, comme on peut l'observer aux environs de Noyon, de Saint-Gobain, de Laon, à Courtagnon près de Reims, lieu non moins célèbre que Grignon par les coquilles fossiles qu'il renferme, et à Vertus, qui est placé sur une butte de ce calcaire isolée de toutes parts, etc. Tous ces points n'ont pas encore été déterminés avec précision ; c'est un travail qui reste à faire pour compléter la carte géologique du bassin de Paris.

Non-seulement il sera curieux de déterminer exactement le nombre de ces points, leur position précise, leur étendue, leur puissance ou épaisseur, leur hauteur au-dessus du niveau de la mer, mais surtout à laquelle des deux formations de calcaire marin ils peuvent être rapportés. Je pense que ceux que je viens de désigner appartiennent au calcaire grossier inférieur, et même aux assises les plus basses de ce terrain ; les espèces de coquilles qu'ils renferment, la friabilité de la roche, la présence du sable mêlé de fer chloriteux, celle des nummulites, la position de ces bancs immédiatement au-dessus de l'argile plastique, ne peuvent laisser aucun doute à cet égard.

Au sud de Paris, le terrain de sédiment supérieur hors de la carte est presque entièrement composé de calcaire d'eau douce et de calcaire siliceux, et nous en parlerons à l'article de ces terrains en détaillant les lieux où ils se présentent.

Mais au S. O., entre Blois, placé sur la limite du terrain parisien, et Tours, sur la craie tufau, se rencontrent des plaines de terrain meuble rempli de coquilles marines et des débris de ces coquilles. Le sol de ces plaines est célèbre depuis long-temps sous le nom de *falun de Touraine*. Nous croyons pouvoir rapporter sa surface au moins au calcaire grossier antérieur au gypse. L'énumération des coquilles prouvera la justesse de ce rapprochement. M. de Tristan s'en occupe il y a déjà long-temps, et nous attendons que ses observations et ses descriptions confirment ou détruisent cette opinion.

Ce terrain paraît s'étendre jusqu'à Doué près de Saumur, dans le département de Maine-et-Loire ; des agrégations de sable et de débris de coquilles peuvent être regardées comme lui appartenant.

En suivant le bassin de la Loire, toujours vers l'ouest, on retrouve dans les environs d'Angers, et notamment dans le territoire de Rocheminier, une réunion de coquilles fossiles qui offrent tous les caractères de celles du calcaire grossier, et qui indiquent par conséquent la présence d'un dépôt de ce terrain, autant du moins qu'un semblable caractère puisse l'établir, quand ceux qui l'accompagnent ne sont pas connus. C'est de M. Desmarest que je tiens cette suite nombreuse de coquilles, qui s'élève à plus de cent vingt espèces. Elle présente deux sujets de réflexion. Premièrement, nous n'avons pas encore pu, dans cette liste nombreuse, trouver peut-être dix espèces parfaitement identiques avec celles de Grignon et des autres dépôts du milieu du bassin de Paris, et cette considération pourrait faire naître quelques doutes sur l'exactitude du rapprochement que je fais dans ce moment entre ces terrains coquilliers de l'Anjou et ceux de Paris. Mais la seconde considération diminue beaucoup la valeur de ces doutes. Tous les genres, à de très-légères exceptions près, sont les mêmes que ceux du bassin de Paris, et ce qu'il y a de plus frappant, c'est qu'on n'a encore trouvé parmi ces coquilles aucun genre des terrains inférieurs, c'est-à-dire ni bélemnites, ni ammonites, ni gryphées, ni trigonies.

En s'avançant toujours vers l'embouchure de la Loire, on rencontre dans plusieurs endroits des environs de Nantes, et notamment aux environs du Loroux et dans les lieux nommés Les Cléons, Le Bas-Bergon, commune de Missilliac, La Freudière, commune de La Chevrotière, etc., des roches calcaréo-sableuses, généralement très-friables, souvent remplies de coquilles fossiles et d'autres débris organiques marins, tels que des flustres, des millepores, etc.; toutes ces coquilles appartiennent aux genres qui se trouvent le plus communément dans le calcaire grossier inférieur, et même plusieurs espèces paraissent identiques avec celles de Grignon ou au moins des terrains analogues, telles que le *pectunculus pulvinatus*, l'*arca pectinata*, l'*ostrea*....., le *balanus*......

Ces terrains sont assez circonscrits ; celui des Cléons, au S. E. de Nantes, est accompagné de quarz roulé, et est disposé en couches horizontales de deux à cinq mètres de puissance sur une roche amphibolique.

Celui qui est au S. O. du Loroux semble remplir une espèce de bassin d'un quart de lieue de long sur trois à quatre cents mètres de large ; il est immédiatement placé sur le gneiss ou sur un micaschiste très-altéré (1).

On trouve dans ces terrains des débris d'ossemens qui m'ont paru être des côtes de lamantin.

Ces faits sont suffisans pour établir avec une grande probabilité que les dépôts que je viens de nommer doivent être rapportés à nos terrains de sédiment supérieurs ; mais plusieurs circonstances me font présumer qu'ils appartiennent plutôt au terrain marin postérieur au gypse qu'à l'inférieur.

Ces circonstances sont : 1° la présence des grandes huîtres ; il y en a de plus de douze centimètres de long, plus semblables à celles qui surmontent le gypse qu'à celles qui sont dans le calcaire grossier inférieur.

2° Celle de l'*arca pectinata* Brocc., qui est des Apennins, et du *pectunculus pulvinatus*, qui s'éloigne par sa dimension de ceux de Grignon, pour se rapprocher des espèces des Apennins et d'autres terrains que je citerai plus bas.

3° Enfin la présence des côtes de lamantin ; on n'a encore vu ces débris de cétacés que dans les terrains supérieurs au gypse, et ceux qu'on trouve assez abondamment à Longjumeau près de Paris sont une des preuves les plus remarquables de cette position.

En allant actuellement dans le midi de la France, je m'arrêterai d'abord à cette grande surface sablonneuse presque plane, qui s'étend depuis la rive gauche de la Garonne jusqu'à l'Adour, et qu'on connaît sous le nom spécial de *Landes*.

---

(1) Je dois ces renseignemens et les échantillons qui en sont les preuves à M. Dubuisson, professeur de minéralogie à Nantes.

J'ai déjà insinué à l'article des lignites que je regardais ce dépôt de sable comme analogue à celui qui recouvre la craie, et qui dépend des couches inférieures du calcaire grossier ou de la partie supérieure de la formation du lignite et des argiles plastiques superposées à la craie. La présence du lignite près de Bordeaux est un premier fait en faveur de ce rapprochement. Les collines de calcaire qui le surmontent dans quelques lieux, et les espèces de coquilles qu'elles renferment et qui lient ce calcaire à celui des environs de Paris, apportent de nouvelles preuves à l'appui de ce rapprochement.

Je citerai trois endroits où ce calcaire et ces coquilles se montrent : Loignan près de Bordeaux, les environs de Dax, et les collines de Peyrehorade, gros bourg à huit lieues à l'est de Bayonne. Je ne connais le premier que par ses coquilles ; j'ai eu occasion de voir les deux derniers endroits.

Il n'existe à ma connaissance aucune description du gîte des coquilles fossiles de Loignan ; mais la belle conservation de ces coquilles, leurs nombreuses espèces, la facilité que l'on a de se les procurer entières, les ont répandues dans les collections, et permettent de croire qu'on connaît à peu près tous les genres renfermés dans ce dépôt. Or, tous ces genres sont les mêmes que ceux de Grignon, beaucoup d'espèces sont identiques, et on n'a encore cité dans ce gîte aucune des coquilles inférieures au calcaire grossier, c'est-à-dire aucune bélemnite, aucune ammonite, aucune trigonie.

Auprès de Dax, à une lieue au N. E. de cette ville, dans le lieu dit le Moulin de Cabanière, est un dépôt de coquilles fossiles, riche en espèces variées, bien conservées, et surtout en madrépores très-volumineux,

Ces coquilles sont disséminées dans un sable rougeâtre ou grisâtre mêlé de beaucoup d'argile ; elles ont souvent de grandes analogies avec des coquilles fossiles des environs de Paris : cependant le plus grand nombre en diffère sensiblement. Mais on ne connaît, ni dans ce lieu, ni dans les lieux voisins où ce même dépôt peut se présenter, aucun genre de coquilles propres aux terrains de craie ; et lorsque je le visitai pour la seconde fois en 1808, je cherchai avec plus de moyens à reconnaître son analogie avec le terrain de Grignon, et je notai sur le lieu même les points de ressemblance qui me frappèrent, et que je viens d'indiquer.

Les autres lieux où se montre ce même calcaire présentent aussi la même analogie. Ainsi à Peyrehorade, au nord de ce bourg, on voit une colline longue, très-élevée, coupée presque à pic du côté de la ville, consistant en un calcaire grossier, jaunâtre, très-solide, disposé en gros bancs légèrement inclinés vers le nord. Ce calcaire est presque entièrement composé de nummulites. Il paraît même, d'après ce que nous apprend M. Daubuisson, que les terrains bas et plats, au pied septentrional des Pyrénées, et même à une assez grande distance de la base de ces montagnes, comme à Mont-de-Marsan, dans les environs de Toulouse, auprès de Carcassonne, etc., sont formés de terrains marneux, sablonneux, plus ou moins solides, qui renferment des coquilles marines semblables à celles des environs de Paris, et qui doivent par tous ces caractères être rapportés à la grande formation des terrains de sédiment supérieurs.

Ces renseignemens me paraissent suffire pour indiquer non-seulement l'analogie qu'il y a entre les terrains calcaires que je viens de citer et ceux du bassin de Paris, et par conséquent la présence de cette formation dans un lieu très-éloigné de ce bassin, et qui en est entièrement séparé par des collines et des terrains d'une tout autre nature, mais encore pour faire voir que le calcaire grossier des Landes appartient à la formation marine inférieure des terrains de sédiment supérieurs ; ce qu'indiquait la nature du sol, celle de la roche, les espèces dominantes des coquilles, et surtout les camérine sou nummulites.

Mais je n'oserais pas en dire autant du terrain des environs de Mont-de-Marsan, caractérisé par des coquilles, le *pecten*... et le *cytherea*...., qui ont plus d'analogie avec celles des terrains supérieurs qu'avec les coquilles du calcaire inférieur au gypse.

Nous retrouvons le calcaire de sédiment supérieur sur l'autre rive du grand isthme qui réunit la France à l'Espagne, dans de petites collines qui sont au sud de Perpignan et au pied septentrional de la petite chaîne des Albères, principalement à Banyuls-des-Aspres dans le département des Pyrénées-Orientales sur la rive gauche du Tech, à Nissan entre Narbonne et Béziers, et dans le sol même de Montpellier au lieu dit Le Boutonnet.

Comme j'ai donné ailleurs des exemples et des figures prises des principales coquilles qui se trouvent dans ces lieux, je me contenterai de les citer ici par leur nom.

A Banyuls-des-Aspres :

Pectunculus pulvinatus, var. *Pyrenaicus*. — *Pecten flabelliformis*. — *Cardium ciliare*. Brocc. — *Natica epiglottina*. — *Purpura marginata* (*Buccinum* Brocc.).

— *Tritonium doliare* (*murex* Brocc.). — *Turritella vermicularis*. Lam. — *Turbinolia*....

A Nissan :

Ostrea virginica. Lam.

Elles y sont en telle quantité qu'on s'en sert comme de pierrailles pour la route.

Au Boutonnet près de Montpellier :

Ostrea. — *Balanus.* — Moules de turritelles ou de vis, etc.

La nature du sable argileux et micacé, surtout dans ce premier endroit, les espèces de coquilles dénommées et leur ressemblance frappante avec celles de même espèce qu'on trouve dans les Apennins, la présence des grandes huîtres, l'absence des coquilles qui appartiennent plus spécialement au calcaire grossier inférieur, sont des caractères suffisans pour me faire rapporter ce calcaire marin à la formation marine supérieure ou postérieure au gypse.

Je crois pouvoir associer à la même formation les collines assez élevées et assez étendues qui règnent vers le milieu de la vallée du Rhône, qu'il ne faut pas confondre avec les collines ou protubérances de calcaire du Jura que l'on voit paraître de temps en temps. Ces collines montrent leur structure et leur composition d'une manière très-claire au lieu dit Bonpas, à la sortie du pont qui traverse la Durance sur la route d'Avignon à Orange.

Elles sont principalement composées, en allant de leur sommet à leur base A, d'un psammite calcaire à grain très-grossier, renfermant beaucoup d'empreintes de coquilles qui m'ont paru être des corbules striées et beaucoup de dents de squales. B, d'un autre psammite plus compacte avec des nodules spathiques, qui semblent être dus à des pointes d'oursin. C, d'un psammite molasse, très-semblable à celui des environs de Lausanne, très-micacé, renfermant comme lui des empreintes de feuilles, mais plus clairement stratifié et plus hétérogène. D, à la base de ces collines, d'une brecciole calcaire psammitique, comme composée de débris de coquilles, de madrépores, de dents de squales, et dans laquelle on trouve des vertèbres qui paraissent avoir appartenu à des cétacés. Ces roches, excepté la première, ont la couleur gris-bleuâtre qui est celle des mêmes terrains dans les Apennins; la première est plus jaunâtre, plus calcaire, moins micacée.

Quoique le peu de temps que j'ai passé dans ce lieu et l'état des fragmens des corps marins qui sont si abondans dans ces couches ne m'aient pas permis d'en déterminer les espèces, je ne doute pas, malgré quelques analogies très-éloignées de certaines parties avec la craie tufau, que ce terrain n'appartienne à la formation de sédiment supérieur, et à la partie de cette formation qui est postérieure au gypse. Il sera très-important de rechercher la liaison de ce terrain avec le gypse à ossemens des environs d'Aix, et de voir si, comme on peut le supposer, ce terrain marin est, ainsi qu'aux environs de Paris, supérieur au terrain lacustre gypseux.

Ces exemples, qui certainement ne sont pas les seuls qu'on puisse trouver en France, me semblent suffisans pour faire voir l'analogie de ces formations sur un espace de pays déjà fort grand.

§ II. *En Espagne.*

Il n'y a pas de doute non plus qu'il ne se présente en Espagne des terrains semblables aux nôtres ; mais la géognosie de ce pays est si peu connue, qu'on n'a pu avoir encore aucune notion précise sur la position et la nature de ces terrains. Cependant j'en possède déjà une indication que je dois à M. Rivero. Il paraît que la colline sur laquelle est construite la forteresse de Montjouy, près de Barcelone, appartient à la formation dont nous nous occupons, et qu'elle pourrait même être rapportée à la partie supérieure de ces terrains de sédiment, par la considération des coquilles que M. Rivero m'a remises, quoique elles soient peu nombreuses et qu'elles ne consistent qu'en moules intérieurs; mais on y reconnaît un moule de cône, des moules de l'extérieur du *turritella*....., des moules internes de *cardium?* enfin une empreinte d'un clypéastre qui devait être très-déprimé. Mais la roche qui les renferme est bien différente de celle qui compose les terrains que nous venons de citer. C'est à Barcelone, une roche d'aggrégation quarzeuse, qui est tantôt un grès dur, rougeâtre, assez homogène, tantôt un psammite granitoïde à gros grains, dans lequel les parties felspathiques, quoique peu nombreuses, sont parfaitement distinctes. Des cristaux de calcaire spathique tapissent les cavités de cette roche et des coquilles qui y sont engagées. Les silex résinites rougeâtres qui s'y montrent, enveloppent quelquefois des fragmens de psammite granitoïde très-bien caractérisés. Cette roche paraît donc s'éloigner par la présence du felspath, plutôt que par les indices de cristallisation qu'elle montre, du grès et du sable rouge postérieur au gypse qui, aux environs de

Paris comme en Italie, renferme des coquilles semblables à celles que je viens d'indiquer. Le rapport que je soupçonne entre ce terrain de Barcelone et la partie supérieure et quarzeuse du terrain de sédiment supérieur, est donc loin d'être aussi bien établi que ceux que j'ai pris pour exemple en France.

Nous allons maintenant remonter vers le nord, y rechercher et y retrouver facilement ces terrains.

§ III. *En Angleterre.*

Les travaux de MM. W. Smith, J. Parkinson, Th. Webster, W. Buckland, Greenough, etc., ont fourni, depuis la publication de notre première édition, des renseignemens nombreux et précis sur les terrains de l'Angleterre, qui ont, avec le calcaire grossier des environs de Paris, des analogies aussi complètes qu'on puisse le désirer.

Ces travaux non-seulement nous ont fait connaître la position et l'étendue de ces terrains, mais ils nous donnent des moyens certains pour déterminer à laquelle de nos deux formations de calcaire marin de sédiment supérieur ils doivent être rapportés.

Le bassin de Londres a, par sa nature et par sa position, une analogie remarquable avec le bassin de Paris. Son terrain, tant inférieur que superficiel, appartient, comme celui de Paris, au terrain de sédiment supérieur; il est environné, comme celui de Paris, d'une première ceinture de collines de craie blanche qui forme les bords de ce bassin, et d'une seconde ceinture de craie ancienne ou craie tufau (*green sand*). Les deux ceintures qui bordent ces bassins n'étant point continues, mais comme ouvertes du côté de la mer, leur donnent à l'un et à l'autre, et notamment à celui de Londres, la forme d'un golfe plutôt que celle d'un lac. Les cartes comparées que nous joignons ici (pl. H) rendent cette disposition et ces analogies de géographie physique très-frappantes.

Les analogies géologiques se soutiennent presque dans tous leurs détails, et les différences ne consistent, comme on va le voir, que dans des omissions ; elles ne s'appliquent ni à l'ordre de superposition, ni à la nature des roches et des débris organiques.

Deux terrains composent principalement le bassin de Londres ; l'inférieur, celui qui est placé immédiatement au-dessus de la craie, appartient, comme nous l'avons dit (au § II des additions à l'art. II), à l'argile plastique. Les observations de M. Buckland l'ont prouvé. Le terrain superficiel, qui a cependant quelquefois une grande épaisseur, et qui est nommé par les géologues anglais *argile de Londres* (*London clay*), est, malgré ce nom, analogue à notre calcaire grossier. Les mêmes géologues en conviennent, et M. Buckland l'a décrit ainsi. Ce qui peut embarrasser un moment les personnes qui attachent trop d'importance aux caractères minéralogiques, c'est de ne voir aucune pierre calcaire solide dans ce terrain calcaire, et leur incertitude est augmentée par le nom d'*argile* qu'on lui donne vulgairement.

Mais je ferai remarquer premièrement que ce n'est plus ici de l'argile dans l'acception exacte de ce nom tel que je l'emploie en minéralogie, mais une marne argileuse, par conséquent un mélange de beaucoup de calcaire, de beaucoup de sable et d'un peu d'argile. Ce mélange renferme dans plusieurs parties toutes les coquilles qu'on trouve plus particulièrement dans les couches inférieures de notre calcaire grossier, et les différences spécifiques sont même tout-à-fait nulles dans beaucoup d'entre elles, ce dont on peut s'assurer en consultant les descriptions, figures et catalogues donnés par MM. Parkinson, Webster et Sowerby.

On verra en même temps qu'en général les cérites y sont très-peu nombreuses, en comparaison de la quantité qu'on en trouve dans le bassin de Paris, où l'on en compte près de soixante, et qu'on n'y indique qu'une seule espèce d'huîtres; mais on remarquera qu'on y trouve assez fréquemment le *cerithium giganteum*, les turritelles, les turbinolies, les nautiles et surtout les nummulites; tous corps organisés fossiles qui appartiennent aux assises inférieures du calcaire.

Par conséquent la masse générale de ce terrain appartient non-seulement au calcaire grossier inférieur au gypse, mais aux assises inférieures de ce calcaire, et cette circonstance peut nous expliquer pourquoi il y a si peu de roches calcaires solides dans le bassin de Londres.

On se rappellera que nous avons fait remarquer qu'un des caractères des assises inférieures de notre terrain de calcaire grossier était d'être sableux, souvent pénétré et comme mêlé de fer chloriteux granulaire, de se désagréger facilement par le contact de l'air et par l'influence des météores atmosphériques, et de se réduire promptement en poudre. Or, dans le bassin de Londres et dans les autres parties de l'Angleterre où ce terrain se présente, on n'y voit généralement que les assises inférieures; les supérieures et tout ce qui les recouvre manquent en tout ou en grande partie. Ces assises inférieures ainsi dénudées ont éprouvé depuis des siècles

les influences atmosphériques, et par conséquent, si jamais elles ont été solides, ce qui n'est nullement prouvé, elles ont dû, par l'effet de cette influence, perdre entièrement cette solidité, et se présenter dans l'état de désaggrégation et de friabilité sous lequel on les trouve.

Le territoire d'Hampton, dans le Hampshire, appartient aussi au calcaire grossier inférieur; la description que Branders a donnée il y a long-temps des coquilles fossiles de ce canton suffirait presque pour le prouver.

Il paraît cependant que le calcaire marin supérieur à la formation d'eau douce gypseuse se présente dans quelques points, du moins c'est l'opinion de M. Webster. Il soupçonne que la colline d'Highgate, au nord et tout près de Londres, et qu'une partie d'Headen-Hill, dans l'île de Wight, dépendent de cette formation marine supérieure. En consultant la liste des coquilles trouvées dans le terrain marin supérieur de l'île de Wight, on y compte sept espèces de cérites, et on n'y trouve plus aucun des genres qui paraissent propres au terrain marin inférieur.

Les caractères des formations marines du terrain de sédiment supérieur sont donc les mêmes en Angleterre qu'en France, non-seulement dans l'ensemble des parties que présente ce terrain, mais jusque dans ses divisions. Je n'entrerai dans aucun détail relativement à ces terrains; ces détails, qui se trouvent dans les ouvrages que j'ai cités, seraient inutiles à mon objet, qui était seulement de montrer en Angleterre des exemples de terrains de calcaire grossier entièrement semblables aux nôtres.

§ IV. *En Suisse.*

La grande vallée dirigée du S.-O. au N.-E., bordée vers le N.-O. par les montagnes du Jura, de la Forêt-Noire, etc., et vers le S.-E. par la chaîne des Alpes; vallée que nous désignerons sous le nom de la vallée de l'Aar, parce que cette rivière coule dans sa partie la plus basse, est remplie par des terrains d'aggrégation composés de roches sableuses à grains fins ou moyens, et de roches à grosses parties. Ces roches qui forment dans le milieu de cette vallée de nombreuses collines qui s'élèvent sur le penchant septentrional des Alpes, montagnes assez hautes et que l'on appelle, comme je l'ai déjà dit, *molasse* dans les pays français, et *nagelflue sand* dans les pays allemands, me paraissent appartenir à la même époque de formation que nos terrains de sédiment supérieur, et nous offrent ainsi un pays d'une grande étendue entièrement composé de ce terrain. J'ai eu l'idée de cette analogie lors de mon voyage dans le Jura et en Suisse en 1817, et je l'avais fondée sur l'observation de plusieurs circonstances géologiques qui, prises isolément, ne suffiraient peut-être pas pour l'établir, mais dont l'ensemble me paraît d'une grande valeur.

1° La position de cette roche ou plutôt de ces roches, car il y en a de diverses natures, sur des couches puissantes et étendues de lignites lacustres, de formation peut-être encore plus nouvelle que celle des lignites de l'argile plastique, ainsi que je l'ai exposé p. 208.

2° L'absence au-dessus de cette roche de toute autre roche cristalline ou de sédiment compacte, d'une formation antérieure à nos terrains de sédiment supérieur.

3° La nature des corps organisés fossiles renfermés dans cette roche. Quoique ces corps n'aient point encore été déterminés avec tous les détails et toute l'exactitude désirables, ce que j'en ai appris dans les ouvrages d'Ebel et des autres naturalistes qui en ont fait mention, ce que j'en ai vu dans les cabinets de la Suisse, même le petit nombre que j'en possède, suffit pour établir entre eux et ceux de notre terrain marin supérieur au gypse de nombreuses analogies. Ce sont principalement des bivalves semblables aux tellines, aux moules, aux cardium, des peignes, des cardites, etc., de grandes huîtres en bancs puissans de cinq à six mètres et d'une grande étendue, se présentant au même niveau sur les deux pentes opposées d'une vallée (sur le Lochenberg aux environs de Berne, près de Burgdorf, etc.). On n'y voit généralement ni bélemnites, ni ammonites, ni autres coquilles des terrains anciens; et lors même qu'on en citerait, ainsi que le fait M. Ebel pour les environs de Gymanfluh près d'Aarau, il faudrait encore examiner avec soin leur position : car les premières coquilles, et notamment les huîtres, paraissent être, comme je viens de le faire remarquer, dans la place où elles ont vécu; l'aggrégation des mêmes espèces d'huîtres dans le même lieu ne permet pas de croire qu'elles y aient été transportées; mais comme ce terrain est en grande partie de transport, il est très-possible que par suite de cette origine on puisse quelquefois y trouver des coquilles anciennes arrachées à des terrains anciens avec les roches dont les débris le composent.

4° La nature même de ce terrain montre plusieurs points de ressemblance avec la partie supérieure au gypse de nos terrains marins. Il est composé comme elle en grande partie de sable quarzeux; ce sable est mêlé d'argile et de mica; il présente aussi, comme ces mêmes terrains, des débris plus volumineux en cailloux arrondis, tantôt libres, tantôt aggrégés en poudingues très-solides. Ces débris sont originaires des montagnes voisines, de même que les silex pyromaques roulés, qui composent nos terrains de transport supérieurs, proviennent des débris de la craie, la roche la plus ancienne de leur voisinage.

Ce rapprochement entre des terrains plats et presque entièrement ou calcaires, ou sableux comme les nôtres, et des terrains en montagnes de plusieurs centaines de mètres d'élévation, presque entièrement ou sableux et friables, ou composés d'énormes bancs de poudingues à marne calcaire et à cailloux de toutes sortes, est loin de présenter l'évidence et la simplicité de ceux que j'ai mentionnés plus haut. Aussi des géologues célèbres (MM. de Humboldt, Daubuisson, etc.) ont-ils combattu ce rapprochement si vivement, lorsque je leur communiquai mes idées à ce sujet, que j'avais hésité à le publier. Mais les observations faites par M. Buckland et consignées en résultat dans l'écrit que j'ai déjà cité, le Mémoire de M. Prevost sur le terrain de Bade près de Vienne, l'opinion de M. Beudant, tant sur le *nagelflue* de Suisse que sur les roches analogues de Hongrie, consignée dans son voyage dans ce pays, et qui n'est pas encore publié au moment où j'écris (1), celle de M. Merian de Bâle, sont de puissans appuis en faveur de ce rapprochement géologique.

Nous avons d'ailleurs encore une autre route pour y

---

(1) Novembre 1821.

arriver, et qui nous conduit par un chemin moins direct mais peut-être plus sûr, c'est la voie des analogies de proche en proche.

Si l'on compare sans intermédiaire la pierre calcaire des environs de Paris avec la molasse de Genève ou de Lausanne, on y trouvera de si grandes différences qu'on ne pourra se persuader aisément que ces roches appartiennent à la même grande époque de formation, et dans ce cas on aurait peut-être raison ; car ce n'est pas à cette roche, à ce calcaire inférieur que nous rapportons le psammite molasse. Si au contraire on prend pour terme de comparaison les véritables parties de la formation de sédiment supérieur que je regarde comme lui étant analogue, les différences minéralogiques cessent déjà ; car ce terrain est composé de sable siliceux micacé comme le terrain de molasse. Si ensuite on compare cette mollasse des collines subalpines avec le terrain des collines subapennines on y trouvera une multitude de points de ressemblances. Or, on sait que tous les géologues conviennent que les collines subapennines appartiennent au terrain de sédiment supérieur qu'ils appellent *tertiaire*. Entre ce terrain et ceux de l'intérieur de la France que j'ai décrits à Banyuls-des-Aspres et à Bonpas près d'Avignon il n'y a presque pas de différence, et ces derniers nous conduisent de proche en proche jusqu'à nos terrains marins, ou sableux et micacés, ou sableux et marneux, et toujours coquilliers des environs de Paris.

Mais je soupçonne au milieu des Alpes un autre rapport de formation qui paraîtra encore bien plus étrange, et auquel je suis conduit par la nature des corps organisés qui se montrent sur des sommités très-élevées, non-seulement de la bande de calcaire compacte des Alpes comme à Glaris, mais encore de la zone de transition comme au groupe du Buet. Je soupçonne que la roche vert-foncé grenue, qu'on a appelée *grès vert*, qui recouvre les sommets des montagnes calcaires alpines de l'extrémité de la vallée de Glaris près de Nefels, a été déposée à peu près dans le même temps où l'ont été nos couches de calcaire à fer chloriteux des environs de Paris. Je présume également que les parties très-élevées qui avoisinent la sommité de la montagne des Diablerets au N.-E. de Bex, et qui consistent en roches calcaires compactes noires, renfermant des lits de silex, appartiennent à la même époque géognostique. Je fonde ces présomptions très-hasardées, j'en conviens, sur les coquilles qui dominent dans ces deux endroits. Dans la roche verte de Glaris on trouve une quantité prodigieuse de nummulites, de pectens; on la trouve aussi en place sur le mont Pilate, et en débris aux environs de Sarnen, pays qui font partie de la même zône calcaire.

Les coquilles du sommet des Diablerets offrent une série de genres et d'espèces toutes semblables, quelques-unes même identiques avec celles du calcaire grossier des environs de Paris. On y reconnaît parmi des cérites une espèce particulière que j'ai figurée et nommée *cerithium diaboli*, des ampullaires, un *cardium* voisin du *ciliare* de Brocchi si ce n'est pas le même; le *melania costellata*, l'*hemicardium retusum* ou *medium*, etc. Néanmoins il serait possible que ces couches appartinssent, comme celles des Fis dont j'ai fait connaître les coquilles (§ V des additions à l'art Ier, p. 176), à la formation de craie inférieure; ce qui me fait *présumer* que ces couches des Diablerets sont plus nouvelles, c'est, ainsi que je viens de le dire, la nature des espèces et plus encore l'absence de toute ammonite, turrilite, bélemnite et hamite, etc.; du moins je n'en ai trouvé aucun dans les collections provenant de cette montagne que j'ai eu occasion de voir.

§ V. *En Italie.*

Les terrains de sédiment supérieur de l'Italie présentent, sans aucun doute, nos deux divisions de terrains inférieurs et de terrains supérieurs au gypse. Comme je publie sur les premiers un travail spécial, et comme M. Brocchi a fait parfaitement bien connaître les seconds, je me bornerai à rappeler les principaux points de ressemblance entre ces terrains et les nôtres, et à citer les lieux où ils se montrent plus particulièrement.

Je rapporte AU CALCAIRE GROSSIER INFÉRIEUR AU GYPSE,

1°. Les terrains situés au pied méridional des Alpes lombardes, et que je nomme calcaréo-trappéens parce qu'ils sont composés de roches calcaires, trappéennes, amygdaloïdes et basaltiques, superposées et même alternant ensemble : ces terrains ont déjà été décrits par Arduino et par Fortis, et leur analogie avec nos terrains calcaires reconnue et indiquée par M. Buckland. Ils sont situés la plupart dans le Vicentin. Ce sont principalement : — le *val Nera*, où l'on voit une alternance remarquable de calcaire en couche horizontale et d'un agglomérat trappéen à petites parties que j'ai nommé *brecciole trappéenne*. C'est le calcaire et même la brecciole qui renferment les camerines ou nummulites et les autres coquilles analogues à celle du calcaire parisien.

— Le *val Ronca*, célèbre par la réunion prodigieuse

de coquilles fossiles : l'alternance du calcaire et de la brecciole se montre encore ici quoiqu'avec moins de régularité. Le calcaire y est plus semblable à celui des environs de Paris ; il est jaunâtre, pétri d'une quantité innombrable de nummulites et de coquilles, qui se trouvent aussi au milieu de la brecciole, mais souvent écrasées et en mauvais état. Ces coquilles, dont je donne, dans un ouvrage spécial, l'énumération, la description et les figures, sont les unes un peu différentes de celles des environs de Paris, quoique du même genre ; les autres leur sont absolument semblables. Je me bornerai à citer parmi ces dernières les suivantes :

Turritella incisa, très-voisine de l'*elongata* de Sowerby.	*Nerita conoïdea*. Lam.
	Natica cepacea. Id.
	— *epiglottina*. Id.
— *imbricataria*. Lam.	*Conus deperditus*. Brocchi.
Ampullaria depressa. Id.	*Ancilla callosa*. Defr.
— *spirata*. Id.	*Voluta crenulata*. Lam.
Melania costellata. Id.	*Fusus intortus*. Id.
Marginella eburnea. Id.	— *Noæ*. Id.
Murex tricarinatus. Id.	— *subcarinatus*.
Cerithium sulcatum. Id.	— *carinatus*. Lam.
— *plicatum*. Id.	— *polygonus*. Id.
Cerithium, etc., etc.	*Pleurotoma clavicularis*. Id.

— *Montecchio Maggiore*. Quoique le terrain trappéen y soit dominant, que sa structure même soit cristalline dans beaucoup de points, on y retrouve encore le calcaire, mais en couches adossées, et les coquilles analogues aux précédentes disséminées dans la brecciole : on y voit aussi le lignite et la strontiane, deux espèces minérales qui, comme on sait, sont propres au terrain de Paris, et qui se montrent d'une manière encore plus distincte à *Monte Viale* près de Vicence, où d'ailleurs la principale disposition est la même. — Enfin *Bolca*, aussi célèbre par ses poissons fossiles que Ronca l'est par ses coquilles. Ici les roches trappéennes et calcaires alternent d'une manière encore plus évidente, mais cette alternance paraît avoir lieu entre des masses si considérables qu'elle échappe quelquefois. C'est le calcaire qui domine; il semble s'éloigner du calcaire grossier par sa texture compacte et sa structure fissile; mais ce ne sont, à ce qu'il me semble, que des différences minéralogiques qui doivent céder aux rapports géognostiques tirés de la réunion de toutes les autres circonstances, et notamment de la présence des corps organisés fossiles, tels que les nummulites ou camerines, quelques coquilles du genre des avicules, les poissons qui se sont déjà montrés à Monte Viale, les plantes variées, principalement terrestres, toutes dicotylédones, les lignites subordonnés et *l'absence de tout corps organisé qui indiquerait une formation plus ancienne.*

D'autres lieux, semblables aux précédens par la nature de leurs roches, tels que Monte Glosso à l'ouest de Bassano, le val Sangonini dans les Bragonzes, Castel Gomberto dans le val d'Agno, et plusieurs points des *Monte Berici* appartiennent à la même formation.

Il résulte de ces rapprochemens que tous ces terrains sont analogues dans leurs caractères importans, non-seulement aux terrains de sédiment supérieurs, mais à la partie de ces terrains qui est inférieure au gypse. La présence de certaines espèces de coquilles particulières à cette partie, telles que les camerines ou nummulites, le *nerita conoïdea*, les caryophyllites, etc., celles des lignites, des poissons et surtout de cette terre verte semblable à la chlorite dont nous avons parlé si souvent, l'absence des grès proprement dits, celle du mica ou du moins de la variété de cette substance si abondante au contraire dans les parties supérieures, offrent une réunion de caractères qui doit faire rapporter les terrains calcaires trappéens du Vicentin au calcaire grossier du bassin de Paris inférieur au gypse.

La présence des basaltes et des roches trappéennes semble au premier aspect être une circonstance particulière aux terrains de sédiment supérieurs du Vicentin, car on ne connaît pas cette roche dans les terrains des environs de Paris; mais outre qu'on peut la considérer comme le produit d'un phénomène local et particulier au nord de l'Italie, ne peut-on pas trouver une ressemblance, très-éloignée à la vérité, entre les grains de terre verte disséminés dans les masses inférieures du calcaire grossier et les roches trappéennes altérées, même entièrement désaggrégées, qui constituent en général la matière dominante des breccioles, matière mêlée aussi avec le calcaire; en sorte que cette roche semble ne différer du calcaire grossier des environs de Paris que parce qu'ici le calcaire l'emporte sur la terre verte, tandis que dans le Vicentin c'est en général la roche trappéenne qui est la partie dominante.

2° La haute colline de la Supergue, à l'est de Turin, composée principalement de marne calcaire et de brecciole calcaréo-serpentineuse, enveloppant des coquilles analogues la plupart à des espèces de Bordeaux, de Chaumont et de quelques autres lieux qui appartiennent à la formation inférieure des terrains de sédiment supérieurs. Il serait possible néanmoins que cette même colline présentât aussi la division supérieure de ces terrains dans des parties qui, avant le bouleversement que ses couches ont éprouvé, étaient situées constamment vers le sommet. La présence de certaines roches micacées absolument semblables au psammite molasse, celle de quelques espèces de coquilles, sa position beaucoup plus voisine des collines subapennines, sont des circonstances qui me font soupçonner que cette colline était régulièrement composée des deux divisions de ce terrain; comme nous voyons à la base de Montmartre, de Sannois, du mont Valérien ou de Triel, le calcaire marin grossier inférieur, et à leur sommet le terrain marin supérieur.

3° Sur le revers méridional des Alpes maritimes, au-dessus de Nice et sur le cap qui porte Saint-Hospice, on retrouve, d'après les observations de M. Risso (observations que j'ai eu l'avantage de répéter avec lui), une succession de terrains extrêmement intéressante, puisqu'on peut passer en peu de momens du calcaire alpin marneux à couches inclinées au calcaire du Jura très-bien caractérisé; de celui-ci à des lambeaux épars de craie chloritée également bien caractérisée par les bélemnites et les ammonites qu'elle renferme, et dans d'autres points à un calcaire analogue, par sa texture, par les coquilles qu'on y voit, et principalement par la présence des nummulites, au calcaire grossier inférieur; enfin à vingt mètres au moins au-dessus du niveau de la mer actuelle, on observe un dépôt épais de coquilles marines à peine fossiles, qui nous paraît appartenir à une formation encore plus nouvelle que notre terrain marin supérieur (1).

4° Sur le même revers des Alpes maritimes et du côté de Menton, on remarque, dans une vallée étroite et profonde, une masse considérable d'un terrain bleuâtre calcaréo-argileux en couches inclinées, rempli de débris de coquilles et de madrépores, renfermant une quantité prodigieuse de nummulites très-grosses, très-bombées, et qui présente beaucoup des caractères de la partie inférieure du terrain de sédiment supérieur. Je n'ai vu ce lieu qu'en passant; c'est donc un soupçon à vérifier et dont je n'aurais pas fait mention si M. Buckland, qui a vu les échantillons que j'en ai rapportés, n'avait pas eu à leur seul aspect l'idée de ce rapprochement.

Tous les terrains que je viens de citer en Italie peuvent être rapportés avec la plus grande probabilité aux terrains de calcaire grossier ou marin, inférieur au gypse.

Ceux dont il me reste à parler en Italie appartiennent avec le même degré de probabilité à la FORMATION MARINE SUPÉRIEURE AU GYPSE, c'est-à-dire qu'ils ont avec elle toutes les analogies géologiques désirables. Ces terrains sont beaucoup plus étendus que les premiers et aussi beaucoup mieux connus.

Ils composent les collines que l'on nomme subapennines, et qui s'étendent depuis Asti en Piémont jus-

---

(1) Voyez pour les détails le Mémoire de M. Risso, intitulé : Observations géologiques sur la presqu'île de Saint-Hospice. Journal des Mines, tome xxxiv, n° 200.

qu'à Montéléone en Calabre, et nous offrent l'exemple d'un terrain de sédiment supérieur immense, se présentant sur une étendue et avec une continuité rare même dans les formations qu'on regarde comme les plus générales. Ils nous fournissent donc une nouvelle et puissante preuve que les terrains du bassin de Paris qui lui sont analogues ne peuvent pas être considérés comme une formation locale et circonscrite.

M. Brocchi a décrit les collines subapennines avec une précision et des détails qui ne laissent presque rien à désirer. Il les a désignées sous le nom de *terrain tertiaire*, et les a rapportées par cette désignation à ceux que nous nommons de sédiment supérieur; mais il s'est borné à ce rapprochement. M. Prevost a tenté d'aller plus loin en faisant voir que toutes les analogies s'accordaient, pour faire rapporter ces terrains plutôt à la formation marine supérieure au gypse qu'à celle qui lui est inférieure.

Nous admettons la valeur de ces analogies, au moins pour la plus grande partie des collines subapennines et pour leur partie la plus supérieure. Elle ne peut s'appliquer à toute leur épaisseur; et comme nous ne reviendrons pas sur ce sujet, parce qu'on n'a pas encore pu distinguer et séparer nettement ces deux terrains, je présenterai ici un tableau des différences des deux dépôts marins, telles qu'elles se manifestent dans le bassin de Paris.

Caractères géognostiques des deux formations marines des terrains de sédiment supérieurs.

FORMATION MARINE INFÉRIEURE AU GYPSE A OSSEMENS.	FORMATION MARINE SUPÉRIEURE AU GYPSE A OSSEMENS.
Principalement calcaire.	Principalement quarzeux, sableux.
Mêlé de fer chloriteux granulaire.	Fer limoneux dans ses parties supérieures.
Peu ou point de mica.	Beaucoup de mica, surtout au-dessous des bancs de grès.
Peu marneux.	Couches abondantes de marnes argileuses. — Gypse.
Cailloux roulés dans ses parties inférieures.	Cailloux roulés principalement sur ses parties supérieures.
Sur l'argile plastique et les lignites en couches, le succin.	
Nautiles, caryophyllies, turbinolies, orbulites, *nerita conoïdea*, *nummulites*, etc., dans les assises inférieures.	Coquilles marines dans ses parties supérieures ; point ou peu de grandes huîtres dans cette place.
Poissons dans les assises moyennes.	Des os de cétacés.
	De grandes huîtres, *Ostrea hippopus*.
Cérites, principalement tuberculées dans les assises supérieures.	Cérites, principalement les cordonnées.
	Des clypéastres.
	Point de nummulites.

Ces caractères ne sont pas absolus et ne peuvent l'être ; mais en comparant les collines subapennines avec chacune des formations, on leur trouve, comme l'a déjà dit M. Prevost, beaucoup plus d'analogie avec la formation marine postérieure au gypse qu'avec celle qui lui est antérieure. C'est ce que je vais tâcher de présenter de nouveau et de rendre plus sensible, au moyen d'un profil d'une des collines subapennines des plus complètes et des plus célèbres par la variété des corps organisés fossiles qu'elle renferme depuis sa base jusqu'à son sommet (pl. F).

On remarque à la base de ces collines un terrain généralement marneux, souvent meuble et sablonneux, divisé par des assises d'une marne calcaire assez dure, d'une teinte généralement grisâtre ou bleuâtre, qui renferme dans certains endroits cette quantité prodigieuse de coquilles fossiles dont M. Brocchi a donné les figures et la description; elles sont toutes un peu différentes de celles de Grignon. On n'y indique généralement aucune des coquilles caractéristiques du calcaire grossier inférieur citées au tableau précédent. Mais ses coquilles ont au contraire plus de ressemblances générales avec celles qui se trouvent dans les marnes argileuses marines placées à Montmartre, à Sannois, à Longjumeau, etc., au-dessus des marnes et au-dessous du sable rougeâtre micacé sans coquilles.

C'est au milieu de ces assises marno-sablonneuses que M. Cortesi a trouvé, près de Castelarquato, le grand squelette de baleine qui est déposé au cabinet de Milan, précisément disposé et placé comme il l'est sur le profil. Nous ne trouvons pas de baleine dans les environs de Paris, mais on y rencontre quelquefois des côtes de lamantin, dans une position analogue à celle de la baleine de Castelarquato.

Ainsi ce terrain argilo-sablonneux et micacé bleuâtre

paraît pouvoir être comparé à tous égards aux marnes argileuses si riches en coquilles, qui sont placées sous le sable dans la partie supérieure et marine de nos collines gypseuses.

Au-dessus de ce terrain marneux, et presque sans aucune exception dans toute l'étendue des collines subapennines, se montre un dépôt plus ou moins puissant d'un terrain sableux un peu argileux, reconnaissable de loin à sa couleur rougeâtre, renfermant quelques lits de sable aggrégé par un ciment calcaire, et presque toujours aussi vers sa partie supérieure un ou plusieurs lits de grosses huîtres souvent très-semblables à l'*ostrea hippopus*, de très-grands peignes et quelques autres coquilles, mais beaucoup moins variées en espèces que dans le sol inférieur.

Au-dessus sont des cailloux roulés qui deviennent d'autant plus gros qu'on s'approche davantage de la surface du sol ; ces cailloux appartiennent à toutes sortes de roches, mais principalement aux roches siliceuses. Il y en a aussi beaucoup de calcaire et quelques-uns d'ophiolite.

On voit encore quelques coquilles marines au milieu de ce sable, et c'est dans cette partie que se sont trouvés les débris de grands mammifères, de rhinocéros et d'éléphans. Les ossemens de ces animaux ont été entraînés dans ce sol sableux lorsqu'il était sous-marin, car ils portent quelquefois à leur surface des huîtres et des balanes qui, par leur manière d'y être attachées, prouvent que ces coquilles y ont vécu et qu'elles s'y sont développées.

Ne peut-on pas reconnaître dans ce terrain sableux et ferrugineux, notre sable des hauteurs, également rouge et renfermant le minerai de fer limoneux; dans ses lits calcaires, les lits également calcaréo-marneux qui, placés immédiatement sous le sable, à Montmartre, à Sannois et dans tant d'autres lieux, nous montrent des bancs d'huîtres aussi étendus que remarquables par leur épaisseur, leur grosseur et le nombre des huîtres qu'ils présentent? On n'y voit pas de peignes, du moins ils y sont beaucoup plus rares; mais ce banc est aux environs de Paris, comme dans les Apennins, le siége des balanes, des serpules, etc.

Enfin les cailloux roulés qui le recouvrent représentent ces terrains de transport de plusieurs plateaux des environs de Paris, qui sont tantôt au-dessus des terrains gypseux, tantôt moins élevés et seulement au-dessus des terrains de calcaire grossier, et qui enveloppent aussi, comme dans les Apennins, des ossemens de grands mammifères.

La ressemblance me paraît donc aussi complète qu'on puisse l'espérer entre des terrains placés à de si grandes distances, séparés par la plus grande chaîne de montagnes primitives de l'Europe, et qui ont dû être soumis, en raison de leur nature même et de leur mode de formation, à des influences locales très-variées.

Nous ne poursuivrons pas plus loin ces analogies et je ne citerai aucun lieu, parce qu'ils sont très-exactement indiqués dans l'ouvrage de M. Brocchi. Je répéterai cependant que cette disposition, du terrain rougeâtre et siliceux sur le terrain bleuâtre et argileux, se présente la même partout, à Asti, au val d'Andone, sur le revers méridional des Apennins, aux environs de Sienne, à Rome, au mont Marius, où M. Brocchi me le fit remarquer de la manière la plus frappante, sur la côte de Gênes à Saint-Remo où se présentent les mêmes huîtres, les mêmes cailloux arrondis dans les assises supérieures, portant des preuves évidentes de leur séjour dans la mer par les huîtres qui sont adhérentes à beaucoup d'entre eux. Je crois aussi pouvoir rapporter à ce même terrain et à cette même partie sableuse et supérieure, les terrains marins coquilliers des environs de Bonifacio en Corse, dans lesquels on trouve des huîtres et des clypéastres, le *clypeaster marginatus*, semblable à celui de Sienne, et une espèce qui me paraît inédite et que j'ai nommée ailleurs *clypeaster Gueymardi*.

Enfin on verra, à l'article des lieux où se trouvent des terrains d'eau douce, que dans les collines des environs de Sienne, de Colle, de Volterra, ce même terrain marin est recouvert, comme aux environs de Paris, d'un dépôt souvent très-puissant et très-étendu, de terrain lacustre rempli de coquilles d'eau douce.

§ VI. *Dans les parties septentrionales et orientales de l'Europe.*

Si nous entrons dans les pays allemands par la partie septentrionale de la France, nous trouvons au-delà des Ardennes, dans les environs de Bruxelles, de Gand et d'Anvers, des terrains meubles remplis de corps marins fossiles, et principalement d'une multitude de coquilles qui, au premier coup d'œil, présentent les plus grandes ressemblances de genres et d'espèces avec celles du calcaire grossier. Ce premier coup d'œil, réuni avec l'observation de la nature du sol, avec la connaissance qu'on a de l'absence des ammonites, etc., dans ce même terrain, suffit presque pour faire rapporter une grande partie du sol qui entoure ces villes aux terrains de sédiment supérieur.

Mais quand on veut déterminer à laquelle des deux formations marines de ces terrains on doit rapporter ceux-ci, il faut un examen plus attentif et plus complet des espèces de coquilles, de la nature des minéraux et de la disposition du sol.

N'ayant pas eu occasion de voir ce pays, je ne le connais que par le récit des naturalistes qui l'ont visité, et par les corps marins fossiles que j'ai reçus des environs de Gand par M. Paravey, et des environs d'Anvers par M. de La Jonkaire.

Les corps organisés fossiles que j'ai pu étudier viennent des fossés mêmes de la ville de Gand, au confluent de la Lys et de l'Escaut. On les retrouve encore près du moulin d'Austerzell entre Gand et Grammont, et à Afflighen dans un état plus solide.

Ils sont dispersés dans un sable extrêmement friable, mêlé de grains verdâtres et de mica, au milieu duquel on trouve des nodules ou concrétions de sable ferrugineux. Les coquilles qu'il renferme sont extrêmement nombreuses. Je ne puis en donner ici l'énumération complète; car, quoique généralement semblables à celles du calcaire grossier des environs de Paris, il y en a un grand nombre, ou qui en diffèrent, ou que je n'ai pas pu déterminer. Mais je crois suffisant de désigner les genres et les espèces suivantes, pour arriver à placer ce terrain dans la formation marine à laquelle il paraît **pouvoir être rapporté.**

Osselet de la partie inférieure de l'os des sèches, très-commun à Grignon, à Chaumont, etc. (1).
Nautilus, très-grand à en juger par l'épaisseur des fragmens, et en tout semblable à celui de Chaumont.
Nummulites.
Lenticulites variolaria. Lam.
Delphinula?
Terebellum convolutum.
Ampullaria patula.
Turritella.
Conus.
Cerithium? Assez semblable au *Terebra vulcani* de Ronca.
Ostrea deltoidea? Lam. Très-grande, très-plate, différente de celle du calcaire marin supérieur.

Ostrea cymbula. Lam. Parasite et foliacée, semblable en tout à celle de Chaumont.
Pecten orbicularis. Lam. Sow.
— *infumatus.* Lam.
Cardium porulosum. Lam.
— *obliquum?*
Cytherea lævigata?
— *tellinaria?*
— *nitidula?*
(Ces coquilles sont en trop mauvais état pour qu'on puisse être sûr de leur détermination.)
Portions ou articulations d'*Asterias*.
Turbinolia sulcata. Lamx. — (A. Br., pl. P, fig. 3.)

Une quantité immense de dents de poissons, et notamment de squales, tous de couleur brun marron foncé, et semblables à celles que l'on trouve à Saint-Germain dans le calcaire grossier.

Aux carrières d'Afflighen, entre Gand et Bruxelles,

---

(1) M. Cuvier a lu à l'Académie royale des Sciences, vers 1819, une notice sur ce corps fossile, et a fait voir que c'était l'extrémité inférieure souvent mutilée de ce que l'on appelle communément l'os de la sèche, mais que ces fossiles avaient appartenu à des espèces de sèches différentes de celles que nous connaissons.

ces mêmes corps et le sable quarzeux dans lequel ils sont disséminés sont fortement aggrégés par un ciment calcaire, et forment une pierre assez solide, mais extrêmement caverneuse.

On croira facilement qu'il y a un bien plus grand nombre d'espèces que celles que je viens de nommer; mais il me semble que cette énumération suffit pour établir une ressemblance presque évidente entre ce terrain et le calcaire grossier inférieur au gypse des environs de Paris.

Je ne pourrai pas l'affirmer également du terrain d'Anvers, quelque ressemblance qu'il paraisse avoir avec celui-ci; j'en ai trop peu de coquilles, et celles que j'ai sont la plupart des espèces inédites. Mais M. de La Jonkaire, de qui je les tiens, compte nous faire connaître ce terrain avec les détails suffisans, pour qu'on puisse avoir une opinion sur le dépôt marin auquel il appartient.

Je terminerai l'aperçu des terrains de calcaire grossier dans l'Europe orientale en prenant mes exemples dans quatre points assez éloignés les uns des autres, et situés sur des terrains assez distincts pour qu'on ne puisse pas les regarder comme dépendant d'un même dépôt. Ce sera donc près de Mayence, aux environs de Vienne, en Pologne et en Hongrie que je choisirai ces derniers exemples.

Près de Mayence. — On voit au sud de Mayence, sur les deux rives du Rhin, mais principalement sur la rive gauche et ensuite sur la droite, dans l'angle entre le Mein et le Rhin, tant vers Francfort que jusque près de Weinheim, des collines peu élevées à couches horizontales. C'est ainsi du moins que se présentent celles du Weissenau que j'ai visitées ; elles sont composées d'un calcaire qui a toutes les apparences extérieures du calcaire grossier, et qui renferme comme lui des coquilles marines en grand nombre, appartenant la plupart aux mêmes genres, et souvent, soit à des espèces identiques, soit à des espèces très-voisines de celles que nous trouvons aux environs de Paris dans une position analogue.

Parmi ces espèces, dont plusieurs ont été indiquées, et même figurées par Faujas, quelques autres nommées par M. de Schlotheim, d'autres enfin nommées et figurées dans le Mémoire dans lequel j'ai réuni les descriptions de quelques terrains de sédiment supérieurs, je citerai les suivantes :

Trochus excavatus, Schlot. (A. Br. Mém. sur les terrains de séd. sup., pl. VI, fig. 10.)
— *pseudo zizyphus*. Schlot.
Ampullaria crassatina. Lam. (*Helicites ampullarius ?* Schlot.)
Murex.
Fusus.
Conus.
Cancellaria.
Cerithium margaritaceum ? Brocchi. (A. Br. Mém. cité, pl. VI, fig. 11.)
Cer. plicatum. Brocchi. Lam. (A. Br., ibid., pl. VI, fig. 12.)
— *cinctum ?* Lam.
Ostrea ponderosa. Schlot.
Mytilus Faujasii. Fauj. Ann. du Mus., t. VIII, pl. LVIII, fig. 13, 14. (A. Br. Mém. cité, pl. VI, fig. 13.)
— *Brardi.* Fauj., ibid., fig. 11-12. (A. Br., ibid., pl. VI, fig. 14.) (1)
Pectunculus voisin du *pulvinatus.* Lam.
— *angusticostatus.* Lam.
Cytherea nitidula ??

---

(1) M. de Schlotheim désigne deux moules du terrain de

Ces coquilles, l'absence des genres qui appartiennent aux terrains inférieurs et l'inspection des collines sont des caractères certains pour rapporter ce terrain à la formation des terrains de sédiment supérieurs.

Mais ces collines donnent lieu à deux remarques particulières. Premièrement il n'est pas possible, du moins jusqu'à présent, de dire à laquelle des deux formations marines de ce terrain on peut les rapporter. Sa nature calcaire, l'absence du mica, etc., semblent lui donner des rapports avec le calcaire inférieur au gypse, les coquilles, notamment l'aspect des cérites, lui donnent quelque ressemblance avec les terrains supérieurs. C'est une question que j'examine avec plus de détails dans l'ouvrage que j'ai cité.

Secondement on trouve dans ces mêmes couches, tantôt en lits séparés, tantôt entièrement mêlées avec les coquilles marines, mais spécialement avec les moules, un assez grand nombre de coquilles non marines. Les unes sont des hélices bien caractérisées, disséminées au milieu des couches; les autres sont de petites paludines en quantité si prodigieuse qu'elles forment des bancs qui en sont uniquement composés. Il y en a deux espèces qui ont été figurées par M. Faujas (*Ann. du Mus.*, t. 8,

---

Mayence sous le nom de *Mytulites incertus* et *neritoideus*. Mais comme il ne donne ni description ni figure, qu'il ne cite point celles que M. Faujas a données dans les Annales du Muséum d'Histoire naturelle, non-seulement je ne puis savoir si ce sont ces deux moules que M. de Schlotheim a eues en vue, mais je dois même en douter d'après l'omission de la citation du Mémoire de M. Faujas, inséré dans un ouvrage auquel M. de Schlotheim renvoie souvent.

pl. LVIII, fig. 1, 2, 3, 4, pour la raccourcie; fig. 5, 6, 7, 8, pour l'allongée; et t. 15, pl. VIII, fig. 5, 7, et 6, 8); il les nomme bulimes.

Enfin on trouve aussi, dans ces mêmes roches calcaires et avec les coquilles précédentes, des petites nérites fluviatiles ayant conservé leurs couleurs.

Voici donc trois genres de coquilles non marines, dont un terrestre et deux fluviatiles, mêlés avec des coquilles marines. Mais l'abondance des dernières, de beaucoup supérieure aux autres, la nature du terrain, sa disposition, etc., présentent tous les caractères des terrains marins. Je ne doute point que les collines que je viens de citer n'aient été formées sous des eaux marines; qu'elles n'appartiennent par conséquent à l'une des formations marines du terrain de sédiment supérieur, et que les coquilles non marines qui y sont mêlées n'y aient été transportées. Une observation qui me reste à faire c'est que ces coquilles sont ou terrestres ou fluviatiles, et qu'on n'y a encore trouvé, du moins à ma connaissance, ni limnée, ni planorbe, qui sont des coquilles lacustres, et particulièrement propres aux terrains de cette formation.

Le second exemple que je citerai d'un terrain analogue à celui de Paris est situé dans le bassin à l'extrémité duquel est placée la ville de Vienne en Autriche; il a été décrit par M. Prevost (1) avec des détails qui me dispensent de tout développement. Il me suffit de rappeler qu'il est composé, en allant de bas en haut, de marne argileuse mêlée de lignite, de calcaire grossier

---

(1) *Journ. de Phys.*, 1820, novembre.

rempli des espèces de coquilles qui le caractérisent et recouvert de terrain d'eau douce, qu'il a été rapporté par M. Prévost à la formation marine supérieure au gypse, et qu'il paraît être postérieur au poudingue polygénique de ces contrées que l'on regarde comme analogue à celui de Suisse. Ce terrain, situé sur le revers septentrional du prolongement de la chaîne des Alpes du Tyrol et de Salzbourg, et à une distance considérable de celui de Paris, en offre cependant tous les caractères principaux, et renferme des coquilles fossiles très-semblables aux nôtres. Il est donc probable que les causes qui les ont produits étaient les mêmes et n'ont pas été sensiblement modifiées par la distance.

Mais en allant plus à l'est, c'est-à-dire en nous éloignant davantage du bassin de Paris, nous allons encore retrouver ces terrains, et si peu différens de ceux de notre bassin que M. Beudant (1), qui nous les a fait connaître, dit qu'en Hongrie, aux environs de Bude et de Pesth, les carrières de pierres à bâtir rappellent au géologue celles des environs de Paris.

Plusieurs parties de la Hongrie, notamment les collines qui sont entre Gran, Bude et le lac Balaton, celles qui sont au pied méridional des Crapacks aux environs de Cremnitz, d'Eperies, etc., sont en général composées de roches d'aggrégation que M. Beudant rapporte au psammite molasse et au poudingue, tantôt polygénique, tantôt calcaire (*nagelfluc*), en les comparant à ces mêmes

---

(1) Voyage en Hongrie, etc., par M. Beudant, 3 vol. in-4°, Paris, 1821, tome I, page 200; tome III, chap. IV, terrains tertiaires, pages 240, 251, 256, 264, 268, 270, 271, 272, etc.

roches de la Suisse. Elles en offrent en effet tous les caractères de structure, de couleur, de nature, et les molasses sont comme elles souvent fissiles et très-micacés.

Dans ces roches comme dans celles de la Suisse se rencontrent de puissantes couches de lignite, et l'origine lacustre de ces bois charbonneux fossiles est prouvée en Hongrie comme en Suisse, comme partout, par la présence des limnées, des planorbes et de quelques autres coquilles d'eau douce. Ce terrain s'étend sur la rive droite du Danube, se prolonge jusqu'en Esclavonie, en Croatie et probablement au-delà.

Ces roches qui, de l'aveu d'un grand nombre de géologues, font partie des terrains de sédiment supérieurs ou tertiaires, n'ont pas dans le bassin de Paris leur analogue évident, en sorte que leur position précise, par rapport aux autres roches, n'est pas encore, du moins à mon avis, parfaitement déterminée. J'ai donné à l'article de la Suisse les raisons qui me font présumer que le psammite molasse appartient à la seconde formation marine du terrain de sédiment supérieur. M. Beudant pense qu'il représente au contraire les assises les plus inférieures du calcaire grossier.

C'est à ce calcaire que commence la série des roches qui ont en Hongrie la plus grande ressemblance avec celles du bassin de Paris. Le calcaire grossier des environs de Bude, des bords du Danube près du lac Balaton et de plusieurs autres lieux, est comme celui des environs de Paris en couches horizontales puissantes. Sa texture est grossière, sa couleur tire sur le jaunâtre, il contient une multitude de coquilles marines dont les espèces n'ont pu être déterminées par M. Beudant, mais qui appartiennent aux genres vénus, crassatelles, bucardes, huîtres, vénéricardes, pétoncles, arches, cérites, turritelles, turbo, ampullaires, natices; enfin ce calcaire ressemble tellement au nôtre que M. Beudant dit qu'on peut se croire transporté dans les carrières de Vaugirard ou de Gentilly.

Il le regarde comme supérieur au poudingue polygénique, et l'a vu sur la route de Teteny à Marton-Vasar distinctement placé sur un conglomérat de cailloux roulés calcaires et quarzeux, qu'il croit semblable au poudingue polygénique associé au psammite molasse. Dans quelques lieux (à Pesth) ce calcaire est recouvert par une marne sableuse, bleuâtre, micacée, recouverte elle-même par un dépôt de sable quarzeux grossier.

On trouve dans d'autres parties de la Hongrie, parmi lesquelles je citerai seulement le terrain compris entre les rivières de Gran et d'Ipoly, un sable micacé, coquillier, qui renferme, entre autres corps organisés marins, des millepores, des balanes qui ont beaucoup de ressemblance avec le *balanus titinnabulum*, de grands *pecten* et des huîtres qu'on peut comparer aux *ostrea edulina* et *linguatula*, espèces qui se trouvent, comme l'on sait, dans nos terrains marins supérieurs au gypse; aussi M. Beudant présume-t-il que cette roche, probablement différente de celle que je viens de citer d'après lui, appartient à la formation marine supérieure.

Quel que soit l'ordre de superposition de ces deux terrains, l'un par rapport à l'autre, ou tous deux par rapport au psammite mollasse, il est bien constaté, par les nombreuses observations que M. Beudant a faites en Hongrie, qu'on trouve dans ce pays, si éloigné du bassin de Paris, un terrain de sédiment supérieur qui ressemble au nôtre, non-seulement dans tous les points importans, mais jusque dans les détails. Le court extrait que je viens de donner du travail de M. Beudant suffit pour prouver cette identité.

On retrouve ce même calcaire en Pologne, c'est-à-dire au nord, de l'autre côté des Crapaks.

Je ne le connais que par les échantillons que M. le professeur Horodecki, de Vilna, m'a envoyés en 1816, et par ce que m'en a dit M. Buckland. Si les coquilles qu'on voit dans ces échantillons ne m'avaient pas déjà indiqué ce terrain, l'opinion de M. Buckland, qui a été sur les lieux, suffirait pour ne laisser aucun doute sur sa position dans les environs de Cracovie. Le calcaire grossier de la Pologne présente avec celui de Paris une analogie géologique des plus frappantes; car il est placé comme lui au-dessus de la craie, qui est elle-même, comme je l'ai dit au § III, p. 161 du premier article, parfaitement semblable à celle dans laquelle est creusé notre bassin.

J'ai reconnu dans les échantillons de ce calcaire que je tiens de M. Horodecki et qui vient des environs de Grodno, de Poczajow et de Krzemienec en Volhynie,

Un *Trochus* très-semblable au *Trochus maggus*.
Des cérites.
Des *Cardium* voisins du *Cardium obliquum*.
Des Modioles.

Quoique ces coquilles soient en petit nombre, que leur état de conservation ne permette pas d'en déterminer les espèces, la nature de la pierre et ce que j'ai dit plus haut ne me laissent aucun doute sur la présence des terrains de sédiment supérieur analogues à ceux de Paris dans les parties de la Pologne que je viens de nommer.

Je crois avoir cité suffisamment de lieux en Europe, des lieux assez éloignés et assez séparés les uns des autres, pour donner une idée exacte et à peu près complète des caractères des calcaires marins du terrain de sédiment supérieur, de leur étendue et de leur ressemblance. Je sais qu'il existe encore bien des contrées où on l'a observé; mais je n'ai point sur ces contrées des renseignemens suffisans pour espérer, en les citant, pouvoir rien ajouter à ce que je viens de dire. Je dois chercher à indiquer encore quelques points hors du continent de l'Europe dans lesquels on ait reconnu ou on puisse reconnaître ces terrains.

Je n'ai sur ces lieux que des renseignemens très-incomplets et souvent même très-vagues, et je les juge la plupart d'après les échantillons que je possède.

En Afrique, le calcaire de sédiment supérieur analogue à celui de Paris se montre très-probablement au pied septentrional des montagnes de l'Atlas dans les environs de Tripoli. Nous tenons cette indication du voyage de M. Ritchie dans le nord de l'Afrique, et de la détermination que M. Buckland a faite des échantillons recueillis par ce voyageur.

M. Buckland présume, d'après ces échantillons, que les royaumes de Tripoli et de Fezzan sont composés des trois formations suivantes :

1° Le basalte;
2° Le calcaire tertiaire;
3° Le nouveau grès rouge.

Le calcaire tertiaire ou calcaire grossier contenant des

coquilles marines, des *cardium, pecten, ostrea*, très-bien conservées, se trouve dans les environs de Tripoli sur les deux bords opposés du désert situé entre la ville de Béniobed et le château de Bonjem. Il paraît être du même âge et de la même formation que les dépôts semblables qui se trouvent à Malte et en Sicile, et sur la côte septentrionale de la Méditerranée, tant en Italie qu'en France.

Je soupçonne, d'après quelques échantillons d'huîtres, de sable et de grès, que des lambeaux de terrain tertiaire se montrent en Égypte dans les environs de Cosseïr, sur la pente orientale de la chaîne Arabique.

Je ne connais point d'exemple de ce terrain dans l'*Amérique septentrionale*, quoique j'aie lieu de présumer qu'on pourrait en trouver des indices du côté du lac Michigan. J'ai reçu des échantillons de roches qui ont avec notre calcaire siliceux la plus grande ressemblance et qui viennent du fort Holmes, partie la plus haute de l'île Michilimakinac.

Mais vers le midi, dans les *îles Antilles*, on cite des terrains calcaires qui, par la nature de la roche, celle des coquilles qu'ils renferment et leur position, paraissent pouvoir se rapporter à nos terrains de sédiment supérieurs et probablement aux dépôts marins les plus récens de ces terrains.

Ainsi la partie basse de la *Guadeloupe* qu'on appelle la Grande-Terre, qui n'est point de nature volcanique, mais qui repose sur le sol volcanique de cette île, offre un calcaire blanc, tendre, caverneux, dont les cavités sont tapissées d'une couche souvent épaisse de plusieurs centimètres de calcaire spathique.

Ce calcaire est pétri de moules, tant intérieurs qu'extérieurs, de coquilles marines qui, autant qu'on puisse déterminer des espèces sur des moules, paraissent avoir la plus grande ressemblance avec les coquilles qui vivent actuellement dans l'océan Atlantique. C'est principalement de La Pointe-à-Pitre que me viennent les échantillons (1) qui m'ont fourni sur cette île les notions que je viens de présenter et les coquilles parmi lesquelles on reconnaît des cônes, des *turbo*, des *trochus*, des bucardes, des huîtres, des fuseaux, des porcelaines, des modioles, des cythérées, des vénus, des arches et des madrépores.

A *la Martinique* on voit aussi un calcaire, mais il a un aspect tout-à-fait différent; il est brun verdâtre, solide, compacte et même un peu sublamellaire, et sans les débris de coquilles qu'il renferme, et qui indiquent des coquilles analogues aux précédentes, on le prendrait pour un calcaire compacte alpin.

On retrouve à *la Barboude*, l'une des Antilles, un calcaire blanc assez semblable à celui de la Guadeloupe, mais plus solide et pétri comme lui de coquilles marines, parmi lesquelles on remarque une grande quantité d'une bulle qui ressemble beaucoup au *bulla striata*, Bosc., coquille assez rare à l'état fossile (2).

Enfin je crois pouvoir rapporter à la même époque de formation, c'est-à-dire au terrain de sédiment supérieur, mais à des roches d'un âge plus ancien que les

---

(1) Je tiens ces échantillons de M. Moreau de Jonnès, de M. le comte de Lardenoy, et notamment de M. Coussin, habitant de la Guadeloupe.

(2) J'ai reçu ces échantillons de M. Greenough.

précédentes, ces madrépores changés en agates calcédoines si communs à *Antigoa*.

Je conviens que ces derniers terrains, moins bien connus que ceux de l'Europe, en diffèrent aussi par plusieurs caractères; mais s'ils ne peuvent pas être précisément rapportés à nos calcaires marins grossiers, très-certainement ils ne sont pas d'une formation plus ancienne qu'eux, ils seraient au contraire plus nouveaux. Ils nous indiquent aussi les rapports qui peuvent exister entre les terrains volcaniques et certains terrains calcaires de formation assez récente.

ARTICLE IV.

4ᵉ Formation. — **CALCAIRE SILICEUX** ET PARTIE INFÉRIEURE DU TERRAIN D'EAU DOUCE MOYEN.

Nous avons établi à l'article IV de la première section, que le calcaire siliceux n'était pour ainsi dire qu'une circonstance minéralogique du terrain d'eau douce moyen, de celui qui renferme les gypses à ossemens; et que, placé immédiatement sur le calcaire marin grossier, il n'était autre chose que les assises inférieures siliceuses et calcaréo-marneuses du terrain gypseux.

Il résulte de cette considération que nous réunirons dans l'exposé géographique de ces terrains tous les lieux qui présentent, non-seulement le calcaire siliceux sans coquilles tel que nous l'avons caractérisé à l'article IV de la première section, mais encore tous les terrains d'eau douce inférieurs au gypse et qui ne renferment aucun lit distinct de ce minéral (1).

---

(1) Nous n'avions pu, dans notre première édition, ni dis-

Le calcaire siliceux forme au sud-est de Paris un plateau immense. Il n'est interrompu par aucun autre terrain. On ne trouve aucune île de ce terrain au milieu de ceux que nous venons de décrire; et dans tout le pays dont il forme le sol principal, on ne connaît aucune partie de calcaire marin; mais on ne peut en dire autant, ni de la formation gypseuse dont les marnes le recouvrent quelquefois, ni des autres formations supérieures à celle-ci. Nous en avons conclu que le calcaire siliceux remplaçait ou au moins recouvrait au S. E. de Paris la formation de calcaire marin.

La carte que nous joignons à cette description fait connaître toute l'étendue du terrain de calcaire siliceux et ses limites exactes au N. O. On voit qu'en partant de Meaux, la vallée de la Marne forme la limite naturelle de ce terrain jusqu'au cap où est situé Amboise; qu'il n'y a qu'une seule île de calcaire siliceux sur la rive droite de cette rivière, celle qui porte Dampmart et Carnetin.

---

tinguer aussi précisément ces deux terrains d'eau douce, ni réunir les terrains d'eau douce inférieurs avec le calcaire siliceux, parce que nous n'avions pas alors la certitude que le calcaire siliceux fît partie de ce terrain, et que nous manquions des moyens, que nous avons acquis depuis, pour distinguer avec certitude les deux terrains d'eau douce.

On remarque qu'il quitte la vallée de la Marne à Amboise, pour aller gagner presque en ligne droite celle de la Seine à Villeneuve-Saint-Georges; alors il la suit jusqu'à Draveil. En s'étendant sur la rive gauche de cette rivière, il prend pour limite, à l'ouest, la vallée d'Orge jusqu'à Saint-Yon, au-delà d'Arpajon. Les sables de la Beauce qui le recouvrent entièrement, empêchent de le suivre plus loin de ce côté; mais en revenant vers le sud-est, on le conduit, par-delà la forêt de Fontainebleau, jusque près de Nemours. La formation de calcaire siliceux est terminée au sud par la craie qui reparaît ici, non pas que ce calcaire soit caché par la craie, puisque celle-ci lui est toujours inférieure; mais il n'existe plus. Du côté de la Beauce, au contraire, il n'est, comme nous venons de le dire, que recouvert par l'immense plateau de sable qui forme la base de ce terrain. En effet, quand on descend ce plateau du côté d'Orléans pour entrer dans la vallée de la Loire, le calcaire siliceux reparaît. La plupart des maisons de la ville d'Orléans, ses quais, etc., en sont construits (1).

---

(1) Dans ces cantons il est très-difficile de le distinguer du calcaire d'eau douce supérieur, lorsqu'il est en fragmens

Vers l'est nous n'avons pu déterminer ses limites d'une manière aussi certaine ; elles sont et trop éloignées et trop souvent cachées par les sables. Mais il paraît qu'elles finissent, comme du côté de Nemours, aux collines de craie qui commencent à Montmirail, etc.

Il serait fastidieux de décrire successivement tous les petits plateaux renfermés dans cette grande enceinte ; ce serait également inutile, car il y a peu de terrains d'une structure plus uniforme que celui-ci. Nous nous contenterons d'indiquer quelques-uns des points les plus remarquables parmi ceux que nous avons examinés.

La colline de Dampmart, au nord de Lagny, est le seul terrain de calcaire siliceux que nous connaissions sur la rive droite de la Marne. Ce calcaire siliceux, sans coquilles, est recouvert ici de calcaire siliceux d'eau douce, et vers l'extrémité nord-ouest, cette colline porte le terrain gypseux de Carnetin.

En continuant d'aller vers l'est jusqu'à Coulommiers, on a occasion de remarquer quel-

---

isolés ; le calcaire d'eau douce des environs d'Orléans et de Nemours étant souvent en grandes masses compactes avec peu de coquilles, il n'y a que l'examen des bancs en place et leur position respective, qui puissent permettre d'établir entre ces deux calcaires une distinction certaine.

ques dispositions du calcaire siliceux qui ajoutent à son histoire des particularités plus saillantes, et même des faits que nous n'avions pas encore observés.

La colline assez élevée qui est à l'est de La Chapelle après Crécy, est formée d'assises nombreuses de marne calcaire blanche dure, de marne calcaire blanche friable, de calcaire compacte fin et de silex corné en rognons irréguliers, disposés en lits interrompus mais parallèles.

Ces silex sont accompagnés de marne calcaire feuilletée, remplie de *cyclostoma mumia* et en outre de la magnésite parisienne impure (dont nous allons bientôt parler plus particulièrement) qui, placée dessus et dessous ces silex, pénètre même quelquefois dans leur intérieur.

Le calcaire compacte fin mentionné plus haut est en bancs peu épais, interrompus, et ressemble en tout à celui de la même variété qui, dans le Jura et dans les terrains calcaires qui lui sont analogues, fait partie de cette formation.

Ainsi on rencontre ici deux circonstances assez remarquables : 1° un calcaire compacte qui, par ses caractères minéralogiques extérieurs, ne diffère en aucune manière d'un calcaire d'une formation beaucoup plus ancienne;

2º Le dépôt séparé et bien distinct de la matière siliceuse et de la matière calcaire qui, dans la plupart des autres lieux où se voit ce calcaire siliceux, sont liées et comme pétries ensemble.

En continuant de s'avancer vers l'est, on trouve à Mouroux, une lieue environ avant d'arriver à Coulommiers et sur le bord même du chemin, une carrière peu étendue d'où l'on extrait du calcaire siliceux pour les contructions. Cette roche est beaucoup plus siliceuse que calcaire; elle est surtout remarquable par les concrétions de silex qu'elle présente, par les nombreuses cloisons de silex agatin qui se croisent dans toutes les directions et qui forment comme des gâteaux alvéolaires. Les parois de ces cloisons, qui ont quelques-unes plus d'un centimètre de hauteur, sont couvertes de cristaux de quarz hyalin très-purs et très-nets (1).

---

(1) Le sol sur lequel est établi la manufacture de papier de Courtalin appartient à la formation du calcaire siliceux le mieux caractérisé; et c'est sur ce sol que j'ai trouvé, en 1819, une masse de cette roche qui présente une disposition propre à jeter quelque jour sur l'état dans lequel était la silice qui a produit la plupart des nodules et concrétions siliceuses

La structure par lits alternatifs de marne calcaire et argileuse et de silex, dont on voit une première disposition après Crécy, se présente avec beaucoup plus de netteté et de développement presque à l'entrée occidentale de la ville de Coulommiers.

On remarque à droite de la route, en arrivant dans cette ville du côté de Paris, une petite colline dirigée du sud au nord, et qui ayant été coupée pour donner passage à un canal, fait voir facilement sa structure intérieure. Elle est entièrement composée du terrain d'eau douce inférieur au gypse.

---

qui, en raison de la pureté, de la finesse et des couleurs plus ou moins vives de leur pâte, portent les noms de silex pyromaque, silex corné, agate, résinite, etc.

Cette masse presque entièrement siliceuse est couverte de concrétions également siliceuses, mamelonnées, à mamelons stalactiformes plus ou moins saillans, ainsi qu'on le voit très-fréquemment dans ces sortes de roches. Mais on remarque comme une membrane gélatineuse tendue sur les sommités de ces mamelons, et laissant par conséquent un espace vide au-dessous d'elle, entre les mamelons. Cette membrane a tout-à-fait l'aspect d'une matière glaireuse qu'on aurait étendue sur les sommités des mamelons, et qui, en se desséchant, se serait retirée d'autant plus facilement qu'aucune adhérence ne s'y opposait ; en sorte qu'elle est constamment beaucoup plus étroite dans les espaces où elle est libre, c'est-à-dire sans adhérence, qu'à ses points d'attache. Or, cette membrane qu'on prendrait réellement pour de la colle séchée est,

On y observe la série de lits et roches suivantes en allant de haut en bas. (Voy. la coupe pl. C, fig. 2.)

1° Un banc A composé de calcaire siliceux dont le milieu est de silex corné blanc et celluleux, et la masse de calcaire compacte rempli de petites coquilles difficilement déterminables et de plus grosses coquilles qui sont le *limneus longiscatus*, le *cyclostoma mumia*, etc.

2° Ce banc repose sur un lit B, d'épaisseur très-irrégulière, d'une terre grisâtre, fissile, semblable à de la marne argileuse, et qui a

---

comme les saillies concrétionnées qui la soustendent, de nature siliceuse et calcédonieuse. Elle a donc conservé, aussi-bien qu'une pierre aussi dure que la calcédoine puisse le faire, les caractères de l'état gélatineux dans lequel je présume que devait être la silice dans les concrétions dont je viens de parler. Plusieurs observations qui ne peuvent trouver place ici, et notamment la disposition sur plusieurs plans des rameaux des dendrites dans les agates arborisées, m'avaient depuis long-temps suggéré cette idée (*); celle que je viens de rapporter paraît pleinement confirmer cette opinion. Mais en nous prouvant que la silice de la plupart des silex et des agates a été dans un état à peu près gélatineux, elle ne nous explique ni quel principe la tenait dans cet état, ni comment elle y est arrivée, ni comment elle l'a quitté pour prendre la consistance d'une pierre homogène, dense et très-dure.   A. Br.

(*) Voyez l'article *dendrites* dans le Dictionnaire des Sciences naturelles.

été reconnue pour être une magnésite impure (*m*), c'est-à-dire mêlée de marne calcaire.

3° Vient ensuite un banc de marne calcaire tendre, friable, renfermant un autre petit lit de magnésite (*m*).

4° Banc de marne calcaire sans silex, au-dessous duquel est un autre petit lit de magnésite brune impure.

5° Banc puissant de marne calcaire D, blanche, subdivisé en plusieurs assises par des lits de marne de diverses consistances, et par un lit de silex corné zonaire (*d*) presque jaspoïde, sans coquilles ni magnésite.

6° Un lit E de deux décimètres d'épaisseur environ, composé de silex corné brun en rognons irréguliers mais principalement aplatis. Ce sont ces nodules qui sont enveloppés et même pénétrés de la magnésite parisienne d'une couleur gris rosâtre ou isabelle (*m*). Elle est souvent très-pure, ne fait aucune effervescence avec les acides, et est absolumnet infusible au feu de porcelaine. Elle jouit quelquefois d'un peu de translucidité.

7° Ces silex sont placés sur un lit F de marne calcaire dure en nodules presque arrondis, et renfermant des *cyclostoma mumia*.

8° Au-dessous est un banc puissant G de marne calcaire blanche, friable ou seulement fragmentaire, et ne renfermant ni silex ni coquilles.

L'épaisseur totale des bancs qui composent cette colline est de 9 mètres.

Le minéral que nous venons de désigner sous le nom de *magnésite parisienne* a été analysé par M. Berthier, qui l'a trouvé composé ainsi qu'il suit :

Magnésie.	24,0
Silice.	54,0
Eau.	20,0
Alumine.	01,4
	99,4

Non-seulement on n'avait reconnu la présence d'aucune pierre notablement magnésienne aux environs de Paris, mais on ne soupçonnait pas même celle d'un minéral où la magnésie silicatée avec l'eau soit si pure, car on voit aisément que la petite quantité d'alumine n'y est qu'accidentelle.

Ce n'est pas ici le lieu de faire ressortir les rapports remarquables que ce minéral présente dans sa composition et dans son gisement avec les autres gisemens de magnésite connus. Nous renvoyons au Mémoire spécial que l'un de nous a publié sur ce sujet (1). Nous nous

---

(1) M. *Brongniart*, Ann. des Mines, 1822.

contenterons de faire remarquer que la magnésite parisienne pure a sensiblement la même composition que la magnésite de Baldissero et de Castellamonte près de Turin, de Vallecas près de Madrid, de Salinelie près de Montpellier, de Houbritch en Moravie, et de Kiltchik en Natolie, connue sous le nom d'écume de mer.

Quoique les terrains qui renferment ces magnésites soient généralement de formation très-différente, ils présentent tous l'association des silex, soit corné, soit résinite, avec la magnésite. Ces généralités géologiques tendent à confirmer par de nouveaux faits, que non-seulement la formation des espèces minérales, mais encore celle des terrains qui en présentent l'association, a été soumise à des règles qui paraissent les mêmes pour toute la surface du globe.

La colline de Champigny, sur le bord de la Marne, et à l'extrémité occidentale du bord septentrional du grand plateau de calcaire siliceux, est un des points où ce calcaire puisse être le plus facilement étudié, et un de ceux où il présente ses caractères de la manière la plus évidente. Le terrain est formé, dans une grande épaisseur, de masses calcaires compactes, réunies par des infiltrations de calcaire spathique, de quarz cristallisé, de calcédoine, de cacholong et de silex mamelonné et coloré en rouge, en violet ou en brun. Quelques-uns de ces silex, comme l'a découvert M. Gillet-Laumont, offrent ces couches planes et parallèles de calcédoine et de sardoine que l'on recherche pour la gravure en camées; enfin on y voit tous les passages possibles du silex dur et translucide au silex blanc, opaque et friable comme de la craie. Le calcaire est gris et compacte, et fin comme celui du Jura. Il est infiltré et pénétré de silex, et on l'exploite dans ce lieu pour faire de la chaux d'une très-bonne qualité. Cette exploitation ayant fait creuser et remuer dans un grand nombre de points le terrain de cette colline, nous a permis de rechercher si nous ne pourrions pas apercevoir quelques débris de coquilles fossiles, soit marines, soit fluviatiles : nous n'en avons vu aucun indice; mais le sommet de la montagne est composé de silex et de meulière renfermant des coquilles d'eau douce.

En suivant les bords de ce plateau sur la rive droite de la Seine, on voit près de Melun le calcaire siliceux renfermant dans ses parties supérieures une grande quantité de coquilles d'eau douce.

Les collines qui bordent la rive droite de la

Seine, à l'ouest de Melun, sont composées, en partant de la surface et immédiatement au-dessous de la terre végétale :

1° D'un calcaire blanc, tendre, ne renfermant pas d'assises distinctes, mais disposé en fragmens d'inégales grosseurs : ce calcaire est traversé par une multitude de petits canaux souvent jaunâtres; il renferme un grand nombre de limnées, de planorbes, etc.;

2° D'un calcaire très-dur, jaunâtre, susceptible de poli, plus compacte que le premier, présentant, non pas des tubulures, mais des cavités irrégulières remplies de cristaux de calcaire spathique : il renferme moins de coquilles que le précédent;

3° De silex blond ou brun, en tables plus ou moins épaisses, rempli de cavités;

4° De masses dures calcaréo-siliceuses, qui forment comme la transition minéralogique du silex au calcaire dur. On n'a pas vu de coquilles dans ces deux dernières pierres.

Ces différentes pierres ne suivent aucun ordre dans leur position respective; elles sont comme liées par le calcaire blanc friable qui contient le plus de coquilles. Elles présentent une masse visible de six à sept mètres d'épaisseur.

5° Au-dessous de ce terrain d'eau douce on

voit une couche de marne argileuse verdâtre, sans coquilles, qui a environ deux mètres de puissance.

6° Il paraît, d'après les blocs qu'on trouve roulés au pied de la colline, que la base de cette colline, comme de toutes celles de ce canton, est de calcaire siliceux (1).

Ce plateau s'étend beaucoup moins sur la rive gauche de la Seine, parce qu'il est bientôt recouvert à l'ouest par le grand dépôt sableux; mais il présente quelques faits particuliers.

1° Le plateau de calcaire siliceux compris entre la rivière d'Orge et celle d'Essonne est recouvert en grande partie, et surtout du côté de la rivière d'Essonne, d'une couche mince de marne verte. Cette disposition, que nous avons remarquée plus particulièrement près d'Essonne, est presque générale. Aussi voit-on toutes les sources de la Beauce sourdre de points assez élevés, parce que l'eau, après avoir traversé le terrain meuble ou le sable, est arrêtée par ce lit de marne verte qui représente la formation gypseuse.

Près de Corbeil le calcaire siliceux se montre

---

(1) Nous avons vu nous-même ce canton, mais nous devons à M. Prevost cette description détaillée.

en masse puissante, dans laquelle on a ouvert des carrières.

2° Tous les grès de la forêt de Fontainebleau sont portés sur le sol de calcaire siliceux. Ce sol n'est point apparent dans tous les points; mais on le voit partout où il est assez relevé pour paraître au-dessus du terrain meuble, et partout où les escarpemens sont assez profonds pour l'entamer, comme sur la route de Nemours, à la descente des grès, et sur toutes les pentes rapides qui mènent dans la vallée du Loing ou dans celle de la Seine. A Bouron, où l'on voit le grès entre les deux calcaires d'eau douce, le plateau inférieur présente partout le calcaire siliceux. Les murs de Samois en sont construits, et on y remarque des plaques de silex blanc qui, sans aucune cavité et sans aucun mélange de calcaire, ont plus de trois décimètres de long sur huit à neuf centimètres d'épaisseur, et qui, étant polies et gravées, pourraient être employées dans les arts.

On voit encore le calcaire siliceux sous le grès en descendant vers Effondré et Thomery.

A Valvin, sur le bord de la Seine, il présente une côte très-escarpée qui est exploitée en carrière. Le calcaire est criblé de cavités remplies ou tapissées de cristaux de calcaire spathique ; il contient peu de silex et se désagrége avec une grande facilité. Nous n'y avons pu découvrir aucune coquille ni autres débris organiques. Dans cet endroit, le calcaire siliceux est à nu à la surface du sol et n'est point recouvert de grès.

On retrouve le calcaire siliceux sur la rive droite de la Seine, ainsi que la carte le fait voir. Il est très-apparent vis-à-vis de l'embouchure du Loing, à Samoreau, etc. ; à Melun et à Corbeil on en fait, comme à Champigny, de la très-bonne chaux.

C'est surtout à l'extrémité orientale du clos dit les Pressoirs du Roi, que se voit très-clairement le calcaire siliceux en carrière exploitée sous le grès qui forme le sommet de la colline. Ce calcaire est blanc, en bancs puissans, peu distincts dans la carrière. Sa partie inférieure ne montre pas de silex ; mais sa partie supérieure en renferme une assez grande quantité qui sont comme pétris avec le calcaire. Le grès qui est au-dessus en masses exploitées porte le nom de rocher de Montmélian.

Le terrain de calcaire siliceux se fait voir encore à Montereau ; mais comme la craie est ici en saillie, elle semble avoir exhaussé ce terrain qui est très-peu épais et placé dans une situation fort élevée.

Le calcaire siliceux est beaucoup plus rare à l'ouest de Paris, et nous ne le connaissons que dans un seul point, dans la vallée qui court du nord au sud et qui va de Mantes à Septeuil. C'est à Vert qu'on peut assigner le commencement du terrain qui est composé de cette roche. Il paraît se terminer dans le plateau qui domine Septeuil; et, en montant sur ce plateau, on reconnaît très-distinctement la couche puissante de calcaire siliceux qui le constitue. Il est très-compacte et infiltré de silex calcédonieux; ses fissures sont quelquefois tapissées de cristaux de quarz. Enfin il ne diffère en rien de celui de Champigny, de Villemoison, etc., etc. On doit seulement remarquer que les assises supérieures présentent beaucoup plus d'infiltrations siliceuses que les inférieures.

C'est dans ce lieu que nous avons reconnu la position évidente et telle que le présente la coupe que nous donnons pl. D, fig. 3, du calcaire siliceux sur le calcaire grossier, et que M. Brochant a reconnu des coquilles d'eau douce dans les parties supérieures du premier.

Quoique la superposition ne soit pas absolument immédiate, toutes les inductions les plus raisonnables et les plus puissantes conduisent à la faire reconnaître, et les analogies de cette position, presque évidente, avec d'autres faits ne peuvent plus laisser aucun doute sur la place et sur la nature du calcaire siliceux.

Ces résultats, qui ne sont pas tout-à-fait nouveaux, puisque nous les avions pressentis dans plusieurs passages de notre première édition, mais qui sont maintenant certains et clairement établis, nous conduisent à rapporter à la formation d'eau douce inférieure au gypse, dont ce calcaire siliceux n'est qu'un membre, plusieurs terrains d'eau douce dont nous avions autrefois laissé la position incertaine.

Nous y rapporterons d'abord, au nord de Paris, cette immense plaine de terrain d'eau douce qui s'étend depuis Claye à l'est jusqu'à Frépillon à l'ouest, et du nord au sud, de Louvres et Maffliers jusque dans les murs de Paris. Cette plaine, dont la partie la plus basse et la plus connue porte le nom de *plaine de Saint-Denis*, montre sur ses bords et dans son milieu les collines et buttes de gypse de Chelles, Ménil-Montant, Montmartre, Sannois, Montmorency, etc. Ces collines ne lui appartiennent pas et n'altèrent pas son niveau, qu'on trouve à peu près le même dans les intervalles qui les sépare et qui portent très-improprement le nom de *vallées*. Elle a donc peu d'inégalités qui lui soient propres; mais elle est généralement assez élevée, et presque au niveau des dernières assises du calcaire grossier : car on voit, au moyen de la carte, qu'elle est bordée partout de calcaire marin, excepté au sud-est, où elle est limitée par le calcaire siliceux. Or, nous ferons observer qu'il faut toujours monter pour y arriver, de quelque point qu'on parte, soit des bords de la Seine, soit des rives de l'Oise ou de la Marne. Si l'une de ces rivières a entamé le plateau calcaire, comme à Charenton, à Herblay, à Méry, etc., on gravit rapidement sur le sommet du plateau, et on se trouve, en descendant très-peu, sur la plaine de terrain d'eau douce. Si la rivière a entamé le terrain d'eau douce lui-même, comme à Saint-Ouen, il faut encore monter pour atteindre le niveau de la plaine.

Il paraît que, dans plusieurs parties de cette plaine, le terrain d'eau douce a une épaisseur considérable, et qu'il recouvre immédiatement le calcaire marin, qui, dans ce cas, paraît être réduit à très-peu d'épaisseur ; mais nous n'avons pas toujours pu reconnaître ce qu'il y a au-dessous.

Lorsqu'on perce cette plaine de terrain

d'eau douce à peu de distance du calcaire marin, on retrouve la formation marine, mais à l'état de grès marin, comme à Pierrelaye, à Ézanville. Et quelquefois le calcaire d'eau douce est réduit à une couche mince que recouvre le grès en se moulant sur ses sinuosités, comme on le voit près d'Écouen. (Pl. E, fig. 1.)

Les plaines déjà élevées qui sont, l'une au sud-ouest de la colline de Montmorency, et l'autre au nord-est de cette même colline, ont absolument la même structure. Nous l'avons fait connaître à l'article du *Calcaire marin*, § V, pages 238 et 245.

Au-delà de Moisselles, sur la route de Beaumont-sur-Oise, le calcaire d'eau douce devient bien plus épais : on y a creusé des marnières qui ont plus de deux mètres de profondeur, dans lesquelles on remarque d'abord des lits minces, tantôt tendres et feuilletés, tantôt durs, et composés de rognons déprimés et horizontaux : les supérieurs renferment une quantité immense de *bulimes nains;* les autres ne font voir presque aucune coquille. On trouve au milieu d'eux un lit interrompu, mais horizontal, de silex grisâtre qui se fond dans la marne. La partie inférieure de cette couche est composée d'assises plus épaisses, plus dures, se désagrégeant à l'air avec la plus grande facilité, et ne faisant voir aucune coquille. (Pl. E, fig. 2.)

Le terrain d'eau douce de cette plaine est généralement composé de marne calcaire assez dure, comme au Ménil-Aubry, à Châtenay, à Beauchamp, etc.; on y trouve aussi des silex compactes, homogènes et bruns, comme à Fontenay, à la Patte-d'Oie près de Gonesse; des silex résinites comme à Saint-Ouen; des silex mélénites enveloppant des limnées blancs, comme à Saint-Ouen et dans le canal de l'Ourcq de au-delà de Sevran.

La berge de la rive droite de la Seine, de Saint-Ouen à Saint-Denis, présente une coupure de ce terrain qui peut faire connaître les différens lits qui le composent, et donner ainsi une idée générale de la structure de la plaine de Saint-Denis.

Pour prendre ce terrain dans sa plus grande épaisseur, il faut l'examiner près de Saint-Denis, à la petite butte sur laquelle est placé le moulin de la Briffe; on peut alors y reconnaître la succession suivante dans les couches principales et essentielles, en allant de haut en bas (pl. E, fig. 3) :

1° Vingt à vingt-quatre lits de marne argileuse, calcaire, sableuse, gypseuse, renfermant des concrétions sphéroïdales, calcaréo-gypseuses, assez compactes, et composées de lames quelquefois concentriques et de cristaux lenticulaires informes réunis en rose.

2° Au-dessous de ces marnes se trouvent des lits alternatifs de calcaire d'eau douce compacte, de marnes blanches friables renfermant des coquilles d'eau douce désignées ci-dessous (1), des silex ménilites enveloppant ces mêmes coquilles, des silex blonds transparens renfermant des lames gypseuses et enveloppés souvent de silex nectique.

Ces lits alternent, et les mêmes se représentent plusieurs fois. Enfin nous avons trouvé dans les marnes blanches qui renferment les coquilles d'eau douce, des os fossiles qui nous ont paru provenir du *palæotherium minus*.

Une partie du canal de l'Ourcq, près de Sevran, est creusée dans un terrain analogue à celui-ci. Après avoir percé le limon d'attérissement, on arrive au terrain d'eau douce composé absolument des mêmes matières que celles que nous venons de décrire, et surtout de ces silex ménilites d'un gris roussâtre qui

---

(1) *Bulimus atomus.*   *Cyclostoma mumia.*
   — *pusillus.*   *Limneus longiscatus.*

enveloppent des limnées très-gros et des planorbes.

Si nous passons maintenant sur la rive gauche de la Seine, et tout-à-fait à l'ouest de Paris, nous trouvons à douze lieues de cette ville, depuis Adainville jusqu'à Houdan, le terrain d'eau douce moyen ou inférieur au gypse. C'est un calcaire dur fragmentaire qui fait évidemment partie de celui que nous avons vu à Maulette tout près de Houdan, et dont nous avons décrit la structure et les rapports avec le calcaire marin, au § XII de la troisième formation.

De Houdan à Mantes, nous n'avons point vu d'indice du terrain d'eau douce avant Mantes-la-Ville (1); mais sur le sommet de la colline de calcaire marin qui est à l'est de ce village, on voit une couche de sept à huit décimètres d'épaisseur, qui consiste en un calcaire jaunâtre, compacte, homogène, dur, mais très-facile à casser, et ayant une cassure largement conchoïde. Les ouvriers l'appellent *clicart*; il ne peut pas se tailler, et cette particularité en restreint beaucoup l'usage. Il recouvre immé-

---

(1) Quoique nous ayons fait deux fois ce chemin, nous ne prétendons pas qu'une recherche plus scrupuleuse ne puisse en faire trouver sur quelques plateaux.

diatement le calcaire marin, et renferme principalement, et en grande abondance, le *cyclostoma mumia*, avec quelques coquilles turbinées ayant un grand nombre de tours de spires, et qui pourraient être ou des potamides ou des *cerithium lapidum*. Elles sont trop engagées dans la pierre, et trop peu caractérisées, pour qu'on puisse en déterminer l'espèce et même le genre avec certitude. (Pl. D, fig. 4.)

En revenant vers Paris, on peut observer à l'ouest de Versailles, entre Neauphle et Beyne, un gisement assez remarquable du calcaire d'eau douce moyen. La base de la colline qui porte le bois de Sainte-Appoline, Neauphle-le-Château et Villiers, est gypseuse. Les huîtres qu'on trouve abondamment à l'entrée du parc de Pont-Chartrain, au moulin de Pontel, etc., caractérisent cette formation. En suivant la vallée qui va de Neauphle-le-Vieux à Beyne, on monte, précisément à l'est du hameau de Crissay, sur un petit coteau qui est composé de calcaire d'eau douce très-dur. Ce calcaire renferme une quantité innombrable de coquilles d'eau douce, dont les principales sont le *limneus longiscatus*, le *cyclostoma mumia*, et une paludine que nous avons trouvée fossile pour la première fois dans ce lieu, qui a quelque ressemblance avec le *paludina vivipara*, mais qui ressemble encore plus au *paludina unicolor* rapporté de l'Orient par M. Olivier.

Si l'on monte sur les sommets des coteaux élevés qui bordent ce vallon à l'est et en face de Beyne, on retrouve les silex et meulières de la formation d'eau douce supérieure.

Nos voyages, que nous avons tracés sur la carte, font voir tous les points où nous avons observé le calcaire siliceux de nos propres yeux. Nous y avons compris, il est vrai, ceux qui ont été visités par M. Frédéric Cuvier, qui a bien voulu faire sur ce terrain un grand nombre d'excursions, pour nous aider dans nos observations. Les terrains intermédiaires ont été colorés par induction et d'après les rapports des artisans qui emploient ce calcaire dans la construction des bâtimens ou à faire de la chaux.

ARTICLES V et VI.

Suite de la 4ᵉ Formation. — Gypse a ossemens et marnes d'eau douce.

Et 5ᵉ Formation. — Marnes gypseuses marines.

Malgré la différence d'origine de ces deux terrains, nous ne pouvons en séparer la description géographique, car ils se présentent presque toujours ensemble dans le bassin de Paris, et ce qu'il y a de très-remarquable, c'est que le second accompagne bien plus souvent le gypse quoiqu'il ait été déposé dans un milieu, ou au moins dans des circonstances très-différentes, qu'il n'accompagne les grès et calcaires qui le recouvrent, et qui sont comme lui d'origine marine.

Le terrain gypseux ne forme pas, comme le calcaire, de vastes plateaux à peine divisés par les vallons où coulent les rivières : il se présente beaucoup plus souvent en collines comme isolées, tantôt sensiblement coniques, tantôt allongées et même assez étendues, mais toujours très-bien limitées.

Il serait donc facile de décrire chaque colline, chaque montagne et chaque butte gypseuse séparément; mais cette longue et fastidieuse énumération serait peu utile. L'inspection de la carte donnera à cet égard toutes les connaissances nécessaires; elle fera voir également les limites et la direction de la bande gypseuse; et, quoique nous ayons déjà indiqué cette disposition dans le premier chapitre, nous y reviendrons lorsque nous aurons fait connaître les montagnes gypseuses qui présentent les particularités les plus intéressantes (1).

§ Ier. *Rive droite de la Marne et de la Seine.*

La colline de gypse la plus éloignée que nous ayons visitée à l'est, est celle du Limon, près de Nanteuil-sur-Marne, à l'ouest de La Ferté-sous-Jouarre.

Le gypse n'est jamais recouvert par la meulière, si abondante dans ce canton; cependant il est aisé de s'assurer que la formation de la meulière lui est postérieure, et qu'il est toujours immédiatement appliqué sur le calcaire.

De Nanteuil à Meaux on trouve les buttes de gypse suivantes : au nord-ouest de La Ferté, celle de Morintru; plus au nord, celle de Torchamps; encore plus au nord, et au nord-est de Cocherel, celle de Chatton.

Les collines gypseuses du nord et du nord-ouest de Meaux sont : celle de Crégy : le plâtre s'y trouve principalement vers l'ouest, du côté

---

(1) Les Mémoires de Guettard sur la minéralogie des environs de Paris ont servi à nous indiquer les lieux où nous devions aller chercher le gypse; mais nous avons vérifié par nous-mêmes, ou par de nouveaux renseignemens pris sur les lieux, tous les points qu'il avait indiqués. Quant aux descriptions qu'il donne, elles sont trop inexactes et trop obscures pour être de quelque utilité.

de Challouet; celle de Panchard, à l'ouest de ce village; celle du sud-ouest de Barcy; celles de Pringy, de Monthion, du Plessis-l'Évêque; enfin la colline assez étendue de l'est à l'ouest qui est au nord de Cuisy.

Presque toutes ces collines fournissent des marnes argileuses propres à la fabrication de la brique, de la tuile et même de la poterie. Il y a des tuileries en activité à Challouet, à Panchard, entre Montgé et Cuisy, etc., etc.

En continuant vers l'ouest, on trouve la colline élevée de Dammartin, dont le sommet est composé de meulière d'eau douce et d'une couche épaisse de sable blanc qui paraît assez pur. Ces meulières et le silex à coquilles d'eau douce se trouvent dispersés dans les champs des environs. Le gypse ne s'exploite pas dans la butte même de Dammartin, mais dans une butte inférieure qui en est séparée par une petite vallée, et qui est située au sud-est. Il y forme une masse d'environ 14 mètres d'épaisseur, qui est recouverte par 5 à 6 mètres de marnes blanches, grises et vertes. Ces dernières se montrent à la surface. Nous n'avons pu découvrir ni huître, ni aucune autre coquille dans la partie que nous avons examinée. On exploite de semblables carrières à Longperrier, et surtout à Montcrepin, au nord-ouest de Dammartin. Dans ces dernières, la pierre à plâtre est presque à la surface du sol. Ces couches gypseuses renferment des ossemens fossiles : ce qui doit faire supposer qu'elles appartiennent à la première masse, c'est-à-dire aux bancs supérieurs du gypse.

En suivant toujours la direction du nord-ouest, on trouve encore deux collines gypseuses : celle du bois de Saint-Laurent et celle du bois de Montméliant, au bas de laquelle est située Mortefontaine. Les marnes argileuses qui recouvrent ce gypse sont très-propres à la fabrication des tuiles et des poteries, et on connaît le parti qu'en ont tiré MM. Piranesi pour en faire des vases d'une grande dimension, d'une belle pâte et d'une assez bonne qualité.

En redescendant au sud, la carte de Cassini indique une plâtrière près du Ménil-Amelot et au milieu de la plaine composée de terrain d'eau douce qui sépare la chaîne de collines que nous venons de suivre, de celle que nous allons examiner en commençant par Carnetin.

La colline qui remplit l'anse que forme la Marne à l'est de Lagny, et qui est située au nord de cette ville, est entièrement composée de calcaire siliceux dans toute sa partie méridionale. Le gypse exploité n'est connu que du côté de Carnetin ; cependant en sortant de la partie de la ville de Lagny qui est située sur la rive droite de la Marne, on commence à monter sur le plateau qui la domine au nord et qui forme le cap de calcaire siliceux que nous venons de nommer : on trouve sur ce plateau, d'abord les marnes argileuses verdâtres qui appartiennent à la partie supérieure du dépôt gypseux, puis au-dessus un calcaire compacte, dur, pesant, renfermant des huîtres, et encore au-dessus le terrain d'eau douce supérieur composé de bancs de silex jaspoïde et rempli de limnées. Tout le plateau offre la même disposition jusqu'aux carrières de gypse de Carnetin. Ces carrières sont situées sur la pente septentrionale de la colline ; elles sont toutes exploitées par *cavage*, c'est-à-dire par puits et galeries souterraines. Le gypse paraît en général plus pur et plus cristallin que celui de Montmartre. On a trouvé dans un des bancs inférieurs un tronc d'arbre changé en silex noirâtre ; nous avons vu nous-mêmes en place les restes de ce bois au milieu même du gypse. Ce dépôt gypseux est placé sur une couche épaisse de marne calcaire blanche remplie de gros silex blancs et opaques qui ressemblent aux ménilithes par leur forme et par leur situation. Ces plâtrières se prolongent jusqu'à Anet, et sont situées à l'extrémité orientale de la longue colline gypseuse en forme d'arc de cercle, qui porte sur ses versans Saint-Marcel, Courtry, Couberon, Vaujours, Clichy, Montfermeil, Chelles, Gagny et Villemomble, et qui se termine à Rosny.

Le cap que forme la butte de Chelles est entièrement composé de gypse recouvert seulement d'un mètre de marne verte. Cette marne est surmontée d'une couche peu épaisse de sable et de meulière d'eau douce.

On peut reconnaître ici trois masses de gypse. La plus superficielle a de 8 à 9 mètres d'épaisseur; elle est séparée de la seconde par sept mètres de marne blanche. La seconde masse a de 3 à 4 mètres de puissance. On y remarque quelques assises minces, mais dures, qui fournissent des dalles employées dans les constructions. Les parties supérieures de cette seconde masse donnent un plâtre de mauvaise qualité.

La troisième masse est représentée par une petite couche séparée de la précédente, et qui n'a que 4 à 5 décimètres d'épaisseur.

Du côté de Montfermeil, les marnes vertes ont plus d'épaisseur. On y fait de la tuile.

La longue colline qui s'étend de Nogent-sur-Marne à Belleville, et que nous appellerons colline de Belleville, appartient entièrement à la formation gypseuse; elle est recouverte vers son milieu de sables rouges argilo-ferrugineux sans coquilles, surmontés de couches de sable agglutiné, ou même de grès renfermant un grand nombre d'empreintes de coquilles marines assez semblables à celles de Grignon. Cette disposition est surtout remarquable dans les environs de Belleville et au sud-est de Romainville. Le grès marin y forme une couche qui a plus de 4 mètres d'épaisseur.

Cette colline renferme un grand nombre de carrières qui présentent peu de différences dans la disposition et la nature de leurs bancs.

L'escarpement du cap qui s'avance entre Montreuil et Bagnolet n'est pris que dans les glaises, les bancs de plâtre de la première masse s'enfonçant sous le niveau de la partie adjacente de la plaine, qui, dans cet endroit, est un peu relevée vers la colline, et qui s'abaisse vers le bois de Vincennes. Les marnes qui recouvrent la première masse ont une épaisseur de 17 mètres. La marne verte qui en fait partie a environ 4 mètres. On y compte quatre lits de sulfate de strontiane. On voit un cinquième lit de ce sel pierreux dans les marnes d'un blanc jaunâtre qui sont au-dessous des vertes; peu après ce cinquième lit se rencontre la petite couche de cythérées ; elles sont ici plus rares qu'ailleurs, et mêlées de petites coquilles à spire qui paraissent appartenir au genre spirorbe. Les autres bancs de marne ne présentent d'ailleurs rien de remarquable. La première masse a de neuf à dix mètres d'épaisseur.

En suivant la pente méridionale de la colline dont nous nous occupons, on trouve les carrières de Ménil-Montant, célèbres par les cristaux de sélénite que renferment les marnes vertes, et par les silex ménilithes des marnes argileuses feuilletées. Ces silex se trouvent à environ quatre décimètres au-dessus de la seconde masse (1).

Enfin, à l'extrémité occidentale de cette colline sont les carrières de la butte Chaumont.

Toutes les collines qui sont dans le même alignement que celle de Montmartre, ayant

---

(1) Cette position n'est pas encore parfaitement déterminée, et l'erreur, s'il y en a, vient de la difficulté d'assigner des limites précises aux subdivisions des terrains gypseux auxquelles les ouvriers ont donné les noms de seconde et de troisième masse. Ce qui paraît très-probable, c'est que les résinites ménilithes appartiennent aux parties les plus inférieures de la formation gypseuse, et peuvent souvent être regardées comme un des lits supérieurs du calcaire siliceux.

à peu de chose près la même structure que cette butte, la description détaillée que nous allons donner de Montmartre suffira pour faire connaître la suite des couches principales ; mais comme c'est dans la colline de Belleville que les marnes d'eau douce renferment le plus de coquilles, nous nous arrêterons un instant sur leur description.

La butte Chaumont, qui forme le cap occidental de la colline de Belleville, n'est point assez élevée pour offrir les bancs d'huîtres, de sable argileux et de grès marin qu'on observe à Montmartre. Nous avons dit qu'on trouvait le grès marin près de Romainville : nous ne connaissons les huîtres que dans la partie de la colline qui est la plus voisine de Pantin, presqu'en face de l'ancienne seigneurie de ce village ; on les trouve à six ou sept mètres au-dessous des sables, et un peu au-dessus des marnes vertes : c'est leur position ordinaire.

Lorsque les couches de sable marin et d'huîtres n'existent pas, on voit d'abord une couche de silex d'eau douce ; on trouve ensuite en descendant (pl. E, fig. 4) :

1° Deux assises alternatives de marne calcaire assez dure et pesante.
2° Une marne argileuse sans coquilles apparentes, renfermant des noyaux durs de marne calcaire.

3° Le banc de marne argileuse verte, qui a ici environ 5 mètres de puissance ; au-dessous se trouvent les couches suivantes :

4° Un premier banc de marnes jaunes feuilletées, qui renferme vers son tiers inférieur des os de poissons, des cythérées planes (pl. P, fig. 7, D, et fig. 8, E); seulement des spirorbes et quelques *cerithium plicatum*.

5° Un lit très-mince de marne argileuse mêlée de vert et de jaune, renfermant un grand nombre de coquilles écrasées dont les débris sont blancs. Quoique ces coquilles soient comme broyées, on peut encore y reconnaître des cythérées, des spirorbes, et surtout des *cerithium plicatum*.

6° Un lit d'un à deux décimètres de marne calcaire blanchâtre, friable, sans coquilles.

7° Un second banc de marnes jaunes feuilletées, renfermant dans sa partie inférieure un lit de cythérées bombées (pl. P, fig. 7, A, B), mais point de planes; elles sont mêlées de spirorbes, d'os de poissons et de petits corps blancs ovoïdes de la grosseur d'un grain de moutarde et d'une nature indéterminée.

Des petits lits de sélénite se rencontrent au milieu de ces couches. La dernière renferme entre ses feuillets les plus inférieurs des rognons de sulfate de strontiane.

Toutes ces couches, depuis les marnes vertes, c'est-à-dire du n° 4 au n° 7 inclusivement, ont deux mètres d'épaisseur.

8° On trouve alors les marnes d'eau douce; elles sont blanches, avec des taches et des lits très-minces d'oxide de fer rouge, pulvérulent. Elles renferment d'abord des débris de coquilles d'eau douce, puis des limnées et des planorbes bien entiers. C'est surtout dans la carrière qui regarde le nord, et qui est après Pantin, que ces coquilles sont les plus nombreuses et les mieux conservées, et c'est dans les couches les plus inférieures de la marne qu'elles sont les plus abondantes.

Ce système de banc de marnes blanches d'eau douce a de vingt à vingt-cinq décimètres d'épaisseur dans les deux carrières où nous l'avons visité; savoir, celle de Pantin et celle de la butte Chaumont, derrière le *combat du taureau*.

Entre cette colline et celle de Montmartre est la plaine de Pantin, dont le fond est de gypse et de terrain d'eau douce moyen appartenant au calcaire siliceux. Les bancs de gypse y présentent beaucoup de désordre et d'ondulations. On les attribue aux sources et cours d'eau assez nombreux qui les ont excavés en dessous.

Immédiatement après la colline de Belleville, on trouve, en allant toujours à l'ouest, la butte de Montmartre. La description générale, mais succincte, que nous en avons donnée dans le premier chapitre, comme exemple de la formation gypseuse, ne nous empêchera pas de donner ici une description détaillée d'autant plus nécessaire, que cette colline, quoique visitée depuis long-temps par tant de minéralogistes, offre encore tous les jours de nouveaux sujets d'observations.

MONTMARTRE.

Cette butte est isolée et à peu près conique, mais plus étendue de l'est à l'ouest que du nord au sud. Le terrain qui la sépare de la butte Chaumont forme une espèce de col élevé.

Nous allons décrire successivement et avec détail les couches de sable marin, de marnes marines, de marnes et de gypse d'eau douce, et de marnes et de gypse marins qui la constituent.

N° 1.   *Sable et grès quarzeux.*

Le sable qu'on trouve au sommet de Montmartre est quelquefois agglutiné, et forme des grès rougeâtres, mais friables, qui renferment des moules de coquilles. La matière de la coquille n'existe plus, et on ne voit même dans le sable aucun débris de ces coquilles. Ce grès est composé de grains de quarz assez gros, peu arrondis, mais point cristallisés; il ne fait aucune effervescence, et est infusible au feu de porcelaine. Les coquilles qu'il renferme sont toutes marines, et généralement semblables à celles de Grignon; nous y avons déterminé les espèces suivantes:

Cerithium mutabile.	Cytheræa lævigata.
— cinctum.	— elegans?
Solarium, pl. VIII, fig. 7, L.	Crassatella compressa?
Calyptræa trochiformis.	Donax retusa?
Melania costellata.	Corbula rugosa.
Pectunculus pulvinatus.	Ostrea flabellula.
Cytheræa nitidula.	

Des empreintes qui paraissent dues à des fragmens d'oursins, etc.

N° 2.   *Sable argileux jaunâtre.*

Il est d'un jaune sale, il ne fait point effervescence, et n'est donc point calcaire, quoiqu'il recouvre immédiatement la marne suivante; mais il éprouve un commencement de vitrification au feu de porcelaine.

mètres.

N° 1 et 2 ensemble. 30,00

3.   *Marne calcaire blanchâtre.* 0,10

Elle est très-friable, très-calcaire; elle est presque entièrement composée de petites huîtres (*Ostrea linguatula*, Lam.) brunes, et de débris de ces coquilles.

4.   *Marne argileuse jaunâtre.* 0,40

Elle est jaune-pâle, sale et par fragment. Elle renferme moins de coquilles que la précédente et la suivante. Ce sont des débris d'huîtres.

5.   *Marne calcaire fragmentaire* (1). . . . 0,20

Elle se brise facilement en petits morceaux

---

(1) C'est entre les bancs n°s 5 et 6 que M. de Lajonkaire a observé dernièrement un lit composé de nodules de calcaire compacte, ayant l'aspect du calcaire d'eau douce, et renfermant un très-grand nombre de petites coquilles qui paraissent être des Paludines, assez semblables au *Paludina thermalis*, avec quelques Potamides; et plus bas, au milieu des nombreuses coquilles marines du banc n° 10, des coquilles turriculées que ce jeune naturaliste rapporte aussi aux Potamides. Il croit trouver dans ce fait un nouvel exemple du mélange des productions marines et lacustres au passage de ces deux terrains.

assez solides. Elle est très-coquillière, et renferme absolument les mêmes espèces que le n° 3.

N° 6. *Marne argileuse grise*. 0,85

Elle est grise, marbrée de jaune, fragmentaire. Elle ne renferme à sa partie supérieure que quelques huîtres (*Ostrea linguatula*). Elle est plus argileuse dans son milieu, et contient alors beaucoup plus d'huîtres. Elle devient brune et très-argileuse à sa partie inférieure; elle fait à peine effervescence, et ne renferme plus de coquilles.

7. *Marne argileuse blanchâtre et marbrée de jaunâtre*. 0,65

Elle est fragmentaire à sa partie supérieure. Elle ne contient pas de coquilles; elle devient fissile et plus grise vers sa partie inférieure.

8. *Marne calcaire blanchâtre*. 0,15

Elle est friable dans quelques parties, et dure dans d'autres, au point d'acquérir la solidité et la cassure serrée de la chaux carbonatée compacte. Elle renferme des coquilles d'huîtres d'une espèce différente des précédentes (*Ostrea canalis*, Lam.); quelques-unes ont jusqu'à un décimètre dans leur plus grande dimension. On trouve dans le même lit des débris de crabes et de balanes.

Les couches de 2 à 8 inclusivement paraissent appartenir à un même système qui serait caractérisé par la présence habituelle des huîtres et par la rareté des univalves.

9. *Marne argileuse brune, jaune, verdâtre, fragmentaire*. 0,15

Elle ne renferme point de coquilles, et est

pénétrée de sélénite; elle fait un peu effervescence.

N° 10. *Marne argileuse sablonneuse.* 0,20

Elle est assez dure et d'un gris jaunâtre; elle fait une vive effervescence avec l'acide nitrique; elle contient des moules de coquilles bivalves, indéterminables.

11. *Marne argileuse jaune.* 0,50

Ce banc est pétri de débris de coquilles; et quoique ces coquilles soient presque toutes écrasées, nous avons pu y reconnaître les genres et les espèces suivantes :

Nerita, espèce lisse mais indéterminable.
Ampullaria patula? très-petite.
Trochus.
Cerithium plicatum.
Cytherœa elegans.
Cytherœa semisulcata? mais plus épaisse et d'une autre forme.
Cardium obliquum?
Erycina.
Nucula margaritacea.
Pecten.

Cette marne est plus fragmentaire que fissile; les coquilles y sont toutes disposées sur le plat.

On y trouve aussi des fragmens de palais d'une raie analogue à la *raie aigle*, et nous avons recueilli un fragment d'aiguillon d'une raie voisine de la *pastenague*.

12. *Marne argileuse très-feuilletée, à filets ondulés.*

D'un violet noirâtre lorsqu'elle est humide. Elle se gonfle et se ramollit dans l'eau, et fait effervescence dans l'acide nitrique.

Cette espèce de vase argileuse endurcie est percée de trous entièrement remplis de la marne supérieure, comme s'ils avaient été faits par des pholades, et remplis postérieurement.

N° 13. *Marne calcaire grise.* 0,30
Dure dans quelques endroits, mais généralement friable. Elle ne renferme pas de coquilles.

14. *Marne argileuse fissile.* 0,70
En feuillets alternatifs et nombreux, plus ou moins colorés de blanc, de jaune et de vert. Elle est assez solide, et fait à peine effervescence.

15. *Marne calcaire blanche.* 0,10
Semblables à celle du n° 13, mais plus solide et plus blanche.

16. *Marne argileuse.* 0,50
Fissile comme le n° 14. Elle est moins délayable dans l'eau, et fait à peine effervescence.

17. *Marne calcaire verdâtre.* 0,05
Elle est assez argileuse, ce que prouvent les nombreuses fissures qui s'y forment par le desséchement; elle est d'ailleurs peu solide.

18. *Marne argileuse verte.* 4,00
Cette couche épaisse est d'un vert jaunâtre; elle n'est point fissile mais friable. Elle fait une assez vive effervescence avec l'acide nitrique, et se réduit par la fusion en un verre noirâtre homogène. On n'y voit aucun débris de corps organisés. Cette marne renferme des géodes globuleuses, mais irrégulières, qui se dissolvent entièrement dans l'acide nitrique. Ces géodes verdâtres ont leurs fissures et leur

intérieur tapissés de cristaux de chaux carbonatée. On trouve vers leur centre un noyau mobile de même nature que l'enveloppe.

La marne verte est, comme nous l'avons dit plusieurs fois, le banc le plus apparent, le plus constant, et par conséquent le plus caractéristique de la formation gypseuse.

N° 19.   *Marne argileuse jaune.*   0,35

Elle est très-feuilletée, et renferme entre ses feuillets un peu de sable fin, jaunâtre, et des petits cristaux de sélénite. On ne voit point de coquilles dans ses feuillets supérieurs.

19 *bis*.   Même marne, moins feuilletée, renfermant des coquilles. C'est dans cette marne que se trouve ce lit mince de cythérées qui règne avec tant de constance dans une très-grande étendue de terrain. Nous n'avons vu à Montmartre que quelques *cerithium plicatum* et des cythérées bombées (pl. P, fig. 7, A, B); les cythérées planes (fig. 8, E) paraissent manquer dans les carrières que nous avons examinées. Nous ne connaissons de spirorbes que dans les carrières de l'est.

19 *ter*.   La même marne, mais beaucoup moins fissile, et d'un vert sale jaunâtre; elle contient, immédiatement au-dessous des coquilles précédentes, des rognons de strontiane sulfatée, terreuse compacte qui fait un peu effervescence avec l'acide nitrique.

20.   *Gypse marneux en lits ondulés.*   0,30

Les zones gypseuses alternent avec des zones de marne calcaire friable.

21.   *Marne blanche compacte.*   0,58

Elle est d'un blanc grisâtre marbré et tacheté de jaunâtre. Elle est assez compacte, et fait une violente effervescence avec l'acide nitrique.

N° 22. *Marne calcaire fragmentaire.* . . . . . . 0,72.

Elle est blanchâtre; ses fragmens sont assez gros et solides, quoique tendres.

23. *Marne calcaire pesante.* 0,08

Elle est d'un blanc sale, assez dure, quoique fragmentaire.

Les marnes n°s 21, 22 et 23 répondent aux marnes blanches n° 8 de la butte Chaumont et de Pantin. On n'y voit pas, il est vrai, comme dans ces dernières, les limnées abondans qui les caractérisent; mais elles sont de même nature, dans la même situation, et nous avons cru apercevoir quelques débris de coquilles dans celles des carrières de l'est de Montmartre.

24. *Marne argileuse friable verdâtre.* . . . 0,35

Elle ressemble en tout aux marnes argileuses feuilletées n° 19, mais on n'y connaît point de coquilles; on y voit seulement quelques débris informes de poissons.

25. *Marne calcaire sablonneuse.* 0,08

Elle est blanchâtre, friable; ses surfaces supérieure et inférieure sont ocracées.

26. *Marne calcaire à fissures jaunes.* . . . 1,13

Elle est très-fragmentaire, ses fragmens sont parallélipipédiques. Leurs surfaces sont recouvertes d'un vernis jaune d'ocre, surtout vers la partie inférieure qui se confond avec le numéro suivant.

N° 27.   *Marne argileuse verdâtre.* 0,80

Elle est assez solide et même fragmentaire dans ses parties supérieures; ses fissures sont teintes d'un enduit d'ocre. Vers son milieu, et surtout vers son lit, elle est feuilletée et rubanée de vert et de blanchâtre.

Les feuillets sont traversés par des espèces de tubes ondulés, remplis de marne ocreuse. Cette marne fait très-peu effervescence.

28.   *Marne calcaire tendre blanche.* 0,48

Elle est très-fragmentaire, et forme trois zones blanches qui sont séparées par des couches minces de marne argileuse brun-verdâtre. Il y a au milieu de cette couche un petit lit de gypse très-distinct.

29.   *Argile figuline brun-verdâtre.* 0,27

Cette argile ne fait aucune effervescence.

30.   *Marne calcaire blanchâtre.* 0,77

Elle est d'un blanc verdâtre, et un peu plus brune vers le bas. Elle se divise en fragmens assez gros.

31.   *Marne argileuse compacte.* 0,62

En lits alternatifs gris, jaunâtre et blanc.

32.   *Marne argileuse brun verdâtre.* 0,62

Elle ne fait que très-légèrement effervescence; elle est fissile, et même friable, et renferme beaucoup de sélénite.

33.   *Marne calcaire blanche.* 1,33

Elle se divise en fragmens, dont les fissures sont teintes de jaune d'ocre.

34.   *Marne calcaire jaunâtre.* 0,70

Elle est feuilletée et fragmentaire. Les fissures sont couvertes de dendrites, et renferment des cristaux de sélénite.

PREMIÈRE MASSE.

N° 35.   *Gypse marneux* (premier banc). 0,40

Il est friable, un peu jaunâtre dans ses fissures. Il fait une très-vive effervescence.

Il varie beaucoup d'épaisseur, et est quelquefois réduit à un très-petit filet.

Ces bancs de gypse impur sont appelés *chiens* par les ouvriers.

36.   *Marne calcaire jaunâtre rubanée.* . . . 0,86

Elle est fissile, assez tendre, et renferme quelques cristaux de sélénite.

37.   *Marne calcaire blanchâtre fissile.* . . . 0,40

Elle est blanche, fissile et friable, avec des infiltrations ocracées.

Elle renferme entre ses feuillets des petits lits de gypse marneux.

38.   *Gypse marneux* (second banc). 0,16

Il paraît être une dépendance du n° 35. Il est tantôt réuni avec cette couche de gypse, tantôt il en est séparé par les couches de marne calcaire n°ˢ 36 et 37.

39.   *Marne calcaire blanchâtre fragmentaire.* 0,25

Elle est d'un blanc jaunâtre. Ses nombreuses fissures sont couvertes d'un vernis jaune et de dendrites noires.

C'est dans cette marne qu'on a trouvé un tronc de palmier, ou de tout autre arbre monocotylédon, pétrifié en silex.

N° 40. *Gypse marneux* (troisième banc). . . . 0,40

La partie supérieure est moins impure que la partie inférieure, qui est très-marneuse.

41. *Marne argileuse friable jaunâtre*. . . . 0,33

Elle est un peu feuilletée ; les surfaces des fissures sont jaune d'ocre. Elle renferme des infiltrations de sélénite.

42. *Gypse marneux* (quatrième banc). . . . 0,16

Il est plus pur que les deux couches précédentes, et fait par conséquent moins d'effervescence dans l'acide nitrique.

43. *Marne calcaire blanche*. 1,10

Elle est un peu jaunâtre, et se divise en gros fragmens assez solides. Ses fissures sont couvertes de dendrites noirâtres.

44. *Gypse marneux* (cinquième banc). . . . 0,33

Il est blanc, friable, assez effervescent.

45. *Marne calcaire tendre*. 0,80

Elle est blanchâtre, avec des zones horizontales jaunâtres et des petits filets de sélénite.

46. *Gypse saccaroïde*.

C'est la première masse exploitée. Les ouvriers l'appellent aussi *haute masse;* elle a en tout de. . . . . 15 à 20 m.

Elle est distinguée par les ouvriers en plusieurs bancs auxquels ils donnent des noms particuliers, mais qui varient un peu suivant les diverses carrières.

Nous ne ferons mention que des bancs qui présentent quelques faits remarquables.

a. *Les fleurs.*

Il renferme des lits très-minces de marne calcaire.

b. *La petite corvée.*

Nous y avons vu une petite couche de silex de 3 à 4 millim.

c. *Les heurs ou le gros banc.*

d. *Les hauts piliers.*

Ces deux dernières assises se divisent en prismes verticaux. De là le nom de *hauts piliers* qu'on a donné à la seconde assise, en raison de la hauteur des prismes.

e. *Les piliers noirs.*

Il est très-compacte.

f. *Les fusils.*

Cette dernière assise de la première masse est composée d'un gypse assez homogène qui fait effervescence ; elle est remarquable par les silex cornés qu'elle contient. Ces silex sont des sphéroïdes ou des ellipsoïdes très-aplatis ; ils semblent pénétrés de gypse, et se fondent dans le gypse d'une manière insensible.

g. *Gypse laminaire jaune d'ocre.*

A grandes lames mêlées de marne argileuse sablonneuse. 0,03

h. *Gypse jaunâtre friable.*

Renfermant des petits lits de marne blanche. 0,03

Ici se termine ce que les ouvriers appellent *première* ou *haute-masse.* Elle a environ, depuis les huîtres jusqu'aux cythérées. 9

Depuis les cythérées jusqu'au sommet de la forte masse de gypse. 13

Depuis ce sommet jusqu'au-dessous des fusils. 20

T<small>OTAL</small>. 42 (1)

---

(1) En ajoutant à cette somme 29 mètres pour l'épaisseur de la masse de sable, on a en tout 71 mètres.

C'est dans cette masse, et probablement dans les premières assises nommées *les fleurs*, qu'on a trouvé, quoique très-rarement, des coquilles fossiles. Celle que nous possédons est noire, et appartient évidemment à l'espèce que M. de Lamarck a nommée *cyclostoma mumia*.

SECONDE MASSE.

La seconde masse commence aussi par le gypse.

N° 1. *Gypse friable (pelage)*. 0,24
Effervescent.

2. *Marne calcaire feuilletée*. 0,08
Elle est friable.

3. *Gypse compacte (tête de moine)*. . . . 0,16
Peu effervescent, quoique impur, c'est-à-dire souillé d'argile.

4. *Marne calcaire friable*. 0,11

5. *Gypse saccaroïde (œuf)*. 0,30
Il est assez pur, à peine effervescent. Cette couche est exploitée.

6. *Marne calcaire compacte*. 1,38
Elle est fragmentaire, et tachée de fauve et de noir sur les parois de ses fissures naturelles.
La partie supérieure est la plus friable. La partie inférieure, beaucoup plus solide, est quelquefois séparée de la supérieure par un petit lit de marne feuilletée.

7. *Marne calcaire assez compacte (faux ciel)*. 0,11
Elle renferme, vers sa partie inférieure, de gros cristaux de sélénite en fer de lance.

8. *Marne argileuse verdâtre (souchet)*. 0,21 à 30
Lorsqu'elle est humide elle est grisâtre,

marbrée de brun; lorsqu'elle est sèche, elle est compacte dans sa partie supérieure, très-feuilletée dans sa partie inférieure.

Cette marne est vendue dans Paris sous le nom de *pierre à détacher;* elle ne fait effervescence que lentement. C'est dans cette couche que se trouvent les gros rognons de strontiane sulfatée de la seconde masse.

Ces rognons volumineux, quoique compactes, le sont moins que ceux de la première masse. On n'y voit point ces fissures tapissées de cristaux qu'on remarque dans les premiers; mais on y observe un grand nombre de canaux à peu près verticaux et parallèles, quoique tortueux et à parois raboteuses. Ces canaux sont tantôt remplis de marne et tantôt vides. Ils semblent indiquer par leur forme le passage d'un gaz qui se serait dégagé au-dessous des masses de strontiane, et qui les aurait traversées.

Les parties de ces rognons, qui sont dégagées de marne, ne font point effervescence.

N° 9. *Gypse impur* (*les chiens*). 0,57
Il est mêlé de marne; très-effervescent.

10. *Marne calcaire compacte.* 0,52
Arborisée de noir en dendrites superficielles.

11. *Marne argileuse feuilletée* (*les foies*). 0,25
Elle est grise, et se divise en feuillets extrêmement minces. Elle fait effervescence, mais peu vivement.

12. *Marne calcaire* (*les cailloux*). 0,50
Très-compacte, arborisée de noir.

13. A. *Marne argileuse grise.*
Très-feuilletée, à peine effervescente.

N° 13. B. *Gypse impur ferrugineux*. 0,04
Le plan supérieur de ses couches est marqué d'ondulations semblables à celles d'une eau tranquille et toutes dirigées du S.-E. au N.-O.

14. *Gypse compacte (les fleurs)*. 0,46
Il est effervescent dans certaines parties, pur dans d'autres. Sa partie inférieure renferme des grains arrondis de sable calcaire.

15. *Sélénite laminaire (les laines)*. 0,27
Cette couche disparaît presque dans de certains endroits.

16. *Gypse compacte (les moutons)*. 0,60
Il est très-beau, et donne de très-bon plâtre. Il fait effervescence.

17. *Sélénite laminaire (les couennes)*. . . . 0,18

18. *Marne calcaire blanche (les coffres)*. . . 0,08
Elle est tendre.

19. *Gypse et sélénite cristallisés confusément (gros bousin)*. 0,50
Ils sont mêlés.

20. *Gypse très-compacte (tendrons du gros bousin)*. 0,08
A zones ondulées, mais parallèles. Il ne fait point effervescence. C'est dans cette couche compacte que se percent les trous de mine.

21. *Gypse très-compacte (clicart)*. . . . 0,06
Il est en couches minces ondulées, dont les ondulations forment non des lignes, comme dans le n° 13, mais des réseaux. Il ne fait point effervescence.

22. *Gypse saccaroïde feuilleté (petits tendrons)*. 0,11
Il y a de la marne jaunâtre entre ses feuillets.

N° 23. *Gypse saccaroïde compacte (pilotin)*. . 0,25
Effervescent. On nous a assuré avoir trouvé dans cette couche un oiseau fossile.

24. *Sélénite cristallisée (petit bousin)*. . . . 0,20
Elle est cristallisée confusément. Le lit de la couche est composé de zones compactes ondulées semblables au clicart, et pesantes comme lui.

25. *Gypse saccaroïde (gros tendron, ou tête de gros banc)*. 0,27
Il est un peu effervescent.

26. *Gypse saccaroïde compacte (gros banc)*. . 0,08
Il est à peine effervescent.

27. *Sélénite cristallisée confusément (grignard du gros banc)*. 0,07

28. *Gypse saccaroïde compacte (les nœuds)*. 0,16

29. *Gypse impur rougeâtre (les ardoises)*. . 0,08
Feuilleté, mêlé de feuillets de marne argileuse.

30. *Gypse saccaroïde compacte (les rousses)*. 0,20

Cette seconde masse ne paraît renfermer, comme on le voit, aucune coquille. Elle a en totalité, depuis les fusils jusqu'au-dessous des rousses, environ 10 mètres.

TROISIÈME MASSE. (Pl. E, fig. 5.)

Nous suivrons toujours, dans la détermination un peu arbitraire de ces masses, la division établie par M. Desmarets, qui est elle-même fondée sur celle des ouvriers.

N° 1. *Marne calcaire (le souchet)*. 0,32
Blanchâtre, tachetée de jaune, à cassure conchoïde, souvent arborisée de noir.

N° 2. *Marne argileuse verte feuilletée (les foies)*. 0,9
3. *Marne calcaire blanche (marne dure)*. . 0,03

Elle est cependant assez tendre, mêlée d'un peu de gypse.

4. *Gypse compacte (les couennes et les fleurs)*. 0,32

Sa partie supérieure renferme une zone de gypse laminaire.

5. *Gypse compacte*. 0,34

Il est mêlé de marne.

6. *Sélénite laminaire (les pieds d'alouette)*. 0,46

Elle est mêlée de gypse.

7. *Marne argileuse feuilletée*.

Verdâtre, mêlée de gypse.

8. *Gypse compacte (pains de 14 sous)*.

En gros rognons dans la marne suivante.

9. *Marne calcaire blanche*. 0,70
10. *Marne argileuse feuilletée verdâtre*. . 0,02
11. *Marne calcaire blanche*. 0,66

Sa cassure est conchoïde. Cette marne se confond avec le n° 12.

12. *Gypse compacte*.

Il est mêlé de marne.

13, 14 et 15 *Gypse compacte*. 1,40

Il est divisé par 7 à 9 zones ondulées de sélénite laminaire que les ouvriers nomment *moutons*, *tendrons* et *gros bancs*.

16. *Marne calcaire blanche (marnes prismatisées)*. 0,49

A retraits prismatiques renfermant quelques débris de coquilles.

N° 17.   *Gypse compacte (petit banc)*. 0,19
Il est comme carié.

18.   *Marne calcaire jaunâtre*. 1,00
Elle est assez tendre.

La partie supérieure de ce banc remarquable renferme un grand nombre de coquilles marines, ou plutôt de moules de ces coquilles; car la coquille proprement dite a disparu, on ne voit que le relief de la surface extérieure, tout le milieu est marne. Ces coquilles, analogues à celles de Grignon, ont été rassemblées et déterminées de la manière suivante par MM. Desmarets fils et Prevost.

Calyptrea trochiformis.   *Cardium porulosum.*
Murex pyraster.   *Crassatella lamellosa.*
4 cérites.   *Cithcrea semisulcata.*
Turritella imbricataria.   *Solen vagina.*
— *terebra.*   *Corbula gallica.*
Voluta citharea.   — *striata.*
— *muricina.*   — *anatina?*
Ampullaria sigaretina.

Les mêmes naturalistes y ont trouvé en outre des oursins du genre des spatangues, différens du *spatangus coranguinum* qu'on trouve dans la craie, et des petits oursins qu'on trouve à Grignon, qui appartiennent au genre *clypeastre*. Ils ont retiré de cette marne des pattes et des carapaces de crabes, des dents de squales (glossopètres), des arêtes de poissons et des parties assez considérables d'un polypier rameux qui a quelque analogie avec les isis et les encrines (pl. P, fig. 10, A, B), et que M. Desmarets a décrit sous le nom d'*amphitoïte parisienne*.

Le lit supérieur renferme d'autres corps dont la connaissance est également due à MM. Desmarets et Prevost. Ce sont des pyramides quadrangulaires formées de la même marne, et dont les faces sont striées parallèlement aux arêtes des bases. Ces pyramides ont jusqu'à 3 centimètres de hauteur sur une base carrée de 6 centimètres de côté. On ne doit pas considérer ces solides comme des moitiés d'octaèdre; car leur base est tellement engagée dans la marne, qu'on ne peut par aucun moyen découvrir les faces opposées qui complèteraient l'octaèdre; mais on observe dans leur réunion entre elles une disposition très-remarquable. Ces pyramides sont toujours réunies six ensemble, de manière qu'elles se touchent par leurs faces, et que tous les sommets se réunissent en un même point. Il résulte de cette réunion un cube dont les faces ne peuvent cependant pas être mises naturellement à découvert, puisque les bases des pyramides se continuent sans interruption dans la marne, qui leur sert de gangue, et qui est absolument de même nature qu'elles.

Le milieu de la couche de marne que nous décrivons renferme des cristaux de sélénite et des rognons de gypse niviforme. Enfin la partie inférieure ne contient aucune coquille.

N° 19.	*Gypse compacte*.	0,22
20.	*Marne argileuse feuilletée*.	0,05
21.	*Gypse compacte (banc rouge)*.	0,30
22.	*Marne calcaire blanche, friable*. . . .	0,16
23 et 24.	*Marne argileuse feuilletée (les foies)*.	
	Elle renferme dans son milieu un banc de gypse d'une épaisseur très-irrégulière. . . .	0,22

Cette marne, qui est feuilletée, laisse voir entre ses feuillets des empreintes brunes et brun-rouge de corps rameux aplatis qui semblent être des empreintes de fucus.

N° 25. *Calcaire grossier dur (cailloux blancs).*
Il renferme des coquilles marines. 0,16

26. *Gypse impur compacte.*
Renfermant des coquilles marines. 0,12

27. *Calcaire grossier tendre (souchet).*
Renfermant des coquilles marines. 0,22

Ces trois assises contiennent les mêmes espèces de coquilles; ce sont des cérites qu'on peut rapporter au *petricolum* et au *terebrale*. Les moules de ces coquilles sont ici différens de ceux de la marne du n° 18. On y voit en creux le moule de l'extérieur de la coquille, et en relief celui de l'intérieur ou du noyau; la place de la substance même de la coquille est vide.

28. *Marne argileuse feuilletée..* 0,08

29. *Gypse impur.*
Il est mêlé de calcaire. 0,06

30. *Gypse compacte (pierre blanche).*
Il se divise par petits lits horizontaux. . . . 0,69

31. *Marne calcaire blanche.*
Nous ne connaissons pas l'épaisseur de ce lit, ni le terrain sur lequel il repose.

Cette troisième masse, mesurée en totalité à la carrière de la Hutte-au-Garde, et prise du banc de gypse le plus haut, c'est-à-dire 1 mètre au-dessus du souchet, a, dans sa partie la plus haute, de 10 à 11 mètres.

On voit par les détails que nous venons de donner que cette troisième masse offre plusieurs faits remarquables ; la présence bien constatée des coquilles marines au milieu des marnes du gypse, et du gypse même, n'est pas le moins intéressant. Ce fait avait été annoncé par M. Desmarets, de l'Institut; il avait été observé de nouveau par M. Coupé (1), avec des circonstances de plus ; enfin, il vient d'être constaté par MM. Desmarets fils et Prevost, qui ont donné (2) la description détaillée des couches qui renferment les coquilles, et la détermination précise de leurs diverses espèces. On ne peut donc douter que les premières couches de gypse n'aient été déposées dans un liquide analogue à la mer, puisqu'il nourrissait les mêmes espèces d'animaux. Cela n'infirme pas les conséquences qui résultent de

---

(1) « A Montmartre, au fond de la troisième masse, est « une couche de craie argileuse cassante, fendillée, épaisse « de 8 à 9 pieds ; dans les fragmens de sa région supérieure « sont des empreintes de divers coquillages minces et des es- « pèces de crustacés roux, les mêmes espèces qu'à Grignon. » (Coupé, Journ. de Phys., brum. an 14, page 387.) Cette partie inférieure du terrain gypseux n'est plus à découvert (1821).

(2) Journal des Mines, vol. xxv, page 215. Nous donnons (pl. E, fig. 5) la figure jointe à ce mémoire, afin de rendre aussi complète qu'il est possible la description de Montmartre.

l'observation des couches supérieures; elles ont été formées et déposées dans un liquide analogue à l'eau douce, puisqu'il nourrissait les mêmes animaux.

Nous devons faire remarquer, 1° que le premier banc de cette troisième masse, pris à la carrière de la Hutte-au-Garde, est plus élevé que le dernier banc de la deuxième masse, au-dessous de laquelle on a toujours cru que la troisième était placée; 2° que cette troisième masse forme une sorte de petite colline à l'ouest de Montmartre, et que nous ne sachions pas qu'on l'ait jamais vue immédiatement au-dessous de la deuxième; 3° que ses bancs ne sont point horizontaux, mais très-évidemment inclinés au sud-ouest, c'est-à-dire vers la plaine (1).

On a creusé dernièrement plusieurs puits et fait quelques tranchées au pied de Montmartre, et, au sud de cette butte, dans Paris même; ce qui nous a donné les moyens de rencontrer dans d'autres points qu'à la car-

---

(1) Il ne faut point additionner l'épaisseur des trois masses pour avoir la puissance totale de la formation gypseuse; on aurait une épaisseur trop considérable; d'ailleurs nous venons de dire que la troisième masse n'est pas, comme on l'a cru, au-dessous des deux autres.

rière de la Hutte-au-Garde la nature et la succession des bancs qui forment sa base. Nous les avons observés à l'extrémité de la rue de Rochechouart, au haut de la rue des Martyrs, près de l'hôpital Saint-Louis, etc. Les puits creusés vers le haut de la rue de Rochechouart nous ont donné des détails et des renseignemens précieux (1).

Détail des couches qu'on a traversées en creusant le puits situé à l'est de l'abattoir de la rue de Rochechouart.

N^{os} des bancs.   Épaisseur.

mètres.

	De l'ouverture au banc, n° 1, ce ne sont que des terres rapportées.	13,85
N° 1.	Gypse saccaroïde jaunâtre.	0,22
2.	Gypse saccaroïde plus blanc.	0,45
3.	Sélénite cristallisée confusément.	0,65
4.	Gypse très-marneux.	0,65
5.	Marne blanche très-siliceuse, renfermant des noyaux de silex, et contenant des débris de coquilles, de petits corps ovoïdes lisses, indéterminables, et des empreintes de gyrogonites.	2,0
6.	Gypse saccaroïde blanc.	2,0
7.	Gypse saccaroïde rougeâtre.	0,37

(1) Nous devons la connaissance de ces détails et la suite régulière d'échantillons qu'on en a conservés, au zèle éclairé de M. Bélanger, architecte.

N° 8. Gypse marneux avec des taches rouges . . . 2,0
9. Marne très-argileuse, légère, blanchâtre, feuilletée. 0,32
10. Marne calcaire blanche, renfermant une quantité prodigieuse de coquilles d'eau douce, savoir :

Limneus elongatus, Planorbis lens, Gyrogonites. 0,32
11. (Nous n'avons pas pu avoir d'échantillon certain de ce banc). 0,65
12. Marne très-argileuse feuilletée grisâtre. . . 2,0
13. Calcaire gris très-compacte, très-homogène, analogue au calcaire siliceux, mais entièrement dissoluble dans l'acide nitrique. 0,27
14. Marne et silex parfaitement semblables au n° 5. . . . .
15. Marne argileuse blanche, feuilletée, renfermant une grande quantité de *cyclostoma mumia*, attaquable par l'acide, mais non dissoluble. . . . .
16. Calcaire gris, dur, poreux, en feuillets ondulés, renfermant une zone de quatre à cinq centimètres de moules de coquilles univalves et bivalves, non déterminables, mais reconnaissables pour être des coquilles marines. On y distingue quelques cérites. . . . . } 9,52
17. Calcaire gris dur, non homogène, renfermant des débris blancs de coquilles marines. . . . .
18. Le même, mais plus dur, plus brun, et très-sableux, avec des taches noirâtres comme charbonneuses. . . . .

On doit reconnaître dans ce passage intéressant du terrain gypseux et marneux d'eau douce au terrain calcaire marin, la succession de couches et de fossiles que nous avons déjà observée ailleurs. On voit, après les gypses, les marnes à limnées et planorbes, ensuite les marnes à cyclostomes, qui touchent toujours le calcaire, comme on l'a vu à Mantes, à Grignon, ensuite le calcaire marin. Nous avons même un échantillon de grès marin venant du fond d'un de ces puits; mais comme le morceau est mal caractérisé, et qu'il vient d'un autre puits que de celui dont nous venons de décrire les couches, nous n'avons pu en faire une mention expresse.

En allant à l'ouest, la première colline gypseuse qu'on rencontre, et qui borde la vallée de la Seine, est celle de Sannois. C'est une colline très-élevée que l'on voit à l'horizon de presque toutes les campagnes du nord-est de Paris, et qui n'est pas moins remarquable que Montmartre par sa structure et par la puissance des couches de gypse qu'elle renferme.

Les lits y sont disposés presque de la même manière : ainsi on trouve sur les sommets des amas épais de sables gris et rouge. Ceux de la montagne de Sannois, beaucoup plus élevée que la butte d'Orgemont, portent des meulières d'eau douce; ceux de la butte d'Orgemont, qui a à peu près la même hauteur que Montmartre, renferment des coquilles marines analogues à celles qu'on trouve dans les sables qui recouvrent le sommet de cette dernière colline.

Ces sables de diverses couleurs (n° 1) forment un banc d'environ 12 décimètres d'épaisseur.

On trouve ensuite des couches alternatives de marnes et de gypse. Le détail ci-joint (1)

(1) 2. *Marne calcaire grise*, un peu sablonneuse, renfermant de petites huîtres (*Ostrea lingulata*). 0,21
3. *Marne calcaire* sablonneuse plus jaune. . 0,33
4. Autre *marne calcaire* sablonneuse. 0,21
5. *Marne calcaire grise*, renfermant des huîtres (*Ostrea lingulata?*). 0,08
6. *Marne argileuse feuilletée* brune. 0,65
7. *Marne grise friable* remplie de coquilles. 0,21
8. *Marne argileuse grise* sans coquilles. . .
9. *Marne calcaire poreuse*, friable, jaunâtre, remplie de coquilles d'huître et d'autres coquilles marines, comme celle du n° 11 de la description de Montmartre. 0,10
10. *Marne calcaire grise*, mais fragmentaire. 0,08
11. *Marne argileuse feuilletée*, grise. 0,38
12. *Marne calcaire dure* avec quelques grandes huîtres (*Ostrea spatulata*, ou *hippopus?*). . 0,11
13. *Marne argileuse grise* feuilletée, remplie de coquilles et veinée de sélénite cristallisée. 1,2
    Le milieu est moins feuilleté. Ce sont absolument les mêmes coquilles que celles de la

prouve l'analogie qu'il y a entre la structure de cette colline et celle de Montmartre.

Le gypse exploité qui est au-dessous se distingue, comme à Montmartre, en première ou haute masse et en seconde ou basse masse, et ces dispositions, que nous avons plus particulièrement observées à la butte d'Orgemont et à Sannois, sont, au rapport des ouvriers, les mêmes dans toute la colline.

	marne n° 4 de la description de Montmartre.	
14.	*Gypse*.	0,80
15.	*Marne argileuse* grise *feuilletée*, alternant avec des lits de gypse.	0,65
16.	*Gypse*.	0,5
17.	Quatre lits de *gypse impur*, alternant avec autant de lits plus minces de *marne argileuse feuilletée* brune.	0,80
18.	*Marne argileuse feuilletée*, renfermant de gros cristaux de sélénite en fer de lance. . .	0,65
19.	*Marne calcaire* blanche.	0,33
20.	*Marne argileuse* verte.	
	C'est la même que celle du banc n° 18 de la description de Montmartre; son épaisseur est, comme à Montmartre, d'environ. . . .	4,00
21.	*Marne argileuse* feuilletée jaune.	2,00
	Elle renferme vers son milieu le lit mince de cythérées planes. Il est mêlé ici de quelques cérites écrasées, et contient une couche mince de 6 à 8 millimètres de sélénite cristallisée.	
22.	*Gypse*.	1,33
23.	*Marne calcaire* dure.	1,65

On doit seulement remarquer : 1° que nous n'avons pas fait mention de strontiane sulfatée dans la marne verte ni dans celle qui est au-dessous; il paraît qu'on n'en trouve qu'entre les marnes qui séparent la première de la seconde masse; elle y est en lit mince, onduleux, et porte le nom de *clicart*.

2° Qu'on trouve dans les marnes calcaires qui séparent les deux masses, des noyaux siliceux blancs opaques, qui sont plats, lobés et mamelonnés comme les ménilites.

En remontant vers le nord-ouest on arrive au grand plateau gypseux sur lequel est placée la forêt de Montmorency. La colline proprement dite est composée de marne verte, d'une masse très-épaisse de sable argilo-ferrugineux sans coquilles, et enfin d'une couche mince de meulière d'eau douce. Entre les marnes et le sable, se présentent dans quelques points, et notamment dans la colline de Montmorency, les huîtres qui recouvrent toujours ces marnes.

Le plâtre est très-peu élevé au-dessus du niveau de la plaine; il y a des carrières tout le long de la côte, depuis Montmorency jusqu'à Frépillon. Les ouvriers y reconnaissent deux masses. La masse supérieure a généralement de 3 à 4 mètres. C'est à Saint-Prix qu'elle est la plus puissante; un ouvrier nous a assuré qu'elle avait jusqu'à 16 mètres d'épaisseur. On trouve des os de mammifères dans ces couches, comme dans celles de la première masse de Montmartre.

Les marnes argileuses vertes qui recouvrent le plâtre sont très-peu épaisses, en sorte que les collines élevées qui composent cette chaîne sont presque entièrement formées de sable siliceux rougeâtre, souvent mêlé d'argile.

Avant d'arriver à Saint-Brice, on voit à gauche de la route la dernière carrière à plâtre de la colline de Montmorency. Elle ne présente qu'une masse à peine recouverte par quelques mètres de marnes blanches, jaunes et verdâtres, en couches minces et sans coquilles. On a trouvé des os fossiles dans la masse de gypse.

On doit regarder comme suite ou appendice de cette longue colline les buttes de Groslay, de Pierrefitte et d'Écouen. La structure de la butte de Pierrefitte est la même que celle du coteau de Montmorency. Les carrières de gypse sont situées à son pied, et presque au niveau de la plaine. La masse a environ 7 mètres d'épaisseur. On n'y a pas rencontré d'os fossiles. Au-dessus on trouve les marnes vertes recouvertes de sables et de grès sans coquilles. Plus à l'ouest, mais à l'est de Garges, est une élévation très-sensible dans laquelle on exploite du plâtre.

La butte de Sarcelles tient à celle de Pierrefitte. Le plâtre n'en est pas exploité ; mais ses masses d'argile verdâtre alimentent de fortes briqueteries établies sur le bord de la route. On trouve dans les parties inférieures de ce banc d'argile le lit de cythérées planes que nous avons reconnu à Ménilmontant, à Montmartre, à Sannois, ce qui augmente encore l'étendue connue de ce banc remarquable par son peu d'épaisseur. La marne argileuse qui la renferme est ici plus verdâtre que dans les lieux cités plus haut.

La butte d'Écouen est comme isolée. Les carrières de plâtre qui sont voisines de Villiers-le-Bel sont situées, comme dans les autres coteaux de cet arrondissement, presque au niveau de la plaine. La masse a 3 ou 4 mètres d'épaisseur, et renferme des os fossiles ; elle est recouverte par des lits puissans de marnes blanches et de marnes argileuses verdâtres qui alternent entre elles et avec des marnes jaunes. On retrouve, au-dessous de ces bancs de marne, les coquilles d'huître qui appartiennent à la formation gypseuse et qui la caractérisent, et enfin les sables qui la surmontent.

Enfin, en allant plus au nord, on arrive aux collines qui bordent la bande gypseuse de ce côté : ce sont les buttes de Châtenay et de Mareil, et la colline qui domine Luzarches et qui porte Épinay et Saint-Martin-du-Tertre. On exploite du plâtre dans plusieurs points de ces buttes et collines; mais nous n'avons aucun détail sur ces carrières.

Les dernières buttes de plâtre du côté de l'ouest sont celles de Cormeilles, Marines et Grisy. Ces buttes appartiennent à la deuxième ligne. Le plâtre n'y forme qu'une masse qui, au rapport des ouvriers, a de 6 à 7 mètres de puissance; elle est recouverte de marnes blanches, de marnes vertes et d'un banc assez puissant de sable et de grès à coquilles marines. Cette disposition est la même dans les trois collines qu'on vient de nommer; mais il n'y a pour l'instant que la butte de Grisy où le plâtre soit exploité. Le vallon entre Grisy et Cormeilles est rempli de fragmens de calcaire et de silex à coquilles d'eau douce.

En montant vers le sud on trouve la colline qui borde la rive droite de la Seine à Triel, et qui s'étend de Chanteloup à Évêquemont. Cette longue colline termine à l'ouest la bande des collines gypseuses, et présente à peu près la même disposition que toutes celles qui appartiennent à la seconde ligne de ces collines. Nous avons déjà décrit, à l'article de la formation calcaire, la base de cette colline creusée de nombreuses carrières de calcaire marin. C'est à mi-côte que se voient les carrières de pierre à plâtre, très-importantes par leur situation sur le bord de la Seine.

Le sommet de la colline est composé d'une masse puissante de meulière et de silex d'eau douce renfermant un grand nombre de limnées, de planorbes et de gyrogonites très-bien conservés.

On trouve ensuite les grès qui ne renferment aucune coquille, et qui recouvrent les marnes qui viennent après. On voit d'abord, comme à l'ordinaire, les marnes sablonneuses qui renferment les huîtres, puis les marnes argileuses vertes.

L'entrée des plâtrières est à mi-côte; elles sont très-étendues. Il y a sept à huit mètres de masse gypseuse dans laquelle on trouve des os fossiles. On observe au-dessous de cette masse, en descendant la côte, et par conséquent entre le gypse et le calcaire, les couches de marnes et de gypse dont nous donnons ci-dessous l'énumération détaillée (1).

On voit qu'on compte environ vingt-trois lits plus ou moins épais de marnes gypseuses, calcaires, argileuses, sablonneuses, entre la formation gypseuse proprement dite et la formation du calcaire marin caractérisée par les coquilles de mer qu'il contient. Ces marnes intermédiaires ne renfermant aucun fossile caractéristique, on ne sait à quelle formation les attribuer ; mais quoique la succession de

---

(1) 1. *Gypse tendre*, rempli de masses solides, environ. . . . . mètres. 1,00
    2. *Marne calcaire* blanche. 0,82
    3. *Argile brune feuilletée*. 0,16
    4. *Marne blanche*. 0,16
    5. *Argile brune feuilletée*, analogue avec ce qu'on appelle les *foies* à Montmartre. . . . 0,11
    6. *Gypse argileux*. 0,16
    7. *Marne calcaire* grise, dure. 0,4
    8. *Gypse argileux*. 0,05
    9. *Marne blanche* friable. 0,05
  10. *Marne grise* dure. 0,05
  11. *Marne calcaire dure* à cassure spathique dans quelques points, infiltrée de silice, et renfermant de petits cristaux de quarz. La couche est inégale ; son épaisseur moyenne est de. 0,11

Cette marne, analogue à celle de Neuilly, etc., qui renferme des cristaux de quarz, indique, comme nous l'avons fait observer

leurs lits soit sujette à varier dans ses détails, on trouvera des points de ressemblance nombreux dans la position respective des couches les plus différentes et les plus reconnaissables, si l'on veut comparer la description que nous venons de donner avec celle des marnes qui recouvrent les diverses carrières de calcaire marin que nous avons décrites. On y retrouvera, par exemple, dans la même position respective, le calcaire spathique à cristaux de

plusieurs fois, les assises supérieures de la formation du calcaire marin.

12.	*Marne calcaire* dure, mais cependant fissile.	0,22
13.	*Marne calcaire* dure sablonneuse.	0,64
14.	*Marne argileuse* grise feuilletée.	0,11
15.	*Calcaire sablonneux* avec des points noirs.	0,5
16.	*Marne calcaire* friable blanche et prismatique.	0,22
17.	*Marne calcaire* feuilletée sablonneuse.	0,27
18.	*Argile grise feuilletée.*	0,03
19.	*Calcaire friable* prismatique.	0,32
20.	*Argile grise* feuilletée.	0,05
21.	*Sable aggluliné* avec infiltration calcaire et ferrugineuse, devenant vers le bas plus friable et plus fin.	1,0
22.	*Calcaire compacte*, mais marneux. On n'a pas pu en mesurer l'épaisseur.	
23.	Six à sept mètres plus bas on voit du calcaire dur, mais cependant comme poreux et tufacé, et six à sept mètres encore plus bas, se trouve le calcaire marin coquillier.	

quarz, la marne calcaire dure fragmentaire, la couche de sable ferrugineux agglutiné et les petits lits de marne argileuse feuilletée.

§ II. *Terrain entre Seine et Marne.*

En reprenant, par son extrémité orientale, la description de la seconde division du terrain que nous examinons, nous retrouvons aux environs de La Ferté-sous-Jouarre, sur la rive gauche de la Marne, des buttes gypseuses absolument semblables par leur structure à celles de la rive droite, que nous avons décrites au commencement du § Ier. Ces buttes, la plupart exploitées, sont celles de Villaré au sud de Vitry, de Tarteret à l'est de La Ferté, de Jouarre, de Barusset au sud de Saint-Jean-les-Deux-Jumeaux, et plus à l'ouest, en allant vers Meaux, les petites buttes de Dieu-l'Amant, de Baubry, de Boutigny et de Nanteuil-lès-Meaux.

On trouve ensuite, en allant toujours vers l'ouest, les plâtrières de Quincy. On y voit les marnes argileuses vertes qui recouvrent ordinairement le plâtre, et au-dessus le terrain siliceux d'eau douce. Les couches gypseuses renferment des os fossiles : ce qui doit faire supposer qu'elles appartiennent à la première masse.

La colline d'Ébly appartient à la formation gypseuse. Il y a de ce point, jusqu'auprès du confluent de la Marne avec la Seine, une grande étendue de terrain sans plâtre ; mais on doit remarquer que le calcaire marin disparaît également, et que ces deux formations reparaissent en même temps près de Creteil.

La colline qui domine Creteil au sud-est et au pied de laquelle se voit le hameau de Mesly, fait partie de la formation gypseuse. Le sommet de cette colline est plus élevé de quelques mètres que l'entrée des plâtrières. On trouve d'abord des marnes argileuses vertes, des marnes calcaires dures et des rognons de gypse cristallisé, vulgairement nommés *grignard*.

On y admet aussi les trois masses. La première est à trente mètres de profondeur ; elle n'avait qu'un mètre de puissance : elle est maintenant épuisée. La seconde est à trente-quatre mètres ; elle a environ un mètre quinze centimètres de puissance. La troisième, qui est à trente-huit mètres de profondeur, a un mètre trois décimètres d'épaisseur : c'est elle qu'on exploite actuellement ; elle est composée de deux bancs distincts. Ces masses sont séparées par des lits de marne feuilletée. On n'a point encore trouvé d'os fossiles dans ces couches de gypse.

On ne connaît au sud de la ligne que nous venons de parcourir aucune carrière de plâtre, ni même aucune colline qui puisse être regardée comme appartenant à cette formation.

§ III. *Rive gauche de la Seine.*

La rive gauche de la Seine présente une vaste étendue de terrain qui appartient à la formation gypseuse. On n'y retrouve pas du plâtre dans tous ses points; mais partout on y voit les marnes vertes, les cristaux de sélénite, et souvent même les huîtres et les masses de strontiane sulfatée qui caractérisent cette formation. La carte en fait voir l'étendue. Nous ne parlerons donc que de quelques lieux plus remarquables que les autres.

La superposition du gypse sur le calcaire est encore très-évidente dans ce canton. Ainsi, dès qu'on monte à Thiais, à Villejuif, à Bagneux, à Châtillon, à Clamart, on quitte le plateau calcaire et on s'élève sur le terrain gypseux.

Les premières carrières sont celles de Villejuif. On y voit les huîtres, les marnes vertes, les strontianes sulfatées et des bancs de gypse exploitables.

Il y a également du gypse vers l'extrémité

occidentale de ce plateau, dans le vallon de Meudon, sur le chemin de ce village aux Moulineaux ; mais on ne l'a pas exploité.

En suivant les pentes de ce même plateau, on trouve les plâtrières de Bagneux, de Châtillon et de Clamart, qui forment la première ligne de ce côté, et qui se ressemblent dans tous les points : en décrire une, c'est faire connaître les autres.

Il y a vingt mètres environ de l'ouverture des puits à la première masse, c'est-à-dire des marnes à la masse exploitée ; car on se garde bien de traverser les sables qui, plus au sud ou à l'ouest, recouvrent les formations gypseuses. On trouve d'abord les marnes grises et jaunes sablonneuses renfermant des coquilles fossiles d'huître, comme à Montmartre. La masse de gypse varie beaucoup d'épaisseur ; elle est, d'après le rapport des ouvriers, mince sur les bords des coteaux, et elle diminue même tellement d'épaisseur, qu'elle ne vaut plus les frais d'exploitation ; mais vers le milieu elle a jusqu'à six mètres de puissance.

C'est dans ce canton et dans le village de Fontenay-aux-Roses qu'on a traversé toute la masse de gypse, et qu'on a pénétré jusque dans la formation calcaire, en creusant un puits, ainsi que nous l'avons annoncé dans la première section. Ce puits étant terminé et muraillé lorsque nous l'avons examiné, nous n'avons pu avoir une connaissance exacte des couches qu'on a traversées; nous avons été obligés de nous fier aux rapports qu'on nous a faits, constatés par les déblais que nous avons vus sur le sol. Il en résulte qu'on a d'abord rencontré une couche de sable de trois mètres, puis des marnes sablonneuses renfermant des huîtres, environ un mètre; ensuite quatre à cinq mètres de marne verte et du mauvais gypse; enfin des couches nombreuses et épaisses de marnes, puis encore du gypse. On a alors trouvé ce calcaire tendre qu'on nomme *mauvais moellons*, et on est arrivé au calcaire dur coquillier appelé *roche*. C'est à cinquante-six mètres qu'on a rencontré cette pierre et qu'on a trouvé de l'eau; mais, depuis cette époque, nous nous sommes assurés d'une manière encore plus précise de cette superposition, et nous avons pu voir clairement le passage de la formation gypseuse à la formation du calcaire marin. Nous sommes descendus dans une des carrières de pierre calcaire la plus voisine de Bagneux; et quoique la position gênante où on se trouve dans ces puits ne nous ait pas permis de détailler toutes les couches de marne qu'on avait traversées pour arriver au calcaire, nous avons pu faire les observations suivantes.

Le calcaire exploité se trouve dans ce puits à environ vingt-deux mètres de la surface du sol; il est recouvert par des bancs alternatifs de marne calcaire blanche peu solide et de marne argileuse feuilletée : ces derniers sont très-minces. Au milieu de ces bancs nous avons reconnu un petit lit de gypse dur, de deux à trois centimètres d'épaisseur; il porte sur l'une de ses surfaces des empreintes de coquilles marines difficiles à déterminer, mais qui nous ont paru appartenir à des lucines et à des cérites. Nous n'avons point vu la couche de marne verte, et les ouvriers nous ont assuré qu'elle n'existait pas ici.

Avant d'arriver au calcaire marin, on trouve un banc de sable gypseux d'environ cinq décimètres d'épaisseur; il contient aussi des coquilles marines; on peut même y reconnaître très-distinctement des cérites tuberculées, quoiqu'elles soient très-friables et presque toujours brisées. Le même banc renferme en outre des petits rognons blancs de strontiane sulfatée; il est soutenu par une couche de gypse impur, épaisse d'un décimètre environ. Ce gypse, quelquefois très-dur, forme un assez bon ciel à la carrière; mais dans d'autres endroits il est friable et rubané de blanc et de fauve. Il repose presque entièrement sur le calcaire marin, car il n'en est séparé que par un lit mince de deux à trois centimètres de marne très-argileuse.

Le premier banc de calcaire qui se présente au-dessous de lui appartient au lit que les ouvriers appellent *roche*, et qui est principalement caractérisé par les cérites, les ampullaires, les lucines et les bucardes qu'il renferme. C'est une pierre très-solide et d'une fort bonne qualité.

Nous avons reconnu dans les lits de sable argileux et de sable calcaire qui précèdent le gypse dans la butte de Clamart, un lit qui renferme une grande quantité de cérites et d'autres coquilles marines.

De Bagneux à Antony nous ne connaissons pas d'exploitation régulière de gypse : il paraît que les couches y sont trop minces ; mais on y voit les marnes du gypse et les huîtres qui les caractérisent.

Nous avons reconnu, près du château de Sceaux, les huîtres dans des sables argileux, et près des cascades on voit les marnes vertes et les sphéroïdes de strontiane sulfatée.

A Antony, l'entrée des carrières à plâtre est au plus à dix mètres au-dessus du fond de la vallée; d'où il résulte, comme les détails suivans (1) vont le prouver, que les couches de gypse sont beaucoup inférieures au lit de la Bièvre.

En suivant la Bièvre et pénétrant dans la vallée, on reconnaît partout, au niveau du fond de cette vallée, les marnes vertes renfermant les grands cristaux de gypse et des masses volumineuses de strontiane sulfatée à retraits prismatiques.

C'est à cette vallée que se terminent les lits

			mètres.
(1)	1.	*Terre franche*, et au-dessous une couche de *silex*.............................	0,20
	2.	*Marne grise*.	
	3.	*Marne feuilletée* brune, au milieu de laquelle est un lit d'*argile sablonneuse* rouge.	0,33
	4.	*Marne brune* onctueuse au toucher (pain de savon).............................	1,0
	5.	*Marne grise* assez dure...............	1,0
	6.	Premier banc de *gypse* assez bon (dits *bancs des hauts*).......................	1 à 1,15
	7.	*Marne grise*........................	0,27
	8.	*Marne blanche* environ..............	0,07
	9.	Deuxième banc de *gypse*; il est grenu, d'un brun foncé (dit *plâtre bleu*)......	0,27
	10.	*Marne blanche*.....................	0,03
	11.	Troisième banc de *gypse*, mêlé de marne blanche.............................	0,16
	12.	Autre *marne blanche*.................	0,03
			4,51

de gypse susceptibles d'exploitation. Il y a bien encore sur la rive droite de la Bièvre une assez grande étendue de terrain appartenant à la formation gypseuse ; mais le plâtre y est ou trop peu abondant ou trop enfoncé au-dessous du niveau des eaux, pour qu'on puisse l'exploiter avec avantage.

Nous avons été examiner la disposition du terrain à Longjumeau, dans la vallée de l'Yvette, et la profondeur de cette vallée nous a permis d'étudier avec détail la succession des

		mètres.
	Report.	4,51
13.	Un autre petit lit de *marne grise* dure, mêlée de gypse.	0,03
14.	*Marne brune feuilletée*.	0,08
15.	*Marne grise feuilletée* (nommée *souchet*). On y a trouvé des os fossiles.	0,33
16.	*Marne calcaire* blanche très-dure. . . .	0,16
17.	Quatre lits de *marnes grises* ou brunes, formant ensemble environ.	0,50
18.	Enfin la pleine masse de *gypse*, que les ouvriers sous-divisent en sept lits, auxquels ils donnent différens noms. C'est dans cette masse qu'on a trouvé le plus d'os fossiles.	2,50
	Cette masse repose sur un plancher de marne.	
		8,11 (*)

(*) Cette épaisseur, déduite de rapports d'ouvriers, ne s'accorde pas avec celle qui résulte des mesures que nous avons prises nous-mêmes, depuis cette époque, avec le baromètre.

couches supérieures de la formation gypseuse dans ce lieu.

Lorsqu'on commence à descendre, on remarque des deux côtés du chemin une masse considérable de sable dans laquelle la route est creusée. Ce sable renferme, vers sa partie supérieure, un grand nombre de silex et de meulières d'eau douce qui contiennent des planorbes, des limnées, des potamides et d'autres coquilles fluviatiles, et en outre des empreintes de tiges de végétaux, notamment des bases de tiges de *nymphea* reconnues par M. Adolphe Brongniart, et qui ont déjà été indiqués à l'article des terrains d'eau douce supérieure sous le nom de *Nymphea Arethusæ*. On y rencontre aussi beaucoup de bois changés en silex, et des graines de différentes espèces assez bien conservées (1).

A l'ouest est une autre sablonnière un peu plus basse que la précédente; on n'y trouve pas de bois pétrifié, mais des pierres calcaires, sablonneuses, presque fissiles, et d'un gris bleuâtre : ces pierres sont pleines d'empreintes

---

(1) Voyez la figure et la détermination de ces différens fossiles dans le Mémoire cité plus haut, Annales du Muséum, tome xv, page 381 ; et la détermination plus précise des végétaux, dans le chapitre consacré à cet objet à la fin de ce mémoire.

noirâtres de feuilles et de tiges qui paraissent avoir appartenu à des graminées aquatiques; elles répandent par le choc une odeur fétide.

On retrouve ensuite un sable jaunâtre (n° 1), veiné de blanc et de cramoisi. Cette couche renferme, dans sa partie inférieure, des coquilles très-friables des genres tellines, lucines, corbules, cérites et même des huîtres (1), mais de l'espèce de celles qu'on trouve à Grignon, et non de celles qu'on trouve à Montmartre, dans le sable jaune argileux. On y voit aussi des balanes, des dents de squale et des côtes qui paraissent avoir appartenu à un cétacée analogue au lamantin; ces côtes sont transformées en silex. Il n'y a pas de doute que cette couche ne corresponde, par sa position et par les fossiles qu'elle renferme, au banc de sable du sommet de Montmartre, de Ménilmontant, d'Orgemont près de Sannois, etc.

Viennent ensuite les petites huîtres noirâtres (n° 2) analogues à celles qui précèdent les marnes vertes à Montmartre (*ostrea lingulata*); ici elles sont mêlées de noyaux pierreux du *cythe-*

---

(1) *Patella spirirostris*.
Cytherea nitidula, analogue à la variété qu'on trouve à Montmartre, etc.
— *lævigata*.

Corbula striata.
— *gallica*.
— *rugosa*.
Cerithium plicatum.
Murex clathratus, etc.

rea nitidula. Nous avons trouvé au-dessous d'elles des dents de squale et un lit de marne blanche de vingt-deux centimètres d'épaisseur, tout percé de vermiculaires ; puis une nouvelle couche (n° 3) d'huîtres d'une très-grande dimension (1) (elles ont jusqu'à quinze centimètres de longueur), formant un lit de 0,8 d'épaisseur (on voit entre les lames voisines de la charnière des cristaux de quarz hyalin très-petits mais très-nets) ; du sable gris-jaunâtre, 0,65, renfermant des moules de coquilles très-nombreux, et enfin un lit mince d'argile feuilletée d'un gris brun.

On rencontre ensuite les marnes vertes avec la strontiane sulfatée qui les accompagne constamment : au-dessous paraît la petite couche d'argile jaune feuilletée qui renferme ordinairement les cythérées ; mais nous n'avons pu les découvrir ici. Enfin viennent les marnes calcaires blanches, les marnes jaunâtres et d'autres marnes blanches que nous n'avons pu suivre, parce que le gazon et la culture recouvrent tout dans cette partie dont la pente est moins rapide ; mais nous avons appris qu'on avait fait à Longjumeau, au bas de la descente du chemin venant de Paris, des

---

(1) *Ostrea hippopus* et *pseudo-chama.*

fouilles pour y trouver le gypse. On l'y trouve en effet, et on l'eût exploité si l'eau, très-abondante dans le fond d'une vallée aussi profonde, n'eût rendu les travaux trop dispendieux.

En traversant Longjumeau et remontant du côté de Balainvilliers, on voit à peu près les mêmes couches que celles que nous venons de décrire.

A Juvisy on voit encore les huîtres, l'argile verte, la strontiane sulfatée; mais le gypse très-enfoncé, comme à Longjumeau, n'est plus visible.

Essonne est le dernier point au sud où paraisse encore la formation gypseuse. Elle n'y est plus représentée que par les marnes vertes et par quelques traces de strontiane sulfatée. C'est ici que commence le terrain de calcaire siliceux.

Il paraît cependant que la formation gypseuse, représentée par les marnes vertes, s'étend sur toute la Beauce, et que c'est aux marnes du gypse qu'il faut rapporter la couche de glaise qu'on trouve partout dans ce pays au-dessous du sable qui en forme la surface.

En revenant vers le nord, et remontant la vallée de la Bièvre, on peut suivre sans interruption la formation gypseuse jusque dans le vallon de Versailles et dans celui de Sèvres. Dans ce dernier on a reconnu sur les pentes de Chaville et de Viroflay les marnes vertes; elles sont employées à faire des briques et des tuiles, et celles de ce dernier village ont été long-temps les seules qu'on pût employer avec succès pour en faire les étuis ou cazettes dans lesquelles on cuisait à la manufacture de Sèvres la porcelaine appelée *tendre*. On a même exploité du gypse sur les hauteurs de Ville-d'Avray; mais on n'a pas obtenu assez de bénéfice de cette exploitation pour la continuer.

M. Defrance a trouvé à la suite de ce même coteau, et près de Rocquencourt, des morceaux de calcaire marneux arrondis d'un seul côté, comme s'ils avaient été usés en place par les eaux. Ces pierres sont coquillières et percées par des pholades qu'on y voit encore. On observe aussi sur quelques-unes d'entre elles des huîtres fossiles qui y adhéraient naturellement. Ces huîtres, qui sont celles des marnes du gypse, nous ont fait reconnaître que ces pierres n'appartenaient pas à la formation du calcaire marin, mais plutôt à celle du gypse; elles nous indiquent en outre, par leur forme, par les coquilles qui les ont percées et par celles qui y adhèrent, qu'elles faisaient partie d'un rivage de l'ancienne mer.

En descendant de Versailles dans le grand vallon qui court du sud-est au nord-ouest, et qui se jette dans la vallée de la Maudre, on retrouve encore les couches supérieures de la formation gypseuse. Près de la ménagerie, et à trois ou quatre mètres au-dessous d'une sablonnière qui est sur le bord de la route, on voit presque à la surface du sol les coquilles marines qui recouvrent le terrain gypseux, c'est-à-dire des huîtres semblables à celles de Montmartre, et placées comme elles dans un sable argileux grisâtre; des cythérées, des cérites (1), même des glossopètres et des fragmens épars de fer limoneux.

Les marnes vertes et les huîtres qui précèdent les différentes coquilles marines des marnes qui recouvrent le gypse, telles que

---

(1) *Cerithium cinctum.*
— *plicatum.*
— *semigranosum?*
Trochus, voisin du *tr. sulcatus*, mais ombiliqué.
Melania corrugata.
Bulla.
Auricula miliola?
— *acicula.*
Ampullaria pygmea.

Ampullaria canaliculata.
Cytherea nitidula.
Pectunculus angusticostatus.
Corbula rugosa.
Erycina trigona?
Cardium.
Ostrea longirostris.
— *lingualula?*
— *cyathula?*

les *cerithium conoidale*, *plicatum*, etc., se montrent encore en face de la grille du parc de Pontchartrain, au bas du même plateau près du moulin de Pontel, dans un ravin auprès du moulin de la Richarderie, et dans beaucoup d'autres points au pied de la colline qui porte Neauphle-le-Vieux, les Bordes, etc. En suivant les pentes méridionales du plateau de la forêt de Marly, qui borde au nord le vallon de Versailles, on retrouve souvent les marnes vertes, et notamment au-dessus des villages de Saint-Nom, de Crespières et d'Herbeville. On remarque la même disposition sur les pentes septentrionales du même plateau. La carte indique les lieux où l'on connaît et où l'on exploite des marnes vertes pour en faire de la tuile.

Mais entre ce plateau et la Seine il y a deux buttes qui offrent la formation gypseuse complète : ce sont la colline de Fresnes et le mont Valérien.

Nous n'avons aucun détail à donner sur la colline de Fresnes, qui est au-dessus de Médan. Le mont Valérien, qui terminera la description du terrain gypseux, est une butte conique isolée, semblable par sa forme à celle de Montmartre. Elle n'appartient cependant pas à la même ligne de gypse; mais elle fait partie de la seconde ligne du sud, qui comprend Bagneux, Clamart, etc. Elle est située, comme toutes les buttes de gypse de cette ligne, sur un plateau calcaire épais et très-relevé, et n'est composée comme elle que d'une masse de gypse.

La description que nous en donnons ci-dessous fait voir que la disposition générale de ses couches est d'ailleurs la même.

Le sommet de la montagne offre une masse de sable rouge et jaune d'une épaisseur considérable. Nous n'y avons vu aucune coquille. On trouve au-dessous la couche de sable argileux grisâtre qui renferme les coquilles d'huîtres, puis les couches suivantes de marne et gypse (1):

Nous n'avons pu déterminer l'épaisseur de la dernière masse de marne, ni par conséquent savoir précisément comment se fait ici le passage de la formation gypseuse à la formation

---

(1)   mètres.

1. Environ seize lits de marne de diverses natures et couleurs, formant une épaisseur de.   7,15
2. Cinq lits de marne et de gypse impur, alternant.   1,65
3. Masse de *gypse* composée d'environ dix-sept lits, auxquels les ouvriers donnent des noms différens, et formant une épaisseur d'environ.   7,00

Du septième au quinzième lit inclusivement on trouve des os fossiles. Ce gypse est généra-

calcaire ; mais les coquilles marines qu'on voit à Montmartre dans le fond de la troisième masse, celles que nous avons vues dans les couches de gypse et de marne gypseuse qui recouvrent, près de Bagneux, la formation calcaire, les petits lits et les rognons calcaréo-gypseux qu'on observe dans les dernières assises des marnes du calcaire grossier (1), nous indiquent qu'il n'y a point eu d'interruption complète entre la formation du calcaire marin et celle du gypse d'eau douce, et qu'il n'y en a point eu non plus entre les derniers dépôts d'eau douce appartenant aux assises supérieures du terrain gypseux et les premiers dépôts marins de la formation marine supérieure. Les couches inférieures du gypse ont donc été déposées dans une eau marine, comme le prouvent les coquilles qu'elles renferment :

---

lement plus tendre que celui de Montmartre.
4. Immédiatement au-dessous de la masse de gypse on trouve un *calcaire à grain fin*, environ. 0,14
5. *Argile jaune* et *argile* d'un gris brun et légèrement feuilletée. 0,22
6. *Marne argileuse blanche*. 0,20
7. *Marne argileuse brune*.

(1) On voit, dit fort bien M. Coupé, les restes du gypse dans les marnes du calcaire ; seulement il aurait dû appeler *ces restes* les *commencemens*.

elles forment la transition entre le terrain de calcaire marin et le terrain d'eau douce qui l'a suivi. Cette transition est difficile à concevoir; mais si les observations de nos prédécesseurs et les nôtres, si celles qui ont été faites depuis la publication de notre première édition, sont exactes, les faits ne nous permettent guère de douter de ces singulières transitions, quelle que puisse être leur cause. Au reste, la plupart des géologues de la savante école de Freyberg reconnaissent, entre les formations les plus distinctes dans leurs extrêmes, ces nuances dans les points de contacts qui leur ont fait établir la classe des terrains de transition; en sorte qu'on peut dire que la séparation brusque qui existe aux environs de Paris entre la craie et le calcaire grossier, est plutôt une singularité et une exception aux règles ordinaires, que le passage insensible du calcaire et du gypse marin au gypse et aux marnes d'eau douce.

La description détaillée que nous venons de donner du terrain gypseux des environs de Paris, en prouvant par des faits nombreux, et pour ainsi dire par une énumération complète des parties, les lois de superposition que nous avons établies dans le premier article de cet ouvrage, fait connaître en outre une autre règle dans la disposition des collines gypseuses entre elles.

On doit remarquer que la bande gypseuse a une direction générale du sud-est au nord-ouest, et que les lignes de collines qu'on peut y reconnaître suivent à peu près la même direction. On observe de plus que les buttes et les collines qui sont dans le même alignement ont à peu près la même composition. Ainsi la série intermédiaire dans laquelle entrent les buttes de Montreuil, Ménilmontant, Montmartre, Argenteuil et Sannois, est la plus épaisse et présente d'une manière distincte au moins deux couches de gypse, dont la première a une grande puissance.

La seconde ligne au nord, composée des collines de Quincy, Carnetin, Chelles, Pierrefitte, Montmorency, Grisy et Marines, ne renferme qu'une ou deux couches un peu enfoncées sous le sol, et recouvertes de moins de marnes, mais d'une plus grande masse de sable que la première. La couche principale du gypse est encore puissante, et l'exploitation, qui en est facile, a rarement lieu par puits; elle se fait ordinairement à tranchée ouverte, comme dans la première ligne.

La troisième ligne n'est plus composée que de petites buttes isolées, mais très-multipliées.

Il n'y a qu'une couche de gypse, et cette couche peu puissante, et placée assez profondément par rapport à la surface générale du sol où elle est située, ne paierait pas les frais qu'occasionneraient les déblais d'une exploitation à ciel ouvert : aussi presque toutes les carrières sont-elles exploitées par puits. Telles sont celles des environs de La Ferté-sous-Jouarre, celles de Meaux au nord-ouest de cette ville, et enfin celles de Dammartin et de Luzarches.

Au sud de Paris et de la ligne principale on peut reconnaître une première ligne composée des collines de Mesly, Villejuif, Bagneux, le mont Valérien et Triel. La plupart de ces carrières n'offrent qu'une couche de gypse située assez profondément au-dessous d'une grande épaisseur de sable : aussi sont-elles presque toutes exploitées par puits ou par galeries.

La seconde ligne de gypse du midi est si mince, que l'exploitation en a toujours été abandonnée après quelques tentatives; quelquefois même la formation gypseuse ne se manifeste que par des marnes vertes et par les cristaux de gypse et de strontiane sulfatée qu'on y trouve. On la voit à Longjumeau, à Bièvre, à Meudon, à Ville-d'Avray, dans le parc de Versailles, et sur les penchans nord et sud de la grande colline sableuse qui va du sud-est au nord-ouest, depuis Ville-d'Avray jusqu'à Aubergenville; elle suit la direction dominante des collines de ces cantons.

Nous reviendrons sur cette direction lorsque nous parlerons de la formation des sables supérieurs.

DE QUELQUES TERRAINS
ANALOGUES A LA FORMATION DU GYPSE A OSSEMENT,
HORS DU BASSIN DE PARIS.

PAR M. BRONGNIART.

Les terrains gypseux qui sont évidemment semblables au gypse du bassin de Paris par les caractères qui résultent de leur position, de leur nature minéralogique et de celle des débris organiques qu'ils renferment, sont ou peu nombreux ou au moins encore peu connus. Nous avons bien vu quelques traces de gypse, même quelques dépôts peu étendus de ce minéral qui, par leur position dans les psammites molasses, peuvent être rapportés à la formation principale dont nous venons de présenter la description géologique et géographique. M. de Razoumowski les a fait connaître dans son Histoire naturelle du Jorat, et nous en avons fait mention à l'histoire de ces roches (art. II, additions, § III, p. 206 à 208); mais le gypse en indices se présentant dans presque tous les terrains, les caractères de celui que l'on trouve ainsi dans diverses roches des terrains de sédiment supérieurs ne sont pas assez tranchés pour qu'on puisse le regarder comme ayant été formé exactement dans les mêmes circonstances que notre gypse à ossement du bassin de Paris.

D'ailleurs le gypse n'est souvent qu'une roche subordonnée du terrain d'eau douce moyen. Nous avons aux environs de Paris de nombreux exemples de ce dernier terrain, remarquables par leur étendue et leur épaisseur, qui, dans des parties très-considérables de cette étendue, ne renferment pas de gypse. Cependant ces parties sont bien de la même époque géologique que nos montagnes gypseuses; leur position relative qui est la même, leur association avec le gypse dans plusieurs lieux et l'identité des débris organiques qu'elles renferment, complètent dans nos cantons la somme des caractères géologiques qui établissent, sans aucune incertitude, l'identité de formation ; mais, comme je l'ai dit à l'article de la craie, le caractère géologique le plus certain après la superposition évidente, est celui que l'on tire de la nature des débris organiques. Or ici il a une valeur d'autant plus grande, qu'il est établi sur la présence d'animaux mammifères qui paraissent pour la première fois dans les couches du globe, et qui se distinguent non-seulement spécifiquement, mais même génériquement, de tous les animaux vivans et fossiles que l'on connaît.

La présence de ces débris dans des couches qui ne renferment que peu de gypse, mais qui contiennent d'ailleurs des roches marneuses, argileuses, calcaires et siliceuses assez semblables à celles qu'on voit dans nos collines, gypseuses, doit nous faire regarder tous ces terrains comme d'une même époque de formation. Ces débris organiques nous apprennent que les terrains qui les renferment sont presque aussi répandus que ceux qui les ont précédés, et que le sulfate de chaux qui y a été produit quelquefois n'est qu'une circonstance minéralogique particulière à certains lieux. Pour avoir la preuve que ces terrains se présentent sur une multitude de points de la surface du globe, il faudra réunir la description que je vais donner des terrains gypseux proprement dits, c'est-à-dire de ceux qui renferment des masses de gypse exploitable, avec celles que nous donnerons plus bas des terrains d'eau douce qui offrent les mêmes débris organiques qu'eux, c'est-à-dire des restes de mammifères de genres qui n'existent plus, des coquilles d'eau douce et des végétaux lacustres ou terrestres.

Je ne connais de terrain gypseux analogue à celui du bassin de Paris qu'en France, et que dans deux endroits fort éloignés l'un de l'autre et de Paris.

Les environs du Puy-en-Velay nous montrent le premier, c'est-à-dire le plus voisin de Paris; la colline au nord d'Aix en Provence nous présente le second. Le terrain fondamental du premier endroit est entièrement différent de celui du second.

Le Puy-en-Velay. — Ce pays est, comme l'on sait, généralement, mais non pas entièrement, volcanique; la base du sol ou la roche fondamentale à travers laquelle les éruptions volcaniques se sont fait jour est principalement granitique. Les roches de cristallisation aqueuse qui accompagnent le granite, les roches de cristallisation ignée ou de fusion qui composent les terrains volcaniques, ne doivent point nous occuper. Il suffit de faire remarquer que ces dernières surtout indiquent des époques d'éruption très-différentes, et que c'est au-dessous de ces roches volcaniques que paraît être placé le terrain calcaire et marneux d'origine lacustre qui renferme le gypse; par conséquent, ce terrain serait antérieur aux phénomènes volcaniques, résultat prouvé par les roches qui le recouvrent et qui montrent des scories, des brèches volcaniques, des laves, des basaltes, et même, suivant M. Bertrand-Roux (minéralogiste et géologue très-exercé qui habite Le Puy), des eurites sonores (*phonolites*) (1).

Le terrain lacustre et gypseux remplit le fond du bassin vers le milieu duquel est située la ville du Puy, ainsi que l'indique la coupe (pl. J, fig. 3) que je dois à M. Bertrand-Roux. Le sol fondamental est, comme je l'ai déjà dit, de granite A recouvert dans quelques endroits, et peut-être plus particulièrement vers le fond de la vallée ou du bassin, de psammite granitoïde B, dont les carrières de Blavose offrent un exemple remarquable. Sur ce psammite, et quelquefois immédiatement sur le granite, est étendu un dépôt d'argile et de

---

(1) Ce canton, intéressant par les rapports qu'on peut observer entre plusieurs terrains très-différens, les granites, les psammites granitoïdes, les terrains lacustres, argileux, marneux et gypseux, et les roches volcaniques de toutes sortes, n'a été décrit par aucun naturaliste, du moins à ma connaissance, depuis que la géologie est devenue plus précise. Ce que M. Faujas en a dit, page 341 et suiv., dans son ouvrage sur les volcans éteints du Vivarais et du Velay publié en 1778, est trop incomplet pour être cité comme une description de ce terrain; il indique cependant assez bien la position du terrain marno-gypseux sous le terrain volcanique. M. Bertrand-Roux qui connaît parfaitement ce pays, qui l'a étudié d'après les règles de la géognosie moderne, pourrait en donner une description aussi complète qu'exacte. Ce que je vais dire peut être considéré comme un extrait de cette description, et doit lui être presque entièrement attribué.

marnes argileuses C qui paraît avoir une assez grande épaisseur.

C'est sur ce dépôt, qui offre, suivant M. Bertrand, la forme d'un bassin, qu'est placé le terrain lacustre renfermant des lits de gypse D comme roches subordonnées. Je ne puis entrer dans le détail des couches marneuses qui composent ici le terrain lacustre, je dois me contenter d'indiquer les principales, et je parle plutôt d'après les échantillons et notes qui m'ont été remis par M. Bertrand-Roux, que d'après ce que j'ai eu occasion de voir avec lui sur les lieux.

La partie de ce terrain que j'ai plus particulièrement étudiée est située au sud-ouest du Puy, et principalement composée de lits à peu près horizontaux, très-minces, très-multipliés, de marnes argileuses de diverses couleurs, blanchâtres, grisâtres, jaunâtres, verdâtres, roussâtres, de marne calcaire plus ou moins compacte, de calcaire siliceux souvent très-dur, et dans lequel le silex est tantôt intimement mêlé, tantôt réuni en zones de silex corné, ou en rognons sphéroïdaux aplatis, traversés de fissures perpendiculaires à leur surface et quelquefois tapissées de petits cristaux de quarz; on y voit aussi (à Saint-Pierre-Énac) des morceaux de silex résinite, grisâtre, brunâtre et roussâtre, dont la cassure et l'aspect luisant et résineux sont parfaitement déterminés.

C'est au milieu de ces couches que se présentent les lits de gypse, qui, quoique généralement peu épais, le sont encore assez pour mériter d'être exploités. Leur plus grande épaisseur paraît ne pas aller au-delà de huit à neuf décimètres. Ce gypse est minéralogiquement très-différent de celui de Paris; il est tantôt sublamellaire, brunâtre et mêlé d'argile, et c'est à cette variété qu'appartiennent les bancs les plus puissans ; tantôt blanc ou translucide, fibreux, à fibres déliées, parallèles et d'un aspect soyeux, il forme des lits de deux à huit centimètres. Ce même terrain renferme des nodules qui paraissent être de la strontiane sulfatée, quelques indices de pyrites et du manganèse oxidé.

Tels sont les principales roches et minéraux qui composent ce terrain ou qui s'y rencontrent, et jusqu'à présent on y reconnaît toutes les substances, la strontiane, le silex résinite, et même le manganèse, qu'on trouve dans nos terrains lacustres moyens ; les pyrites seules ne se sont pas encore rencontrées dans ces derniers.

Les débris organiques enfouis dans le terrain des environs du Puy présentent avec ceux des terrains gypseux de Paris une analogie encore plus complète. Ce sont, parmi les mammifères, des os de palæothérium parfaitement caractérisés, parmi les reptiles, des os de tortues dont le genre et l'espèce n'ont pas encore pu être déterminés, parmi les mollusques, des myriades de petits cyclostomes, des planorbes, des limnées et des petites coquilles bivalves qui paraissent être des dépouilles de cypris ; toutes coquilles d'eau douce très-reconnaissables, mais pas assez bien conservées pour qu'on puisse en déterminer l'espèce ; enfin des débris de végétaux qui ressemblent à des feuilles de roseau ou de graminées.

Ainsi rien ne manque à ces terrains pour établir entre eux et nos collines gypseuses des environs de Paris une identité presque complète ; les différences n'existent que dans la puissance des bancs de gypse, dans la variété minéralogique à laquelle appartient celui-ci, dans la nature du sol sur lequel ils sont placés et de celui qui les recouvre.

Ce sol principalement volcanique est composé, comme nous l'avons déjà indiqué et comme le montre la coupe faite par M. Bertrand-Roux : 1° de sable; 2° de brecciole à base de fragmens argileux, et de brecciole E volcanique dont la grosseur des parties varie depuis celle d'un grain de millet jusqu'à celle d'un sphéroïde d'un centimètre; 3° de basalte F.

La différence du sol fondamental n'est, comme on sait, d'aucune valeur, et celle du terrain recouvrant n'est propre, pour ainsi dire, qu'à faire ressortir la valeur des caractères géologiques et zoologiques, en faisant voir qu'ils n'éprouvent, surtout les derniers, aucune influence du sol au milieu duquel les terrains de même époque ont été déposés.

Les plâtrières d'Aix en Provence. — Il y a longtemps que l'analogie de ce terrain gypseux avec celui des environs de Paris est soupçonnée. Plusieurs naturalistes (1) l'avaient indiquée; mais c'était une présomption vague, fondée cependant sur la présence des poissons fossiles dans les couches de pierres à plâtre de ces deux endroits. Il nous reste donc à confirmer ce rapprochement par les nouveaux moyens que nous procurent actuellement les règles mieux établies de la géognosie et de la géologie zoologique, en profitant, pour en faire l'application, des nombreux échantillons qui m'ont été envoyés par M. Hérault, ingénieur des mines, et des observations que j'ai faites sur les lieux en 1820.

---

(1) M. Gillet de Laumont et moi-même dans mes Élémens de Minéralogie, en 1807, tome 1, page 177.

Ici la masse de gypse est puissante, elle repose plus ou moins médiatement sur un calcaire compacte d'une époque de formation très-différente de la sienne et de celle du calcaire grossier des environs de Paris, formation que je rapporte au calcaire du Jura.

Ce gypse est demi-compacte, et souvent semblable pour le grain et la couleur à celui de Paris. Il est divisé par des lits plus ou moins minces de marne calcaire ou argileuse qui en altère souvent la qualité. C'est dans ces lits de marnes, mais notamment dans ceux qui recouvrent les derniers bancs de gypse ou qui alternent avec eux, que se trouvent les nombreuses espèces de poissons qui ont rendu ces carrières un objet de curiosité pour tant de monde, et d'intérêt pour les naturalistes. Tous ces poissons appartiennent à des genres qui sont d'eau douce ou qui renferment des espèces d'eau douce.

C'est aussi dans ces marnes, mais ordinairement dans des lits distincts de ceux qui renferment les poissons, qu'on trouve des débris de végétaux, notamment de monocotylédons et des feuilles de palmier flabelliforme, d'une dimension remarquable et d'une parfaite conservation. Elles ont été décrites et figurées par M. Adolphe Brongniart sous le nom de *Palmacites Lamanonis*.

Ces mêmes lits de marnes renferment de gros cristaux de gypse sélénite, de la variété qu'on appelle *cunéiforme* et qui ne diffère de celle de Montmartre que par sa couleur d'un gris-verdâtre.

Des petits lits de gypse lamellaire alternent avec ces marnes à plusieurs reprises.

Celles-ci renferment en même temps des lits de calcaire compacte, dur, siliceux, tout-à-fait semblable à notre calcaire siliceux, et des lits de silex corné, comme à Saint-Ouen ou comme dans les parties inférieures de la première masse.

Jusqu'à présent nous n'avons fait mention d'aucune coquille fossile, parce qu'il paraît qu'on n'en trouve aucune dans les parties inférieures et moyennes de la formation ; mais à mesure qu'on s'approche de la surface du sol (car on voit que nous avons décrit ce terrain en allant de bas en haut), les marnes calcaires renferment des lits de silex cornés ou pyromaques et de nombreuses coquilles qui paraissent se présenter à peu près dans l'ordre suivant, et en allant toujours de bas en haut, sans que je puisse assurer cependant que cette succession soit et parfaitement exacte et la même partout :

1° Des marnes calcaires fissiles, friables, renfermant un ou deux lits de silex pyromaques en gâteaux ou plaquettes interrompues.

2° Des marnes semblables aux précédentes. On voit entre leurs feuillets des myriades de petites paludines (prises autrefois pour des bulimes et voisines des espèces nommées *Bulimus pusillus* et *B. pygmeus*). Ces paludines sont la plupart écrasées et mêlées avec des coquilles turriculées également écrasées et qui ressemblent beaucoup à des cérites.

3° Des bancs de marne calcaire assez solide, mais peu dure, ayant tous les caractères des marnes d'eau douce, et présentant des coquilles turriculées qui paraissent être des potamides, et des coquilles bivalves presque microscopiques que je crois pouvoir rapporter aux *cypris*.

4° Des marnes calcaires compactes et assez dures qui renferment, dans des lits séparés, des potamides assez bien caractérisées et une multitude de petites cyclades très-reconnaissables et très-voisines du *cyclas cornea*;

mais leur liaison intime avec la roche, et l'altération qui en résulte dans leurs formes et dans leurs autres caractères, ne permet pas de déterminer l'espèce.

5° Ensuite des bancs assez puissans de marne calcaire feuilletée qui ne m'ont laissé voir aucun corps organisé.

Vers le penchant septentrional de la colline on reconnaît ces mêmes marnes. Elles sont en couches inclinées du S. au N., suivant par conséquent la pente de la colline, et présentant, pour ainsi dire, le complément des débris organiques et des roches qui appartiennent aux terrains lacustres. On y retrouve les lits de marne calcaire compacte qui renferment des cyclades, et au-dessus, les touchant immédiatement, mais ne se mêlant pas avec elles, des lits d'une même marne pétrie de petites paludines ; ensuite des lits de marne calcaire fissile qui renferme avec des paludines des petites tiges qui ressemblent beaucoup à celles des *chara,* puis un lit de silex pyromaque assez épais et très-continu, recouvert d'un banc très-puissant de marne calcaire compacte renfermant encore des paludines et traversé de ces tubulures sinueuses à peu près perpendiculaires aux fissures de stratification et d'une constance remarquable dans tous les terrains lacustres, qu'ils soient calcaires, marneux ou siliceux.

Je ne prétends pas avoir décrit le terrain gypseux d'Aix, ce ne pouvait être mon objet ; il faut, pour arriver à une bonne description de ce terrain, faire sur les lieux un séjour qui permette de le visiter plusieurs fois et sur tous les points. Ce ne peut être le travail d'un voyageur (1); mais je crois avoir atteint le but que je

---

(1) Nous savons que M. Toulousan, professeur de physique

me proposais, qui était de prouver l'identité de ce terrain avec celui des environs de Paris, et de faire voir qu'elle est aussi complète qu'on puisse le désirer. En effet, presque toutes les analogies s'y rencontrent, comme on vient de le voir, même les plus minutieuses : le calcaire siliceux, les silex pyromaques et cornés, les coquilles d'eau douce, les végétaux terrestres et d'eau douce, les marnes à tubulures sinueuses, etc. Mais nous trouvons ici un fait qui manque à la plupart des terrains d'eau douce connus, pour établir la ressemblance complète des lacs dans lesquels ils se sont formés avec les nôtres, c'est la présence des coquilles bivalves. Les cyclades se présentent dans la colline d'Aix en abondance, et comme ce sont en général plutôt des coquilles de marais et de lac que des coquilles de rivière, elles nous donnent une indication de plus sur l'état des eaux douces dans lesquelles ces terrains se sont déposés. Enfin les *cypris*, qui ne se sont encore montrés que dans les terrains d'eau douce de l'Auvergne et du Vivarais, se représentent ici de nouveau.

Je me bornerai à ces deux exemples du gypse à ossemens hors du bassin de Paris. Je m'abstiens de parler de quelques autres lieux qu'on pourrait également y rapporter, soit parce que je n'ai pas sur leur structure et leurs autres caractères des renseignemens assez précis, soit parce que ne contenant pas notablement de gypse ils doivent être décrits ou mentionnés à l'article des terrains d'eau douce.

à Marseille, a fait une description très-circonstanciée de ce terrain, et qu'il l'a accompagnée d'une coupe que nous avons vue et qui nous a paru propre à le faire parfaitement connaître.

ARTICLE VII.

Suite de la 5ᵉ Formation. — Grès, sable
et calcaire marins supérieurs.

Ce terrain, qui constitue en totalité ou en très-grande partie les sommets de presque tous les plateaux, buttes et collines des cantons que nous décrivons, est tellement répandu, qu'une carte peut seule faire connaître les lieux où il se trouve et la circonscription des terrains qu'il forme. Sa structure assez uniforme n'offre que très-peu de particularités intéressantes, mais il n'est pas toujours recouvert ou accompagné du banc coquillier ou des coquilles marines qu'on y voit dans plusieurs lieux, et qui nous apprennent que cette masse considérable de roche, beaucoup plus quarzeuse que calcaire, a été déposée sous des eaux marines; nous allons donc indiquer ici ces lieux plus particulièrement que les autres, comme étant plus propres à confirmer l'origine marine que nous attribuons à un terrain placé entre deux formations d'eau douce; mais nous devons avertir que cette formation de grès marin supérieur ayant la plus grande ressemblance avec le grès du calcaire marin inférieur au gypse, il est quelquefois très-difficile de savoir à laquelle de ces deux formations on doit rapporter le grès marin de certains lieux, lorsqu'on ne trouve point dans ces lieux la formation gypseuse qui les sépare.

§ I. *Rive droite de la Seine et de la Marne.*

Nous ferons remarquer au nord de la Seine, et en allant de l'est à l'ouest, le grès supérieur dans les lieux suivans :

A l'ouest de La Ferté-sous-Jouarre, immédiatement sur le calcaire, au-dessus de Morentru.

Presque toute la forêt de Villers-Cotterets est sur le grès, qui est séparé du calcaire marin par des lits nombreux de marnes calcaires mêlées dans les parties inférieures de quelques lits minces de gypse : ce qui établit nettement ses rapports, et fait présumer que celui qui de Lévignen à Gondreville forme de longues collines qui se dirigent du sud-est au nord-ouest, appartient à cette même formation.

En venant du nord-est, on le voit d'abord sur les hauteurs qui avoisinent Lévignen. Il consiste en une couche peu épaisse de sable siliceux et calcaire, remplie de *cerithium serratum*, qui sont répandus avec une grande abondance dans tous les champs, et il est placé immédiatement sur les énormes bancs de grès sans coquilles qui se montrent de toutes parts dans ce canton, et qui paraissent se terminer à Nanteuil-le-Haudouin.

Cette couche mince de terrain marin coquillier se montre au sommet de l'escarpement qui domine Nanteuil-le-Haudouin, et y fait voir son épaisseur et son exacte position. C'est un lit d'un à deux décimètres de puissance, d'un calcaire sableux assez solide, et renfermant une très-grande quantité de coquilles marines qui se réduisent à trois espèces principales : l'*Oliva mitreola*, le *Cytherea elegans* et le *Melania hordeacea*. Celle-ci y est la plus remarquable et la plus abondante. Ce petit lit de coquilles d'une égale épaisseur, sur une assez grande étendue, est placé sans intermédiaire sur les énormes bancs de grès solide, sans aucune coquille, qui forment l'escarpement dont nous venons de parler. Il est immédiatement recouvert du terrain d'eau douce dont on trouve de tous côtés les fragmens épars.

Mais ce grès est un de ceux dont le rapport de position est des plus incertains. La présence du *Melania hordeacea* lui donne de grandes analogies avec le grès du calcaire grossier, et nous laisse encore dans l'incertitude s'il ne lui appartiendrait pas. (Nous en avons déjà parlé au § III de l'art. III de la description géographique.)

Au sommet de la butte de Dammartin, c'est un sable rougeâtre recouvert de meulière d'eau douce.

Sur la droite de Pontarmé on remarque de nombreuses buttes de sable blanc.

Les parcs de Mortefontaine et d'Ermenonville doivent aux bancs et aux masses de grès qu'ils renferment une partie de leurs beautés pittoresques.

Plus au nord-ouest, la forêt de Hallate est couverte de grès. La butte d'Aumont, sur son bord méridional, est composée d'un sable blanc quarzeux très-pur, exploité pour les fabriques de glace, de porcelaine, etc.

Aux environs du Ménil-Aubry, on trouve dans la plaine des bancs de grès qui forment le plateau au-dessous du calcaire d'eau douce. Ces grès semblent être plus bas que les autres, et pourraient bien appartenir aux assises supérieures du calcaire grossier.

Le grès qu'on voit en descendant à Vauderlant est recouvert de marnes calcaires mêlées de silex.

En approchant de Paris, on remarque que toutes les collines gypseuses sont surmontées d'un sable rougeâtre quelquefois recouvert de grès marin.

Les collines de Montmartre, de Belleville, de Sannois, de Grisy, de Cormeilles, portent vers leurs sommets des bancs de grès marins que nous avons fait connaître en décrivant ces collines. Nous rappellerons seulement que ces grès coquilliers sont immédiatemens placés sur un banc très-puissant de sable argilo-ferrugineux, qui renferme quelquefois des couches peu épaisses et même interrompues de vrai minerai de fer oxidé, sablonneux, ainsi qu'on peut le voir d'une manière très-distincte au sommet de la colline de Sannois à l'ouest, et près des trois moulins de ce nom.

Les bois de Villiers-Adam, de Mériel, etc., offrent des bancs et des blocs de grès.

Les grès de la partie septentrionale de la forêt de Montmorency, du côté du village de Daumont, présentent de grandes plaques grisâtres, très-denses, à cassure unie et même luisante, qui, frappées par un coup de marteau appliqué nettement et perpendiculairement à leur surface, donnent par ce choc des cônes souvent fort réguliers.

Les grès dont on pave la route de Meulan à Mantes se prennent dans les bois qui couvrent les sommets des collines du bord septentrional de la route, du côté des Granges.

Plus à l'ouest, les buttes et collines de Neuville, de Sérans, de Montjavoult, etc., etc., sont en sable souvent mêlé de grès.

§ II. *Entre Seine et Marne.*

Les terrains de sables et de grès sont beaucoup plus rares dans ce canton; on en voit des plateaux à la descente de La Ferté-Gaucher, à La Ferté-sous-Jouarre, sur le plateau même de Tarteret, et à Jouarre, sur le plateau de Quincy.

La butte du Griffon, à l'est de Villeneuve-Saint-Georges, est une véritable butte de sable et de grès placée d'une manière tout-à-fait isolée sur le plateau de calcaire siliceux.

On retrouve des petites buttes semblables alignées de l'est à l'ouest, à l'est de la ville de Melun, et enfin sur le bord même de la Seine à Samoreau. Mais ce lambeau de grès devant être considéré comme une dépendance de celui de la forêt de Fontainebleau, nous allons en parler avec plus de détail à l'article des grès de cette forêt. Tous ces grès sont placés sur le calcaire siliceux, qui, comme nous l'avons dit plusieurs fois, fait partie de la formation d'eau douce gypseuse. Ils appartiennent donc bien évidemment aux grès supérieurs.

§ III. *Rive gauche de la Seine.*

Au sud de la Seine, et toujours dans la direction du sud-est au nord-ouest, le sable et le grès recouvrent la plus grande partie des terrains compris dans notre carte, et se prolongent au sud bien au-delà des limites que nous nous sommes prescrites. Ils forment, comme on le sait, tout le sol de la Beauce; mais cette même nappe, avant de prendre cette étendue, recouvre les sommets de quelques buttes et de quelques collines isolées.

Le sable se montre d'abord au sommet du mont Valérien, en couches jaunes et rougeâtres.

Vient ensuite la longue colline, plate à son sommet, qui s'étend de la Maudre à la vallée de Sèvres, et qui porte la forêt de Marly (1). Le sable y forme une masse fort épaisse. Il est très-micacé dans quelques endroits, et notamment près de Feucherolles et d'Herbeville. Le

---

(1) Presque tous les bois et les forêts des environs de Paris sont sur le sable : les uns sur le sable ou grès des hauteurs; tels sont les bois ou forêts de Marly, de Clamart, de Verrières, de Meudon, de Villiers-Adam, de Chantilly, de Hallate, de Montmorency, de Villers-Cotterets, de Fontainebleau : les autres sont sur les sables ou limon d'attérissemens anciens; tels sont les bois et forêts de Bondy, de Boulogne, de Saint-Germain, etc.

mica est si abondant dans ce lieu qu'on l'en extrait depuis long-temps pour le vendre aux marchands de papiers de Paris, sous le nom de *poudre d'or*, pour sécher l'écriture. Il y a du mica blanc et du jaune (1).

Cette longue colline se joint au vaste plateau de la Beauce par le col sablonneux sur lequel est bâti le château de Versailles. Ce grand plateau, dont notre carte donne une idée suffisante, n'est plus coupé par aucune vallée assez profonde pour pénétrer jusqu'au sol de calcaire siliceux qu'il recouvre et qu'on ne peut reconnaître que sur ses bords, tant à l'est qu'à l'ouest, comme la carte le fait voir.

Au sud-est de Versailles est le plateau isolé ou presque isolé qui porte les bois de Meudon, de Clamart et de Verrières. C'est dans ce plateau qu'est creusée, près de Versailles, la sablonnière de la butte de Picardie, remarquable par la pureté de son sable et par les belles couleurs qu'il présente, et près du Plessis-Piquet la sablonnière de ce nom, haute de plus de vingt mètres, et composée de sable rouge, blanc et jaune. Ce plateau contient quelques blocs de grès isolés au milieu du sable; on en trouve dans les environs de Meudon, sur les buttes

---

(1) Nous tenons cette notice de M. Fourmy.

de Sèvres, etc.; on les exploite pour paver les routes de second ordre dans ces lieux. On voit bien clairement sa position au-dessous des meulières sans coquilles et du terrain d'eau douce. On rencontre aussi dans ce plateau comme dans celui de Sannois des lits peu épais mais quelquefois assez étendus de minerai de fer oxidé limoneux. On en voit très-distinctement la position dans les bois de Meudon, du côté de Chaville, et en montant de la vallée de Bièvre par le vallon de l'Abbaye-aux-Bois sur le plateau de Vélizy au lieu dit l'Étoile de la route royale.

Le sable ne recouvre pas partout immédiatement le sol de calcaire siliceux; on trouve souvent entre ces deux terrains la formation gypseuse.

En descendant, près de Pont-Chartrain, du plateau qui porte le bois de Sainte-Appoline au village des Bordes qui est sur le sol des marnes gypseuses, on traverse les différens terrains qui recouvrent ce sol. La coupure qu'on y a faite pour rendre la route moins rapide permet d'en étudier facilement et d'en reconnaître clairement les superpositions. On voit très-distinctement, au sommet du plateau, un lit de meulière sans coquilles, en morceaux peu volumineux, dans une marne argileuse et sablonneuse. Ce lit repose sur une masse considérable de sable au milieu de laquelle se trouvent de puissans bancs de grès. Si ensuite on descend plus bas, c'est-à-dire, soit vers l'entrée du parc de Pont-Chartrain, soit vers le moulin de Pontel, on trouve les marnes vertes des gypses et les grandes huîtres qu'elles renferment.

De La Queue, route d'Houdan, au lieu dit *le Bœuf couronné*, règne un plateau élevé, entièrement composé de sable, dont l'épaisseur est très-considérable. On remarque qu'il est recouvert d'une couche de sable rouge argileux qui renferme des meulières en fragmens qui appartiennent à la formation d'eau douce. Cette meulière passe souvent à l'état de silex pyromaque, tantôt blanc et opaque, tantôt gris ardoisé et translucide.

Après Adainville, sur la route d'Houdan à Épernon, on monte sur le terrain de sable sans coquilles qui se continue ainsi jusqu'à Épernon. Il forme des landes élevées montrant dans quelques endroits le sable nu, blanc, mobile, qui, poussé par le vent d'ouest, s'accumule contre les arbres, les buissons, les palissades, les ensevelit à moitié, et y forme des dunes comme aux bords de la mer.

Vers le sommet des coteaux les plus élevés,

comme celui qui mène de l'Abyme à Tout-li-Faut, on trouve la meulière dans le sable rouge. On voit les premiers rochers de grès au nord, un peu avant d'arriver à Hermeray.

Les cinq caps qui entourent Épernon sont en grès. Les plus remarquables par les masses énormes de grès qu'on y voit sont celui de la Madeleine, au nord, et celui des Marmousets, à l'est. Celui-ci est l'extrémité du coteau très-escarpé qui borde au nord le petit vallon de Droué. Il est composé, de sa base presque jusqu'à son sommet, de bancs énormes de grès dur, homogène, gris, sans aucune coquille. Ces bancs, séparés par des lits de sable, sont souvent brisés et comme déchaussés; ils sont recouverts d'un banc horizontal régulier de silex d'eau douce. A mesure qu'on s'approche de Trappes et des vraies plaines de la Beauce, le terrain de sable et de grès devient moins visible, parce qu'il est recouvert presque partout par le terrain d'eau douce, qui acquiert alors une épaisseur beaucoup plus considérable.

En partant de Paris et se dirigeant vers le sud, le sable et le grès paraissent dès Palaiseau; le premier est homogène, très-blanc, et renferme des bancs de grès puissans et fort étendus qui couronnent presque toutes les collines, et notamment celles de Ballainvilliers, de Marcoussis, de Montlhéry, etc. Il y a ici de nombreuses exploitations de grès qui est plus estimé qu'aucun de ceux des environs de Paris, non-seulement pour le pavage des routes, mais surtout comme donnant des meules très-recherchées par les fabriques de porcelaine, de faïence, et par toutes celles qui ont des matières dures à broyer.

On voit encore des grès près d'Écharcon, sur les coteaux qui bordent la rivière d'Essone, et enfin on arrive à la forêt de Fontainebleau, dont le sol est, comme on sait, presque entièrement composé de grès dur et très-homogène.

Cette forêt est située, comme la carte le fait voir, sur le bord oriental du grand plateau de sable de la Beauce; la structure de son sol, célèbre par les beaux grès qu'elle fournit, n'est donc point essentiellement différente de celle de tous les autres plateaux de sable ou de grès que nous venons de décrire dans cet article. Le grès et le sable blanc, en couches alternatives, reposent sur le terrain de calcaire siliceux, et sont recouverts dans beaucoup d'endroits par le terrain d'eau douce (1).

Cette partie du plateau forme une espèce de

---

(1) Nous parlerons à l'article vIII de la disposition de ce ter-

cap ou de presqu'île sillonnée par un grand nombre de vallons également ouverts à leurs deux extrémités, et différens en cela des vallées ordinaires. Ces vallons sont assez profonds sur les bords des plateaux pour atteindre la formation de calcaire siliceux, comme on le voit à l'est du côté de Moret, et dans la forêt même à Montigny au S. E. E. de Fontainebleau, à Bouron au S., près de Samois au N. E., au bourg de Milly à l'ouest, etc., et dans beaucoup de points de l'intérieur même de la forêt. On le voit encore de l'autre côté de la Seine à l'est de Melun du côté du village de Milly, et sur le bord même de cette rivière à l'est de Fontainebleau, au-dessus du village de Samoreau. La disposition du grès sur le calcaire siliceux y est même si claire et par conséquent si propre à être apportée en exemple, que nous avons cru convenable d'en donner un profil géognostique, c'est-à-dire qui représente, non pas la vue exacte du lieu, mais la superposition telle qu'elle se montre. C'est à l'extrémité orientale du clos dit *les Pressoirs du Roi*, dont nous avons déjà parlé, p. 373, à l'article du calcaire siliceux, que se voit très-nettement la

---

rain calcaire dans la forêt de Fontainebleau ; la carte en donne tous les détails.

superposition du grès du rocher de Montmélian sur des carrières exploitées de ce calcaire, à peu près comme l'indique la fig. 1 de la pl. J. Les vallons creusés dans ce grès et les collines allongées qui en résultent sont tous à très-peu près parallèles, et se dirigent du sud-est au nord-ouest, direction générale des principales chaînes de collines que présentent les formations calcaires, gypseuses et sablonneuses des environs de Paris (1). Les collines de grès qui forment et séparent ces vallons sont couvertes vers leurs sommets et sur leurs pentes, d'énormes blocs de grès dont les angles sont arrondis, et qui sont dans quelques endroits amoncelés les uns sur les autres. Il nous semble facile de se rendre compte de cette disposition. La force qui a sillonné ce plateau composé de couches alternatives de sable et de grès, entraînant le sable, a déchaussé les bancs de grès qui, manquant alors d'appui, se sont brisés en gros fragmens qui ont roulé les uns sur les autres, sans cependant s'éloigner beaucoup de leur première place. On a une preuve de ce

---

(1) Nous avons déjà fait remarquer cette direction, p. 92, en traitant des diverses lignes de collines gypseuses. Elle est encore beaucoup plus sensible sur les collines de grès, et notamment sur celles de Fontainebleau, comme la carte le fait voir.

fait au lieu dit *le Long-Rocher*, au sud-est de Fontainebleau : on voit sur la pente de cette colline des blocs de grès dont les angles correspondent à ceux des bords du banc resté à quelque distance au-dessus d'eux. L'arrondissement de la plupart de ces blocs doit être attribué à la destruction de leurs angles et de leurs arêtes par les météores atmosphériques, plutôt qu'au frottement d'un roulis qu'ils n'ont certainement pas éprouvé (1).

Ces grès ne sont pas calcaires, comme on l'a prétendu ; très-peu d'entre eux font effervescence avec l'acide nitrique ; les cristaux de grès calcaire qu'on a trouvés dans quelques endroits, et très-abondamment aux carrières de Belle-Croix dans le milieu de la forêt, sont très-rares partout ailleurs, et leur formation est due à des circonstances particulières et postérieures au dépôt du grès qui s'est formé pur et sans mélange primitif de calcaire.

L'exploitation qu'on fait de ce grès dans une multitude d'endroits de la forêt et des environs, les blocs innombrables qui couvrent ce sol et qui ont été examinés sur toutes leurs

---

(1) Sur la route du chemin de Milly, dans le lieu dit *la Gorge-aux-Archers*, les blocs de grès portent l'empreinte d'une *désaggrégation* par plaques hexagonales. (Desmarets fils.)

faces par les naturalistes qui parcourent fréquemment cette belle forêt, auraient fait découvrir quelques coquilles, pour peu que ces grès en renfermassent. Ainsi l'absence de tout corps organisé dans les grès de cette formation est aussi bien établie que puisse l'être une vérité négative qui résulte seulement de l'observation.

Il paraît qu'on retrouve cette même formation marine supérieure près d'Étampes. M. de Tristan l'y indique dans un mémoire qu'il a adressé à la Société philomatique. Elle recouvre ici les grès qui sont situés sur le calcaire siliceux, et elle est entièrement ou presque entièrement calcaire.

Cette formation ne consistant quelquefois qu'en une couche très-mince de coquilles marines située entre des bancs puissans de grès sans coquilles et le terrain d'eau douce supérieur, il est probable qu'elle a souvent échappé à nos recherches et à celles des naturalistes qui ont étudié la structure du sol des environs de Paris. Il est à présumer qu'on la retrouvera dans beaucoup d'autres lieux quand on la recherchera exprès et avec attention. Il est possible qu'on en trouve quelques traces sur les grès mêmes des environs de Fontainebleau, entre ces grès et le puissant terrain d'eau douce qui les recouvre dans quelques points.

Nous ne croyons pas que cette dernière couche de coquilles marines indique une troisième ni une quatrième mer; nous n'aurions aucune raison de tirer de nos observations une conséquence aussi hypothétique. Les faits que nous avons exposés nous forcent d'admettre : 1° qu'il y a eu deux grandes formations marines séparées par une formation d'eau douce; 2° que dans chacune de ces grandes formations marines il y a eu des époques de dépôts bien distinctes et caractérisées, premièrement par des couches renfermant des corps marins très-différens les uns des autres dans les couches supérieures et dans les inférieures; secondement par des couches très-puissantes soit argileuses, soit marneuses, soit sablonneuses, qui ne renferment aucun fossile, ni marin, ni fluviatile, ni terrestre.

ARTICLE VIII.

6e *Formation*. — TROISIÈME ET DERNIER TERRAIN D'EAU DOUCE, MEULIÈRES, SILEX ET MARNES.

Les roches que nous avons appelées *Meulières sans coquilles* appartiennent, comme nous l'avons reconnu depuis la première édition de ce Traité, et comme nous l'avons dit (art. VIII de la 1re section, p. 104), à la même formation que les meulières pétries de coquilles d'eau douce, et doivent être réunies à cette formation ; mais leurs caractères minéralogiques et les usages remarquables qui en résultent étant tous différens de ceux des autres roches siliceuse de ce terrain et des marnes, nous croyons devoir en présenter l'énumération géographique séparément, et avec d'autant plus de raison qu'elles sont bien moins répandues que les autres roches.

§ I. *Des meulières proprement dites dans le bassin et hors du bassin de Paris.*

Cette pierre se trouve dans beaucoup d'endroits du bassin de Paris et de ses annexes immédiates, au-dessus du grès marin supérieur ; mais elle n'y est souvent qu'en petite quantité. Nous devons donc nous borner à citer les lieux où elle se présente en masses assez puissantes et assez continues pour être susceptibles d'exploitation, soit qu'on l'extraie comme pierre de construction, soit qu'on en retire des masses assez volumineuses et assez solides pour donner des meules ou au moins des portions de meules à moudre (1).

---

(1) Bruguière avait déjà dit que ces meulières ne renfermaient que des coquilles d'eau douce.

I. *Sur la rive droite ou septentrionale de la Marne et de la Seine.*

1° A l'est et près de Paris, sur la pointe orientale du plateau de Belleville, dans les environs de Fontenay-sous-Bois, on commence à voir quelques débris de meulières compactes, renfermant beaucoup de coquilles d'eau douce, et notamment des bulimes. Ces meulières sont mal caractérisées.

2° Au nord de Paris, sur le plateau de la forêt de Montmorency, principalement sur sa partie méridionale, ce sont des lits interrompus de meulières compactes, très-riches en coquilles d'eau douce, planorbes, limnées et potamides très-bien conservées. Ces meulières sont exploitées pour les constructions, et on peut très-bien en observer le gisement et toutes les modifications, immédiatement au-dessus du village et même de l'église de Saint-Prix, sur le bord méridional du plateau, et jusqu'au-dessus du village de Saint-Leu.

3° Sur la colline de Sannois, qui forme le coteau méridional de la vallée de Montmorency; presque tout ce vaste plateau est comme pavé de meulières compactes, qui ne diffèrent en rien de celles du plateau de Montmorency. On y trouve les mêmes coquilles, dans la même abondance, et on rencontre de même les potamides sur son bord méridional. C'est au nord de Cormeil, vers l'étranglement du plateau, que se présentent les exploitations les plus nombreuses et les plus profondes de meulières.

4° Plus à l'ouest, au-dessus des coteaux qui bordent la Seine, de Triel à Meulan, on remarque encore quelques lits de meulières. Mais ce terrain siliceux d'eau douce ne présente plus ici aussi bien les caractères attribués aux meulières; il prend davantage ceux du silex jaspoïde (1).

II. *Entre Seine et Marne.*

1° On a d'abord, vers l'extrémité orientale du bassin, et immédiatement sur la rive gauche de la Marne, les célèbres exploitations de meulière de La Ferté-sous-Jouarre.

Cette exploitation a lieu sur presque tout le

---

(1) Il y a bien ailleurs des pierres qu'on nomme aussi *meulières* ou pierres à meules, mais elles n'appartiennent pas à la formation dont il est ici question : ce sont ou des parties presque entièrement siliceuses de calcaire siliceux, et quand on a acquis un peu d'habitude, il n'est pas nécessaire de voir ces pierres en place pour les distinguer de la meulière du terrain d'eau douce supérieur, ou des roches d'une nature et d'une origine tout-à-fait différentes de celles qui nous occupent.

plateau, depuis La Ferté-sous-Jouarre jusque près de Montmirail. Mais c'est à La Ferté que le banc de meulière est le plus étendu, le plus puissant et le plus propre à fournir de grandes et bonnes meules. On pense bien que nous avons visité ce canton avec soin : aussi la description que nous allons en donner a-t-elle été faite sur les lieux.

C'est près de La Ferté, et sur la partie la plus élevée du plateau, sur celle qui porte Tarteret, que se fait la plus forte exploitation de meulières, et c'est de cet endroit qu'on tire les plus belles meules.

Le dessous du plateau est, comme nous l'avons dit, de calcaire marin ; au-dessus, mais sur les bords et du côté de la rivière de Marne seulement, se trouvent des marnes gypseuses et des bancs de gypse ; le milieu du plateau est composé d'un banc de sable ferrugineux et argileux qui a dans quelques parties près de 20 mètres de puissance.

C'est dans cet amas de sable qu'on trouve les belles meulières. En le perçant de haut en bas, on traverse d'abord une couche de sable pur qui a quelquefois 12 à 15 mètres d'épaisseur ; la présence des meulières est annoncée par un lit mince d'argile ferrugineuse qui est remplie de petits fragmens de meulières ; on le nomme *pipois*. Vient ensuite une couche épaisse de 4 à 5 décimètres, composée de fragmens plus gros de meulière, puis le banc de meulière lui-même, dont l'épaisseur varie entre 3 et 5 mètres. Ce banc, dont la surface est très-inégale, donne quelquefois, mais rarement, trois épaisseurs de meules. Quoique étendu sous presque tout le plateau, on ne le trouve pas toujours avec les qualités qui permettent de l'exploiter, et pour le découvrir on sonde au hasard. Il est quelquefois divisé par des fentes verticales qui permettent de prendre les meules dans le sens vertical, et on a remarqué que les meules qui avaient été extraites de cette manière faisaient plus d'ouvrage que les autres.

Les carrières à meules sont exploitées à ciel ouvert; le terrain meuble qui recouvre ces pierres ne permet pas de les extraire autrement, malgré les frais énormes de déblaiement qu'entraîne ce genre d'extraction. Les eaux, assez abondantes, sont enlevées au moyen de seaux attachés à de longues bascules à contre-poids : des enfans montent, par ce moyen simple, les seaux remplis d'eau d'étage en étage.

Lorsqu'on est arrivé au banc de meulière, on le frappe avec le marteau : si la pierre est sonore, elle est bonne et fait espérer de grandes meules ; si elle est *sourde*, c'est un signe qu'elle se divisera dans l'extraction. On taille alors dans la masse un cylindre qui, selon sa hauteur, doit donner une ou deux meules, mais rarement trois, et jamais plus ; on trace sur la circonférence de ce cylindre une rainure de 9 à 12 centimètres de profondeur, qui détermine la hauteur et la séparation de la première meule, et on y fait entrer deux rangées de calles de bois ; on place entre ces calles des coins de fer qu'on chasse avec précaution et égalité dans toute la circonférence de la meule, pour la fendre également et pour la séparer de la masse ; on prête l'oreille pour juger par le son si les fissures font des progrès égaux.

Les morceaux de meules sont taillés en parallélipipèdes et sont nommés *carreaux*. On réunit ces *carreaux* au moyen de cercles de fer, et on en fait d'assez grandes meules. Ces pièces sont principalement vendues pour l'Angleterre et l'Amérique.

Les pores de la meulière portent chez les fabricans le nom de *frasier*, et le silex plein celui de *défense*. Il faut, pour qu'une meule soit bonne, que ces deux parties se montrent dans une proportion convenable.

Les meules à *frasier* rouge et abondant font

plus d'ouvrage que les autres; mais elles ne donnent pas une farine aussi blanche et sont peu estimées.

Les meules d'un blanc bleuâtre, à *frasier* abondant, mais petit et également disséminé, sont les plus estimées. Les meules de cette qualité, ayant 2 mètres de diamètre, se vendent jusqu'à 1,200 fr. pièce.

Les trous et fissures de toutes les meules sont bouchés en plâtre *pour la vente;* les meules sont bordées de cerceaux de bois, pour qu'on ne les écorne pas dans le transport.

Cette exploitation de meulière remonte très-haut, et il y a des titres de plus de quatre cents ans qui en constatent dès-lors l'existence; mais on ne faisait à cette époque que des petites meules, et ce genre d'exploitation s'appelait *mahonner*. On a vu par ce que nous avons dit plus haut que les meules extraites des environs de La Ferté-sous-Jouarre sont recherchées dans les pays les plus éloignés.

2° Plus vers Paris, sur le plateau de Moutry, dont la base appartient au calcaire siliceux, et notamment vers la pente orientale de ce plateau, se voient des meulières rouges, poreuses, sans coquilles, qui sont placées immédiatement sur la marne argileuse verte, ce qui est une disposition assez remarquable, et qui indique

que le dépôt de sable et grès marin supérieur manquerait ici. Ces meulières, en lits peu épais, en plaques souvent interrompues, sont divisées en morceaux peu volumineux, qui offrent presque tous un enduit noir particulier. Quoique très-voisines du calcaire siliceux, abondant dans ce canton, et qui y est même dominant, elles s'en distinguent essentiellement par leur position, et facilement par leur couleur et leurs autres caractères minéralogiques.

III. *Sur la rive gauche ou méridionale de la Seine.*

Les meulières du sud de Paris sont généralement plus poreuses, moins coquillières, plus tenaces et plus estimées que celles du nord. On remarque en allant de l'est à l'ouest :

1° Le plateau de Meudon dans presque toutes ses parties. La meulière y est en bancs minces et interrompus, et n'est exploitée que pour les constructions. La meulière coquillière y est très-rare et seulement en lits encore plus minces sur les points les plus élevés.

2° La forêt des Alluets et toute la partie du plateau de la forêt de Marly qui avoisine Les Alluets. La meulière y est plus épaisse qu'à Meudon, et on l'a autrefois exploitée pour en faire des meules.

3° Le cap occidental du plateau de Trappes, et l'appendice de ce plateau qui porte le village de La Queue, sur la route de Versailles à Dreux, au N. O. de Montfort. Les meulières y sont en petits fragmens.

4° Sur le même plateau, mais plus au sud, au-delà de Chevreuse et près de Limours, se trouve l'exploitation de pierres à meules du village des Molières, qui en a pris son nom. Après avoir traversé environ 2 mètres de terre blanche, on trouve deux à trois bancs de meulière situés au milieu d'un sable argileux et ferrugineux : les bancs supérieurs sont composés de meulières en fragmens ; l'inférieur seul peut être exploité en meules : il repose sur du sable ou sur un lit de marne blanche (1).

IV. *Hors du bassin de Paris.*

Le silex meulière, cette roche particulière de formation lacustre, peut être rapporté comme un exemple réel d'une formation locale et très-circonscrite ; il est ou très-rare ou encore très-peu connu hors du bassin de Paris, et nous ne le connaissons qu'en France, et même dans un petit nombre d'endroits ; mais

---

(1) Description des carrières de pierres à meules qui existent dans la commune des Molières, par M. Coquebert-Monbret, Journ. des Mines, n° 22, page 25.

s'il ne se présente pas dans tous ces lieux avec des caractères minéralogiques parfaitement semblables à ceux de la meulière de notre bassin, il offre toujours, comme on va le voir, les caractères géologiques qui donnent une même origine aux meulières de ces différens lieux.

Nous citerons :

1° Les carrières de pierres à meules d'Houlbec près de Pacy-sur-Eure : elles ont été décrites avec détail par Guettard (1). On voit par cette description qu'elles sont recouvertes de sable argileux et ferrugineux, de 5 à 6 mètres de cailloux roulés; que le banc exploité est précédé d'un lit de meulière en fragmens appelé *rochard*, et enfin que ce banc, qui a deux mètres d'épaisseur, repose sur un lit de glaise; par conséquent que toutes les circonstances de gisement sont les mêmes dans ce lieu qu'aux environs de Paris et qu'à La Ferté, qui en est éloigné de plus de trente lieues.

2° Les carrières de pierres meulières de Cinq-Mars-la-Pile, bourg sur la Loire, à quatre lieues et demie au-dessous de Tours et à une et demie au-dessus de Langeais sur la rive droite de la Loire, arrondissement de Chinon, département d'Indre-et-Loire.

---

(1) Mémoire de l'Acad. des Sc. de Paris, 1758, page 203.

Je n'ai pas vu ce canton, mais j'ai reçu de M. Duvau des échantillons suffisamment caractérisés pour indiquer à quelle formation ces meulières appartiennent et quelques renseignemens sur leur gisement.

Elles sont en banc assez puissant dans un sol marneux et argileux. Ce banc solide est recouvert de fragmens de meulières, et consiste principalement en silex pyromaque grisâtre ou roussâtre assez translucide, rempli de cavités et traversé par ces tubulures sinueuses qui se montrent presque constamment dans les terrains d'eau douce. On y trouve des moules de coquilles d'eau douce qui paraissent avoir appartenu à des limnées et à des paludines; cette roche passe au silex corné grisâtre ou blanchâtre, ses fissures sont couvertes de dendrites, et les parois de ces cavités tapissées de concrétions siliceuses mamelonnées.

Les meules qui proviennent de ces carrières, dont les parties les plus estimées portent les noms de *jariais noir*, *jariais gris*, *grain de sel* et *œil de perdrix*, sont transportées, par Nantes, dans toute la Bretagne et jusqu'en Amérique, et se vendent de 90 fr. à 120 fr.

3º Une roche siliceuse de même nature, c'est-à-dire à pores plus ou moins grands, se trouve et s'emploie avec avantage près du lieu nommé La Fermeté-sur-Loire, canton de St-Benin-d'Azy, département de la Nièvre, à une demi-lieue de la Loire; nous n'avons aucun renseignement précis sur son gisement.

§ II. *Des autres terrains d'eau douce supérieurs dans le bassin de Paris.*

Nous allons reprendre, dans le même ordre géographique, l'examen des principaux terrains d'eau douce dont la position supérieure dans ce bassin est bien déterminée. Nous parlerons, dans un troisième paragraphe, de ceux dont la position relative est encore incertaine, du moins pour nous. Mais le terrain d'eau douce est si abondamment répandu dans ce bassin, que nous n'avons ni l'intention ni la possibilité de désigner tous les lieux où il se présente. Nous devons nous contenter d'en indiquer un certain nombre dans des points éloignés, et surtout de choisir ceux qui sont les plus remarquables.

I. *Sur la rive droite ou septentrionale de la Marne et de la Seine.*

Presque toutes les collines gypseuses qu'on voit à l'est depuis Meaux, et au nord de Paris, sont terminées à leur sommet par des plateaux plus ou moins étendus, composés de terrain d'eau douce siliceux. Ce sont des silex cornés, des silex jaspoïdes, des meulières compactes pétries de limnées, de planorbes, de gyrogonites et de coquilles turbinées que l'un de nous a décrites sous le nom de *potamides* (1).

Les sommets des collines de Carnetin, de Chelles et Villemomble, de Dammartin, de Montmorency, de Marines et Grisy, de Belleville, de Sannois et de Triel à Meulan, appartiennent à cette formation.

Sur le plateau de Carnetin, le terrain d'eau douce siliceux est composé de bancs de silex jaspoïde, de silex agatin; il est rempli de limnées, de planorbes dont les cavités sont tapissées de petits cristaux de quarz et d'une espèce de *cyclostoma* différente du *mumia* et qui se rapproche beaucoup de l'espèce vivante que Draparnaud a nommée *cyclostoma patulum*.

Nous avons décrit la plupart des autres plateaux en traitant particulièrement des meulières au § I.

Ces roches siliceuses sont toujours les plus superficielles; elles ne sont recouvertes que par la terre végétale et par un peu de sable argilo-ferrugineux; elles sont disposées en bancs interrompus, mais réguliers et hori-

---

(1) Alex. Brongniart, Ann du Mus. d'Histoire naturelle, tome xv, page 38, planche I, fig. 3.

zontaux, lorsqu'on ne se contente pas de les observer sur les pentes rapides des vallons. Dans ces derniers lieux, elles se présentent en fragmens bouleversés; mais elles sont toujours dans un sable rougeâtre argilo-ferrugineux qui recouvre le banc puissant de sable sans coquilles.

II. *Entre Seine et Marne.*

Le terrain d'eau douce supérieur ne se montre dans ce canton que sur un très-petit nombre de points, et on reconnaîtra facilement la cause de cette rareté, en remarquant que ce grand espace triangulaire, renfermé entre les deux rivières, montre presque partout à la surface du sol le calcaire siliceux ou calcaire d'eau douce inférieur. Or, les deux terrains qui le suivent, le gypse et le grès marin, et qui sont entre lui et le dernier terrain d'eau douce, manquant dans cet espace, ce dernier terrain doit aussi manquer. Aussi n'est-ce que sur quelques buttes gypseuses, comme isolées et voisines des bords de la Marne, qu'on en retrouve des lambeaux, à Jouarre, à Quincy près de Meaux, à la butte du Griffon, au château de Cœuilly au-dessus de Champigny. C'est généralement un silex jaspoïde.

III. *Rive gauche ou méridionale de la Seine.*

Ce terrain est beaucoup plus étendu sur la rive gauche de la Seine.

La partie superficielle de ce plateau élevé et immense qui s'étend du nord au sud, depuis Les Alluets jusqu'aux rives de la Loire, et de l'est à l'ouest, depuis Meudon et les rives du Loing jusqu'à Épernon et Chartres, appartient à la formation d'eau douce supérieure ; toutes les plaines de la Beauce en font partie. Le terrain siliceux y est plus rare que le terrain calcaire : le premier ne se montre en masse qu'aux sommets des collines ou des buttes de sable qui dominent le plateau général, telles que celles de Saint-Cyr près de Versailles, de Meudon, de Clamart, de Palaiseau, de Milon, etc., ou bien en rognons dans le terrain calcaire ; celui-ci, au contraire, forme la partie dominante des plaines de la Beauce, et dans quelques endroits il joint à une épaisseur considérable une assez grande pureté. La plaine de Trappes, au sud-ouest de Versailles, est composée d'un calcaire friable qui renferme des noyaux siliceux, et qui est pétri de limnées, de planorbes et de gyrogonites. Celui des environs d'Étampes et de Saint-Arnould a une épaisseur considérable. On l'a pris quelquefois pour de la craie, et on l'a décrit comme tel; mais quand on examine avec attention les carrières de pierre à chaux situées près de ces lieux, on voit qu'on y exploite un calcaire rempli de coquilles d'eau douce et renfermant des blocs énormes de silex. Les carrières de Menger, qui dépendent de Saint-Arnould, offrent des bancs qui ont jusqu'à seize mètres d'épaisseur; il paraît même qu'en allant vers le sud, ce terrain augmente encore d'épaisseur, comme l'indiquent les descriptions que MM. Bigot de Morogues et de Tristan ont données du calcaire d'eau douce des environs d'Orléans; mais il serait également possible que dans cette direction le terrain sableux intermédiaire ait disparu et que les deux terrains d'eau douce se fussent déposés l'un sur l'autre sans intermédiaire.

La forêt de Fontainebleau et l'intervalle compris entre cette forêt et Malesherbes offrent de nombreux plateaux de calcaire d'eau douce d'une épaisseur et d'une consistance assez considérables pour être dans beaucoup de points exploités comme pierre à chaux. Nous allons les décrire avec détails; et comme les collines qui les portent se dirigent généralement du sud-est au nord-ouest, nous irons du nord au sud, afin de les couper.

En arrivant à Fontainebleau par la route de Melun, on commence à monter par une pente douce sur le plateau de sable à La Rochette. Tout nous a paru être de grès jusqu'au mont Tussy, à l'exception du bas qui est de calcaire siliceux. C'est du point dit la *Table du Grand-Maître*, en allant aux carrières de Belle-Croix par la route ronde, qu'on peut voir le chapeau de calcaire d'eau douce qui recouvre le grès et qui constitue le bord septentrional de la colline sur laquelle on monte. Le calcaire y est compacte, grisâtre, rempli de canaux sinueux, presque perpendiculaires aux surfaces de stratification. Il montre de temps à autre de nombreuses coquilles d'eau douce, et notamment celle que nous avons nommée *cyclostoma elegans antiquum*. Cette colline, aplatie à son sommet, s'étend de l'est à l'ouest, et comprend les lieux nommés la Bihourdière, la Croix-d'Augas, le mont Tussy, le grand mont Chauvet, Belle-Croix et le bord septentrional du mont Saint-Père.

Du grand mont Chauvet à Belle-Croix, en suivant les hauteurs de la Solle, on ne voit plus de calcaire d'eau douce; mais le plateau des monts de Fais est recouvert de ce calcaire, notamment vers la Table du Grand-Maître.

Belle-Croix est l'espèce d'isthme qui réunit les monts de Fais et le mont Saint-Père. Le calcaire d'eau douce de Belle-Croix repose sur une marne calcaire jaunâtre. Nous croyons pouvoir attribuer à la présence du calcaire de ce sol supérieur les cristaux de grès calcaire qu'on trouve si abondamment dans les carrières de ce lieu, et qui sont implantés et groupés sur les parois des cavités qu'on observe dans les bancs ou entre les bancs, ou disséminés dans le sable qui remplit ces cavités.

Dans la partie du plateau du mont Saint-Père qui avoisine la Croix du Grand-Veneur, les grès sont presque superficiels; on trouve seulement quelques fragmens de calcaire d'eau douce épars.

A la descente du plateau de la Bihourdière par la Croix-d'Augas et le Calvaire, du côté de Fontainebleau, il n'y a plus de calcaire. Le grès, dont les bancs semblent se relever vers le sud, règne jusqu'au sommet.

Le mont Perreux et le mont Fessas, qui sont des caps très-avancés de ce même plateau, et dirigés vers l'est, la butte de Macherin et la butte dite *de Fontainebleau*, qui sont deux autres caps de ce plateau dirigés vers l'ouest, sont recouverts de calcaire d'eau douce, rempli de limnées et de planorbes. Au mont Perreux ce calcaire a quatre mètres d'épaisseur, et est exploité comme pierre à chaux.

Tout-à-fait à l'est de Fontainebleau, les buttes isolées du Monceau et du mont Andart sont couronnées de calcaire d'eau douce.

Vers le sud de Fontainebleau viennent d'abord quelques buttes et collines peu étendues. Celles qui portent du calcaire d'eau douce sont toujours aplaties à leurs sommets, et sans aucun bloc de grès : telles sont le Mail d'Henri IV, le mont Merle, le mont Morillon, le mont Enflammé, le cap dit *la Queue de la Vache*, et la butte dite de *Bois-Rond*.

Viennent ensuite, en reprenant à l'est, la Male-Montagne, dont le bord méridional seulement est en calcaire, le Haut-Mont, le Ventre-Blanc, le plateau des Trembleurs, puis le grand plateau qui porte à l'est la Garde de la Croix de Saint-Herem, et à l'ouest la Garde de la Croix de Souvray. Dans la première partie nous avons vu le calcaire d'eau douce au petit et au grand Bourbon, au rocher Fourceau, au rocher aux Fées, aux forts de Marlotte, et surtout à la descente de Bouron. On reconnaît ici quatre bancs de calcaire d'eau douce formant une épaisseur d'environ cinq mètres, et reposant sur le grès.

Vers la Croix de Souvray, ce terrain, probablement moins épais, est aussi beaucoup moins visible; on ne peut juger de sa présence que par les fragmens que l'on en trouve épars de tous côtés jusqu'à Ury. Mais plus loin au sud-ouest et hors de la forêt, à La Chapelle-Butteaux, il se présente en bancs assez épais pour être exploités, et à la descente de Merlanval il renferme d'abondantes infiltrations de silice (1).

Au nord-ouest de Fontainebleau, sur la route de Paris, à la descente vers Chailly, on voit encore très-distinctement le sable pur sous le calcaire d'eau douce qui est en très-gros banc; il y a entre lui et le sable un petit lit de marne argileuse.

Nous devons faire remarquer que ces collines longues et étroites qu'on nomme ordinairement *rochers*, tels que les rochers du Cuvier-Châtillon, d'Apremont, de Bouligny, du mont Morillon, etc., sont uniquement composées de grès jusqu'à leur sommet. Les fragmens de leurs bancs déchaussés sont tombés les uns sur

---

(1) Il serait possible que ce fût dans ce dernier endroit le calcaire siliceux inférieur au grès.

les autres, et leur ont donné cet aspect de ruine et d'éboulement qu'elles présentent.

Les plateaux qu'on appelle plus particulièrement *monts* sont au contraire très-étendus; leurs bords sinueux offrent de nombreux caps; leur sommet est plat et a conservé presque partout un chapeau calcaire sur lequel s'est établie la belle végétation qui les couvre. Les *rochers* ne portent guère que des bouleaux et des genévriers, et plus souvent ils ne portent aucun arbre; les *monts* ou *plateaux* à surface calcaire sont au contraire couverts de beaux chênes, de hêtres, de charmes, etc. (1)

A mesure qu'on s'avance vers le nord-ouest, le terrain d'eau douce semble diminuer d'épaisseur, et les masses de grès devenir plus puissantes et plus élevées. Il est cependant encore très-épais, comme nous l'avons dit, à Étampes, à Saint-Arnould, etc.; mais il devient plus mince près de Rambouillet, et il semble réduit à une couche d'un mètre d'é-

---

(1) Il n'est pas nécessaire d'aller sur les lieux pour prendre une juste idée de ces différences, l'inspection d'une bonne carte suffit. La partie de la nôtre qui porte la forêt de Fontainebleau est sur une trop petite échelle pour qu'on puisse faire ces observations; mais on peut consulter la carte de la forêt de Fontainebleau publiée en 1778, sans nom d'auteur, et gravée par Guillaume de La Haye.

paisseur aux environs d'Épernon : nous ne le connaissons même plus, ni au-delà de cette ville, ni au-delà d'une ligne qui irait d'Épernon à Mantes, en passant par Houdan.

Près de Rambouillet, au midi du parc, et vers le sommet du coteau d'où l'on descend à la porte dite de *Mocque-Souris*, des coupes faites dans ce coteau permettent d'en étudier la composition. On y reconnaît vers la surface du sol le terrain d'eau douce entièrement calcaire, et ayant environ deux mètres d'épaisseur ; il est composé de bancs minces, tantôt durs, tantôt friables, renfermant une très-grande quantité de coquilles d'eau douce. Il pose sur un sable sans coquilles qui représente la formation du grès ; mais entre ce calcaire et le sable on voit un petit lit de glaise feuilletée, d'un vert foncé mêlé de jaune, et recouvert de marne friable d'un jaune isabelle. On trouve dans cette marne une petite couche régulière et horizontale entièrement composée de coquilles turriculées semblables aux cérites, et que nous avons désignées sous le nom de *potamides*. Elles y sont entières, et ont conservé leur couleur ; mais elles sont tellement friables qu'il est impossible d'en obtenir une sans la briser.

De Rambouillet à Épernon on ne perd presque pas de vue le terrain d'eau douce; il est toujours au-dessus des grès ou des sables qui les représentent, et de nature calcaire, jusqu'après le parc de Voisin.

A Épernon il change de nature. Les cinq caps des collines qui entourent Épernon sont, comme nous l'avons dit page 470, en grès depuis leur base jusqu'à leur sommet. Les plus remarquables de ces caps par les masses énormes de grès qui les composent, sont celui de la Madeleine, au nord, et celui des Marmousets, à l'est. Ce dernier est l'extrémité de la côte très-escarpée qui borde au nord le vallon de Droué; son bord méridional est plus bas et arrondi. Le coteau septentrional est composé, de sa base presque jusqu'à son sommet, de bancs énormes d'un grès dur, homogène, gris, et sans aucune coquille. Le sommet du plateau est formé par le terrain d'eau douce entièrement siliceux. Il offre un banc horizontal très-régulier d'environ un mètre d'épaisseur, souvent très-dense, et qui présente quatre variétés principales :

1° Un silex gris, translucide, ayant la cassure terne, cireuse et même cornée ;

2° Un silex fauve, très-translucide, très-facile à casser, ayant la cassure conchoïde et lisse ;

3° Un silex jaspoïde d'un blanc opaque ou d'un blanc de cire, à cassure cireuse et écailleuse, et très-difficile à casser;

4° Un silex jaspoïde opaque, un peu celluleux, ayant enfin tous les caractères d'une meulière compacte.

Quoique ces variétés semblent se trouver partout indistinctement, il paraît cependant que la seconde est plus commune vers l'extrémité du cap qu'ailleurs.

Toutes renferment en plus ou moins grande quantité des coquilles d'eau douce; certaines parties du banc en sont criblées, et quelquefois on fait vingt mètres et plus sans pouvoir en découvrir une seule. Ces coquilles sont des planorbes arrondis, des planorbes cornet, des limnées œuf, des limnées cornés, des potamides de Lamarck, quelques hélices de Morogues et des gyrogonites.

On ne voit bien ces bancs à leur place que lorsqu'on a tout-à-fait atteint le sommet du plateau. Si l'on recherche ces pierres sur le bord de l'escarpement, on parvient à les trouver; mais elles sont en fragmens épars dans la terre végétale et dans le sable rougeâtre qui est immédiatement sous elles, qui recouvre le grès et qui pénètre même dans les fentes de ses premiers bancs.

Parmi les plateaux et les lieux que nous avons nommés en commençant l'énumération des terrains d'eau douce supérieurs situés sur la rive gauche de la Seine, nous en rappellerons quelques-uns qui présentent des particularités dignes d'être remarquées.

1° Palaiseau, que nous avons déjà cité pour ses grès, montre, au sommet de ses collines, de nombreux troncs d'arbres pétrifiés en silex et disséminés dans les sables supérieurs ; on en trouve de très-volumineux.

2° A Longjumeau, presqu'immédiatement au-dessus des terrains gypseux, on voit le terrain d'eau douce siliceux, riche en végétaux fossiles et en coquilles d'eau douce réunis dans le même morceau avec des potamides. Nous avons décrit cette association instructive, page 436.

3° En allant de Versailles à Pontchartrain, on traverse, avant de descendre dans la vallée où est le château de ce nom, un coteau assez élevé qui porte le bois de Sainte-Appoline, que nous avons déjà mentionné, page 468, en parlant des grès supérieurs ; au-dessus de ces grès se voient de nombreux fragmens de silex jaspoïde jaunâtre, qui renferment une très-grande quantité de petits cyclostomes, et même on ne voit guère d'autres coquilles d'eau douce dans ces pierres.

4° Enfin nous avons parlé, page 382, des silex et meulières d'eau douce qu'on trouve sur les sommets des coteaux élevés qui bordent la vallée de la Maudre du côté de Beyne.

Tels sont les terrains qui nous paraissent appartenir à la troisième formation d'eau douce. L'époque de formation des terrains suivans n'étant pas aussi clairement déterminée, nous avons cru devoir les placer séparément dans des descriptions spéciales, sauf à indiquer à la suite de chacun d'eux la formation à laquelle nous croyons pouvoir les rapporter.

§ III. *Des terrains d'eau douce, dans le bassin de Paris, dont la position est incertaine.*

Le nombre de ces terrains, dont la description tenait une assez grande place dans la première édition de cet ouvrage, est maintenant considérablement diminué; la plupart des terrains compris alors sous ce titre ont été rattachés à la formation à laquelle on a reconnu depuis lors qu'ils appartenaient, et il est probable que dans peu d'années ils pourront être tous classés avec certitude.

Nous pouvons maintenant les réduire à deux

seulement, et encore ces deux exemples sont-ils pris tout-à-fait sur les limites et presque en dehors de notre bassin, et ce n'est même que par une réserve scrupuleuse que nous n'osons encore établir leur position réelle. Ces deux terrains sont : 1° au sud, ceux des environs de Château-Landon; 2° au nord, ceux du Soissonnais, décrits par M. Héricart-Ferrand.

I. Château-Landon est une petite ville située dans le département de Seine-et-Marne, à six lieues environ et au sud de Fontainebleau, dans la vallée du Loing. Les carrières d'où l'on extrait le calcaire d'eau douce compacte, connu à Paris sous le nom de *marbre de Château-Landon*, sont à environ une demi-lieue de cette ville; le terrain dans lequel elles sont creusées est géographiquement hors du bassin de Paris; mais il lui appartient géologiquement, car il lui est lié sans interruption par les calcaires d'eau douce soit inférieurs, soit supérieurs, de la forêt de Fontainebleau, qui se prolongent vers le midi jusqu'à Château-Landon, et peut-être un peu au-delà.

Dans le lieu même de l'exploitation, on ne voit que le calcaire. Il est à la surface du sol et on ne sait pas sur quelles roches il repose.

On n'a donc ici pour déterminer la position que la nature de ces roches et celle des corps organisés fossiles qu'elles renferment.

Le calcaire est compacte, fin, gris, jaunâtre, brunâtre et même noirâtre dans quelques parties; il est dense, assez dur, très-solide, et sa cassure est conchoïde et un peu esquilleuse. Toutes ces qualités le rendent susceptible d'être taillé facilement et même de recevoir, jusqu'à un certain point, le poli. Sa pesanteur spécifique est de 2641. Mais il est caverneux; les cavités qu'il présente sont ou irrégulièrement distribuées dans la masse, ou disposées en canaux sinueux plus ou moins renflés, et à peu près perpendiculaires aux surfaces de la stratification. Elles sont quelquefois remplies ou simplement tapissées de cristaux de calcaire spathique; cette circonstance est une de celles qui s'opposent davantage à l'emploi de cette pierre pour les objets d'ornement, parce qu'elle ne lui permet pas de prendre un poli égal et un lustre constant.

On n'y observe ni rognons siliceux, ni infiltrations siliceuses; du moins, s'il y en a, elles y sont très-rares, car nous ne nous rappelons pas en avoir vu, et les exploitans font remarquer que les concrétions brillantes que ce calcaire renferme ne sont pas plus dures que la masse; elle contient des coquilles qui y sont, il est vrai, peu répandues; mais néanmoins il serait extraordinaire de voir un grand nombre de pierres extraites de ces carrières sans en découvrir quelques-unes, et si c'est sur le lieu même qu'on les cherche on en trouve beaucoup plus, car les coquilles sont plus communes dans les parties noires et un peu argilo-bitumineuses, qu'on n'emploie pas, que dans les parties compactes, homogènes et jaunâtres, qui sont l'objet principal de l'exploitation.

Ces coquilles sont toutes lacustres. Ce sont presque uniquement des planorbes voisins du *Planorbis rotundatus* et des limnées qui ressemblent beaucoup au *Limneus longiscatus* A. Br.; mais leur état de liaison intime avec la pierre en a tellement émoussé les contours et effacé les détails, qu'on ne peut en déterminer exactement les espèces.

On remarque, dans la carrière, des bancs puissans de plus d'un mètre assez distinctement stratifiés; la partie supérieure de ces bancs est d'une couleur plus foncée que le reste; elle est moins dense, moins pure, et c'est celle qui contient le plus de coquilles.

Si l'on n'avait que ces renseignemens, les seuls que nous ayons pu prendre sur les lieux, il serait très-difficile d'établir une opinion probable sur le terrain d'eau douce auquel le calcaire de ce lieu doit être rapporté : l'absence de toute roche recouvrant, celle du silex, la présence d'un assez grand nombre de coquilles, et même les couleurs noirâtres de certaines parties, lui donneraient des analogies avec le terrain d'eau douce supérieur, si épais et si compacte dans la forêt de Fontainebleau. Mais sa position dans une plaine assez basse, plutôt que sur un plateau, ses infiltrations calcaires, sa puissance, son homogénéité et surtout sa solidité remarquable et durable, lui donnent d'un autre côté de grandes analogies avec le calcaire d'eau douce inférieur, ou calcaire siliceux, et quand on compare sa position dans ce lieu à celle de ce calcaire à Septeuil, on lui trouve encore de plus grands rapports avec cette formation d'eau douce inférieure, qui nous a fait voir à Septeuil, près de Mantes, des coquilles d'eau douce dans ses assises supérieures, noirâtres et argileuses comme à Château-Landon. Le calcaire lacustre de Château-Landon, observé isolément, paraît donc avoir déjà des analogies assez prédominantes avec le calcaire lacustre inférieur : ces rapports sont puissamment fortifiés lorsqu'on suit les couches calcaires de proche en proche jusqu'au terrain lacustre évidemment inférieur.

A Faÿ, entre Château-Landon et Nemours, mais plus près de ce dernier lieu, on remarque sur le bord de la vallée du Loing la succession suivante de roches, en allant de bas en haut.

1° Un dépôt puissant de poudingue siliceux qu'on sait être dans ces cantons immédiatement superposé à la craie. Il est purement siliceux dans sa partie inférieure, et un peu calcaire dans sa partie supérieure.

2° Un banc assez épais de calcaire lacustre, semblable en tout à celui de Château-Landon.

3° Un dépôt de sable mêlé de blocs de grès qui paraît analogue au grès de Fontainebleau.

En s'approchant encore plus de Nemours, on retrouve, au lieu dit la vallée des Châtaigniers, la succession complète des couches qui composent toutes les formations connues dans ce canton, c'est-à-dire toujours en allant de bas en haut :

1° La craie avec silex ;

2° Le poudingue siliceux que nous venons de mentionner ;

3° Un calcaire lacustre avec des silex roulés, disséminés dans sa partie inférieure ;

4° Le grès en blocs et même en bancs avec un peu de sable ;

5° Et au-dessus, mais pas dans tous les points, le calcaire lacustre supérieur ;

Nous n'avons vu ni ces deux endroits, ni la succession des couches que nous venons de décrire ; mais nous tenons cette description de M. Berthier, ingénieur des mines, qui habite souvent Nemours, qui connaît parfaitement la géologie de ses environs, et qui, instruit de nos doutes sur la position du calcaire de Château-Landon, a bien voulu faire les observations précédentes avec l'intention de les éclaircir.

Il est donc extrêmement probable que le calcaire lacustre de Château-Landon appartient à la formation d'eau douce moyenne ou gypseuse.

II. *Terrain d'eau douce des environs de Soissons.*

Celui-ci a été observé et décrit par M. Héricart-Ferrand ; il est superficiel et ne doit pas être confondu avec le premier terrain d'eau douce de nos terrains de sédiment supérieur, qui est accompagné de lignite et d'argile plastique, et dont nous avons parlé p. 48 et p. 192.

Ce terrain H (pl. C, fig. 1, coupes AB et AC) est composé en général d'un calcaire marneux coquillier, de silex et de meulière qui contiennent dans quelques lieux (à Louastre) des gyrogonites et des coquilles d'eau douce, qu'on peut rapporter au *planorbis rotundatus*, au *limneus corneus*, etc.

Il est toujours superficiel, et ne se montre même que sur les points les plus élevés, comme le font voir les coupes AB et AC, allant la première, du nord-est au sud-ouest, de Soissons en B à Louastre, et la seconde, du nord au sud, de Soissons au pont Bernard, sur l'Ourcq.

Les couches sur lesquelles il est placé sont, en allant de haut en bas :

FGE un banc de sable sans coquilles renfermant des masses et des grès également sans coquilles ;

D des assises plus ou moins multipliées de calcaire grossier coquillier analogue au calcaire grossier des environs de Paris, renfermant les mêmes coquilles que lui ;

C une masse considérable de sable qui recouvre les lits B d'argile plastique et de lignites.

Les caractères minéralogiques de ce terrain

d'eau douce se rapportent tous à celui de la formation supérieure. Les circonstances qui peuvent jeter quelques doutes sur ce rapprochement sont toutes négatives et tiennent à l'absence du gypse, du terrain d'eau douce moyen ou calcaire siliceux, et du terrain marin supérieur au gypse; mais on sait que les environs de Soissons sont tout-à-fait hors de notre bassin gypseux, qui ne paraît pas s'étendre au nord-est au-delà de Nanteuil-le-Haudouin, et le relèvement des couches par l'augmentation considérable dans l'épaisseur du banc de sable au-dessous du calcaire grossier semble indiquer la cause de la cessation du gypse dans ce canton.

Il nous paraît donc très-probable que le terrain d'eau douce superficiel des plaines élevées au sud de Soissons, et qui se montre en place plus particulièrement à Louastre, au plateau de Cugny-les-Ouches, au plateau du Plessier-Huleux, au plateau d'Hartennes, et en fragmens épars au mont de Soissons et sur le plateau du château de Fère, il nous paraît, disons-nous, que ce terrain appartient à la troisième et dernière formation d'eau douce, comme le présume M. Héricart-Ferrand dans la lettre qu'il nous a fait l'honneur de nous écrire à ce sujet, et qui donne sur ce terrain des détails propres à faire très-bien connaître les cantons qu'il a visités (1).

---

(1) Voyez Ann. des Mines, vol. de 1821, page 419.

DE QUELQUES TERRAINS
D'EAU DOUCE
POSTÉRIEURS AU CALCAIRE GROSSIER, HORS DU BASSN DE PARIS;

PAR M. ALEX. BRONGNIART.

Depuis que nous avons fait remarquer que ce terrain formait aux environs de Paris une des parties constituantes de son sol, la plus importante par son étendue, sa puissance et ses caractères particuliers et constans, depuis que j'ai développé et spécifié ces caractères dans un Mémoire particulier (1), on a reconnu dans une multitude de lieux des terrains de cette même formation. Ces lieux sont maintenant si nombreux que je n'ai pas la prétention d'en donner ici une énumération complète. Je l'étendrai néanmoins suffisamment pour qu'on y trouve des exemples pris de tous les pays où on l'a reconnue, et pour y comprendre tous ceux qui présentent quelques particularités remarquables.

Dès qu'on est sorti du bassin de Paris, où une formation marine bien déterminée sépare les terrains d'eau douce moyens ou gypseux des terrains d'eau douce supérieurs, il devient très-difficile et souvent même impossible de suivre cette distinction. On doit donc s'at-

---

(1) Ann. du Muséum, tome xv, page 357.

tendre à trouver réunis ici tous les terrains d'eau douce qui sont postérieurs à la formation du calcaire grossier; et on aura le tableau à peu près complet de ces terrains en y joignant ceux qui ont été décrits ou désignés à la suite de l'article des lignites et de l'argile plastique, p. 190, et qui viennent d'être décrits à la suite du gypse à ossemens, p. 449.

Nous suivrons dans cette description un ordre géographique, en allant généralement de l'ouest à l'est et du nord au sud.

§ I. *En Espagne.*

C'est par M. de Férussac (1) seul que nous avons quelques notions sur l'existence du terrain d'eau douce en Espagne, quoique M. Bosc l'y eût déjà présumé. M. de Férussac indique le calcaire d'eau douce rempli de petites paludines, de planorbes et de limnées dans des endroits très-éloignés les uns des autres.

1° Dans la province de Burgos, notamment dans les environs de cette ville et jusqu'à Palencia, la roche fondamentale employée dans la construction est un calcaire lacustre.

2° Dans les environs de Frejenal, sur les frontières de l'Estrémadure et du royaume de Séville, la roche est remplie de planorbes qui se rapprochent des *planorbis vortex*.

§ II. *En France.*

Les lieux où l'on connaît les terrains d'eau douce en

---

(1) Mém. géol. sur les terrains formés sous l'eau douce, etc., par M. J. Daudebard de Férussac, 1814.

France sont déjà très-nombreux. Nous nous bornerons à citer les suivans :

Dans le département des *Landes*. — A Bernos ce sont, d'après M. Greenough, des silex qui renferment des planorbes.

Près de Castres, dans le département du *Tarn*. — C'est un calcaire compacte gris qui recouvre des lignites ; il est tantôt solide et tantôt tendre, et renferme constamment, suivant M. Cordier, des planorbes et des limnées.

Dans le département de l'*Aude* on voit un calcaire lacustre compacte, solide, grisâtre ou blanchâtre, criblé de cavités et rempli de coquilles d'eau douce, parmi lesquelles paraissent dominer les limnées voisins du *L. ovum*, A. Br. Non loin de ce lieu, près de Fitou sur le bord de l'étang de Sigean, on remarque dans la vase de cet étang une aggrégation de coquilles marines de rivage, c'est-à-dire de cérites et de *cardium edule*, qui peut contribuer à expliquer les mélanges de coquilles d'eau douce et de coquilles marines observées dans des couches maintenant bien loin de la mer et recouvertes d'autres couches (1).

Dans le département de l'*Hérault* près de Montpellier, et dans des lieux plus ou moins éloignés de cette ville (2). Le terrain d'eau douce paraît appartenir à une

---

(1) Je tiens ces renseignemens et les échantillons que je décris de M. Coquebert-Montbret.

(2) Mém. sur les terrains d'eau douce, par M. Marcel de Serres ; Journ. de Phys., tome 87, 1818, juillet, août et septembre.

des formations les plus récentes. Il est immédiatement appliqué sur des terrains d'âge très-différens, et plutôt vers le sommet des collines ou sur les plateaux que dans le fond des vallées; il ne s'offre que sur des espaces peu étendus. On l'observe : 1° aux environs de Montpellier, dans la vallée du Lez; 2° dans la vallée de l'Hérault, à Ganges et à Saint-Guillen-le-Désert : il est immédiatement superposé au calcaire marin; 3° dans la vallée de Condoulous, près d'Avèze : ici il repose sur le schiste argileux; 4° dans la vallée d'Arres, près de Lasfons, où cette même formation est placée sur le calcaire à ammonites; 5° dans la vallée du Gardon, entre Saint-Jean-de-Gardonnenque et Anduze : c'est dans celui-ci que l'auteur a remarqué l'*helix algira*; 6° au lieu nommé La Vabre près de Mende; 7° près de Lodève, dans les vallées de l'Ergue et du Brez.

Ce terrain, près de Montpellier, est immédiatement situé au-dessous de la terre végétale et composé d'un calcaire jaunâtre mêlé de calcaire rougeâtre. Il renferme en coquilles fossiles des *helix* avec leur test à peine altéré, qui ne paraissent pas différer des *helix variabilis, neglecta, stricta*, et du *cyclostoma elegans*. Au-dessus de Castelnau ce terrain devient plus épais et s'élève de 100 à 150 mètres au-dessus de la rivière. Il est composé d'un calcaire tendre et poreux, déposé quelquefois en feuillets minces, et présente aussi quelquefois des bancs de calcaire solide quoique léger, qui ont de 20 à 30 mètres d'épaisseur. Ce terrain renferme une grande quantité d'empreintes de végétaux, tant de tiges que de troncs d'arbres situés dans toutes sortes de directions, et mêlées néanmoins de coquilles extrêmement fragiles. La disposition du terrain semble indiquer, par le désordre qui règne dans ses couches, une grande agitation dans le liquide qui l'a déposé.

Près de l'église de Castelnau le terrain d'eau douce repose immédiatement sur le calcaire marin.

On remarque que presque toutes les coquilles enfouies dans ce terrain peuvent se rapporter à des espèces actuellement vivantes en France. M. Marcel de Serres fait observer en outre que l'*helix nemoralis*, qui fait partie de ces fossiles, se trouve en effet dans le nord de la France, mais ne vit plus maintenant aux environs de Montpellier. Parmi les végétaux, beaucoup de feuilles peuvent se rapporter à celles de la vigne, du *nerium*, du chêne vert, de l'olivier, etc.; les fruits, à ceux du pin, et aussi à la capsule d'un *convolvulus* un peu différent de tous ceux que l'on connaît.

Dans le département du *Gard* on connaît, près de Sommières et près d'Alais, des terrains d'eau douce qui paraissent appartenir à des époques de formation assez différentes.

Le premier a été décrit par M. Marcel de Serres. On l'observe sur les rives du Vidourle depuis Sommières jusqu'au-delà du village de Salinelles : il constitue la colline de Montredon, élevée d'environ 150 mètres au-dessus du niveau de la rivière. Cette colline est composée de deux sortes de roches calcaires. La plus inférieure est un calcaire siliceux compacte, gris de fumée pâle, ressemblant par sa cassure et sa texture au calcaire de même formation des environs de Mantes qu'on nomme *clicart*. On n'y distingue aucune stratification, et il ne renferme que des paludines et des limnées. La roche calcaire supérieure est beaucoup plus tendre, poreuse, traversée d'une multitude de tubulures sinueuses qui indiquent les passages de dégagement d'un gaz. Ce calcaire supérieur est divisé en plusieurs assises un peu inclinées ; il renferme des planorbes et des hélices qu'on ne voit pas dans l'inférieur, et ne présente même que très-rarement les paludines et les limnées du calcaire inférieur. Ces coquilles et ces tubulures sont remplies ou enduites d'oxide de fer, et le calcaire répand souvent par le choc une odeur fétide. Nous ferons remarquer que ces rapports de position du calcaire siliceux et du terrain d'eau douce presque marneux sont les mêmes dans le département du Gard que dans le département de la Seine, où nous les avons observés pour la première fois.

C'est dans le même lieu que se trouve la magnésite de Salinelles, mise dans le commerce sous le nom de *pierre à décrasser de Salinelles*. Comme le terrain composé de couches alternatives de calcaire et d'argile marneuse qui renferment la magnésite suit immédiatement, sans aucun indice de séparation et en stratification parfaitement concordante, le terrain évidemment d'eau douce, M. Marcel de Serres regarde cette roche comme appartenant à cette formation, et l'opinion que j'ai émise à ce sujet à l'article du calcaire siliceux et de la magnésite de Coulommiers, p. 361, se trouve confirmée, et par l'analyse, et par toutes les circonstances de son gisement.

Les coquilles qui se rencontrent dans les deux roches dont nous venons de présenter les caractères minéralogiques sont, d'après M. Marcel de Serres, pour le calcaire inférieur :

Le *Limneus elongatus*, Br.; le *Limneus æqualis*, M. de S.; le *Limneus pygmeus*, M. de S.; le *Paludina affinis*, qui, malgré sa ressemblance avec le *Cyclostoma simile* de Drap., en diffère évidemment.

Pour le calcaire supérieur :

Le *Planorbis rotundatus*, Br.; le *Planorbis prominens*, M. de S.; le *Planorbis compressus*, M. de S.; l'*Ancilus deperditus*, Desm., et quelques autres espèces d'hélices et de planorbes indéterminables.

La différence des corps organisés enfouis et devenus fossiles dans ces deux calcaires, d'ailleurs si immédiatement superposés et si intimement liés, doit nécessairement faire admettre avec M. Marcel de Serres qu'ils ont cependant été déposés à des époques différentes et pendant lesquelles les animaux qui habitaient les eaux de ce même lieu étaient aussi très-différens. C'est seulement dans le second qu'on trouve des coquilles terrestres, et seulement dans le premier qu'on voit des dépouilles de mollusques qui peuvent vivre momentanément dans les eaux saumâtres.

Dans le même département, le terrain de Saint-Hippolyte-de-Caton décrit par M. d'Hombres-Firmas présente, avec celui des environs de Paris qui accompagne les parties supérieures de nos collines gypseuses, une analogie fort remarquable.

On y voit des marnes calcaires feuilletées qui renferment des nodules durs, arrondis, ayant la forme de dragées irrégulières sur la surface desquelles adhèrent des petites coquilles bivalves qui ressemblent à des cythérées ou à des cyclades. Ces mêmes coquilles, dont les deux valves sont souvent réunies, se montrent dans la marne même : par conséquent ces nodules n'y sont pas étrangers.

Au-dessous on trouve des bancs de calcaire compacte commun, solide, blanchâtre ou grisâtre, ayant ses surfaces jaunâtres, remplis de limnées, de planorbes, etc., et formant par conséquent le terrain d'eau douce proprement dit.

Des veines et des nodules irréguliers de silex corné et des lits de silex jaspoïde accompagnent ces marnes.

Encore au-dessous se présentent des marnes argileuses, brunes, quelquefois très-feuilletées, qui renferment entre leurs feuillets un petit lit de coquilles bivalves, dont les valves, posées à plat et à côté les unes des autres, ressemblent d'une manière tout-à-fait frappante, par leur forme et cette disposition, aux cythérées planes des lits de marnes feuilletées, supérieures au gypse, des collines gypseuses du nord de Paris.

Enfin au-dessous de toutes ces marnes argileuses ou calcaires qui paraissent faire partie de la formation d'eau douce, se voit, suivant M. d'Hombres-Firmas, un calcaire grossier marin, qui, à en juger par les échantillons que ce physicien m'a envoyés, a la plus grande ressemblance avec celui des environs de Paris.

On ne peut méconnaître en Provence, dans le département des *Bouches-du-Rhône*, un terrain d'eau douce parfaitement caractérisé dans celui des plâtrières d'Aix, que j'ai décrit à l'article du gypse à ossemens.

En continuant à remonter la grande vallée du Rhône et ses affluens, on trouve encore le terrain d'eau douce :

Dans le département de *Vaucluse*, et près de ce lieu

dans la vallée de la Sorgue; c'est M. Beudant qui l'a reconnu. Ce terrain consiste en calcaire compacte, fin et grisâtre, contenant des petites paludines turriculées, et en calcaire grisâtre, fissile, presque marneux, qui renferme entre ses feuillets un grand nombre de limnées et de coquilles turriculées écrasées; ces dernières paraissent être ou des cérites ou des potamides.

On indique aussi des terrains lacustres dans le département de la *Drôme*, près de Crest; et enfin dans le département du *Rhône*, près de Lyon, sur le chemin qui conduit à La Carette.

Dans les départemens de *Lot-et-Garonne* et de *Tarn-et-Garonne*, M. de Férussac nous a fait connaître, dans le Mémoire cité plus haut, la présence d'un terrain d'eau douce qu'il rapporte à la seconde formation, et qui est situé en bancs d'environ trois mètres d'épaisseur sur une roche qu'il appelle *molasse*. C'est surtout dans les environs de Lauzerte que ce terrain est le plus remarquable. Il consiste en un calcaire blanchâtre ou grisâtre, quelquefois assez dur pour recevoir le poli, renfermant un grand nombre d'espèces d'hélix, de limnées, de planorbes et de paludines, une physe et plusieurs autres coquilles que M. de Férussac n'a pu déterminer. Il se désagrége facilement à l'air, et cette formation paraît recouvrir une grande partie des plateaux situés entre le Lot et la Garonne, en prenant pour limites Moissac sur le Tarn et Cahors sur le Lot. Auprès d'Agen il renferme des silex. Au lieu dit le Pic-de-Bère près d'Aiguillon, et par conséquent à la pointe de ce triangle, on trouve un calcaire lacustre, compacte, gris de fumée foncé, rempli de planorbes, etc.

Dans la *Haute-Loire*, Giraud-Soulavie avait signalé autrefois, parmi les roches qui constituent le mont Coirons, un terrain qu'on peut rapporter à ceux que je décris.

J'ai fait connaître la présence de ces mêmes terrains sous une grande puissance et sur une grande étendue dans le département du *Cantal* et dans celui du *Puy-de-Dôme*, depuis Aurillac jusqu'à Clermont. Ils consistent principalement en calcaire blanc, tendre, presque marneux, ou en calcaire assez dur pour être poli et employé comme du marbre (à Nonette près d'Issoire), traversés de tubulures sinueuses et renfermant, surtout le premier, des lits interrompus ou simplement de gros nodules de silex pyromaques ou cornés, et quelquefois de silex résinites, noirâtres, grisâtres, brunâtres, marqués de zones plus foncées, parallèles, soit entre elles, soit aux contours extérieurs des nodules. Toutes ces roches sont remplies de planorbes, de limnées, de potamides et même de gyrogonites; quelques-unes plus impures, mêlées même avec du sable et des débris de roches volcaniques, renferment des *pupa* (comme celle qui a été recueillie par M. Desmarest au lieu dit *la fontaine du Tambour*). Ce terrain, comme celui du Puy en Velay décrit à l'occasion du gypse (p. 451), est surmonté d'une brèche volcanique, recouverte elle-même d'une masse considérable de lave compacte, remplie de cristaux d'amphiboles, et paraît placé, tantôt sur le sol primitif, et tantôt, comme auprès du Puy, sur un psammite granitoïde ou simplement quarzeux. La position de ce terrain, par rapport au terrain primordial et au terrain volcanique, est donc très-bien déterminée dans le Cantal et dans l'Auvergne (1), et cette position est entièrement semblable à celle de ce même terrain dans les environs du Puy.

Dans le département de la *Loire*, on voit quelques lambeaux de terrain lacustre, près de Roanne et à Sury-le-Comtal.

Le département de l'*Allier* renferme des portions de terrain d'eau douce très-nombreuses et assez variées. M. d'Omalius d'Halloy, confirmant par ses observations le résultat que j'ai tiré des miennes sur l'absence du calcaire marin dans le Cantal et dans l'Auvergne proprement dite, l'étend à toute la partie de la vallée de l'Allier comprise dans le département de ce nom. On remarque sur le sommet des collines, outre le terrain d'eau douce ordinaire plus ou moins compacte, un dépôt particulier formé par la réunion de concrétions calcaires composées de tubes droits et courts, qui paraissent les étuis de vers ou de larves de friganes et que M. Bosc a décrits sous le nom d'*indusia tubulata*. Ces tubes sont quelquefois entièrement formés par l'aggrégation d'une multitude de petites coquilles d'eau douce, qui paraissent être des paludines. L'origine de ces concrétions ne me laisse plus aucun doute depuis que j'ai vu, dans plusieurs mares voisines de la forêt de Bondy, des aggrégations de larves de friganes formant des gâteaux très-considérables, et qui eussent été absolument semblables à ceux du département de l'Allier près de Moulins, du Puy-de-

---

(1) Elle est décrite avec des détails plus nombreux et d'une manière plus complète dans mon Mémoire sur les terrains d'eau douce, Ann. du Mus., tome xv, page 388.

Dôme, etc., si l'eau dans laquelle ils étaient plongés eût eu la propriété de les lier encore plus complètement par un dépôt calcaire.

Les points de ce département où le calcaire d'eau douce se montre de la manière la plus remarquable sont :

Les environs de Gannat, où il forme des masses considérables. C'est une roche grisâtre, compacte, très-dure ; à grain moyen, à cassure écailleuse, avec des cavités et des infiltrations spathiques, dans laquelle on a trouvé un squelette presque entier de *palæotherium*.

Les environs de Vichy. On y remarque, principalement au lieu dit Le Vernet, un calcaire lacustre solide, mais à grain grossier, qui a l'air d'être presque entièrement composé de ce petit entomostracé auquel M. Desmarest a donné le nom de *cypris faba*, et qui y paraît sous forme de grains brunâtres et luisans. Ce calcaire devient plus compacte, plus homogène ; on n'y voit plus de *cypris*, mais des coquilles terrestres et lacustres, et parmi les premières l'*helix Ramondi*, dont le test est changé en calcaire blanc farineux. Enfin on observe dans ce même terrain calcaire des veines d'arragonite fibreuse, ce qui est assez remarquable.

Entre Vichy et Cusset on trouve des silex résinites en plaquettes concrétionnées, à bords arrondis, semblables à des plaquettes de métal fondues et refroidies au milieu d'une masse de sable, et tout-à-fait analogues, par la manière dont ils se présentent, aux silex résinites de Ménilmontant.

On voit encore ce terrain au port Barraud, près du Veurdre-sur-Allier, entre Bourbon-l'Archambaud et Saint-Pierre-le-Moûtier.

Le terrain d'eau douce continue à se montrer avec

peut-être encore plus d'importance dans les environs de la réunion de la Loire et de l'Allier, dans la grande vallée de la Loire qui va vers Orléans regagner les bords du grand plateau d'eau douce de la Beauce, et dans les bassins du Cher et de l'Indre qui s'ouvrent dans cette vallée. Nous allons le suivre et l'examiner dans ces différens lieux, d'autant plus intéressans pour notre objet, qu'outre les coquilles d'eau douce, ils renferment des débris nombreux de mammifères.

Dans le département du *Cher* on trouve du calcaire d'eau douce entre Levet et Bruère, sur la route de Bourges à Saint-Amand, au milieu d'un plateau qui s'élève en pente douce des plaines de la Sologne aux petites montagnes granitiques du département de la Creuse. C'est à M. d'Omalius d'Halloy que nous devons la connaissance et la description de ce lieu (1). Le sol présente une argile grisâtre qui recouvre un calcaire blanchâtre, friable, semblable aux couches tendres du calcaire d'eau douce de la Beauce, et un autre calcaire semblable à celui de Blois qui est blanc, légèrement gris de fumée, dur, compacte, mais cependant criblé d'une infinité de pores et traversé par des tubulures sinueuses et renfermant de petits planorbes et de grands limnées qui paraissent se rapprocher du *L. ventricosus*, A. Br.

Vers Bruère le plateau s'abaisse, et le calcaire, qui est encore plus compacte, moins caverneux, présente des veines et des nodules de silex gris, blond et blanc, qui ne renferment aucun débris organique ; c'est, comme on voit, le calcaire d'eau douce siliceux sans coquilles sous

---

(1) Journ. des Mines, tome XXXII, pages 42-65.

le calcaire d'eau douce coquillier, rapport constant de ces deux roches lacustres.

On retrouve la même formation au nord de Bourges entre Mehun et Quincy, sur les bords même du Cher. C'est un calcaire généralement blanc, mais rempli de parties du plus beau rose carminé. Il est siliceux et renferme, suivant M. Berthier, de la silice, de la magnésie, de l'oxide de fer et de l'eau. Il forme des bancs horizontaux qui alternent avec des silex enveloppant eux-mêmes des nids de ce calcaire.

Les petits plateaux qui bordent la Loire entre Decize et Nevers sont calcaires, et paraissent appartenir, suivant M. d'Omalius d'Halloy, à la formation de calcaire à gryphées, qui est généralement inférieur au calcaire compacte et oolithique du Jura. A Béard et à Thiaux, dans le département de la *Nièvre*, ces plateaux présentent deux dépôts superficiels, peu étendus, d'un calcaire lacustre siliceux qui renferment ici une masse de calcaire pur, contenant des limnées semblables au *L. longiscatus*. A. Br.

Dans le département de l'*Indre*, le plateau entre cette rivière et la Creuse présente aussi des dépôts de terrain d'eau douce. Celui que nous soupçonnons à Argenton, mais seulement par les échantillons qui en ont été envoyés par M. Bollinat, est remarquable par les nombreux débris d'ossemens de mammifères appartenant au genre lophiodon, et par les fragmens arrondis de calcaire oolithique qu'il renferme. Ces nodules d'un terrain étranger semblent avoir été comme plongés dans une liqueur dissolvante. On ne peut douter que ce terrain ne soit de formation lacustre, d'après la nature de la marne calcaire qui en fait la base, et d'après les limnées, planorbes et autres coquilles d'eau douce qu'elle renferme (1).

Les terrains d'eau douce du grand bassin de la Loire se représentent encore dans le département de la *Vendée* près de Bonpar, non loin de Pouzanges. D'après les échantillons que je possède, c'est un calcaire grossier, comme sablonneux, pétri de limnées, de planorbes et de petites paludines.

On le retrouve dans le département d'*Indre-et-Loire*, sur les rives de la Loire près de Tours.

Dans le département de *Loir-et-Cher* on le voit à Cayron près de Blois. C'est un calcaire lacustre, compacte, fin, dur, sonore même, traversé de canaux sinueux, pénétré de toutes parts de petites dendrites noires.

Plus au N. O., mais hors de la vallée de la Loire, dans le département de la *Sarthe*, où M. Ménard-la-Groye l'a observé, non loin du Mans, entre la route d'Alençon et la Sarthe (2). Il paraît, par les silex résinites et les silex nectiques qu'il contient, par la marne argileuse feuilletée qui les accompagne, avoir beaucoup de rapport avec la formation lacustre de Saint-Ouen, de Coulommiers, de Salinelles, etc., qui sont accompagnés de magnésite, et cette marne renferme en effet de la magnésie.

---

(1) Voyez dans les Recherches sur les Ossemens fossiles, tome III, page 351, ce qui est déjà dit sur ce terrain et sur les animaux dont il renferme les ossemens.

(2) Voyez pour les détails le Mémoire sur les terrains d'eau douce déjà cité.

Pour compléter l'énumération des terrains lacustres de ces départemens, je rappellerai ceux de Langeais près de Tours et de La Fermeté près de Nevers, que nous avons décrits à l'article des silex meulières.

En s'avançant à l'est dans le département du *Loiret*, et redescendant dans la vallée de la Loire vers Orléans, on rejoint les bords du grand plateau de la Beauce, dont le côté N. E. fait partie du bassin de Paris. Ce terrain d'eau douce, d'une grande épaisseur, d'une grande étendue, forme à lui seul presque tout le Gâtinais. Il est composé de calcaire marneux, de calcaire compacte, blanchâtre, grisâtre, roussâtre; ses assises inférieures sont, comme partout, traversées de veines épaisses ou remplies de masses non limitées de silex résinite, présentant toutes les nuances de couleurs propres à ce silex. C'est l'image d'une gelée siliceuse mêlée de calcaire et durcie. Cette variété ne renferme pas de coquilles; mais le calcaire qui n'est pas siliceux, et qui vient principalement des environs de Pithiviers, renferme quelquefois une si grande quantité de coquilles d'eau douce ou terrestres qu'il semble en être presque uniquement composé. A Orville près de Malesherbes on voit dans ce calcaire lacustre supérieur un banc de meulière blanche qui se continue à peu près dans la même position dans presque tout le Gâtinais. J'ai décrit, dans mon Mémoire sur les terrains d'eau douce, les coquilles de ce calcaire, et j'ai indiqué les lieux où le terrain coquillier se montre le plus clairement. Je suis obligé d'y renvoyer pour ces détails.

Revenu maintenant au bassin de Paris, nous quittons les parties occidentales et méridionales de la France, pour rechercher le terrain d'eau douce au N. et à l'E.; il y est ou moins abondant ou moins connu, et pour trouver un terrain de cette classe parfaitement caractérisé, tout-à-fait hors du bassin de Paris, il faut se transporter en Alsace dans le département du *Bas-Rhin* au Bastberg, à la hauteur de Haguenau. Ce terrain a été décrit par M. Hammer dans une lettre à M. Cuvier (1). Nous devons donc nous borner à extraire de cette description et à prendre dans les échantillons que nous possédons, les faits géologiques et minéralogiques propres à faire reconnaître les analogies qu'il a avec les autres terrains d'eau douce et les particularités qu'il présente.

Le calcaire lacustre de Bouxwiller au pied du Bastberg est généralement compacte fin et compacte commun, d'un gris pâle tirant sur le jaunâtre. Les échantillons nombreux que j'en ai vus présentent moins de cavités et de canaux sinueux que les autres calcaires lacustres; cependant il n'en est pas absolument dépourvu. Ces cavités sont tapissées ou remplies de calcaire spathique; mais ce qu'il offre de particulier c'est une multitude de taches rondes, de 1 à 5 millimètres de diamètre, blanches, composées d'un calcaire plus tendre, plus marneux; elles montrent quelquefois des couches concentriques, et ressemblent à ces concrétions sphéroïdales qu'on appelle *pisolithes*. Si, comme je le pense, elles les représentent réellement, cette circonstance alors n'est plus une particularité de ce terrain, et ce calcaire peut être comparé aux pisolithes des terrains d'eau douce formés par les eaux thermales de Vichy, de Carlsbad, de

---

(1) Ann. du Mus., tome VI, page 356; Recherches sur les Ossemens fossiles, t. III, p. 365, et dans ce volume, p. 194.

Tivoli, de Saint-Philippe, etc.; seulement à Bouxwiller la pâte est plus sédimenteuse et les pisolithes moins cristallines. Tous les échantillons de calcaire de ce lieu n'en renferment pas.

Les débris de corps organisés, et notamment les coquilles, y sont dans quelques parties extrêmement abondantes; outre les limnées, les planorbes, les petites paludines, les hélices, les cyclostomes, qui se montrent dans presque tous les terrains d'eau douce, on trouve ici des paludines presque gigantesques (*paludina Bammeri*), qui ont jusqu'à cinq centimètres de longueur. Dans plusieurs parties, les cavités du calcaire et celles que les coquilles ou leur test ont laissées sont couvertes d'un enduit d'oxide de fer jaunâtre. Il ne paraît pas que le gypse des environs ait aucun rapport avec ce calcaire.

§ III. *En Angleterre.*

Les terrains d'eau douce de l'Angleterre ont été, comme les autres formations de cette île, le sujet des observations des géologues anglais, et leur description a été faite avec assez de détails pour nous dispenser de la reproduire ici.

La seule que nous citerons, parce qu'elle est la plus remarquable et qu'elle appartient bien certainement à notre sujet, est celle de l'île de Wight, si bien décrite par M. Webster. Il y a deux dépôts d'eau douce : le plus bas paraît appartenir à l'argile plastique, par conséquent il est inférieur au calcaire marin grossier, et nous l'avons indiqué à l'article de ces argiles (p. 198). Il ne doit point en être question ici où nous ne décrivons que les terrains d'eau douce supérieurs à ce calcaire.

Le supérieur est essentiellement calcaire; il renferme néanmoins quelques lits interrompus et quelques nodules plus durs qui paraissent siliceux, et ressemble en cela à notre calcaire siliceux. Il est rempli d'une quantité prodigieuse de coquilles d'eau douce très-variées en genre et en espèce, très-bien conservées et par conséquent très-bien caractérisées. Ces espèces, remarquables en outre par leur grosseur, sont généralement différentes de celles des environs de Paris. Ce sont des planorbes carénés, à tours de spire, plats en dessus, bombés en dessous, et de trois à quatre centimètres de diamètre (*planorbis evomphalus* Sow.), et d'autres espèces que M. Webster rapporte aux *Pl. cornu* et *prevostinus*; des limnées, qui ont bien quelque ressemblance avec le *L. longiscatus*, mais qui ont près de cinq centimètres de longueur, et que M. Sowerby a décrits sous le nom de *L. fusiformis*; d'autres petites espèces (*L. minimus* Sow.); enfin des paludines très-grosses qui ressemblent à celles de Bouxwiller (*paludina Hammeri*). M. Webster y cite en outre des gyrogonites. Si nous rapportons à cette même formation une marne argileuse bleuâtre qui a été trouvée à Newport en creusant un puits, et qui renferme des paludines et des limnées, nous aurons à ajouter à cette liste de corps organisés d'origine lacustre :

1° Des coquilles bivalves de trois à quatre centimètres de longueur, ayant conservé leur éclat-nacré, et paraissant être des mulettes (*unio*) ou de petites espèces d'anodontes, ce qui est une circonstance rare dans les terrains d'eau douce ;

2° Des graines longues et striées, semblables à celles qu'on trouve à Longjumeau, mais d'une espèce un peu différente, et que M. Adolphe Brongniart a décrites sous le nom de *Carpolithes thalictroïdes Websteri.*

§ IV. *Dans le Jura et en Suisse.*

La chaîne *du Jura* proprement dite présente, sur quelques points, des terrains qui appartiennent à la formation lacustre et qui sont tout-à-fait différens des calcaires qui constituent ces montagnes.

Le plus remarquable, celui sur lequel M. de Buch a appelé depuis long-temps l'attention des naturalistes (1), s'observe au N. O. de la ville de Neuchâtel, dans le vallon où sont situés *Le Locle* et *La Chaux de Fond*, gros bourgs connus par leurs fabriques d'horlogerie.

Le vallon, élevé d'environ 950 mètres au-dessus du niveau de la mer, se dirige, comme toutes les vallées longitudinales du Jura, du S. O. au N. E. C'est près du Locle que se montre le terrain d'eau douce; il forme une espèce de barrage élevé de près de 100 mètres dans la vallée (2), divisé en monticules arrondis et creusés de quelques ravins. Il paraît puissant et composé de couches nombreuses diversement inclinées et contournées; quelques-unes sont même presque verticales : c'est une disposition rare dans les terrains d'eau douce, qui sup-

---

(1) Voyez Bull. des Sc., par la Soc. phil., 1816, page 180. Nous nous sommes permis d'ajouter à cet article quelques notes pour établir dès-lors l'analogie de ce terrain avec nos terrains d'eau douce.

(2) Ces barrages sont une des dispositions particulières aux terrains d'eau douce des vallées. Voyez ci-après, au § VII de l'Italie, la description des terrains d'eau douce de Tivoli, de Terni et des bains de Saint-Philippe.

pose que celui-ci a été déposé avant la cessation des phénomènes géologiques qui ont eu de l'influence sur l'inclinaison des couches du Jura et le creusement de ses vallées, et qu'il a éprouvé l'influence de ces phénomènes.

Ces couches sont principalement composées des roches suivantes :

1° Un calcaire compacte, fin, grisâtre, criblé de petites cavités, traversé de petits canaux sinueux à la manière de tous les terrains lacustres et rempli d'empreintes de coquilles d'eau douce; les cavités sont souvent tapissées de calcaire spathique cristallisé.

Ces coquilles sont : des limnées, ou qu'on ne peut déterminer à cause de leur état imparfait ou qui ne sont pas décrits (le plus gros est certainement dans ce dernier cas; il a près de cinq centimètres de long. Une plus petite espèce paraît avoir beaucoup de ressemblance avec le *limneus strigosus*.); des planorbes, qui, par la forme et la grandeur, se rapprochent du *Pl. prevostinus*; des hélix en moindre nombre, qui paraissent très-voisins de l'*hélix Moroguesi*.

2° Une marne argileuse, friable, feuilletée avec les petites cavités angulaires indiquées par M. de Buch, et qui me paraissent être, au moins pour quelques-unes, des empreintes de *cypris faba*.

3° Une marne calcaire, blanche, tendre, très-fissile, renfermant entre quelques-uns de ses feuillets des empreintes fort nettes et quelquefois même le test de la coquille d'une petite espèce d'anodonte. La longueur des plus grands individus que j'ai trouvés n'atteint pas cinq centimètres.

4° Un silex corné brun, fissile, à texture un peu grenue, rempli de planorbes et de limnées tous petits et d'espèces différentes de ceux qui se voient dans le calcaire n° 1. Le limnée a quelques points de ressemblance avec le *L. acuminatus*, mais il est plus atténué, et beaucoup plus petit (au plus treize millimètres), et on y compte sept tours de spires. Le planorbe, dont les plus gros individus n'ont pas trois millimètres de diamètre, paraît appartenir à une espèce non décrite qui se rapproche un peu du *planorbis cornu*.

Ce dépôt siliceux renferme des lits de silex grenu, qui semblent entièrement composés de débris de végétaux qu'on ne peut reconnaître et qui lui donnent une couleur noire qui a probablement été prise pour un indice de charbon fossile. On l'a recherché dans ce lieu, et on en a trouvé en effet une couche de six à sept décimètres d'épaisseur, mais de mauvaise qualité et renfermant, suivant M. de Buch, des hélices.

Ces différentes roches forment des couches qui alternent entre elles ; je n'ai décrit ici que celles que j'ai vues et recueillies, et j'ai employé des expressions minéralogiques qui ne permettent pas de les confondre avec les roches à peu près de même nature, mais de texture différente, et qui appartiennent à des terrains beaucoup plus anciens. Il paraît que la marne calcaire et les silex sont situés le plus profondément, et que le lignite terreux est plus près de la surface.

Ce terrain lacustre est remarquable par sa position élevée, par l'inclinaison de ses couches, et par la présence des coquilles bivalves si rares dans les terrains d'eau douce connus jusqu'à présent ; il montre d'ailleurs tous les caractères des autres terrains de cette formation, c'est-à-dire l'aspect du calcaire compacte et caverneux, l'association des roches calcaires marneuses et siliceuses, la présence des débris de végétaux et celles des coquilles terrestres.

Un terrain célèbre depuis long-temps par les nombreux débris organiques qu'il renferme, et qui ont excité la curiosité de tous les amateurs d'histoire naturelle, est celui qui est placé près d'*OEningen*, sur la rive droite du Rhin à sa sortie du lac de Constance, au plus à une heure et demie de chemin (à pied) de la petite ville de Stein.

Les roches qui renferment entre leurs assises les nombreuses pétrifications de poissons, de reptiles, d'insectes, de coquilles, de plantes, sont à mi-côte sur la pente qui part de la rive droite du Rhin. Ce terrain m'a paru composé de deux sortes de roches très-différentes minéralogiquement, mais presque toujours associées dans la grande vallée de la Suisse qui sépare le Jura des Alpes, et au milieu de laquelle est situé le gîte d'OEningen. Ces roches, que j'ai souvent eu occasion de citer dans cet ouvrage parce que je les regarde comme de même époque de formation que le terrain de Paris, sont, en allant des supérieures aux inférieures :

1° Le poudingue polygénique (*nagelflue*). Il est ici meuble, composé de cailloux roulés et de sable ; il forme le sommet de la colline au pied de laquelle est située la roche à pétrification, et en recouvre en partie les pentes. Malgré la différence de texture et même de nature qu'on trouve entre cet aggrégat et les autres poudingues polygéniques, beaucoup de cailloux et le sable lui-même étant siliceux, je ne doute pas, d'après la continuité de ce terrain avec les poudingues du reste de la Suisse, qu'il n'appartienne à la même formation qu'eux.

2° La roche inférieure contribue à le prouver par sa ressemblance générale avec le psammite molasse qu'on voit près de Vevay et dans d'autres lieux au-dessous de ce poudingue. Ce terrain appartient donc à la sous-formation du psammite molasse, quoiqu'il ne soit pas entièrement formé de cette roche.

L'état actuel des carrières, qui sont abandonnées depuis long-temps, ne m'a pas permis d'observer (en 1817) la succession complète des lits et des couches; mais j'en ai vu suffisamment pour mon objet, qui était de déterminer à quelle formation précise on pouvait rapporter ce gîte célèbre de pétrification.

La carrière dont je donne ici la description et la coupe (pl. G, fig. 4) est la plus inférieure et présente un escarpement de huit à neuf mètres.

Au-dessous des cailloux roulés qui sont une dépendance du dépôt supérieur dont je viens de parler, se présentent en A plusieurs lits de marne argileuse et sablonneuse jaunâtre; B un petit banc de 1 décimètre d'épaisseur de psammite molasse, mais dur et très-consistant; C une couche de marne argileuse jaunâtre très-feuilletée, séparée en plusieurs assises par des lits c très-minces d'un psammite molasse semblable au précédent; D est une masse de marne argileuse rubanée de zônes parallèles jaunâtre et gris bleuâtre qui recouvre un banc fragmentaire E de marne argileuse bleuâtre à grains fins assez compacte et très-solide et qui est exploitée pour la fabrication de la tuile; enfin les dernières couches G que j'ai pu voir se composent d'une marne calcaire d'un blanc sale, assez tendre, divisée en trois assises par des lits marneux plus argileux : cette marne répand par le choc une odeur bitumineuse très-sensible. C'est seulement entre ses couches, au rapport des ouvriers, et principalement dans la variété feuilletée qui en sépare les assises les plus inférieures, que se trouvent la plupart des corps organisés fossiles qu'on extrayait autrefois si abondamment de ces carrières ; plus on s'approfondissait plus ils étaient fréquens, en sorte qu'ils étaient encore plus communs dans une carrière plus inférieure qui est comblée depuis long-temps, et qui, suivant M. Karg, est élevée d'environ 160 mètres au-dessus du niveau du lac de Constance; il est même probable que je n'ai vu que les couches supérieures de la formation et que ma description finit où celle de M. Karg commence, c'est-à-dire au banc de marne argileuse à briques.

Cette description, jointe à la coupe dont je l'accompagne, suffit pour donner une idée de la disposition des roches à pétrification dans les environs d'OEningen, mais ne suffit pas pour en faire connaître toutes les variétés. Dans quelques parties le psammite est plus grenu, plus sableux et plus micacé ; tantôt il renferme beaucoup de mica et tantôt il n'en montre pas; les échantillons qui portent des empreintes de poissons, et que j'ai vus, m'ont paru généralement moins micacés que ceux qui renferment des coquilles et des débris végétaux.

Tous ces caractères minéralogiques s'accordent fort bien avec ceux du psammite molasse. Les débris de végétaux qu'on voit ici se voient aussi dans cette roche, dans les carrières dites de la *Belle-Roche* au-dessus et près de Lausanne, à Mornex au pied du Salève, etc. Ce sont eux qui, plus abondans et plus condensés, produisent à Vevay, à Paudex, très-probablement aussi à Horgen, les dépôts de lignite que j'ai décrits dans les additions à l'art. II (§ III, page 201), et qui paraissent même se trouver à OEningen en petits lits interrompus dans les parties les plus inférieures. Tous concourent à faire voir que ce terrain appartient à une formation d'eau douce. Il faut examiner maintenant si les débris organiques, si nombreux à OEningen, conduisent au même résultat.

D'abord je n'ai vu sur les lieux, pendant le temps que j'ai mis avec quatre autres personnes à examiner tous les décombres des carrières, aucun indice de corps marin. Je n'en ai vu aucun dans les riches collections de la Suisse (1) que j'ai examinées dans l'intention d'y reconnaître la nature du liquide qu'ont dû habiter les corps organisés fossiles d'OEningen, et on peut dire que ces collections présentent tout ce qui a été trouvé dans les carrières d'OEningen pendant une longue suite d'années.

Je ne peux donner une énumération de ces pétrifications : je n'aurais pas le moyen de la rendre même à peu près complète, et d'ailleurs ce serait m'écarter de mon objet principal sans nécessité, puisqu'il me reste assez de faits pour établir les résultats que je désire présenter. Je me bornerai donc à dire quelques mots des pétrifications qui me paraissent propres à caractériser,

---

(1) Notamment à Berne, celle de M. Meissner et celle de la ville; à Zurich, celle de la ville et celle de M. Lavater; à Winterthour, celle de M. Ziegler; et à Schaffhouse, celle de feu le docteur Amman, qui fait maintenant partie de la riche collection du Muséum britannique.

non-seulement l'origine de ce terrain, mais encore son époque de formation, aussi exactement qu'il est possible.

Je ferai remarquer d'abord qu'on y a trouvé des mammifères. J'ai vu, dans la collection de M. Ziegler à Winterthour, deux empreintes d'un animal de l'ordre des rongeurs, dont M. Cuvier a fait mention dans ses Recherches sur les Ossemens fossiles (3e édit., tome v, 1re partie, page 60), et qui m'ont paru avoir été évidemment enveloppés dans les couches même de la formation d'OEningen. Je ne sache pas que la présence des oiseaux y ait été bien constatée, mais j'ai remarqué dans la collection du docteur Lavater des os qui m'ont semblé appartenir à cette classe d'animaux.

Les reptiles y sont bien connus, mais ce sont des reptiles aquatiques de l'ordre des batraciens ou des cheloniens; on n'en cite aucun de l'ordre des grands sauriens.

Ce gîte est célèbre par la quantité de poissons qu'il présente. On n'en a trouvé aucun qui ne pût être considéré comme lacustre ou fluviatile.

Parmi les crustacés on en voit d'assez semblables aux écrevisses de rivière; mais la collection de M. Lavater possède en outre un crabe. Quoique ces crustacés soient généralement marins, on sait qu'il y en a plusieurs espèces qui vivent habituellement dans des eaux douces très-éloignées de la mer (1).

Les coquilles y sont moins nombreuses que dans les

---

(1) On pêche près de Sienne en Italie et près de Florence, dans les petits lacs et cours d'eau qui entourent ces villes, des crabes que l'on vend au marché dans les mois de juillet et d'août, et qui appartiennent au genre Potamophile de M. Latreille *cancer fluviatilis*, HERBST.).

autres terrains d'eau douce, mais toutes celles que j'ai pu voir et déterminer sont lacustres. Ce sont : des limnées qui ressemblent un peu au *L. ovum* ; des petits planorbes de trois à quatre millimètres de diamètre, trop déformés pour être déterminés et décrits, et, ce qu'il y a d'assez remarquable, une très-grande quantité d'anodontes beaucoup plus petites que l'*anodonta cygnea*, et qui ont conservé leur éclat nacré. Elles paraissent différer de celles du Locle. Nous désignerons cette espèce sous le nom d'*anodonta Lavateri*.

Quant aux végétaux, ce sont, ou des débris indéterminables, ou des feuilles de plantes aquatiques et de plantes terrestres dicotylédones ; nous n'y avons vu aucune fougère.

Ces faits me semblent suffisans pour faire établir avec assez de précision l'époque de formation du gîte de pétrification d'OEningen ; d'abord il est sans aucun doute dans les psammites molasses de la Suisse, et dans les couches de ces psammites qui sont supérieures aux dépôts bitumineux des lignites qu'elles renferment quelquefois ; il est recouvert par un poudingue polygénique, et c'est encore la position relative la plus générale de ces poudingues par rapport aux psammites. Or j'ai dit que je regardais le terrain de psammite molasse et de poudingue (*nagelflue*) de la Suisse comme de même époque de formation que nos terrains de sédiment supérieurs, et même que la partie de ces terrains qui est postérieure au gypse. J'en ai développé les raisons aux additions à l'article du lignite, page 203, et aux additions à l'article du calcaire grossier, page 327.

Le terrain d'OEningen confirme ce rapprochement et cette dernière position par toutes les circonstances qu'il réunit, et surtout par la présence des mammifères. Nous pouvons donc assigner maintenant la place de ce terrain avec précision et certitude, et rapporter sa formation à une époque géologique à peu près contemporaine, et peut-être même postérieure à celle pendant laquelle se sont déposés les gypses à ossement du bassin de Paris.

L'autre terrain d'eau douce qui est lié à la chaîne du Jura est celui que M. Macaire, de Genève, a observé au pied du Petit Salève près de Châtillon, sur le chemin de Veiry à Étrembière; on exploite dans ce lieu, dit M. Macaire, une substance particulière qu'on nomme *greube*, et qui sert à nettoyer et à colorer en jaune les boiseries de sapin. C'est un calcaire jaune, friable, léger, poreux, disposé quelquefois en tubes stalactiformes réunis par une pâte, ou en zones concrétionnées; il enveloppe une grande quantité de coquilles terrestres et forme dans ce lieu des petites collines adossées au pied du Petit Salève, qui s'élèvent à la hauteur d'environ trente mètres; les couches sont très-régulières et légèrement inclinées dans le même sens que celles du Petit Salève. Le calcaire compacte analogue à celui du Jura, qui constitue ce dernier, perce quelquefois le dépôt de *greube* et paraît à la surface du sol. Ce terrain non marin, qui s'éloigne un peu des terrains d'eau douce proprement dits, et qui paraît même avoir une origine différente, occupe une espèce d'enfoncement que forme la montagne et semble le reste d'un dépôt plus étendu, enlevé par la cause qui a creusé la vallée de l'Arve. On retrouve le même calcaire près de l'étang de Veiry au-dessous du château ruiné du Petit Salève, renfermant ici, avec des débris de coquilles terrestres, des empreintes de feuilles d'arbres dicotylédons. M. Macaire croit que ces coquilles et ces végétaux sont absolument semblables à ceux qui vivent dans la contrée.

§ V. *En Allemagne.*

Nous connaissons encore peu les terrains d'eau douce de l'Allemagne, parce qu'on les a confondus avec les tufs et qu'on les a généralement regardés comme des dépôts *très-récens*, et par cette raison d'un très-faible intérêt pour la géologie.

Nous ne savons guère à ce sujet que ce qui nous a été appris par M. Omalius d'Halloy ou par M. Constant Prevost, et par ce que nous indiquent les échantillons des collections.

M. O. d'Halloy a observé à Urspring, près d'Ulm (1), le terrain lacustre et toutes ses modifications; on y voit un calcaire compacte fin, sublamellaire, blanc-jaunâtre, veiné de silex, et un calcaire compacte commun, gris, pénétré de la même substance. C'est notre calcaire siliceux, et comme lui il ne renferme point de coquilles, du moins M. d'Halloy n'en fait pas mention. Dans le même canton on trouve un calcaire marneux compacte gris, blanchâtre ou gris de fumée, criblé de cavités, traversé par ces canaux sinueux si particuliers aux roches du terrain d'eau douce et rempli dans quelques parties de coquilles d'eau douce terrestres, car on y voit beaucoup d'*helix* d'une espèce voisine de l'*H. Cocquii*, mais ce n'est pas elle, celle d'Ulm est plus courte et plus sphéroïdale.

Le calcaire de Kobschutz en Bohème, qu'on place dans les collections faites à Freyberg sous le nom de

---

(1) Journ. des Mines, tome XXXII.

tuf calcaire, est un calcaire d'eau douce d'un jaune sale, très-compacte.

M. Prevost a fait connaître dans son mémoire sur les terrains de sédiment supérieurs situés au S. du bassin de Vienne (1), un calcaire lacustre compacte recouvrant ces terrains et présentant les mêmes caractères de texture et de couleur que les autres calcaires de cette origine. Stütz, dans son Oryctographie de la Basse-Autriche (2), avait indiqué sur la colline où est bâtie la gloriette de Schœnbrunn, près de Vienne, un calcaire gris-blanc renfermant, dit-il, des hélix semblables à l'*helix ericetorum*.

Enfin nous ferons encore mention de celui qu'on cite dans les parties les plus basses de la Thuringe, et qu'on désigne sous le nom de tuf calcaire (*kalk-tuff*) (3); il y occupe de très-grands espaces, notamment près de Langensaltza et entre Grossen-Gottorn, Grœfentonna et Weissensee, mais il renferme, dit-on, de nombreux restes de grands quadrupèdes. Si cette circonstance particulière le distingue de la plupart des terrains d'eau douce que nous avons décrits, elle le rapproche de ceux de Gannat et d'Argenton.

§ VI. *En Hongrie.*

On ne connaissait pas la présence des terrains d'eau douce en Hongrie avant le voyage qu'y a fait M. Beudant en 1818 : mais ce naturaliste les a observés dans ce pays

---

(1) Journ. de Phys., tome XCI, 1820, pages 347 et 460.
(2) Stütz, *Oryct. von Unter-Osterreich*, etc., page 66.
(3) Keferstein, Géognosie de l'Allemagne, chap. VII, n° 2, page 174.

sur un grand nombre de points. Il les a décrits dans l'ouvrage que nous avons déjà cité.

On les voit sur le psammite molasse à Nagy-Vasony dans la contrée de Balaton; ils renferment des limnées, des planorbes et des hélix. Au-dessus de Blocksberg, près de Bude, où ce calcaire présente les canaux sinueux que nous avons fait remarquer, il y a douze ans, comme des caractères de tous les terrains d'eau douce des environs de Paris et des parties de la France où nous les connaissions alors.

On voit à Tihany, sur des tufs basaltiques, des roches siliceuses analogues à notre meulière; M. Beudant n'y a pas trouvé de coquilles.

Mais ce qu'il y a de plus remarquable dans les observations de ce naturaliste, parce qu'elles nous mettent sur la voie de découvrir l'origine des terrains d'eau douce, c'est leur formation actuelle dans les marais de la grande plaine de la Hongrie. Il se forme dans le fond de ces marais des sédimens calcaires qui deviennent assez solides pour servir de pierre à bâtir : toutes les maisons de Czegled en sont construites; ce calcaire présente les canaux sinueux qu'on vient de rappeler comme caractère de cette formation; il enveloppe des planorbes et d'autres coquilles, et répand une odeur assez fétide; mais les coquilles y conservent leur test, et cette circonstance établit une assez grande différence entre cette formation moderne et les formations anciennes dans lesquelles elle se présente très-rarement.

§ VII. *En Italie.*

M. Omalius d'Halloy est le premier géologue qui ait rapporté à la formation des terrains d'eau douce les roches calcaires si connues aux environs de Rome et de Sienne sous le nom de *travertin*, et qui ait fait voir qu'à l'exception des coquilles d'eau douce qu'il n'avait pu découvrir dans les travertins de Tivoli, ce calcaire offrait d'ailleurs tous les caractères de texture en petit, de position et de manière d'être en grand, qui appartiennent aux terrains lacustres tels que nous les avons caractérisés. Cette roche présente surtout ces singuliers canaux sinueux si constans dans le calcaire lacustre de tous les pays, cavités tubuleuses qui n'avaient pas échappé à un naturaliste aussi bon observateur que M. de Buch, car ce géologue les avait décrites avec une précision parfaite (1), avant qu'il en eût connu l'importance comme caractère général de ces terrains.

L'étendue de cette formation d'eau douce dans l'Italie méridionale, son importance sous les rapports de la géologie et des arts, m'engage et m'autorise à entrer dans quelques détails à son sujet pour déterminer les circonstances de sa formation et sa position relativement aux autres terrains.

M. Omalius d'Halloy (2) a reconnu ces terrains à l'entrée des marais Pontins près de Cisterne, au pied des collines volcaniques de Velletri, dans une plaine basse. C'est un calcaire blanc compacte et solide, percé d'un grand nombre de cavités tubulaires, renfermant des limnées et des hélix globuleuses; il le présume recouvert dans plusieurs points, comme celui d'Auvergne, par des breccioles volcaniques. Il paraît que ce calcaire se trouve encore plus au midi vers la Calabre, car on dit

---

(1) *Geognost. Beobacht.*, tome II, 1809, page 27.
(2) Journ. des Mines, vol. XXXII, page 402.

que les temples de Pestum, dans le golfe de Salerne, sont construits avec une pierre concrétionnée qui est très-certainement du travertin.

Ce terrain se montre d'abord en indice à Monte-Verde, au S. de Rome ; il se trouve ensuite très-bien caractérisé dans Rome même, puis sur une étendue et avec une épaisseur considérable, à quelque distance de cette ville, vers l'est, du côté de Tivoli, et au nord-ouest, du côté de Civita-Vecchia ; c'est en l'examinant dans ces divers points que j'ai appris à reconnaître les différentes circonstances de son gisement.

A Monte-Verde il ne se montre qu'en lit mince interrompu et dépourvu même de ses caractères essentiels ; il est placé sur un sable siliceux, mêlé de quelques pyroxènes, qui recouvre un tuf volcanique terreux très-homogène.

Dans Rome, M. Brocchi, avec lequel j'ai eu le précieux avantage de visiter ces lieux, m'a fait remarquer le calcaire d'eau douce au pied oriental de l'Aventin sur les bords du Tibre, dans le lieu dit *la Caverne de Cacus*; il est compacte, il renferme quelques coquilles d'eau douce et est placé sur la brecciole volcanique rougeâtre et terreuse ; il n'est recouvert par aucune roche.

La plaine qui règne de Rome jusqu'au pied des montagnes où est situé Tivoli, est couverte dans une grande partie de son étendue d'un dépôt puissant de travertin, qui commence à Martellone, sur la route de Rome à Tivoli, et se continue presque sans interruption jusqu'au pied des montagnes de Tivoli. Cette plaine où sont situées les carrières de Ponte-Lucano, qui fournissent le travertin employé dans les constructions, peut être considéré, ainsi que l'a dit M. Omalius d'Halloy, comme le fond

35

d'un grand lac traversé maintenant par le Teverone, bordé par un terrain de brecciole volcanique, exhaussé par les dépôts calcaires et mis presqu'à sec par cet exhaussement ; car il n'est pas entièrement desséché, et on peut regarder, avec M. Omalius d'Halloy, comme des restes de ce vaste amas d'eau les petits lacs de *Tartari*, de la *Solfatare*, etc., qui semblent subsister encore pour nous montrer quelques-unes des circonstances de la formation des terrains d'eau douce.

Les géologues qui ont examiné ce terrain, et notamment MM. de Buch et Omalius d'Halloy, ont fait remarquer : 1° que le travertin inférieur et ancien, celui qui ne se forme plus actuellement, était le seul qu'on employât dans les constructions comme offrant une compacité et une solidité suffisantes ; celui qui est formé journellement par les eaux du lac de la Solfatare et du Teverone n'est pas assez dense ; 2° que les coquilles d'eau douce y sont extrêmement rares, car non-seulement M. Omalius d'Halloy dit n'en avoir vu aucune, mais il pense que leur absence est due à l'influence du gaz hydrogène sulfuré qui est en dissolution dans ces eaux et qui s'oppose à ce qu'aucun mollusque lacustre puisse y vivre.

L'état très-différent du lac de Tartari et du lac de la Solfatare s'accorde très-bien avec cette théorie.

Le premier présente une eau limpide, ses bords sont couverts d'incrustations calcaires à structure cristalline, mais on voit qu'elles sont anciennes, et il m'a paru que les eaux actuelles n'avaient plus la propriété d'en déposer : aussi le fond de ce lac est-il couvert de végétaux, et ses eaux sont peuplées d'animaux de toutes sortes, de reptiles batraciens, d'insectes, etc.

Le lac de la Solfatare, plus près du pied des collines, est tout-à-fait différent : c'est un amas considérable d'eau blanchâtre d'où se dégage perpétuellement des bulles d'air et une odeur très-marquée de gaz hydrogène sulfuré ; elles déposent sur les végétaux qui croissent sur les bords, et dans le canal par lequel elles s'écoulent, une couche épaisse de calcaire sédimentaire blanc à texture compacte, un véritable travertin.

Lorsqu'on agite le fond de ce lac il se produit un dégagement considérable de gaz, l'eau acquiert sur la ligne de passage du gaz une limpidité qui est due sans aucun doute à la dissolution du calcaire par l'acide carbonique qui se dégage. Il n'y a dans cette eau ni sur les bords de ce lac aucun animal vivant, du moins nous n'en avons vu aucun.

Les différences que présentent ces deux lacs semblent être en rapport avec les différences que présentent souvent la partie inférieure et la partie supérieure des terrains d'eau douce ; celui de la Solfatare montre le phénomène de la formation calcaire dans son époque d'activité. Les eaux sont trop chargées de gaz et de matière terreuse pour que des animaux puissent y vivre, et par conséquent ces premiers dépôts calcaires ne doivent point en renfermer, du moins dans les lieux voisins du dégagement de la source ; mais à mesure que la masse des matières minérales diminue ou que les canaux s'obstruent par l'effet même des dépôts, les eaux deviennent moins chargées de gaz et de calcaire, le dépôt moins rapide et plus cristallisé, des animaux peuvent y vivre, et ce dépôt chargé des dépouilles de ces animaux doit être supérieur au premier. C'est probablement le cas dans lequel se trouve actuellement le lac du Tartre (*lago di Tartari*), et ce rapport de position du terrain d'eau douce sans coquille et du terrain d'eau douce coquillier, est précisément celui qu'on observe dans presque tous les lieux où l'on connaît ces deux terrains; ainsi dans le bassin de Paris le calcaire siliceux sans coquilles est placé sous le calcaire d'eau douce coquillier, la meulière sans coquilles est inférieure à la meulière coquillière, etc.

Nous trouvons donc ici une réunion de phénomènes et de circonstances qui permettent d'employer des observations directes, équivalant à des expériences, pour fonder la théorie de la formation des terrains d'eau douce, et peut-être même de plusieurs autres terrains, et pour nous faire présumer que beaucoup de terrains calcaires ont été formés, comme les travertins de la plaine de Tivoli, par des sources abondantes sortant de la terre chargées d'une dissolution de chaux carbonatée qu'elles ont déposée avec plus ou moins de rapidité à la surface du sol.

Ces considérations m'ont paru assez importantes pour nous arrêter quelques momens, car elles contribuent efficacement à compléter l'histoire d'un terrain qui a été reconnu pour la première fois aux environs de Paris.

Mais le travertin ou terrain d'eau douce de la plaine de Tivoli n'est pas entièrement dépourvu de débris de mollusques; j'en ai vu près de la Villa-Adriana, au pied même de la colline, dans un banc de calcaire, qui montre d'ailleurs d'une manière très-claire sa position par rapport aux autres terrains.

Le sol fondamental des montagnes de Tivoli est un calcaire compacte fin, renfermant des lits interrompus ou des nodules de silex cornés, et qui m'a paru avoir la plus grande ressemblance avec le calcaire du Jura; tantôt le calcaire d'eau douce est immédiatement appliqué sur ce sol ancien, tantôt il est placé sur une brecciole volcanique qui est elle-même en adossement sur ce calcaire compacte. Le lieu que je viens de citer montre cette superposition de la manière la plus évidente. On voit en allant de la surface du sol dans la profondeur : 1° un travertin compacte avec tubulures sinueuses et quelques coquilles ; 2° un mélange de travertin friable et de débris de brecciole volcanique ; 3° un banc assez puissant de cette brecciole.

Ainsi tous les faits observés par M. Brocchi et que j'ai eu occasion de revoir avec lui, ceux que j'ai vus de mon côté, établissent pour la position des terrains analogues à ceux des environs de Paris, par rapport aux autres terrains, tant à Rome que dans les environs, l'ordre de succession suivante, en allant maintenant des plus profonds aux plus superficiels.

1° Un calcaire compacte analogue soit au calcaire du Jura, soit peut-être même à la craie. Les pétrifications seules, quand on en trouvera, et elles y sont très-rares, pourront lever ces doutes.

2° Le terrain de calcaire grossier composé à sa base de marne argileuse bleuâtre coquillière, et vers sa partie supérieure, de calcaire sableux rougeâtre et quelquefois même de grès marin, comme on le voit parfaitement dans Rome, au pied du *Monte-della-Grita*, petite colline parallèle au Janicule et qui en est même une dépendance.

3° La brecciole volcanique dans toutes ses modifications, recouvrant ce terrain comme on le voit très-clairement au Mont-Marius.

4° Enfin le terrain d'eau douce. Il serait donc ici dans

une position différente de celui que j'ai reconnu dans le Cantal, dans le département du Puy-de-Dôme et dans celui de l'Allier. Ceux-ci pourraient être rapportés aux terrains d'eau douce moyens ou gypseux, et ceux des États romains aux terrains d'eau douce supérieurs et postérieurs à la seconde formation marine, et ce rapport s'accorde encore parfaitement bien avec la position que M. Prevost a assignée aux terrains de calcaire grossier des Apennins (1).

J'ai dit qu'il y avait aussi des terrains assez considérables de calcaire d'eau douce ou travertin du côté de Civita-Vecchia. On commence à le voir formant de grands plateaux après Mala-Grotta et au Guido ; il cesse ensuite : mais après avoir passé le Pulidoro et le hameau de ce nom, on traverse des masses considérables de calcaire d'eau douce qui forment des parties saillantes et comme bombées, et qui semblent s'être avancées vers la mer à la manière d'une couche de lave. C'est à Monterone qu'il est le plus abondant et le plus puissant. Il repose ici sur un terrain qui a tous les caractères du terrain de transition.

Les chutes d'eau ou cascades célèbres de Tivoli ne sont pas dues à des escarpemens du calcaire compacte qui forme la masse de ces montagnes, mais à un barrage de la vallée produit par les dépôts des eaux qui en sortent, et qui étaient dans les premiers temps beaucoup plus chargées de calcaire qu'elles n'en contiennent actuelle-

---

(1) M. Brocchi s'occupe d'un ouvrage sur la structure géologique et physique du sol de la ville de Rome. J'en ai vu la carte presque terminée en juin 1820. Je ne sais si cet ouvrage a paru.

ment. Cette agitation des eaux donne à ce dépôt des ondulations qu'on ne lui voit pas dans la plaine, et la précipitation moins abondante permet au calcaire de prendre une texture et un aspect cristallin qui l'éloigne du travertin pour le rapprocher des albâtres. Cette même disposition due aux mêmes causes s'observe dans tous ses détails aux belles cascades de Terni. On trouve d'abord dans les environs et dans les parties basses du travertin ou calcaire d'eau douce compacte; et après Rieti, au confluent du Velino et de la Nera, cette petite rivière se précipite en cascade d'un barrage de calcaire concrétionné cristallin, formé par la même voie et sur le même sol fondamental de calcaire compacte jusqu'à Tivoli. M. d'Halloy y a vu des coquilles d'eau douce enveloppées dans le calcaire concrétionné.

Le terrain d'eau douce se présente au lieu dit les Bains de Saint-Philippe, à quelques milles au N. O. de Radicofani, sur les frontières de la Toscane, lieu cité dans tous les ouvrages de minéralogie, pour l'application que le docteur Vegni a faite, de la propriété qu'ont ces eaux thermales de déposer une grande quantité de calcaire très-fin et très-blanc, à la fabrication de très-jolis bas-reliefs. Non-seulement l'origine du terrain d'eau douce est ici évidente, mais ce terrain est dans une situation si distincte, que ce lieu peut servir, pour ainsi dire, de module pour faire concevoir la formation des collines et même d'un grand nombre de montagnes calcaires.

En effet, les sources chargées de chaux carbonatée sortent avec abondance du terrain fondamental qui est un calcaire compacte fin, grisâtre, qu'on peut rapporter au calcaire alpin ou même au calcaire de transition; elles sortent vers le fond d'une vallée creusée dans ce calcaire, et elles ont élevé dans ce vallon une véritable colline de calcaire blanc concrétionné, quelquefois compacte, plus souvent cristallin, à structure fibreuse. Cette colline de formation moderne est à pentes très-raides, qui sont cependant interrompues par de petites terrasses et terminées par un plateau arrondi sur lequel les bains et les maisons qui forment le hameau de Saint-Philippe sont construites, et où sont établis des jardins et divers genres de culture. Ce calcaire formé successivement, et sous le contact de l'air, n'a pas la compacité et la finesse de grain de celui qui a été déposé au fond d'un lac ; il enveloppe des corps organisés de toutes sortes, mais la substance de ces corps n'est point pétrifiée.

Je ferai remarquer que cette source calcarifère est, comme celle de Tivoli, comme celle d'un grand nombre de sources des environs de Naples, de la Sicile, etc., sur les limites des terrains volcaniques, et qu'elle sort d'un calcaire qu'on peut rapporter au terrain de transition.

Dans les lieux que je viens de décrire comme exemple, l'origine du calcaire d'eau douce n'est point douteuse, et quand on l'a vu se former, pour ainsi dire, sous ses yeux à Tivoli, à Terni, et surtout à Saint-Philippe et au lac de la Solfatare, on n'hésite pas à attribuer la même origine à celui qui est sur la route de Civita-Vecchia, dont la source n'est plus visible. Or, comme le calcaire d'eau douce que nous allons trouver en Toscane dans les environs de Colle et de Volterra, est absolument semblable, dans beaucoup de ses parties, à celui de la plaine de Tivoli, nous n'aurons plus besoin d'en voir la source, pour lui assigner la même origine.

Ce terrain est ici très-remarquable par son étendue,

par sa position évidente et par la grande quantité de coquilles lacustres et terrestres à peine altérées qu'il renferme.

C'est au pont de la Poderina, qui est à quelques milles au N.-O. de Saint-Philippe, sur la route de Sienne, que le travertin compacte et dur commence à se montrer de nouveau; mais c'est à Sienne même que reparaît le calcaire d'eau douce, en banc assez puissant; il se continue ainsi recouvrant les sommets des collines, descendant quelquefois sur leur pente, mais cessant dans les vallons, jusqu'au passage de la Staggia sur la route de Poggibonzi. Il présente souvent une texture lâche et enveloppe des tiges de plantes aquatiques et des coquilles lacustres; ces lieux sont maintenant très-élevés au-dessus des eaux actuelles, et par leur forme et leur position ils ne peuvent recevoir aucun cours d'eau, ni en conserver aucun amas.

En descendant dans le vallon de l'Elza (1) vers Colle, on trouve la même disposition, c'est-à-dire, d'abord et sur les hauteurs, un calcaire d'eau douce très-étendu, très-épais et très-compacte, puis un sable fin de même formation, car il renferme une multitude de coquilles d'eau douce très-bien conservées, quelques-unes ayant même leur couleur: ce sont les nérites. Les autres coquilles

---

(1) M. Omalius d'Halloy a donné une note très-brève sur ce terrain dans le Journal des Mines, tome XXXII, page 406. Comme j'ai eu occasion de le voir avec assez d'attention et de prendre une idée de ses rapports avec les autres terrains, j'ai cru devoir le décrire avec quelques détails. Sa position élevée au-dessus de la vallée ne permet de regarder aucune de ses parties comme un tuf ou terrain d'eau douce moderne.

sont des physes, des limnées, des planorbes, quelques hélices et des paludines. On voit ensuite, c'est-à-dire en descendant vers le vallon, non pas précisément au-dessous des couches précédentes, mais toujours à un niveau très-supérieur à celui des plus hautes eaux, un terrain tantôt compacte avec des parties siliceuses qui se fondent dans sa masse, présentant les cavités sinueuses et les coquilles qui caractérisent la formation lacustre, tantôt poreux, même tufacé, et qui semble composé de tiges de *chara* et de *myriophyllum* pétrifiées en calcaire. Ce terrain se représente sur la colline opposée, c'est-à-dire sur la rive gauche de l'Elza; il ne peut être considéré comme de formation moderne, car il se trouve à une élévation à laquelle l'Elza dans ses plus grandes crues ne peut jamais atteindre, et il repose sur le terrain marin de sédiment supérieur, qui a lui-même une très-grande épaisseur.

Les eaux qui ont déposé ce terrain ne se montrent plus à son niveau; mais on voit sortir du pied des coteaux de la rive gauche de l'Elza, des ruisseaux qui font mouvoir un moulin et qui ont la propriété de déposer une grande quantité de calcaire. On peut présumer qu'avant l'ouverture du vallon où coule l'Elza, ces mêmes sources sortaient au niveau du sommet des collines qui le bordent. Ce changement est antérieur aux temps historiques, et a eu lieu sans aucun doute à la même époque où les vallées ont été creusées, et où les continens mis en partie à découvert ont pris dans leurs parties basses les formes qu'ils ont actuellement.

Un calcaire d'eau douce semblable aux parties les plus compactes du précédent se présente de même vers le sommet des collines, au-dessus du terrain marin, dans presque tous les environs de Volterra. Ainsi à *Castello di San-Juliano*, on voit des escarpemens très-hauts qui sont composés à leur base de marne argileuse bleuâtre avec coquilles marines, vers leur milieu de sable rougeâtre avec cailloux roulés, renfermant quelquefois des huîtres, des peignes et quelques autres coquilles marines, et à leur sommet un dépôt très-épais de calcaire d'eau douce avec ses tubulures, ses coquilles, etc.

A Pomarance, au S. E. de Volterra, par conséquent à une assez grande distance des deux endroits où je viens d'indiquer le calcaire d'eau douce, ce même terrain se présente encore avec les mêmes caractères, mais pas tout-à-fait dans la même position : car ici il semble avoir coulé sur la pente méridionale de la colline au sommet de laquelle est situé Pomarance ; il est néanmoins toujours supérieur au calcaire marin et aux marnes gypseuses qui sont dessous, parce que tous ces terrains ou formations ont suivi la même inclinaison et semblent finir ici, puisque de l'autre côté on se trouve sur une toute autre formation composée de calcaire compacte micacé, recouvert d'ophiolite (1).

Je ne poursuivrai pas plus loin la recherche des terrains d'eau douce : les exemples nombreux que je viens de rapporter suffisent pour donner une idée de la grande étendue d'une formation à laquelle on ne faisait, il y a dix ans, aucune attention, et pour faire ressortir aux yeux des naturalistes l'analogie remarquable de leurs caractères dans tous ces lieux si éloignés les uns des autres, et si

---

(1) Je l'ai décrit dans mon Mémoire sur le gisement des ophiolites dans les Apennins, Ann. des Mines, 1821, p. 202.

différens par la nature des terrains sur lesquels les formations lacustres se trouvent placées.

J'ai insisté sur les terrains d'eau douce de formation actuelle, parce qu'ils nous offrent des moyens d'apprécier les causes qui ont pu et dû produire les terrains de formation ancienne, et par conséquent d'établir la théorie de ceux des environs de Paris. Les terrains d'eau douce de Rome, de Sienne, de Colle, de Pomarance, sont dans une situation géologique identiquement la même que ceux de Fontainebleau, de la plaine de Trappes, de Montmorency, etc. Nous ne pouvons nous refuser d'attribuer à des eaux calcarifères sortant du sein de la terre et de dessous le terrain de sédiment le plus ancien, la formation du terrain d'eau douce d'Italie et de Hongrie. Des résultats parfaitement semblables entre eux permettent de leur attribuer une même cause. Nous pouvons donc présumer que les terrains d'eau douce des environs de Paris sont dus à d'abondantes sources thermales calcarifères et silicifères, qui se sont taries comme celles de Pomarance le sont et comme celles de Colle sont près de l'être ; soit que leur réservoir ait été épuisé, soit que leurs canaux se soient obstrués.

Il est vrai qu'on trouve aux environs de Paris des terrains d'eau douce entièrement siliceux, et qu'on n'en connaît pas de semblables dans les parties de l'Italie que j'ai citées ; mais je rappellerai que ceux de Colle contiennent des parties siliceuses très-distinctes, et d'ailleurs si l'examen de cette circonstance ne me conduisait pas tout-à-fait hors des bornes naturelles de cet ouvrage, je pourrais citer des exemples de sources thermales contenant encore dans l'état actuel de la surface du globe une grande quantité de silice en dissolution.

Les terrains d'eau douce d'OEningen ont un caractère tout-à-fait différent de ceux d'Italie, des environs de Paris et de la plupart de ceux dont j'ai fait mention; et on doit aussi leur attribuer une origine différente; ils peuvent être regardés comme des terrains d'eau douce de sédiment, faits presqu'entièrement par voie mécanique, c'est-à-dire par des matières terreuses, souvent même assez grossières, se déposant plus ou moins rapidement au fond d'un lac et enveloppant les corps organisés qui s'y trouvaient : aussi présentent-ils une structure tout-à-fait différente des autres; les assises y sont très-distinctes et multipliées, le grain est sableux et souvent grossier, enfin on ne voit plus ces tubulures sinueuses qui indiquent dans les autres terrains le dégagement du gaz qui tenait le calcaire en dissolution.

Nous aurons donc deux sortes de terrains d'eau douce très-différens par leur origine, et reconnaissables par des caractères extérieurs qui indiquent cette différence d'origine : les uns de dissolution et de précipitation plus ou moins pure et cristalline sont sortis de l'intérieur de la terre avec les eaux qui les ont transportés à la surface du sol; ils peuvent, d'après cette théorie, s'être formés à toutes les élévations où de semblables eaux ont pu se faire jour, et la hauteur où ils se trouvent n'est pas toujours une preuve de celle à laquelle les eaux douces ont dû être élevées (1); ce sont les plus répandus, ce sont

---

(1) M. Debuch qui avait bien vu que les travertins de la plaine de Tivoli, dans lesquels on ne trouvait aucun corps marin, n'étaient pas d'origine marine (*Geogn. Beobacht.*, tome II, page 24), qui y avait même remarqué avec M. Breis-

ceux des environs de Paris, du Locle, de l'Italie, etc.; ils sont rarement mélangés de corps d'origine marine.

Les autres de structure grossière, résultant pour ainsi dire de la désagrégation et du lavage de la surface du sol, se sont formés par voie de sédiment au fond des eaux tranquilles dans lesquelles ils ont été amenés. Ils sont beaucoup moins répandus, moins purs, et peuvent renfermer des débris de corps marins; c'est le terrain d'OEningen, c'est une partie de la Limagne d'Auvergne, c'est probablement celui des argiles plastiques et des lignites. C'est enfin à cette classe qu'appartiennent les lits de terrain d'eau douce qu'on observe dans les psammites molasses de la Suisse.

---

lak des hélicites (page 33), dit que la position des travertins, à 325 mètres au-dessus du niveau de la mer, suppose que les eaux douces ont dû être soutenues alors à cette élévation.

ARTICLE IX.

7ᵉ *Formation*. — TERRAINS DE TRANSPORT ET D'ALLUVION, CAILLOUX ROULÉS, LIMON D'ATTERRISSEMENT.

Nous avons peu de choses à ajouter à ce que nous avons dit sur ces terrains. La distinction que nous avons admise entre les terrains de transport et d'alluvion, les uns anciens et les autres modernes, distinction que nous avions dès-lors indiquée, devrait nous conduire à adopter la même marche dans leur description géographique; mais cette précision, quelquefois impossible à suivre, serait toujours sujette à de grands inconvéniens, ces terrains se touchant souvent, se confondant même au point qu'il n'est pas possible d'en indiquer les limites; d'ailleurs, outre cette distinction d'époques, le sol de transport et d'atterrissement a encore deux positions différentes aux environs de Paris, qui marchent souvent d'accord avec leurs époques de formation. Dans la première il se trouve dans les vallées; tantôt il en remplit le fond; il est alors ou de sable, ou de limon proprement dit, ou de tourbe : tantôt il forme dans ces mêmes vallées des plaines étendues assez élevées au-dessus du lit actuel des rivières. Ces plaines sont ordinairement composées de cailloux roulés; elles descendent vers le lit des rivières en forme de caps arrondis qui correspondent presque toujours à un sinus à bords escarpés qui forme la rive opposée.

Dans la seconde position, et c'est la plus rare, le terrain de transport se trouve dans des plaines éloignées des vallées actuelles, ou même sur des plateaux assez élevés.

Nous ne parlerons point ici du limon d'atterrissement que forment encore actuellement nos rivières, et qui appartient évidemment aux temps historiques, mais seulement de celui qui, par sa position, sa nature, la grosseur de ses parties, etc., ne peut avoir été déposé par les cours d'eau dans leur état actuel, en supposant même les débordemens les plus grands dont l'histoire nous ait transmis la connaissance.

Nous allons d'abord décrire le sol d'atterrissement des vallées, en suivant le cours des principales rivières; nous parlerons ensuite de celui des plaines.

La vallée de la Seine nous offre de nombreux

exemples de la disposition du sol d'atterrissement en caps avancés, mais bas, et composés de sable ou de cailloux roulés. En remontant cette rivière depuis Meulan, on voit que le cap de Chanteloup en face de Poissy, celui qui porte la forêt de Saint-Germain, celui de Chatou qui porte le bois du Vésinet, celui de Genevilliers, celui de Boulogne qui porte le bois de ce nom, et celui de Vaugirard qui forme la plaine de Grenelle, présentent tous la même disposition, c'est-à-dire un plateau calcaire élevé, placé à une certaine distance du lit actuel de la Seine, et une plaine qui tantôt descend insensiblement de ce plateau vers la rivière, tantôt part du pied escarpé du plateau. La plaine est toujours composée de limon brunâtre près de la rivière, de sable fin dans son milieu et de gros sable ou même de cailloux roulés vers le pied du plateau. Cette distribution est constante dans tous les lieux que nous venons de nommer. Ainsi le sol sablonneux et cailouteux de la partie la plus septentrionale de la forêt de Saint-Germain, celui du bois du Vésinet, celui du bois de Boulogne, etc., appartiennent presque totalement à la partie la plus ancienne et la plus élevée de la formation d'atterrissement. L'épaisseur de ce sol est très-variable : elle est de 4 mètres dans la plaine des Sablons, près de la porte Maillot; elle est de plus de 6 mètres dans la plaine de Grenelle, près de Vaugigard. Ce sol renferme quelquefois de gros blocs de grès et de meulières qui y sont épars, et qui, formés ailleurs, y ont été apportés par des forces dont nous ne connaissons plus d'exemples dans nos cantons; car la Seine, dans ses plus grands débordemens, n'est pas capable de faire changer de place un caillou de la grosseur de la tête, et d'ailleurs elle n'atteint jamais la partie élevée de cet ancien sol d'atterrissement. On y trouve aussi quelques morceaux roulés de granite, et d'autres roches primitives.

Les travaux que l'on a faits dans la plaine de Boulogne pour la construction du nouveau pont de Sèvres et de la route qui y conduit, nous ont donné des notions précieuses sur la structure du sol de transport de cette partie de la vallée de la Seine, notions qui sont venues pleinement confirmer l'opinion que nous avons émise à plusieurs reprises, que ce n'est point la Seine actuelle, ni aucun cours d'eau ayant la même origine que cette rivière, qui a creusé la vallée dans laquelle elle coule, ni les ouvertures au travers desquelles elle passe; opinion émise par Deluc et par Dolomieu, et qui ne peut manquer d'être adoptée généralement quand la suite des observations la fera mieux comprendre et sera venue la fortifier de nouvelles preuves.

La partie de la plaine de Boulogne qui avoisine la Seine entre le nouveau pont de Sèvres et celui de Saint-Cloud, et surtout celle qui est le plus près du premier, a été creusée pour fournir le sable grossier et les petits cailloux roulés qui ont servi à former la chaussée élevée qui conduit au pont; on a mis ainsi à découvert la plupart des gros blocs de pierres qui étaient mêlés avec ce sable. Dépouillés du terrain qui les enveloppait, on les voit maintenant tous à la surface du sol; ils sont en grand nombre, et la plupart ont plus d'un mètre de diamètre; quelques-uns avaient même jusqu'à douze mètres cubes. Le sable et les cailloux roulés qui enveloppaient ces blocs sont généralement quarzeux, et ont une teinte de rouille; les cailloux roulés appartiennent principalement au silex pyromaque de la craie. Les uns, et c'est le plus grand nombre, sont arrondis; quelques-uns sont cassés. Ces blocs faisaient partie des terrains supérieurs à la craie, et les plus gros et les plus communs viennent des roches les plus dures. Ce sont, en suivant l'ordre des formations, du calcaire grossier mais compacte et solide, renfermant des empreintes de cérites, par conséquent ayant fait partie du banc connu sous le nom de *roche*; des masses énormes de calcaire siliceux, et quelquefois de silex corné et de silex calcédonieux de ce même terrain d'eau douce inférieur; ensuite de gros blocs de grès, et enfin plusieurs blocs, parmi lesquels se trouvait le plus volumineux de ceux dont nous avons indiqué les dimensions, d'un poudingue de silex dont le ciment est un sable ferrugineux très-dur. Nous ne parlons pas de la nature des divers cailloux qui enveloppaient ces blocs, parce que nous venons de l'indiquer d'une manière générale.

Cette énumération nous montre toutes les pierres et les roches solides de la craie et des formations supérieures. Mais on remarquera que plusieurs d'entre elles doivent venir de loin, car les coteaux qui bordent la vallée de la Seine dans cet endroit, et même beaucoup au-dessus jusqu'à Champigny sur la Marne, ne présentent ni le calcaire siliceux en grande masse, ni le grès en bancs puissans, ni à plus forte raison les poudingues supérieurs à la craie qu'on ne commence à voir que du côté de Nemours. Or, ce n'est certainement pas la Seine actuelle dans ses plus grandes eaux qui a pu jamais amener des masses aussi puissantes d'une aussi grande distance, en les faisant suivre tous ses circuits et sortir des anses profondes de Melun ou de Saint-Maur. Au milieu de ces blocs et de ces sables se trouvent des coquilles fossiles marines, à arêtes émoussées, sans épines et même arrondies, qui ne laissent pas de doute sur le transport qu'elles ont éprouvé, et dont l'état est bien différent de celui des coquilles qui ont vécu dans le lieu où on les trouve.

A l'extrémité des caps que nous venons de mentionner, la rivière, formant un arc, serre de très-près le coteau souvent très-escarpé et toujours en pente rapide qui leur est opposé, comme on peut le voir de Meulan à Triel, de Verneuil à Poissy, de Conflans à Sartrouville, de Saint-Germain à Bougival, de Courbevoie à Sèvres, d'Auteuil à Chaillot, etc., etc.

De Paris à Moret, la Seine, étant beaucoup moins sinueuse, présente aussi beaucoup moins de ces plaines d'atterrissement, et la seule remarquable est celle qui va de Melun à Dammarie.

Les atterrissemens qu'offrent l'Oise et la Marne suivent absolument les mêmes règles; mais ceux de la Marne sont généralement composés d'un limon plus fin, et nous n'y avons pas remarqué ces cailloux volumineux que nous venons de citer dans les atterrissemens de la Seine.

Le limon d'atterrissement des petites rivières, toujours très-fin, est plus propre à la végétation ; aussi ces atterrissemens sont-ils souvent marécageux et quelquefois tourbeux. La vallée de la rivière d'Essonne est remplie de tourbe qu'on exploite avec beaucoup d'avantage ; on en trouve pareillement dans celle de la Bièvre.

C'est dans la partie la plus fine de ces atterrissemens, qu'on rencontre fréquemment des arbres dont le bois, peu altéré et comme tourbeux, est encore susceptible d'être brûlé.

Quand on y trouve des objets travaillés par les hommes, tels que des bateaux, des bois taillés, c'est toujours dans les parties qui servent encore de rives à la rivière, et jamais dans l'ancien atterrissement.

Le sol d'atterrissement des plaines éloignées et même séparées de nos vallées actuelles, ne se distingue que très-difficilement du terrain d'eau douce, et dans quelques cas il se confond entièrement avec lui. Il paraît encore plus ancien que celui des vallées, à en juger par sa position et par les fossiles qu'il renferme.

Les environs de Sevran, qui géologiquement font partie de la plaine d'eau douce de Saint-Denis, fouillés très-profondément pour le passage du canal de l'Ourcq, nous ont permis d'observer avec soin la structure de ce sol.

A quelque distance de Sevran, le canal est creusé dans une marne argileuse jaunâtre renfermant des lits d'argile d'un gris perlé, qui contient des silex ménilites et des masses de marne calcaire compacte. Ces silex présentent deux particularités remarquables : 1° ils sont disposés en lignes qui forment des zigzags dont les principales directions sont parallèles ; 2° ils sont tous remplis de coquilles d'eau douce des genres limnées et planorbes. Ces coquilles ne sont pas assez bien conservées pour qu'on puisse en déterminer l'espèce. C'est sans aucun doute une partie du terrain d'eau douce inférieur au gypse.

Plus loin, à environ une lieue de Sevran, on arrive à une éminence de la plaine ; on l'appelle *Butte des bois de Saint-Denis*. Elle a été coupée pour le passage du canal, et présente la succession de couches suivante (pl. B, fig. 10) :

1. Terre meuble et végétale, environ. . . . 4 mètres.
2. Couche de sable jaunâtre assez pur, avec des lits de sable argileux dans sa partie supérieure. 2

   Dans les lits de sable argileux supérieurs on trouve des limnées et des planorbes très-bien conservés, blancs et à peine altérés.
3. Limon d'atterrissement très-noir, mêlé de sable jaune en lits ondulés. 6
4. Lits alternatifs d'argile verte friable, de marne argileuse jaune et de marne argileuse blanche. . . . .

Dans la partie que nous décrivons, et dans deux autres parties un peu plus éloignées, mais dont la structure est absolument semblable à celle-ci, les lits d'argile verte et ceux qui l'accompagnent s'enfoncent comme pour former un bassin qui est rempli par le limon noir et sableux. C'est dans la partie inférieure de ce limon qu'ont été trouvées les dents d'éléphans, les têtes de bœufs, d'antilopes et de cerfs d'Irlande que l'un de nous a décrites.

Il ne paraît pas possible d'attribuer cet atterrissement aux eaux qui coulaient dans la vallée de la Seine ; cette vallée est beaucoup trop éloignée de ce lieu, et beaucoup trop basse par rapport à lui. Il est probablement beaucoup plus ancien que ceux des vallées, et semble plutôt avoir été déposé au fond de lacs, de marais ou d'autres cavités de même espèce qui existaient alors dans le terrain plat, mais élevé, qui constitue actuellement la plaine de Saint-Denis. La forme de ces dépôts, la nature et la finesse des matières qui les composent, leur disposition en couches plus ou moins inclinées ou courbées, tout concourt à appuyer cette supposition.

Le terrain de transport se présente aussi sur les plateaux qui terminent la formation de calcaire grossier, et même sur ceux qui, encore plus élevés, surmontent le gypse. Mais ces deux sortes de terrains de transport ont peut-être une origine différente.

On voit le premier dans la plaine de Montrouge immédiatement au-dessous de la terre végétale. Il est composé de cailloux siliceux roulés dans un sable rougeâtre; on peut y rapporter les terrains de transport du bois de Boulogne, de la forêt de Saint-Germain, etc., que nous avons déjà cités.

On remarque le second vers le sommet de la colline de Sannois et dans les sables supérieurs des bois de Romainville, sur la partie septentrionale du plateau de Belleville ou Ménilmontant.

Nous avons parlé, pages 237 et 250, des cavités cylindroïdes en forme de puits naturels qui traversent les couches de divers terrains et notamment du calcaire grossier. Ces cavités sont rarement vides; elles sont, au contraire, souvent remplies des matières de transport du sol supérieur, et on peut trouver ainsi au milieu des assises d'un terrain ancien de formation sédimenteuse, des objets du terrain de transport qui appartiennent à une formation d'une époque beaucoup plus récente. C'est ce que nous avons eu occasion d'observer dans une cavité semblable, traversant la craie, et découverte en creusant un puits dans un jardin, vers le milieu du coteau du Bas-Meudon. Nous en donnons la figure pl. C, fig. 3.

Le sol montre successivement, en partant de la surface A, des débris de toutes sortes, mais non roulés et probablement transportés par les travaux des hommes; B un banc assez puissant de terre végétale; C une craie marneuse, c'est-à-dire impure et friable; D de la craie altérée fragmentaire ou en petites amandes, liées ou entourées d'argile jaunâtre; E un banc composé de grosses masses de craie marneuse; F la craie blanche ordinaire avec ses lits de silex pyromaque en rognons.

C'est à travers les bancs inférieurs à la terre végétale que s'était ouverte une cavité cylindrique qui a été remplie d'argile impure et de fragment de craie, et au milieu desquels on a trouvé plusieurs parties d'un bois de cerf comme calciné ; il était dans une espèce de cavité située dans la partie du puits qui commençait à pénétrer dans la craie. On n'en a pas trouvé des morceaux assez considérables pour pouvoir déterminer l'espèce du genre cerf auquel il a appartenu.

Nous avons vu ce bois de cerf en place et encore engagé dans l'espèce de brèche crayeuse que nous venons de décrire. Mais au premier moment on vint nous avertir qu'on avait trouvé un bois de cerf dans la craie. On voit, tant par notre description que par notre figure, que, quoique réellement dans la masse de craie, il n'en faisait pas partie, mais qu'il appartenait au terrain meuble qui recouvrait le sol avant que la terre végétale s'y soit déposée (1).

---

(1) Si nous n'avions pas eu occasion de voir le fait nous-mêmes, on aurait affirmé qu'on avait trouvé un bois de cerf *dans la craie*, et nous n'aurions eu, pour rejeter cette assertion, que les règles de la géologie. Mais heureusement que la découverte en fut faite par une personne instruite, M. Langlois, (dans le jardin de madame Fourcroy) qui, dès qu'il aperçut les premiers morceaux du bois de cerf, fit suspendre le travail jusqu'au moment où nous pûmes nous transporter sur les lieux pour voir les choses dans leur position naturelle.

Nous terminons ici ce que nous avons à dire du sol d'atterrissement des environs de Paris; nous ne prétendons pas en avoir fait l'histoire complète. Ce sol, dont la connaissance est très-importante à l'avancement de la géologie, comme l'a fort bien prouvé M. Deluc, demande à être étudié avec un soin particulier, et pourrait à lui seul occuper pendant long-temps un géologiste qui voudrait le connaître avec détail et précision.

TROISIÈME SECTION.

NIVELLEMENS ET COUPES. — RAPPORTS DES DIVERS TERRAINS ENTRE EUX, ET CONSIDÉRATIONS GÉNÉRALES.

Les hauteurs relatives des différentes formations du bassin de Paris que nous venons de décrire, étaient une connaissance curieuse à acquérir, utile pour établir les lois qui ont pu régir ces formations, si jamais on parvient à les découvrir, et nécessaire pour compléter l'histoire géognostique du sol des environs de Paris; aussi avons-nous entrepris, avec autant de suite et d'ardeur que les circonstances dans lesquelles nous nous trouvons ont pu nous le permettre, les observations propres à obtenir cette connaissance.

Le peu de hauteur de nos collines, et par conséquent les différences très-faibles qui peuvent exister dans le niveau des différens points d'une même couche, nous avaient fait croire que le nivellement géométrique était le seul moyen que nous pussions employer; mais dans ce même temps les travaux de MM. de

Humboldt, Ramond, Biot et Daubuisson ont, d'une part, tellement perfectionné les méthodes de nivellement barométrique et l'instrument lui-même, et, de l'autre, tellement simplifié les méthodes de calculer les observations, que, même dans un pays presque plat, nous avons vu qu'il y avait un avantage immense à adopter ce moyen simple, sûr et expéditif de nivellement. Nous avons donc mesuré, à l'aide du baromètre, la hauteur de plus de cinquante points aux environs de Paris; nous avons répété nos observations deux fois, même trois fois lorsqu'il nous a été possible de le faire.

Nous aurions désiré pouvoir les multiplier davantage, observer un plus grand nombre de points sur une surface plus étendue, et n'inscrire que les résultats des observations qui, répétées au moins deux fois, auraient été parfaitement d'accord entre elles; mais le temps ne nous a pas permis de donner à notre travail cette extension et ce degré de perfection. Nous ne présentons donc encore que comme un essai imparfait, quant aux petites différences de niveau, les coupes générales que nous donnons ici, ainsi que le tableau des hauteurs qui les précède et qui leur sert de preuve.

On ne doit regarder comme points exactement déterminés et placés, que ceux qui sont mentionnés dans le tableau qui va suivre. Toutes les lignes de jonction de ces points ont été mis, ou par supposition ou d'après d'anciennes observations dans lesquelles on ne peut avoir beaucoup de confiance. Mais on remarquera au moins que la plupart de ces points sont peu importans, tandis que ceux qui devaient donner des connaissances précises sur les hauteurs des diverses formations, tels que Montmartre, Montmorency, Bagneux, le calcaire de Sèvres, etc., ont tous été déduits de deux ou trois observations faites avec beaucoup de soin.

La vue de ces coupes et de la carte géognostique qui y est jointe conduit nécessairement à des considérations générales sur la disposition des divers terrains que nous venons de décrire, et à une récapitulation des règles qu'elle paraît avoir constamment suivies ; elle nous amène à rechercher quel aspect ont dû présenter ces divers terrains avant d'avoir été recouverts par ceux qui se sont déposés sur eux, et par conséquent quels sont les divers changemens et révolutions probables que notre sol a dû éprouver avant de prendre la forme que nous lui connaissons.

Nous tâcherons d'être aussi réservés dans ces

considérations générales que nous l'avons été dans les conséquences particulières que nous avons déjà eu occasion de tirer, et de nous défier de la propension aux hypothèses à laquelle conduit presque irrésistiblement l'étude de la structure de l'écorce de la terre.

On voit d'abord, tant par les coupes que par nos descriptions, que la surface de la craie qui constitue le fond de cette espèce de golfe ou de bassin est très-inégale, et que les inégalités qu'elle présente ne ressemblent pas à celles de la surface du sol actuel.

Tandis que celui-ci offre de vastes plateaux tous à peu près au même niveau, des couches horizontales qui les divisent, et des vallons réguliers qui les sillonnent, la craie au contraire ne présente que des masses sans couches, des promontoires ou des îles; et si on la suit dans les lieux plus éloignés de Paris, où elle se montre à nu et beaucoup plus élevée, on la voit former des escarpemens et des faces abruptes sur le bord des vallées, et de hautes falaises sur les rivages de la mer.

L'argile plastique et le sable qui la recouvrent ont commencé, dans quelques points, à unir ce sol raboteux, en remplissant les cavités les plus profondes et s'étendant en couches minces sur les parties élevées; mais ce dépôt

argileux s'est beaucoup trop ressenti des inégalités de la surface du sol de craie : c'est ce
qui rend sa présence toujours incertaine et son
extraction souvent dispendieuse, à cause des
recherches infructueuses qu'on est obligé de
faire. La coupe que nous donnons du sol des
environs d'Abondant, près de Dreux, montre
cette disposition telle qu'on peut se la figurer
d'après les résultats des fouilles nombreuses
qu'on a faites dans ce lieu pour en extraire
l'argile, qui y possède une qualité réfractaire
assez rare.

La surface du sol de craie pourrait avoir été
constamment sous-marine et recouverte par
le calcaire grossier, dans le sein de la même
mer où se seraient successivement déposés ces
deux terrains; et, lors de la première publication de ce travail, nous eussions admis cette
hypothèse qui paraissait la plus simple, si la
considération de la séparation nette et complète qui se montre partout dans notre bassin,
entre la craie et le calcaire grossier qui la recouvre, ne nous eût fait dès-lors hésiter. Mais
maintenant qu'il est reconnu, tant par nos observations subséquentes, que par celles de
MM. C. Prevost, de Férussac, Bequerel, etc.,
qui confirment les idées anciennement émises
par M. Poiret, que la formation d'argile plas-

tique et de lignite qui recouvre la craie dans tant d'endroits, et qui est elle-même recouverte par le calcaire grossier, est essentiellement et même uniquement composée, dans ses lits les plus inférieurs, de débris organiques terrestres, fluviatiles ou lacustres, il n'est plus possible de concevoir comment la surface de la craie aurait toujours été sous-marine, quelque difficulté qu'il y ait d'un autre côté à concevoir ces retraites et ces retours si fréquens de la mer; il faut donc ou les admettre ou se jeter dans des hypothèses compliquées beaucoup plus difficiles à établir, et qu'il est presque impossible d'appuyer de preuves satisfaisantes.

Nous consentirons, par excès de réserve, à ne point dire que la mer s'est retirée de dessus la craie, qu'elle l'a laissée à découvert, que des végétaux et des animaux terrestres ou lacustres y ont vécu, et que la mer est revenu envahir ce sol et le recouvrir des débris des êtres qui l'habitent ordinairement; mais nous ne pouvons nous empêcher de voir, et nous refuser à dire qu'après un terrain pétri uniquement de débris organiques marins, se présente un terrain composé des restes de corps organisés terrestres et fluviatiles, et ensuite un autre terrain encore pétri uniquement de débris organiques marins.

La craie, avant d'être recouverte par le calcaire, le gypse, etc., qui se sont déposés sur sa surface, paraissait donc devoir former un sol, une campagne dont les collines et les vallées, et par conséquent l'aspect était très-différent de celui de notre sol actuel; mais examinons si cette ancienne surface a passé à la surface présente sans intermédiaire. C'est sur quoi nos coupes pourront encore nous donner quelques lumières.

On voit, tant par la carte que par ces coupes, que le fond du bassin de craie a été recouvert, en partie rempli, et ses inégalités considérablement adoucies par un dépôt de calcaire marin grossier.

Ce calcaire marin s'étendait-il en couches horizontales dont la surface supérieure et extérieure formait une plaine unie, sur tout le bassin de craie, en faisant disparaître entièrement toutes les inégalités de son fond, ou suivait-il de loin ces inégalités de manière, non pas à les faire disparaître entièrement, mais seulement à les adoucir? Cette dernière supposition nous paraît la plus fondée, et nous pourrons ajouter maintenant aux preuves que nous donnent nos propres observations dans le bassin de Paris, celles qui résultent de la structure des bords de ce bassin, observée par M. C. Prevost sur les côtes de Normandie.

A mesure qu'on s'éloigne du bassin particulier au milieu duquel sont situés Paris et Montmartre, on voit non-seulement les collines calcaires s'élever, mais les lits reconnaissables qui entrent dans cette formation s'élever également, comme on peut le remarquer sur la coupe de la plaine de Montrouge.

Nous savons d'ailleurs, par M. Héricart de Thury, que les bancs calcaires de dessous Paris vont en s'approfondissant, en s'amincissant, et même en se désagrégeant tout-à-fait à mesure qu'on s'approche de la rivière. On remarque sur la coupe n° 1, que le *banc vert*, à l'extrémité de la rue de l'Odéon, est au niveau de la rivière, tandis que ce même banc, qui suit toujours celui qu'on nomme *roche*, est à quarante mètres d'élévation dans les carrières près de Bagneux. On observe à peu près la même disposition dans les autres couches. Le calcaire est peu élevé sur les bords de la plaine de Grenelle, depuis Vaugirard jusqu'à Issy; mais il s'élève considérablement à Meudon. La même disposition se remarque de l'Étoile à Saint-Germain, sur la coupe n° 5.

Le calcaire grossier, en se déposant sur les

parois du bassin de craie, l'a donc recouvert d'une couche qui paraît avoir suivi de loin les principales inégalités du fond de ce bassin. Cette disposition n'a apporté aucun changement dans l'ordre de succession des différens lits qui composent cette formation ; mais elle en a apporté de très-grands, et dans leur hauteur et dans leur épaisseur relative. Ainsi la carte et nos coupes font voir que le calcaire grossier, très-haut à Grignon (coupe n° 3), à Meudon et à Chantilly, va en s'abaissant vers la plaine de Montrouge, vers celle de Colombes et sur toutes les collines basses qui entourent la plaine de Saint-Denis. On ne connaît pas précisément ce calcaire, ni dans cette plaine, ni dans ses appendices étendues, soit parce qu'il y est trop profondément situé, soit parce qu'il a pris une nature minéralogique qui le fait méconnaître ; mais on retrouvera facilement cette formation à la place et presque au niveau qu'elle doit occuper, si on veut la rechercher avec quelque attention et au moyen des caractères géologiques qui lui sont propres.

On peut remarquer, non-seulement aux environs de Paris, mais dans un grand nombre d'autres lieux, que chaque espèce de formation est séparée de celle qui la suit ou de celle qui la précède, par un lit de sable siliceux friable ou agglutiné en grès, et plus ou moins épais. Ainsi, entre la craie et le calcaire à cérites on trouve des bancs de sable très-puissans alternant avec l'argile plastique. Les lits inférieurs de ce calcaire sont souvent aussi sablonneux que calcaires. On reconnaît également à la partie supérieure du calcaire grossier ou à cérites, et par conséquent vers la fin de la formation, soit des dépôts de quarz et de silex corné assez abondans, comme à Neuilly, à Passy, à Sèvres, à Saint-Cloud, etc.; soit des bancs de grès puissans, tantôt coquilliers, comme à Triel, Ézanville, etc.; tantôt, et même plus souvent, sans coquilles dans la plus grande partie de leur épaisseur, comme à Villiers-Adam, à la descente de Maffliers, à Louvres, etc.; enfin la masse énorme de sable ou de grès qui surmonte presque partout le gypse, qui est la dernière des trois grandes formations de nos cantons, vient confirmer, d'une manière bien évidente, cette règle générale.

C'est par le grès marin qui forme ordinairement les derniers lits du calcaire à cérites, que se manifeste la présence de cette formation dans plusieurs points de la plaine de Saint-Denis. Les lieux où nous l'avons décrit sont principalement Beauchamp près de Pierrelaie, Ézanville, le fond de la carrière dit de *la Hutte-*

au-Garde, à l'ouest de Montmartre; et celui du puits de la rue de Rochechouart, au sud de cette même colline.

Qu'on examine maintenant sur les coupes n°s 1 et 2, et qu'on compare le niveau de ces grès ou de cette partie supérieure du calcaire marin avec celui de la plaine de Saint-Denis, et on verra que si cette plaine et ses dépendances paraissent assez basses quand on les parcourt, c'est à cause des buttes de gypse qui y sont placées et qui les dominent; mais en examinant sur nos coupes la véritable position de ces grès, on voit qu'ils sont très-élevés au-dessus du sol d'attérissement, tous à peu près au même niveau, et que ce niveau est à peu de chose près celui du calcaire marin de Saint-Maurice près de Vincennes, de la plaine de Grenelle un peu au-dessus de Vaugirard, de la partie la plus basse de la plaine de Montrouge, de Neuilly, et de toutes les couches calcaires qui avoisinent la plaine de Saint-Denis.

Les coquilles marines trouvées au fond du puits de la rue de Rochechouart paraissent faire une exception à cette règle par leur position beaucoup inférieure à celle de toutes les autres; mais il faut observer que ce lieu est très-près du lit de la Seine, et par conséquent de la partie la plus basse de la vallée : ce qui s'accorde avec ce que nous avons dit plus haut sur la manière dont les couches calcaires paraissent avoir suivi la forme du bassin de craie. Ainsi on peut dire que si les constructeurs ne reconnaissent pas de pierre calcaire proprement dite dans la plaine de Saint-Denis, la formation de ce calcaire marin n'existe pas moins dans cette plaine pour le géologue, et qu'elle n'y est recouverte que par un dépôt souvent très-mince du terrain d'eau douce inférieur.

Ces réflexions, que doit faire naître nécessairement l'étude de nos coupes, nous portent à croire que le calcaire marin ne formait pas, aux environs de Paris, une plaine unie d'un niveau à peu près égal partout; mais qu'après avoir été déposé, et avant qu'aucune cause subséquente ait pu en sillonner la surface, il présentait déjà des vallées et des collines, les premières peu profondes, les autres peu élevées, et suivant les unes et les autres, tout en les adoucissant, les inégalités du sol de craie. Telle a dû être la surface du second sol des environs de Paris avant que la troisième formation soit venue s'y déposer, et avant que des causes que nous ne pouvons assigner aient creusé des vallées qui n'étaient, pour ainsi dire, qu'ébauchées.

Le terrain qui est venu recouvrir le calcaire

grossier marin ne renferme plus de productions marines ; il ne présente au contraire que des débris d'animaux et de végétaux semblables à ceux que nous voyons vivre actuellement dans l'eau douce. La conséquence naturelle de cette observation, c'est que la mer, après avoir déposé ces couches de calcaire marin, a de nouveau quitté ce sol, qui a été recouvert par des masses d'eau douce variables dans leur étendue et dans leur profondeur. Ces amas d'eau douce ont déposé sur leur fond, d'abord du calcaire, tantôt pur, tantôt siliceux, renfermant de nombreux débris des coquilles qu'elles nourrissaient, ensuite des bancs puissans de gypse alternant avec des lits d'argile.

L'inspection des coupes semble indiquer que ces dépôts ont été plus épais dans les parties où le calcaire marin était plus profondément situé, et plus minces sur les plateaux élevés de ce calcaire. Mais quoique les couches de gypse d'un même bassin soient à peu près au même niveau, comme on peut le voir sur les coupes n° 1 et 2, de Bagneux à Montmorency, on y voit aussi : 1° qu'elles sont un peu plus relevées sur les bords du bassin dont Bagneux et Clamart faisaient très-probablement partie, et un peu plus basses, mais beaucoup plus épaisses, dans le milieu de ce bassin, c'est-à-dire dans le lieu où sont situés Montmartre, Sannois, etc.; 2° que ces couches de gypse ne se continuaient pas horizontalement d'une colline à l'autre, lorsque l'espace qui les séparait était considérable, mais qu'elles suivaient encore à peu près les inégalités du fond sur lesquelles elles se déposaient. Ainsi la coupe n° 2 nous fait voir le gypse de Saint-Brice, à l'extrémité orientale de la colline de Montmorency, un peu plus bas que dans le milieu de cette colline; celui du nord de Montmartre, à Clignancourt, est sensiblement plus bas que dans le centre de cette montagne, et cette inclinaison est même tellement forte, dans certains points, qu'elle a forcé les couches de se rompre et de se séparer, comme on l'observe dans la carrière de Clignancourt.

Il paraît que la formation de calcaire inférieur formait, au lieu dit *la Hutte-au-Garde*, une sorte de protubérance (1). Aussi les couches de gypse appliquées ici immédiatement

---

(1) Cette protubérance du calcaire marin fait probablement partie d'une colline intérieure de calcaire qui entoure Paris au nord, qui forme le plateau qu'on remarque à la partie supérieure des rues de Clichy, de Rochechouart, du Faubourg-Saint-Denis, du Faubourg-du-Temple, etc., et qui semble lier le calcaire de Passy avec celui de Saint-Maurice.

sur le calcaire marin, sont-elles plus hautes que les couches correspondantes dans le corps de la montagne. Nous avons indiqué par une ligne ponctuée la forme que nos nivellemens permettent d'attribuer à cette protubérance.

Le gypse porté à Clamart sur une masse puissante de calcaire marin est dans une position très-élevée; mais en continuant d'aller au sud, et en descendant dans la vallée de l'Yvette, le calcaire marin, probablement très-profond, disparaît entièrement, et on voit le gypse, les huîtres et toutes les parties de la formation gypseuse s'abaisser vers cette vallée ou vers le milieu de ce second bassin.

On peut donc présumer que la surface de la formation gypseuse proprement dite avait aussi des collines et des vallées qui lui étaient propres; que ces inégalités avaient quelques rapports avec celles du sol inférieur, mais qu'elles étaient encore plus adoucies que celles du calcaire grossier. Ainsi nous ne pensons pas qu'il régnât de Montmartre à Montmorency, d'une part, et de Montmartre à Bagneux, d'une autre part, une couche de gypse parfaitement horizontale et continue; mais il paraît, autant qu'on peut en juger par les témoins qui restent, que cette couche s'abaissait et s'amincissait vers les vallées de la Seine et de Montmorency, et présentait déjà l'ébauche de ces vallées.

Enfin, une nappe de sable siliceux d'une immense étendue et d'une grande puissance a recouvert tout le sol gypseux. Les productions marines évidentes, nombreuses et variées qui se trouvent dessous et dessus cette masse de sable, nous obligent d'admettre qu'elle a été déposée par une eau analogue à celle de la mer. Ce dernier dépôt, se formant sur un sol déjà assez uni, a fini par niveler presque complètement le terrain. C'est ce que prouvent les nombreux témoins qui restent de ce sol, et qu'on voit sur nos coupes presque tous au même niveau. L'épaisseur considérable de ce sol, le peu d'adhérence de ses parties, et les faces abruptes qu'il présente sur le bord de presque tous les plateaux et collines, son absence totale des vallées qui séparent ces collines, sont des faits qui ne nous permettent pas de supposer que cette couche de sable ait été déposée partiellement sur chaque sommet ou plateau, ni que les vallées qui la sillonnent actuellement existassent au moment où elle s'est formée. Ces observations faciles à faire, évidentes, nombreuses, nous forcent donc d'admettre qu'à l'époque où les eaux qui ont amené cette nappe de sable se sont retirées, le sol des environs de Paris, maintenant si agréablement varié par ses coteaux, ses plaines et ses vallons, présentait une plaine sablonneuse immense, parfaitement unie ou du moins faiblement creusée dans les parties où sont actuellement nos vallées les plus grandes et les plus profondes.

Telle doit avoir été la surface du troisième sol des environs de Paris, de celui qui a précédé immédiatement le sol actuel.

Ce sol uni a été modifié ensuite par des causes dont nous ne pouvons nous faire aucune idée satisfaisante ; il a été coupé dans presque tous les sens par de nombreuses et belles vallées.

On a proposé, pour expliquer la formation des vallées des pays primitifs et secondaires, deux principales hypothèses qui ne peuvent s'appliquer ni l'une ni l'autre à la formation de nos vallées.

La première, qui est en grande partie due à M. Deluc, explique, d'une manière fort spécieuse, la formation de la plupart des vallées des pays primitifs. Elle consiste à admettre des affaissemens longitudinaux de terrain. Dans cette supposition, les faces des coteaux doivent présenter des couches inclinées, et le fond des vallons être de même nature au-dessous de l'attérissement que le sommet au moins d'un des coteaux voisins. Mais nous devons faire remarquer de nouveau, 1° que les couches conservent sur le bord des coteaux leur horizontalité et leur régularité, et 2° qu'aucune de nos vallées ne présente sur son fond un sol semblable à celui des collines qui les bordent. Ainsi la plaine de Grenelle, celle du Point-du-Jour, le fond de la Seine à Sèvres, qui devraient être composés au moins de calcaire grossier, si l'on suppose que les terrains de sables et de gypses supérieurs ont été enlevés ou dissous par les eaux, offre la craie qui fait la base de ces terrains ; et elle est simplement recouverte de quelques mètres d'attérissement.

La seconde hypothèse est la plus généralement admise, parce qu'elle paraît très-naturelle et très-convenable à la théorie des vallées des terrains secondaires. On suppose que des courans puissans, dont nos rivières et nos ruisseaux sont les faibles restes, ont creusé les divers terrains qui constituent notre sol, en entraînant dans la mer les parties qui remplissaient ces immenses et nombreuses vallées. Certains faits paraissent assez bien s'accorder avec cette supposition : telles sont les faces abruptes des coteaux qui bordent les grandes vallées, et qui sont toujours placées vis-à-vis de vastes attérissemens ; les sillons ou érosions longitudinales que présentent, à une hauteur assez grande, et à peu près au même niveau, les faces abruptes de certaines vallées. Sans rappeler les objections générales qu'on a faites contre cette hypothèse, et en nous bornant aux seules objections qui résultent de l'observation de nos terrains, nous demanderons quel énorme volume d'eau ne faut-il pas admettre pour qu'il ait pu entraîner les matières souvent tenaces et même dures qui constituaient les portions de couches qui manquent ; et comment est-il possible qu'une pareille masse ait agi longitudinalement dans un espace étroit, sans enlever les terrains meubles et friables qui bordent ces vallées, et en laissant à ces terrains des pentes très-rapides et même des faces abruptes ? Puis, passant pardessus cette objection, nous demanderons avec M. Deluc ce que sont devenues toutes ces matières, ces masses de calcaire presque compacte, de grès, de meulières, qui entrent dans la composition de nos couches, et cette énorme quantité de sable siliceux et friable, de marnes et d'argiles qui lient ces matières ; car il n'est point resté dans nos vallées la dix-millième partie de ces déblais immenses. Les attérissemens qui en recouvrent le fond ne sont ni très-abondans ni de même nature que les plateaux qui les bordent. Nous l'avons fait voir en décrivant, à l'article IX des terrains de transport, les blocs dispersés dans la plaine de Boulogne. Ces attérissemens sont presque toujours, à l'exception de ceux des grandes rivières, des vases fines et argileuses, et des tourbes. D'ailleurs la pente de ces vallées est si peu rapide, que la Seine, qui remplit la plus grande d'entre elles du volume d'eau le plus puissant, n'a pas la force de déranger, dans ses plus grands débordemens, une pierre de la grosseur de la tête. Enfin, et cette objection est la plus forte, on trouve de temps en temps des élargissemens qui ne paraissent renfermer ni plus ni de plus gros déblais que le reste de la vallée, et qui sont même quelquefois occupés par des lacs ou amas d'eau que les déblais de la partie supérieure de la vallée auraient dû nécessairement combler. L'inspection de la carte présentera une quantité considérable de marais, d'étangs et même de petits lacs dans les vallées les plus profondes et les plus circonscrites. Il faut donc encore se borner en géologie à l'observation des faits, puisque l'hypothèse qui paraît la plus simple et la plus naturelle est sujette à des objections jusqu'à présent insolubles.

Le plateau sableux est, comme nous l'avons dit, assez rarement à nu ; il est recouvert presque partout d'un lit de terrain d'eau douce quelquefois très-mince, mais quelquefois épais de plusieurs mètres. Ce dernier lit n'ayant pas beaucoup changé l'aspect du sol, nous en faisons abstraction; il nous suffira de faire remarquer qu'on ne le trouve ni sur le sommet de Montmartre ni sur celui de la butte d'Orgemont. Le sommet de ces collines, beaucoup plus basses que les autres, semble avoir été emporté, et avec lui le terrain d'eau douce qui le terminait ; peut-être aussi ce terrain n'y a-t-il jamais été déposé, car il est possible qu'il n'ait été formé que sur des plateaux d'une assez grande étendue pour avoir pu conserver, après la retraite des eaux marines, des mares d'eau douce : tels sont ceux de la Beauce, de Meudon, de Montmorency, de Ménilmontant, de Fontainebleau, etc.

Le défaut de parallélisme entre les surfaces supérieures des trois principales sortes de terrains qui constituent les environs de Paris, savoir, la craie, le calcaire marin grossier et le gypse avec les sables qui le surmontent, doit donc faire supposer que ces terrains ont été déposés d'une manière tout-à-fait distincte et à des temps nettement séparés les uns des autres; car ce défaut de parallélisme est un des caractères essentiels, suivant M. Werner, de la distinction des formations. La forme actuelle de la surface de notre sol nous force d'admettre qu'elle a été modifiée par des causes sur la nature desquelles nous n'avons aucune notion précise, mais qui doivent avoir eu une grande puissance, puisqu'elles l'ont entamé jusque dans le milieu des bancs de calcaire, comme on peut l'observer dans un grand nombre de points de la vallée de la Seine. Il paraît que ces causes ont agi principalement du sud-est au nord-ouest; c'est ce que nous indique l'alignement assez frappant de toutes les buttes et collines principales dont les sommets sont restés comme autant de témoins et de cette direction de la cause qui les a entamés, et du niveau à peu près le même partout du dernier dépôt.

C'est aussi cette dernière cause qui a le plus éloigné la forme de la surface du sol actuel des environs de Paris, de celle qu'elle devait avoir lorsque la craie en formait le terrain le plus superficiel. Il régnait alors une immense vallée entre le coteau de craie qui s'étend depuis le dessous de la plaine de Montrouge jusqu'à

Meudon et Bougival, et celui qui reparaît au nord à Beaumont-sur-Oise. Dans ce même lieu, et à la place de cette large et profonde vallée, nous voyons maintenant les buttes, les collines et les plateaux de Montmartre, de Sannois, de Montmorency, etc., qui sont les points les plus élevés de nos cantons. On peut donc dire que si les surfaces des différens sols qui ont été déposés, depuis la craie jusqu'au sable, ont conservé quelque empreinte de celui sur lequel ils se sont comme moulés, il n'y a plus entre la forme de ce premier terrain et celle du sol actuel la moindre ressemblance. Si nous poussons plus loin la recherche curieuse des différences de cet ancien sol et du nôtre, sans toutefois nous écarter de la règle des analogies, et en admettant, comme l'observation le prouve, que la mer a laissé quelque temps la craie à nu, nous devons nous figurer, à la place de nos fertiles campagnes de la Beauce, de la plaine de Saint-Denis, de Gonesse, etc., de larges et blanches vallées de craie stériles comme celles de la Champagne, et conservant cette stérilité jusqu'au moment où des marais d'eau douce sont venus nourrir des mollusques lacustres et des végétaux aquatiques, et former ou recevoir des dépôts puissans d'argile plastique et de bois fossiles.

Un nouveau sol marin déposé par un nouvel envahissement de la mer a changé la forme extérieure du sol crayeux, et lorsque la mer, en se retirant, l'a laissé à découvert, il a montré plusieurs vallées larges et à pente douce, à la place des grandes et profondes vallées de la craie, et de grands lacs à la place des marécages de l'ancien sol. Le fond de ces lacs s'est couvert, non pas d'argile plastique et de bois fossiles bitumineux, mais de marnes calcaires argileuses et siliceuses et de gypse, tandis que leurs bords nourrissaient les végétaux et étaient habités par les palæothériums et les autres quadrupèdes dont nous voyons les débris dans le terrain gypseux qui paraît les avoir presque comblés.

TABLEAUX

DES HAUTEURS MESURÉES AUX ENVIRONS DE PARIS, ET QUI ONT SERVI A DRESSER LES DIVERSES COUPES ET PROFILS DE CE CANTON.

L'incertitude où l'on était en 1810 sur l'élévation précise de l'Observatoire au-dessus du niveau de l'Océan, nous a décidés dans ce temps à prendre pour base de toutes nos hauteurs le zéro du pont de la Tournelle. C'est le point d'où est parti M. Girard, ingénieur en chef des ponts et chaussées, pour faire le nivellement détaillé de Paris; ce nivellement, qui a été fait avec la plus grande exactitude, nous a donné plusieurs points importans dans l'intérieur même de Paris, et nous a servi à comparer, dans ces cas, nos observations barométriques avec des observations géométriques très-précises. Nous y avons trouvé, comme on va le voir, une correspondance qui a dû nous donner de la confiance dans celles que nous n'avons pu contrôler par ce moyen.

Mais, quoique nous donnions nos hauteurs au-dessus du zéro du pont de la Tournelle, nous avons voulu cependant, 1° pouvoir nous servir de mesures publiées avant nous, et qui donnent les hauteurs au-dessus du niveau de l'Océan; 2° indiquer les moyens de ramener toutes nos mesures à cette base commune et probablement invariable. Nous avons fait cette réduction d'après les données suivantes :

	Au-dessus de o du pont de la Tournelle	Au-dessus de l'Océan dans la Manche.
La cuvette du baromètre de l'Observatoire est à 63 mètres au-dessus du niveau moyen de l'Océan, d'après un nivellement récent et de nombreuses observations du baromètre faites par ordre du Bureau des longitudes à Paris, au Hâvre et à Boulogne-sur-Mer, ci.		63
La cuvette du baromètre de l'Observatoire est à 40 mètres au-dessus de zéro du pont de la Tournelle, d'après les données suivantes :		
Seuil de la porte nord de l'Observatoire au-dessus de zéro du pont de la Tournelle, d'après le nivellement de M. Girard. 33,2		
Salle des baromètres au-dessus du seuil de la porte nord, d'après les mesures de M. Mathieu. 5,6		
Cuvette du baromètre au-dessus du plancher. 0,8		
TOTAL. 39,6		
En négligeant les décimètres, ci.	40	
En ôtant cette somme de celle qui donne l'élévation de la cuvette du baromètre de l'Observatoire au-dessus de l'Océan, on a 23 mètres pour l'élévation de zéro du pont de la Tournelle au-dessus de l'Océan, ci.		23
Nous ramènerons donc au zéro du pont de la Tournelle les résultats publiés avant notre travail et qui donnent les hauteurs au-dessus de l'Océan, en soustrayant 23 mètres de ces résultats.		

M. Daubuisson ayant donné la hauteur de quelques points des environs de Paris, prise à l'aide du baromètre, nous avons dû les faire entrer dans notre travail. Il a fallu, pour les ramener à notre point de départ, soustraire de ses résultats 40 au lieu de 23, parce que M. Daubuisson a calculé la hauteur de la cuvette du baromètre de l'Observatoire, d'après des données différentes de celles que nous avons cru devoir admettre.

Quand il y a plusieurs hauteurs indiquées pour le même point, celle qui a été employée dans nos coupes est marquée d'un astérisque *.

LIEUX.	AUTORITÉS.	Au-dessus de o du pont de la Tournelle
Divers lieux dans Paris pouvant servir de point de départ.		mètres.
L'Observatoire.		
Seuil de la porte du nord....	Girard, nivellement de Paris	33,0
La cuvette du baromètre....	Mathieu.........	40,0
Haut. totale de l'Obs. 26,85.	*Idem*........	
Le parapet de la plateforme (en négligeant les décimètres)..	*Idem*.........	60,0
Le fond des caves......	*Idem*, Héricart de Thury.	5,3
Le sol du Panthéon........	Girard, nivellement de Paris	31,0
Le pavé en face de Notre-Dame...	*Idem*.........	9,0
Ligne du N. O. N. O., de Paris à la forêt de Montmorency. *Coupe n° 2.*		
Le sol d'atterrissement dans Paris, à la Bourse, rue Vivienne...	*Idem*, nivellement....	10,2
La Porte Saint-Martin.......	*Idem*.........	9,2
L'abattoir de la rue de Rochechouart,	*Idem*, nivellement....	* 38,2
bord du puits oriental.....	Nos observ. barométriques.	37,6
Les limnées dans ce puits..	Coupe de M. Bélanger...	15,4
Barrière de Clichy........	Girard..........	32,0
Montmartre.		
Sommet au sol de la porte du cimetière...........	Daubuisson, observ. bar.	110,0
	Girard, nivellement....	* 105,0
	Nos observ. barom....	103,0
Plateau de la pyramide....	Nivell. de M. Desmarest fils, en partant du sommet, 12ᵐ. (105—12= 93) ci.........	93,0
	Nos observ. barom.....	91,0
Le banc d'huîtres au S. O....	Nivell. de M. Desmarest fils, en partant du sommet, 26ᵐ. (105—26= 79) ci.........	79,0
	Nos observ. barom. du 24 avril 1810........	73,0
	Idem du 16 mars 1811...	* 77,0

DES ENVIRONS DE PARIS.

LIEUX.	AUTORITÉS.	Au-dessus de 0 du pont de la Tournelle
		mètres.
Épaisseur moyenne des diverses parties principales qui recouvrent la 1re masse à la carrière aux huîtres, à Montmartre.		
Du sommet au banc d'huîtres, épaisseur du sable. . . . 28,0		
Des huîtres aux coquilles marines variées. 3,2		
De ces coquilles aux marnes vertes. 1,7		
Épaisseur des marnes vertes 4,0		
Des marnes vertes au lit de cythérées. 0,3		
Du lit de cythérées au sommet de la 1re masse. . . 14,0		
Total. 51,2		
Sommet de la première masse de gypse.		
Carrière du midi, *dite* de l'Abbaye.	Nos observ. barom. . . .	63,0
Carrière du midi, un peu vers l'ouest.	*Idem*.	* 62,0
Carrière de l'ouest, *dite* la carrière aux Huîtres.	Par soustraction de l'épaisseur totale ci-dessus (105—51=54) ci . . .	* 54,0
	Nos observ. barom. du 24 août 1810.	53,0
	Idem du 16 mars 1811 . .	55,0
Carr. du nord, à Clignancourt.	Nos observ. barom. . . .	47,0
Carrière de l'est.	*Idem* du 24 avril 1810 . .	60,0
	Idem du 16 mars 1811 . .	60,0
Fond de la 1re masse.		
Carrière de l'ouest, attenant à la carrière aux Huîtres. . . .	Nos observ. barom. . . .	36,0
Carr. du nord, à Clignancourt.	*Idem* du 24 avril.	27,0
	Idem du 16 mars.	* 31,0
Carrière de l'est.	*Idem* du 24 avril	34,0
	Idem du 16 mars	* 38,0
Sommet de la seconde masse à la carrière de l'ouest.	Nos observ. barom. . . .	36,0
Fond de la seconde masse au même lieu	Mesuré au cordeau	27,0

LIEUX.	AUTORITÉS.	Au-dessus de 0 du pont de la Tournelle
		mètres.
Sommet de la trois. masse à la carrière de la Hutte au Garde, au N.O.	Mesuré au cordeau, en partant du fond (8^m.).	38,0
Fond de la troisième masse au même lieu.	Nos observ. barom.	30,0
Saint-Ouen. Sommet du terrain d'eau douce.	Idem.	18,0
Bord de la Seine	Idem (mais au-dessous du 0)	— 4,0
Plaine de Saint-Denis.	Niveau moyen, d'après Girard.	
Butte d'Orgemont.		24,0
Sommet de la butte au Moulin.	Nos observ. barom.	101,0
Marnes vertes.	Idem.	92,0
Sommet du gypse.	Idem.	52,0
Sannois. Sommet de la colline aux Trois-Moulins.	Cotte.	141,0
	Nos observ. barom.	* 144,0
MONTMORENCY.		
Sol de l'église	Cotte.	* 82,0
	Schukburg	81,0
Saint-Leu. Sommet du gypse.	Nos observ. barom.	60,0
	Idem du 16 mars 1810.	* 63,0
Moulignon. Sommet du gypse.	Nos observ. barom.	65,0
Saint-Prix. Le village qui est au niveau du sommet des marnes du gypse.	Idem. 1re. obs.	91,0
	Idem. 2e. obs.	* 92,0
	Idem du 26 août 1810.	97,0
Colline de Montmorency. Sommet du plateau sableux au-dessus de Saint-Prix.	Nos observ. barom.	150,0
	Idem.	* 155,0
Au-dessus de Saint-Leu	Idem du 26 août.	151,0
Au moulin des Champeaux.	Cotte.	141,0
Sommet du gypse à Saint-Brice, extrémité orientale de la colline	Nos observ. barom.	56,0
Beauchamp près de Pierrelaie, à l'est de la ligne.		
Grès marin du calcaire.	Idem.	42,0
Terrain d'eau douce qui le couvre.	Idem.	44,0

DES ENVIRONS DE PARIS. 603

LIEUX.	AUTORITÉS.	Au-dessus de 0 du pont de la Tournelle
Ligne du Sud, de Paris à Longjumeau. Coupe n° 1.		mètres.
LE CALCAIRE SOUS PARIS.		
Le banc vert au bout de la rue de l'Odéon.	Héricart de Thury.	2,0
Le banc vert dans les caves de l'Observatoire.	Idem.	4,3
Le calcaire dans la plaine de Montrouge.		
Ouverture du puits de la carrière du Petit-Montrouge. . .	Nos observ. barom.	39,0
Le banc vert dans cette carrière.	Rapport des ouvriers. . . .	17,0
Carrière de Gentilly. La terre végétale.	Nos observ. barom.	50,0
La roche.	Mesurée au cordeau. . . .	38,0
L'argile plastique. . . .	Idem.	23,0
Ouverture du puits de la carrière de Châtillon, n° 42. . .	Nos observ. barom.	65,0
La masse de roche dans cette carrière.	Rapport des ouvriers. . .	44,0
Ouverture du puits de la carrière la plus voisine du chemin de Bagneux.	Observ. barom. de M. Daubuisson.	61,0
LE GYPSE.		
Bagneux. Ouverture du puits de la carrière à plâtre du sieur Jeulin.	M. Daubuisson.	85,0
	Nos observ. barom. du 26 mars 1811.	* 82,0
Fond de la masse de gypse dans cette carrière.	Deux rapports des ouvriers à un an d'intervalle. . .	55,0
Clamart. Ouverture du puits de la carrière à plâtre. . . .	M. Daubuisson.	99,0
	Nos observ. barom. du 10 mars 1810.	* 95,0
Fond de la masse de gypse dans cette carrière.	Mesurée au cordeau. . .	65,0
Sceaux. Rez-de-chaussée de la maison de M. Defrance. 1 à 2 mètres au-dessus du banc d'huîtres. . .	Nos observ. barom. du 24 septembre 1809. . . .	67,0
Le banc d'huîtres.	Idem du 26 mars 1811. .	* 66,0
Antony. Ouverture du puits de la carrière à plâtre.	Idem du 22 mars 1810. .	52,0
	Idem du 26 mars 1811. .	* 53,0

LIEUX.	AUTORITÉS.	Au-dessus de 0 du pont de la Tournelle
		mètres.
Fond de la masse qui a 6 mètres.	Nos obs. bar. du 22 mai.	23,0
	Idem du 26 mars. . . .	* 27,0
Longjumeau.	Rapp. des ouvr. (80 pieds).	27,0
Le banc de sable d'eau douce. .	Nos observ. barom. . . .	75,0
Le banc d'huîtres.	*Idem* du 24 sept. 1809 . .	52,0
	Idem du 3 juillet 1810 . .	* 58,0
La Bièvre, à Bièvre.	D'après Perronet et les données de Deparcieux (116 pieds au-dessus de N. D.)	53,0
L'Yvette, au moulin de Vosgien. . .	D'après Deparcieux (83 pieds 9 pouces au-dessus de N. D.).	43,0
Au moulin de Longjumeau. . .	*Idem* (44 pieds au-dessus de N. D.).	30,0
Ligne du S. E. Q. E., de Paris à l'étang de Trappes. Coupe n° 3.		
L'angle oriental de l'École militaire au niveau du sol.	Girard, nivellement de Paris.	11,0
La craie au fond du puits de l'École militaire (29 mètres au-dessous du bord).	D'après M. Hazon, architecte.	—18,0
VAUGIRARD.		
Ouverture d'un puits à argile. .	Nos observ. barom. . . .	23,0
Le calcaire dans ce puits. . . .	Rapport des ouvriers . . .	21,0
L'argile plastique *dite* première ou fausse glaise.	*Idem.*	12 à 10,0
Seconde glaise		0,0
La Seine, à Sèvres. Eaux moyennes.	Picard, 8 pieds plus basse qu'à Paris.	—2,0
	Journ. des Mines, n° 119. .	—3,0
MEUDON.		
L'atterrissement au bas des Moulineaux.	Notre nivell. géométrique.	4,0
La craie au plus haut point. . .	*Idem.*	23,0
L'argile plastique au jour. . . .	*Idem.*	33,0
Le sommet du calcaire dans la même carrière.	*Idem.*	63,0

DES ENVIRONS DE PARIS.   605

LIEUX.	AUTORITÉS.	Au-dessus de 0 du pont de la Tournelle
		mètres.
Le sommet du calcaire au-dessus de la verrerie.	Nos observ. barom.	59,0
Le plateau sableux de Meudon, au rez-de-chaussée du château.	Daubuisson, obs. barom.	161,0
SÈVRES.		
Le sommet du calcaire dans le parc de la manufacture de porcelaine.	Notre nivellement barom.	67,0
Le sommet du calcaire au haut du vallon de Sèvres.	Idem.	69,0
Le sommet du plateau sableux au lieu dit *le Troupouilleux*, près de Ville-d'Avray.	Daubuisson.	147,0
Le sommet du plateau sableux au Butard.	Nos observ. barom.	140,0
Le pied de la lanterne dans le parc de Saint-Cloud.	Daubuisson.	80,0
VERSAILLES.		
Le rez-de-chaussée du château de Versailles.	D'après les données de Picard.	141,0
Le sommet de la montagne de Rocquencourt, entre Bailly et Marly.	Notes communiquées par M. Coquebert.	152,0
Le sommet de la colline de Satory.	D'après Picard.	152,0
L'étang de Trappes.	Idem.	127,0
GRIGNON.		
Sommet du banc friable à coquilles variées.	Nos observ. bar., moyenne de 3 observ.	79,0

Ligne du N. O., de Paris à Saint-Germain. Coupe n° 5.

L'Étoile. Barrière de Neuilly.	Girard, nivellement	* 31,0
	Daubuisson, observ. bar.	38,0
	Nos observ. barom. du 26 avril 1810.	30,0
Passy. Sommet du calcaire.	Nos observ. barom.	30,0

LIEUX.	AUTORITÉS.	Au-dessus de 0 du pont de la Tournelle
		mètres.
Bois de Boulogne. Rond des Victoires.	Nos observ. barom.	28,0
Porte des Princes	Idem.	14,0
Plaine des Sablons, près de la porte Maillot	Daubuisson, observ. bar.	18,0
Carrière de calcaire à Neuilly.	Idem.	18,0
Plateau de la Croix de Courbevoie.	Idem.	49,0
Mont Valérien. Sommet.	Idem.	141,0
	Nos observ. barom. du 26 mai 1810.	* 136,0
Marnes vertes.	Idem.	78,0
Sommet du gypse	Idem.	48,0
Plateau de la Croix du Roi.	Daubuisson.	66,0
Le moulin sur le plateau au-dessus de Ruel.	Nos observ. barom.	63,0
Saint-Germain. Sommet du plateau.	Lalande. Connaissance des temps.	63,0
Bougival. Sommet de la craie.	Nos observ. barom.	65,0
Lieux plus éloignés qui peuvent être rapportés à cette ligne. Coupe n° 5.		
Liancourt près de Chaumont. Sommet du calcaire.	Idem.	98,0
Gisors. Argile plastique immédiatement sur la craie au mont Ouin.	Idem.	65,0
Sommet du calcaire au mont Ouin	Idem.	111,0
Ligne de l'E. Q. S. E., de Paris au château de Cœuilly, et points qui peuvent y être rapportés. Coupe n° 4.		
Plateau de Romainville, Belleville, etc.		
Bas du coteau près du bassin de La Villette.	Daubuisson, observ. bar.	36,0
Bord du bassin de La Villette.	Girard, nivellement de Paris.	26,0

LIEUX.	AUTORITÉS.	Au-dessus de o du pont de la Tournelle
		mètres.
Sommet du coteau en face du bassin de La Villette.	Daubuisson.	82,0
Au pied du télégraphe.	Idem.	110,0
Plaine de Saint-Denis, au carrefour près de Pantin.	Girard, nivellement. . . .	24,0
Saint-Maurice, près de Vincennes. Plateau du bois de Vincennes à la demi-lune.	Nos observ. barom. . . .	42,0
Champigny. Sommet du calcaire siliceux.	Idem.	50,0
Plateau de sable et de la formation d'eau douce sur la route à l'alignement du château de Cœuilly	Idem.	78,0
Butte du Griffon, près de Villeneuve-Saint-Georges.	Notes communiquées par M. Coquebert.	97,0

EXPLICATION
DES COUPES ET DES FIGURES.

CARTE GÉOGNOSTIQUE.
Pl. A.

Cette carte embrasse, dans quelques directions, plus de terrain que nous n'en avons visité; mais nous avons voulu la mener jusqu'au bassin de craie à l'ouest, qui y a été marqué d'après les observations de M. Desmarest, membre de l'Institut, répétées par son fils.

Notre carte a été dressée, pour la partie géographique, sur celles de Cassini, sur la carte des chasses, sur celles de La Grive et de dom Coutans. Nous avons dû supprimer tout ce qui aurait pu la charger de détails inutiles à notre objet; nous n'y avons placé que les communes, et parmi les hameaux, nous n'avons mis que ceux qui désignent quelques points importans, comme Grignon, Beauchamp, etc.

Les lignes ponctuées indiquent nos routes, c'est-à-dire les terrains que nous avons connus par nos propres observations. Les espaces intermédiaires ont été déterminés, ou d'après des renseignemens pris sur les lieux auprès des architectes et des exploitans de carrières, ou d'après ceux des savans qui, dans divers temps, ont parcouru ces contrées.

Les parties laissées en blanc, et qui ne sont pas le sol d'atterrissement des rivières, sont celles sur lesquelles nous n'avons pas eu de renseignemens précis. Nous n'avons pas jugé convenable d'enluminer le sol d'atterrissement moderne; il est partout le même, et cela aurait surchargé la carte de couleurs et de travail inutiles. Les terrains y sont moins subdivisés que dans les coupes : on en sentira aisément la raison ; et quelques-uns même qui ne forment jamais la surface du sol, tel que l'argile plastique, n'ont pas dû y être marqués.

Pl. B.

Nous donnons cinq coupes de terrains qui partent en divergeant de l'église de Notre-Dame, considérée comme le centre de Paris, et qui suivent des directions très-différentes. Elles présentent toutes les formations de terrains décrites dans notre ouvrage et se rapportent aux cinq lignes tracées sur notre carte, qui portent à leur extrémité les mêmes numéros que les coupes.

Les lieux placés sur les coupes, mais qui ne se trouvent pas sur la ligne de la coupe principale, y ont été rapportés par une projection perpendiculaire, et ont été placés à la véritable distance où ils sont de Paris. Les différens lieux situés les uns au devant des autres sont distingués par des traits plus pâles ou plus foncés, suivant qu'ils sont en arrière ou en avant de la ligne principale.

Afin de pouvoir rendre sensibles la position et la puissance des diverses formations et de leurs subdivisions, il a fallu prendre une échelle de hauteur beaucoup plus grande que celle des longueurs. La première est à la seconde à peu près dans le rapport de 35 à 1. Il en est résulté que nos plateaux semblent avoir des pentes très-raides et presque escarpées, et que nos buttes ressemblent à des pics ou à des aiguilles. C'est un inconvénient, mais on ne pouvait l'éviter sans tomber dans l'inconvénient beaucoup plus grand, ou de ne pouvoir placer dans les collines les divers terrains qui les composent, ou de donner à ces coupes une longueur démesurée et absolument inutile à notre objet.

On a établi deux lignes de niveau : la plus inférieure indique le niveau moyen de la mer ; la seconde ligne, beaucoup plus faible, est celle du niveau du 0 du pont de la

Tournelle. Nous avons placé sur cette ligne et dans leur position, par rapport à la ligne de coupe, les noms des lieux traversés par cette ligne, ou de ceux qui y sont rapportés.

Les coupes spéciales de divers lieux, gravées à l'extrémité des grandes coupes dans les places vides qu'elles laissaient, n'ont aucun rapport avec ces coupes, ni pour la position ni pour l'échelle, Grignon seul excepté.

Fig. 1. Cette coupe théorique représente la position de de tous les terrains des environs de Paris supposés réunis dans une même colline, et montre les particularités minéralogiques et géologiques qui sont propres à chacun d'eux. Elle indique aussi la manière dont ces terrains sont figurés sur les coupes, et les couleurs qui peuvent servir à les distinguer et qui ont été employées à cet usage sur la carte.

Fig. 2. Coupe, n° 1, de Longjumeau à Paris.

    A. Plateau de Palaiseau (p. 470 et 501).
    B. Bois pétrifié en silex.
    X. Silex compacte, jaspoïde et coquilles d'eau douce.
    M. Marne argileuse rouge.
    G. Blocs de grès.
    S. Sable.

Coupe, n° 2, de Paris au plateau de la forêt de Montmorency.

B. Les détails placés ici indiquent la disposition générale et le niveau du terrain d'eau douce, du grès marin, du grès sans coquilles et du calcaire à Beauchamp près de Pierrelaie, au sud de la colline de Montmorency, à Ézanville et à Moisselles, au nord de cette même colline et près de Maffliers, lorsqu'on descend de ce plateau dans la vallée de l'Oise, près de Beaumont. La hauteur du grès est celle qui a été observée à Beauchamp.

Fig. 3. Coupe de Grignon (page 295). On a été obligé

de la séparer, parce qu'elle eût allongé la coupe n° 3, sans nécessité ; mais elle est faite suivant l'échelle des coupes. L'argile, le sable et la craie y sont placés par supposition ; on ne les voit pas précisément à Grignon.

Fig. 4. Coupe, n° 3, de Grignon à Paris.

Le terrain d'eau douce de la Beauce a, dans quelques parties, l'épaisseur indiquée ici.

Les lignes ponctuées qui vont des crayères de Meudon à la vallée de Saint-Nom montrent la pente de la vallée de Sèvres, montant vers le col où est situé le château de Versailles, et celle de la vallée de Saint-Nom, descendant de ce col jusqu'à la Maudre. La pente de cette dernière est mise par supposition, ainsi que la hauteur des diverses formations qui y sont indiquées.

Fig. 5. Coupe de la forêt de Fontainebleau et de ses environs.

On a réuni dans cette coupe les divers terrains qui constituent le sol de la forêt de Fontainebleau et de ses environs. Elle n'a aucun rapport, ni pour la position ni pour les hauteurs, avec la coupe n° 4, à laquelle elle est accolée. (Voy. pages 372, 471 et 492.)

 A. Calcaire et sable d'eau douce avec de nombreuses coquilles (Bouron, etc.) (p. 493).
 B. Marne argileuse et sablonneuse.
 C. Grès en bancs et en blocs écroulés et sable sans coquilles.
  C'. Cristaux rhomboïdaux de grès calcaire de Belle-Croix. C''. Rocher détaché d'un banc de grès et dont la surface de cassure se rapporte à celle de ce banc, au lieu dit *le Long Rocher* (p. 473-4).
 D. Marne argileuse et sélénite, représentant la formation gypseuse. (Vaux-le-Fenil, les Basses-Loges, Melun au ruisseau de Nangis, etc.)

E. Calcaire siliceux sans coquilles, tenant la place du calcaire marin grossier (p. 370).

F. Sable et argile plastique. (Moret, butte de la pyramide, etc.)

G. Craie. (Montereau, Nemours, etc.)

Fig. 6. Coupe, n° 5, de Saint-Germain à Paris.

Le plateau de Carrières-Saint-Denis est mis par supposition.

A. Les détails de la carrière de Neuilly, indiqués ici, sont sur une échelle plus grande que le reste de cette coupe. Ils se rapportent à la description donnée, § X, page 288, note 2.

B. Coupe particulière du terrain des environs de Chaumont et de Gisors, lieux éloignés de 65 et de 35 kilom. au N. O. et à l'O. de Paris. Elle est sur l'échelle des coupes. . . . . (Pag. 248-9.)

Fig. 7. Coupe du calcaire marin dans la plaine de Lamarre-Saulx-Marchais, à l'ouest du bois de Beyne, décrit page 299.

N° 9. Terre végétale et cérithes.
8. Sable calcaire et prodigieuse quantité de cérithes.
7. Calcaire friable avec des morceaux irréguliers, durs, saillans, et quelques coquilles mal conservées.
6. Calcaire sableux et immensité de coquilles variées.
5. Calcaire sableux et moins de coquilles.
4. Calcaire sableux, fer chloriteux granulaire et immensité de coquilles.
3. Terre argilo-sableuse rouge et coquilles différentes des précédentes, turritelles, vénéricardes, etc.
2. Terre argilo-sableuse rouge, pas une coquille.
1. Craie.

Fig. 8. Coupe de la descente du plateau calcaire à Maffliers, près de Beaumont-sur-Oise, décrite page 234.

N° 1. Calcaire d'eau douce en fragmens.
2. Marne d'eau douce en feuillets horizontaux.

3. Petit lit de calcaire marin à coquilles brisées.
4. Sable sans coquilles.
5. Grès sans coquilles.
6. Calcaire dur mais sableux, renfermant des cérithes.
7. Calcaire marin tendre, dit *Lambourde*, renfermant un petit lit d'huîtres *h*.
8. Sable calcaire rougeâtre mêlé de fer chloriteux.
9. Gros grains de quarz noir et rognons durs de calcaire spathique mêlé de fer chloriteux.
10. Craie.

Fig. 9. Position présumée de l'argile plastique sur la craie dans la plaine d'Abondant, à l'est de la forêt de Dreux. . . . . (Page 184.)

Fig. 10. Tranchée du canal de l'Ourcq, dans la butte des bois de Saint-Denis, forêt de Bondy, au-delà de Sevran ; lieu où l'on a trouvé les os d'éléphant, d'antilope, etc. . . . . (Page 567.)

    a. Terre végétale. 3 à 4 mètres dans quelques endroits qui ont été des fonds de marais.
    b. Argile sableuse et sable jaune pur, contenant dans sa partie supérieure des limnées et des planorbes à peine fossiles. . . . . environ 2 mètres.
    c. Limon d'attérissement noir et veiné de sable jaune. . . . . environ 6 mètres.
    C'est dans la partie inférieure de ce limon qu'on a trouvé les os fossiles d'éléphant et d'antilope.
    d. Argiles vertes et jaunes, alternant.
    e. Marne argileuse blanche, renfermant des ménilites qui contiennent des coquilles d'eau douce fossiles et des gyrogonites.

Fig. 11. Disposition du gypse dans la carrière de Clignancourt, au nord de Montmartre. (Page 586.)

    A. Marnes du gypse.
    B. Bancs du gypse de la première masse.
    C. Déblais.
    D. Terre végétale et déblais de marne.

Pl. C.

Fig. 1.   Coupe des terrains des environs de Soissons, faisant voir les terrains qui les composent et leur ordre de superposition, d'après M. Héricart-Ferrand. . . . . (Pages 48, 192-3 et 509.)

AB.   De Courmelles, près de Soissons, en B à Louastre.
AC.   De la plaine de Soissons en C B au point central du plateau du Plessier-Huleux.

   B. Argile et lignite.
   C. Sable inférieur au calcaire grossier marin.
   D. Calcaire grossier.
   E et F. Sable du grès supérieur au gypse.
   G. Grès sans coquilles en bancs dans ce sable.
   H. Terrain d'eau douce supérieur.

Fig 2.   Terrain de calcaire siliceux ou d'eau douce inférieur, renfermant la magnésite à Coulommiers.
   Elle est suffisamment expliquée page 365 et suiv.

Fig. 3.   Bois de cerf dans un terrain de transport pénétrant dans la craie à Meudon.
   Elle est expliquée page 571.

Pl. D.

Fig. 1.   Position et aspect du grès marin, du calcaire grossier renfermant des coquilles d'eau douce, sous le terrain d'eau douce du gypse, à Beauchamp dans les bois de Pierrelaie, non loin de Pontoise. (Page 238.)

   G. Terre végétale.
   E. Fragmens de calcaire d'eau douce dans un sable calcaire.
   D. Sable verdâtre agglutiné, renfermant le *melania hordeacea*.
   C. Calcaire sableux rempli des mêmes mélanies.

B. Sable fin renfermant les mêmes mélanies, des limnées et des cyclostomes.

A. Bancs de grès divisés en assises irrégulières par des lits de sable d'épaisseur très-inégale, renfermant des coquilles marines

C'est au point de contact du banc supérieur de cette masse et du dépôt de sable B, que se voit quelquefois le mélange, sur le grès, des coquilles d'eau douce et des coquilles marines.

Fig. 2.   Superposition, sur la côte de Triel, des terrains de calcaire grossier, de gypse et de calcaire d'eau douce supérieur. . . . . (Page 252.)

D'après M. Constant Prevost :

A. Calcaire grossier marin.
B. Grès marin du calcaire grossier, renfermant beaucoup de coquilles marines.
C. Gypse en bancs puissans, exploités.
D. Marnes du gypse.
E. Sable et grès supérieur au gypse, sans coquilles.
G. Terrain d'eau douce composé principalement de silex jaspoïde.

Fig. 3.   Le calcaire siliceux sur le calcaire grossier à Septeuil, route de Mantes à Houdan. (Page 374.)

A. Calcaire d'eau douce supérieur, renfermant beaucoup de coquilles et présentant tous les caractères du calcaire siliceux du reste de la vallée.
B. Calcaire siliceux et lits de marne calcaire, alternant.
C. Calcaire grossier friable traversant la vallée et contenant une grande quantité de coquilles marines.

Fig. 4.   Le calcaire d'eau douce compacte (clicart) au-dessus du calcaire grossier marin, à Villiers, près de Mantes. . . . . (Page 78.)

A. Terre végétale.
B. Calcaire d'eau douce compacte dit *clicart*, renfermant des *cyclostoma mumia* et des potamides.

C. Calcaire marin en plusieurs assises, renfermant la cérithe des pierres et des corbules.

D. Sable calcaire, renfermant de gros fragmens de calcaire remplis de cérithes.

E. Petit banc de calcaire très-dense et très-dur.

G. Calcaire dur à cérithes (*la roche*) et le reste de la formation calcaire.

Fig. 5. Le silex corné en plaquettes dans le calcaire grossier, à Gentilly (décrit pages 271-2, dans la note.)

A. Le calcaire grossier dur à cérithes, dit *la roche*.

B. Calcaire grossier, en lits minces, tendre.

C. Banc puissant de calcaire grossier assez tendre, renfermant des lits de silex corné. S. S., minces, un peu sinueux et interrompus.

D. Calcaire grossier tendre dit *lambourde*.

Pl. E.

Coupes de divers terrains du bassin de Paris.

Fig. 1. Le calcaire d'eau douce sur le grès, à Écouen. .... (Page 377.)

A. Grès en blocs sans coquilles.

B. Grès calcaire sans coquilles.

C. Calcaire d'eau douce coquillier.

Fig. 2. Le terrain d'eau douce, à Moisselles. (Page 377.)

A. Marne calcaire en assises épaisses, mais très-désagréable.

B. Marne calcaire tendre feuilletée, renfermant en *b* des bulimes nains et des nodules de calcaire marneux dur, et en *a* un lit horizontal interrompu de silex corné.

Fig. 3. Le terrain d'eau douce, à St-Ouen. (Pages 378-9.)

A. Marne calcaire tendre fissile.

B. Marne argileuse de couleur *isabelle*, magnésienne, et

analogue par sa nature et sa position à celle de Coulommiers, renfermant des cyclostomes, des ossemens, des silex résinites, des silex nectiques, etc.

C. Marne calcaire dure, avec des nodules de calcaire marneux encore plus durs, renfermant le *limneus longiscatus*, etc.

D. Marne argileuse, renfermant des rognons ellipsoïdes ou sphéroïdaux de gypse sélénite impur, agrégé en roses.

S. La rivière de Seine. — Lorsque la rivière est à 5 mètres au-dessous de la couche D, les marnes B sont à 2 mètres au-dessus de la rivière.

Fig. 4. Les lits de cythérées à la butte Chaumont. . . . . (Pages 391-2.)

A. Marnes argileuses vertes, fragmentaires.
B. Marnes argileuses verdâtres, feuilletées, renfermant :
    b. Des arêtes de poissons.
    c. Cythérées planes et spirorbes.
    d. Cérithes et autres coquilles écrasées.
    e. Marnes sans coquilles.
C. Marnes calcaires blanchâtres, fragmentaires, sans coquilles.
D. Marnes argileuses verdâtres, feuilletées comme les précédentes B, renfermant :
    g. Lit de gypse sélénite lenticulaire conjoint.
    h. Cythérées bombées, mêlées de spirorbes et d'os de poisson.
    i. Lit plus abondant en coquilles discoïdes qui paraissent être des spirorbes.
    j. Lit de gypse sélénite.
E. Marnes calcaires blanches, fragmentaires, renfermant des coquilles d'eau douce.

Fig. 5. La troisième masse à Montmartre, et les coquilles dans le gypse inférieur, d'après MM. Constant Prevost et Desmarest. . . . . . (Page 408.)

A. Banc de gypse qui termine la seconde masse.
N° 1 à 30. Ces différens lits et ce qu'ils renferment sont dé-

crits dans le texte sous les mêmes numéros, p. 408 à 412.

Pl. F.

Idée de la structure du terrain de sédiment supérieur (terrain tertiaire) subapennin aux environs de Castelarquato, près de Fiorenzuola. (Page 340 et suiv.)

A. Masse du terrain de sable siliceux rougeâtre.

    a. Cailloux roulés d'autant plus gros qu'ils sont plus supérieurs, siliceux, calcaires, et quelques-uns d'ophiolite.
    b. Lits de sable agrégé par un ciment calcaire.
    b'. L'un de ces lits contenant beaucoup de *pecten* et d'huîtres.
    c. Os d'éléphans, de rhinocéros, etc., dans la partie supérieure.

B. Masse de terrain de marne argileuse bleuâtre.

    a, *b*, *c*, *d*, *e*, *f*, *g*. Lits de marne calcaire micacée plus ou moins dure.
    Ces lits et les masses de marne argileuse sont remplis de coquilles fossiles.

Entre *b* et *c* on a trouvé le grand squelette de baleine qui est au cabinet de Milan.

c est le banc le plus puissant.
d est le banc le plus mince.

Pl. G.

Fig. 1. Coupe de la montagne des Fis dans la vallée de Servoz, pour faire voir la position d'un terrain analogue à la craie inférieure vers le sommet C de cette montagne de transition. (Page 176 et suiv.)

A B. Vallée de Sales.
C. Place souvent couverte de neige, où se montre le banc de calcaire noirâtre qui renferme les coquilles décrites p. 178.

D. Sommet des Fis. — E. Mont de Siouve.
F. Village du Mont.
G. Colline composée de phyllade feuilletée renfermant des ammonites.
d d d d. Éboulemens à différentes hauteurs.
1, 2, 3, 4, 5, 6, 7 et 8. Psammite schistoïde, phyllade et autres roches calcaires et schisteuses qui appartiennent à la formation de transition, et dans lesquelles on n'a découvert aucune des coquilles qui se trouvent dans le terrain C analogue à la craie inférieure.
a b. Partie de la crête où nous sommes parvenus.

Fig. 2.   Gisement du lignite à Saint-Saphorin, près de Vevay. . . . . (Page 203.)

A c B. Poudingue polygénique (*nagelflue*) divisé en deux par un lit de poudingue à parties beaucoup plus fines et traversées de veines de calcaire spathique.
D. Psammite calcaire compacte.
L. Petit lit de lignite éclatant, et friable entre les deux assises de la roche précédente.
E. Argile ou marne argileuse dure, fragmentaire.
F. Psammite calcaire compacte.

Fig. 3.   Gisement du lignite à Paudex, près de Lausanne. . . . . (Page 205.)

G. Psammite calcaire dur.
F. Psammite molasse gris-verdâtre, banc séparé du précédent par un lit de marne argileuse.
E. Calcaire compacte marneux, bitumineux, brun, renfermant des petits lits de lignite.
D. Marne argileuse endurcie, fragmentaire.
C. Calcaire bitumineux avec lignite et coquilles d'eau douce.
B. Marne argileuse endurcie, fragmentaire comme D.
A. Psammite molasse, gris-verdâtre, micacé, etc.

Fig. 4.   Terrain qui renferme les corps organisés fossiles d'eau douce à OEningen. . . . (Page 534.)

Pl. H.

Cartes de comparaison des bassins géognostiques de Paris et de Londres. (Page 323 et suiv.)

Le bassin de Paris, d'après M. d'Omalius d'Halloy, *Annales des Mines*, 1816, tome premier, page 281.

Le bassin de Londres, d'après M. Webster, Mémoire sur la formation d'eau douce de l'île de Wight, etc., *Trans. of the geol. Soc.*, vol. 11, page 161.

Les mêmes couleurs indiquent sur les deux cartes les terrains qu'on regarde comme analogues.

Pl. J.

Fig. 1. Le calcaire siliceux sous le grès de la butte de Montmélian, au lieu dit les Pressoirs du Roi, près de Samoreau, à l'est de Fontainebleau. (Pages 373 et 472.)

A. Le calcaire siliceux traversé de veinules de calcaire spathique en bancs puissans, exploité pour les constructions.
B. Bancs supérieurs de ce calcaire.
C. Grès en bancs divisés en blocs par des fissures verticales et séparés par des lits irréguliers de sable.

Fig. 2. Le rapport des deux terrains d'eau douce aux environs de Nemours, d'après M. Berthier.
.... (Page 507.)

Aux environs du Fay, au S. et près de Nemours, sur la rive gauche du Loing.

B. Poudingue siliceux en bancs très-puissans sur la craie, formant le bas des coteaux et le fond de la vallée. Ce poudingue est un peu calcaire dans ses parties supérieures.
C. Calcaire d'eau douce, avec tubulures en bancs puissans,

renfermant des cailloux roulés dans sa partie inférieure.
D. Grès en bancs, divisés en blocs et formant des petits monticules.
E. Calcaire d'eau douce recouvrant le grès et paraissant vers Lavaux.

Vallée des Châtaigniers, au sud de Nemours, rive droite du Loing.

A. Craie et silex pyromaques, visibles dans la vallée du Loing.
B. Poudingue; C. Calcaire d'eau douce; D. Grès en bancs puissans comme sur l'autre rive.
E. Calcaire d'eau douce supérieur recouvrant le grès.

Fig. 3. La position du gypse dans le terrain d'eau douce, etc., au Puy en Velay, d'après BERTRAND-ROUX. . . . . (Page 452.)
La coupe va du nord-est E au sud-ouest F.

A. Granite.
B. Psammite granitoïde.
C. Marnes argileuses.
D. Terrain lacustre renfermant des lits de gypse. — Colline au sud-ouest du Puy..... E. Saint-Michel.
E. Brecciole volcanique et autres roches volcaniques d'agrégation.
F. Basalte.

Pl. K.

Fig. 1. *Belemnites mucronatus*, BREYN., Polyth., fig. 1-6. — SCHLOTH. . . . . (Page 35.)
A. Coupe longitudinale, faisant voir l'intérieur; B vue à l'extérieur.

La troncature nette inférieure est artificielle.

(Individu de la craie blanche de Meudon.)

Fig. 2. *Crania parisiensis*, DEFR. — LAM., vol. VI, page 239, n° 3. . . . . (Page 36.)
M. Defrance a reconnu la différence de cette

espèce d'avec les autres cranies, et cette distinction a été admise par M. de Lamarck, etc.

(Individu de la craie blanche de Meudon et de la collection de M. Defrance.)

Fig. 3. *Trochus Basteroti*, Al. Br. . . . . (Page 35.)
Quoique ce *trochus* ne soit qu'en craie moulée dans la cavité laissée par la coquille, il est très-reconnaissable et ne nous a paru pouvoir se rapporter exactement à aucune des descriptions, figures ou individus avec lesquels nous l'avons comparé. L'espèce dont il se rapproche le plus est le *trochus punctatus* de Sowerby, mais dans le nôtre les tours de spires sont nettement séparés par un sillon assez profond et par un cordonnet à plis obliques.

Fig. 4. *Mytiloïdes labiatus*, Al. Br. (Pages 146-7, 151.)
Cette coquille, qui se trouve dans presque tous les terrains de craie, tant de la craie blanche que de la craie tufau, a été remarquée depuis longtemps par les naturalistes qui se sont occupés de pétrifications; elle a été figurée un assez grand nombre de fois, mais d'une manière toujours très-incorrecte (Knorr, II, 1, tab. B, II, b^{**}, fig. 2. — Mantell. Descript. des terr. de craie des env. de Brighton, tab. 27, fig. 3, et tab. 28, fig. 2, 3, et peut-être 1 et 4), parce qu'on n'en voit ordinairement que le moule, ou bien, lorsque le test existe il est si mince, si fragile, si adhérent à la roche, qu'on n'a pas pu encore en voir la charnière. On ne peut donc dire exactement à quel genre cette coquille appartient; sa forme extérieure la rapprochant des moules, nous la plaçons provisoirement près de ce genre, en lui donnant le nom de *mytiloïde*, et le nom spécifique de

labiatus, que M. de Schlotheim lui a assigné en la mettant parmi les ostracites dans le tableau des pétrifications propres à chaque terrain inséré dans le *Taschenbuch*, etc. de Léonhard, 7ᵉ année, page 91. Mais n'ayant plus égard à cette spécification, il a désigné la même coquille, dans son *Petrefactenkunde*, sous le nom de *mytilites problematicus*, en employant pour la faire connaître la même figure de Knorr.

Il paraît que cette coquille varie considérablement de grandeur et de forme ; ses plis sont quelquefois beaucoup plus fins, et je n'oserais pas assurer que celle de la craie tufau fût absolument de la même espèce que celle de la craie blanche.

Fig. 5.   *Ostrea vesicularis*, Lam., An. sans vert., vol. vi, pag. 219, n° 28. — Ann. du Mus., v. xiv, pl. xxvii, fig. 3. — *Gryphea dilatata*, Sow., tab. cxlix, fig. 2. . . . . . (Pages 36, 153, 159.)

Nous n'avons été satisfaits par aucune des figures qu'on a données de cette coquille, si constante dans la craie blanche, et c'est ce qui nous a engagés à en publier une nouvelle, prise d'un individu de la craie de Meudon, et qui fait voir en A la valve inférieure en dedans, en B la valve supérieure en dedans, en C la valve supérieure en dessus et le crochet de la valve inférieure par lequel cette coquille adhère, ce qui devrait la faire placer parmi les gryphées, en D la valve inférieure en dessus. Cette coquille, comme toutes les espèces du genre huître, varie beaucoup de forme et de grandeur.

Fig. 6. A. B. C. *Terebratula Defrancii*, Al. Br. (Page 36.)

Cette espèce se distingue de toutes celles qui sont décrites et assez exactement figurées pour être reconnues avec certitude, par sa forme allongée, presque pentagonale, et surtout par ses stries fines et égales.

L'individu figuré est de Meudon et de la collection de M. Defrance; on la trouve aussi à Rouen.

Fig. 7, A. B.   *Pecten cretosus*, Defr. .... (Page 36.)

Il est plat; les deux valves sont égales, ainsi que les oreilles; il est marqué de côtes très-nombreuses, très-fines, un peu ondulées, qui portent, vers leur extrémité marginale, des espèces de petites lames relevées, imbriquées, comme l'indique, mais avec peu de netteté, la fig. 7, B. L'interstice entre les côtes n'offre aucun travail particulier.

Ce peigne paraît très-voisin de celui qui se trouve dans la craie tufau à Maëstricht, et qui est figuré dans l'ouvrage de M. Faujas sur la montagne de Saint-Pierre, pl. 25, fig. 8.

L'individu figuré vient de Meudon et de la collection de M. Defrance.

Fig. 8., A. B.   *Pecten arachnoides*, Defr. (Page 36.)

Il ressemble beaucoup au précédent, mais ses côtes sont lisses, et on remarque, dans l'intervalle qui est entre elles, des stries qui leur sont perpendiculaires, fig. 8, B. Cette disposition est assez semblable à celle des fils dans une toile d'araignée.

Fig. 9.   *Pecten dubius*, Defr. ...... (Page 151.)

Cette espèce s'éloigne assez des peignes; elle a des stries parallèles au bord; cette circonstance, rare dans les peignes, qu'on voit cependant sur les *P. orbicularis*, *corneus*, *Lens*, etc., mais associée aux côtes divergentes, jointe à sa forme un peu oblique, à l'incertitude sur la présence des oreilles, nous a fait douter, avec M. Defrance, que ce fût un véritable *pecten*. Le nom de *O. dubia* ayant été déjà donné par Brocchi à un peigne, il faudra donner à celui-ci le nom d'*incertus*.

Fig. 10. A. B.   *Ostrea serrata*, DEFR. ... (Page 36.)

Cette espèce, quoique très-voisine des *O. pennaria*, *pectinata*, et *carinata*, en diffère essentiellement par l'absence du canal creux de la carène, remplacé par une sorte d'anastomose de plis, et par ses plis très-arrondis, comme le représente la fig. B.

Elle est de la craie blanche.

Fig. 11.   *Ostrea carinata*, LAM., An. sans vert., vol. VI, page 216, n° 9. — Encycl., pl. 187, fig. 3-5. . . . . (Page 151.)

L'incertitude qui règne dans la détermination de cette espèce, nous a engagés à la faire figurer de nouveau.

Celle que nous désignons ici sous le nom de *carinata* ne présente ni les plis arrondis de l'*O. serrata*, ni le canal de la carène de l'*O. pectinata*. La figure de l'Encyclopédie lui convient médiocrement, et la particularité que cite M. de Lamarck, d'avoir les valves comme pliées en deux et très-aplaties sur les côtés, ne lui convient pas du tout. Mais cette particularité et le caractère tiré du canal de la carène conviennent très-bien à la figure des Ann. du Mus., etc., représentant une huître que M. de Lamarck regarde comme une autre espèce et qu'il nomme *pectinata* ; nous connaissons cette espèce, qui, en effet, a les valves très-aplaties sur les côtés, un canal très-profond sur la carène, des plis nombreux, à arêtes aiguës se terminant en dents de scie sur le bord de ce canal ; elle est assez bien représentée, Ann. du Mus., tome XIV, pl. XXIII, fig. 1.

40

La détermination précise de ces espèces nous paraît assez importante pour la géologie, car l'*O. pennaria*, Lam., paraît appartenir à la marne argileuse inférieure de la formation de la craie ; les *O. pectinata* et *carinata* à la craie inférieure, et l'*O. serrata* à la craie blanche.

Pl. L.

Fig. 1. *Pecten quinquecostatus*, Sow., tab. LVI, fig. 4-8. . . . . (Pages 36, 151, 173.)

    A. Les deux valves réunies pour faire voir le crochet et la face externe de la valve supérieure.
    B. Face externe de la valve inférieure.
    C. Face interne de la valve supérieure.

Ce peigne, qui paraît présenter des variétés assez nombreuses de dimensions, et même de proportion dans les dimensions, est une des coquilles les plus constantes dans les terrains de craie inférieurs.

Fig. 2. *Plagiostoma spinosa*, Sow., tab. LXXVIII. . . . . (Pages 36, 151.)

    A. Valve supérieure épineuse. Le nombre et la longueur des épines varient beaucoup.
    B. Vue en raccourci du crochet, pour faire apercevoir l'ouverture triangulaire qui paraît avoir donné sortie à quelque partie propre à faire adhérer ces coquilles.
    C. Valve inférieure non épineuse.

Il serait possible que cette coquille fût plutôt un *podopsis* qu'une plagiostome. C'est la seule qui présente l'ouverture triangulaire qu'on vient de mentionner, ouverture très-remarquable dans les *podopsis*.

Fig. 3. *Plagiostoma Mantelli*, Al. Br. . (Page 151.)

Cette espèce s'éloigne beaucoup de la précédente, mais elle se rapproche aussi des autres plagiostomes et notamment du *Pl. gigantea*, Sow. ; elle est suborbiculaire, bombée, les plis d'accroissement sont très-sensibles, on ne voit de stries divergentes que sur les côtés antérieurs et postérieurs, l'oreillette antérieure est marquée de trois ou quatre gros plis longitudinaux, l'oreille postérieure est à peine sensible. Cette partie antérieure A B est profondément enfoncée.

Sur un individu des environs de Brighton, envoyé par M. Mantell.

Fig. 4.   *Mytilus lævis*. Defr. . . . . (Page 36.)

Cette coquille, assez remarquable dans la craie, est de la collection de M. Defrance ; l'échantillon était en mauvais état et mal caractérisé.

Fig. 5, A. B. C. *Terebratula plicatilis*, Sow., tab. cxviii, fig. 1. (Page 36.)

Pour ne pas établir de nouvelles espèces dans un genre déjà si nombreux, je rapporte cette térébratule au *T. plicatilis* de Sow., autant qu'il est possible de déterminer des espèces si voisines par des descriptions ou même par des figures lorsque celles-ci ne sont pas faites avec une grande pureté de contours et un soin minutieux.

Fig. 6, A. B. C.   *Terebratula alata*, Lam., numéro 43. . . . . (Page 36.)

Fig. 7, A. B. C.   *Terebratula carnea*, Sow., tome xv, f. 5, 6. . . . . (Page 36.)

Fig. 8, A. B. C.   *Terebr. octoplicata*, Sow., t. cxviii, f. 2. . . . . (Page 37.)

Fig. 9, A. B. C.   *Magas pumilus*, Sow., tab. cxix, fig. 1-4. . . . . (Page 37.)

Terebratula pumila, Lam. ; n° 58.

La figure est presque le double de la grandeur ordinaire de cette coquille.

Fig. 10. A. E. F. G. H. I. *Catillus Cuvieri*, Al. Br. . . . . (Page 36.)

Inoceramus Cuvieri, Sow., Park.

On a donné le nom d'*Inoceramus* à des coquilles qui me semblent présenter des différences si nombreuses et si frappantes, que je n'ai pu me décider à les laisser réunies, malgré la loi que je me suis imposée de n'apporter aucun changement dans la division des coquilles, telle qu'elle a été établie par les maîtres de l'art. Il suffit de comparer les coquilles fossiles que je réunis ici sous le nom de Catillus avec les *Inoceramus*, fig. 11 et 12, pl. N, pour être frappé de cette dissemblance. Les espèces de ces deux genres habitent les terrains de craie, mais elles se trouvent dans des couches de ces terrains qui sont très-éloignées les unes des autres.

J'ai cru devoir conserver le nom d'*Inoceramus* au genre composé des coquilles que M. Parkinson a fait connaître et figuré sous ce nom dans le premier volume des Transactions de la Soc. géol. de Londres, que M. Sowerby a établi et présenté sous le même nom à la Société linnéenne de Londres, en 1814, et dont il vient de publier les figures dans les planches 305 et 306 de sa Conchyologie, et j'ai préféré donner un nouveau nom à l'espèce, dont je ne vois de description et de figure exacte nulle part.

Je n'ai pu voir encore aucun individu entier de cette espèce, en sorte que le genre est lui-même difficile à caractériser ; mais avec le secours des fragmens de charnières recueillies dans diverses collections, avec les figures publiées par MM. Parkinson et Mantell, on peut arriver à caractériser suffisamment ce genre pour le faire reconnaître par les géologues, et leur donner le moyen de désigner d'une manière uniforme une coquille si remarquable et qui se trouve si constamment dans la craie blanche.

Le *Catillus* (1) paraît être une coquille à valves à peu près égales, dont la charnière, disposée sur une ligne droite (E. F. D. et dans la figure B), est formée d'une espèce de gros bourrelet comme tordu, creusé d'un sillon en cône très-allongé et d'un grand nombre de cavités propres à recevoir le ligament comme dans les Pernes. Ce bourrelet paraît se plier presque en angle droit (D. H. G.), pour former un des bords de la coquille ; il est probable que c'est le bord postérieur, et la surface arrondie et lisse de ce bord peut faire présumer qu'il y avait dans cette place, ainsi que dans les Pernes, une ouverture par laquelle sortait un byssus. En général, le *catillus* me paraît avoir beaucoup de ressemblance avec les coquilles du genre Perne, et par conséquent différer considérablement des *Inoceramus*.

La première espèce, celle que je désigne par le nom de *Catillus Cuvieri* avec les conchyologistes anglais qui en ont fait mention, confirme par sa forme extérieure cette analogie.

Je n'ai jamais pu en voir des individus entiers, mais j'ai vu l'empreinte d'une coquille probablement entière sur le plafond d'une grande excavation des carrières de craie de Meudon; je l'ai dessinée sur le lieu avec beaucoup de difficultés, en

---

(1) Nom d'une sorte de plat chez les Romains.

sorte que la figure A ne doit être considérée que comme une indication de la forme générale et des plis d'accroissement de cette coquille. Elle avait 45 centimètres (un pied six pouces) au moins dans sa plus grande dimension, et 30 dans sa plus grande largeur ; la ligne droite supérieure en A indique la position de la charnière. Cette coquille était très-plate, comme le faisaient déjà présumer les nombreux fragmens que l'on en connaissait, fragmens qui sont à peine bombés, marqués de stries ou plis d'accroissement, quelquefois très-sensibles, très-réguliers, et s'imbriquant comme dans la figure 1, ce qui fait soupçonner à M. Defrance qu'il y en a deux espèces très-voisines l'une de l'autre dans la craie, et la comparaison des fragmens des charnières contribue à appuyer cette opinion ; on reconnaîtra dans la figure A à peu près la forme et les plis d'accroissement du *perna ephippium*, les portions de charnières E, F, G et H, paraissent avoir appartenu à de très-gros individus de cette espèce, puisque la figure F représente un morceau qui a 6 centimètres de long sur un diamètre de 2^{cent} ; 5 ; il vient des environs d'Amiens. On sait que la structure de cette coquille est fibreuse, et que ses fibres très fines, qui l'ont fait comparer à une coquille du genre pinne, sont perpendiculaires à la surface.

La figure B est copiée de la figure 8, pl. XXVII, de l'ouvrage de M. Mantell que nous avons déjà cité, et réduite d'environ un tiers ; elle était importante, parce qu'elle fait bien voir la position de la charnière dans ce genre, quoique dans une espèce très-différente de la précédente, et que nous n'avons pas encore trouvée dans la craie de France. C'est celle que M. Parkinson a nommée *Inocera-*

mus Lamarkii et que nous appellerons *Catillus Lamarkii* ; il est probable que les charnières C et D appartiennent à des individus de cette espèce.

Fig. 11, A, B, C. *Spatangus Coranguinum*, Lam., Anim. sans vert., tome III, page 32, n° 5. (Page 37.)

Cette espèce est principalement remarquable par sa forme en cœur, raccourcie et assez épaisse, et par la gouttière médiocrement profonde qui se rend de son sommet à sa bouche. Si l'on ne considérait que sa figure générale, on pourrait la confondre avec le *Spatangus gibbus*, Lam. (Encycl., pl. CLVI, fig. 4, 5, 6); mais celui-ci a le sommet infiniment plus élevé, en forme de dôme, et l'anus placé bien plus bas. Enfin le genre *Ananchytes* de Lamarck renferme des Échinites absolument semblables aux Spatangues par la disposition des ouvertures qu'on a nommées bouche et anus, et l'un d'eux surtout (*ananchytes spatangus*, Lamarck, An. sans vert., tome III, page 26, n° 9) ne paraît différer du *spatangus coranguinum* que par ses ambulacres complets, ce qui est le caractère du genre où il est placé.

Fig. 12, A, B. *Galerites albo-galerus*, Lam., Anim. sans vert., tome III, page 20, n° 1......(Page 37.)

Il est ovo-conoïdal ; son sommet offre une légère dépression ; son anus est assez exactement placé dans le bord du test. Les espèces dont cet échinite se rapproche le plus, sont : 1° le *galerites vulgaris*; mais celui-ci est plus petit, plus ovoïde et point du tout conique. 2° Le *galerites pyramidalis*, conique comme lui, mais présentant des faces assez planes dans les intervalles qui séparent les ambulacres entre eux, ce qui lui donne l'apparence d'une pyramide surbaissée.

Pl. M.

Fig. 1, A, B.   *Pecten asper*, Lam., tome vi, page 180,
n° 8. . . . . (Page 151.)

C'est une des coquilles dont la présence est la plus commune et la plus constante dans la craie tufau, et peut-être dans le calcaire compacte qui lui est inférieur. B Profil réduit de ce peigne pour faire voir sa convexité longitudinale. On n'a terminé dans la figure que trois des espaces intercostaux.

Fig. 2, A, B, C.   *Podopsis truncata*, Lam., tome vi, page 194, n° 1. . . . . (Page 150.)

A valve inférieure, face externe; B face interne montrant les replis du bord; C crochet tronqué vu de profil.

Fig. 3, A, B.   *Podopsis striata*, Defr. . . . (Page 150.)

Cette espèce paraît différer beaucoup de la précédente par la troncature considérable du crochet de la valve inférieure; mais cette troncature est déjà indiquée dans l'espèce qui en a pris le nom. Il paraît que cette coquille était adhérente par cette partie. La dépression de la valve supérieure paraît être accidentelle.

De la collection de M. Defrance.

Fig. 4, A, B, C.   *Spatangus bufo*, Al. Br. (Page 152.)

Il est presque globuleux, sans gouttière antérieure, ayant les ambulacres courts et enfoncés, l'anus très-relevé dans une face marginale large. On pourrait présumer que cette espèce soit la même que le *sp. prunella*, Lamarck; mais ni la phrase extrêmement brève qui la désigne, ni la figure très-imparfaite, n° 2, pl. xxx, de l'ouvrage de Faujas sur la montagne de Saint-Pierre, près de Maëstricht, ni la figure encore plus imparfaite de l'Encyclopédie méthodique, pl. clviii, fig. 3-6, que M. de

Lamarck cite, ne peuvent suffire pour établir cette identité.

Fig. 5, A, B, C. *Spatangus suborbicularis*, Defr.
. . . . (Page 152.)
Ovalaire un peu déprimé et appartenant à la division des Spatangues à quatre ambulacres visibles. Sa gouttière antérieure est plus étroite et plus profonde que celle du *spatangus ornatus*; ses ambulacres, peu marqués et assez prolongés, sont formés par deux lignes de pores qui s'écartent insensiblement l'une de l'autre sans tendre à se rapprocher; l'espace inter-ambulacraire postérieur est légèrement caréné, ce qui relève la facette marginale sur le milieu de laquelle est percé l'anus.

Fig. 6, A, B, C. *Spatangus ornatus*, Defr. (Page 154.)
Cette espèce voisine d'un spatangue vivant, dont le test est conservé dans la collection du Muséum sous le nom de *Spatangus planulatus*, est cordiforme, déprimé, avec une gouttière antérieure large et peu profonde. Elle appartient à la division des Spatangues, dont quatre ambulacres seulement sont bien apparens. Ces ambulacres sont au niveau du test, et les lignes de pores, assez droites, dessinent plutôt des angles que des fleurons. Les intervalles des ambulacres présentent des points ocellés ou des tubercules plus ou moins nombreux, plus ou moins grands et toujours irrégulièrement disposés; l'anus est percé sur le haut de la facette marginale postérieure. M. Desmarest décrit une variété de cette espèce des environs de Schio, dans le Vicentin, qui lui a été communiquée par M. Maraschini, et qui est particulièrement remarquable par la grosseur des points ocellés, qui d'ailleurs n'existent point dans l'espace inter-ambulacraire postérieur.

Fig. 7, A, B, C.   *Ananchites ovata*, Lam., tome III, page 25, n° 1.............(Page 37.)

Cet échinite, de forme ovale allongée assez régulière, médiocrement élevée et déprimée au sommet, sans gouttière antérieure, et très-légèrement carénée sur le milieu de l'espace inter-ambulacraire postérieur, a ses ambulacres très-peu marqués par deux doubles lignes de pores, qui sont même presque invisibles sous sa face inférieure. L'*ananchites gibba* est celui qui s'en rapproche le plus par sa forme ovalaire, mais il est plus déprimé et sa carène postérieure est plus saillante.

Fig. 8, A, B, C.   *Ananchites hemispherica* (moule siliceux), désignée, page 37, sous le nom de *Ananchites pustulosa*, Lam.

Elle est ovale, mais moins allongée que la précédente, et plus surbaissée, sans néanmoins que son sommet soit aussi déprimé. Par ce caractère, elle s'éloigne surtout de l'*ananchites pustulosa* de Lamarck, ou *Echinocorytes pustulosus* Leske dans Klein, tab. XVI, fig. A, B. — Encycl., pl. CLIV, fig. 4.

Cette *ananchites pustulosa* (que nous n'avons pas fait figurer) en diffère, ainsi que des *ananchites ovata* et *gibba*, par sa forme plus élevée, conoïde, et par son sommet saillant, mais un peu obtus. Sa figure a un peu d'analogie avec celle du *galerites albo-galerus*; mais les caractères génériques suffisent pour bien distinguer ces deux échinites. Cette espèce, qu'on trouve le plus souvent à l'état de moule siliceux, est remarquable par les protubérances bien apparentes qui correspondent aux pores du test, et que l'on a comparées à des pustules. L'*ananchites hemispherica* en a de pareilles.

Fig. 9, A, B, C.   *Cidarites variolaris*, AL. BR. (Page 152.)
Il appartient à la division des Cidarites diadèmes de M. de Lamarck ; sa forme est tout-à-fait orbiculaire, fort déprimée. Chaque ambulacre renferme deux séries de tubercules de médiocre grosseur, perforés à leur sommet, et chaque espace interambulacraire en offre quatre séries semblables entre elles, disposées par paires, à distance telle, qu'elles sont écartées également des séries ambulacraires. Quelques légers tubercules sont à la base de ces dernières et surtout dans l'espace qui sépare les deux paires. Il est possible que cette espèce soit la même que celle que M. de Lamarck a nommée *Cidarites pseudodiadema*; mais une phrase caractéristique ne peut pas suffire pour distinguer une espèce qui ressemble à tant d'autres.

Fig. 10, A, B.   *Pecten intextus*, AL. BR. . (Page 151.)
Les deux valves sont égales et très-peu bombées, les oreillettes manquent, les côtes longitudinales sont petites, nombreuses, égales, garnies de petites écailles relevées et creuses en dessous comme les aspérités d'une râpe. L'espace entre ses côtes est plane et orné de stries très-fines, dirigées obliquement par rapport aux côtes, comme le représente à peu près la figure 10, B.

PL. N.

Fig. 1, A, B.   *Ammonites inflatus*, Sow., t. CLXXVIII.
. . . . (Pages 150 et 171.)
Les individus de cette espèce présentent des dif-

férences assez grandes qui paraissent dues à l'âge, et dont on peut prendre une idée en comparant dans la figure la disposition des premiers tours de la spire avec les derniers.

Fig. 2, A, B.   *Ammonites rhotomagensis*, Defr.
. . . . (Page 150.)

La forme presque carrée de son ouverture, que fait bien voir la fig. A, et l'absence de la carène saillante, caractérisent assez bien cette espèce, dans laquelle les petits et les grands individus se ressemblent beaucoup. Elle acquiert quelquefois plus d'un décimètre de diamètre.

Il a quelque ressemblance avec l'*A. Mantelli* de Sow., tab. lv; mais en comparant les figures on reconnaîtra qu'il en diffère par plusieurs points.

Fig. 3, A, B, C.   *Ammonites Coupei*, Al. Br. (P. 150.)

Son ouverture est rectangulaire au lieu d'être carrée, mais le rectangle est peu allongé. La fig. C le représente vu par le dos.

Dédié à M. Coupé, le premier naturaliste qui ait donné une idée assez exacte des différens terrains qui constituent le sol du bassin de Paris.

Fig. 4, A, B.   *Ammonites Deluci*, Al. Br. (Page 171.)

Cet ammonite présente de nombreuses ressemblances avec l'*A. communis*, Sow.; l'*A. Braikenridgii*, Sow., tab. clxxxiv; et l'*A. Herveyi*, Sow., tab. cxcv, qui paraît être le même que le précédent; mais aucun de ces ammonites ne montre les tubercules qui réunissent alternativement deux côtes sur quatre dans l'*A. Deluci*. Ce caractère, joint à l'absence de toute carène, me paraît distinguer assez nettement cette espèce.

Fig. 5, A, B, C.   *Ammonites varians*, Sow., t. clxxvi.
. . . . (Pages 149 et 178.)

Malgré les différences qu'offre l'individu figuré avec ceux auxquels M. Sowerby a donné ce nom, j'ai cru devoir l'y rapporter, pour ne pas trop multiplier les nouvelles espèces sans une nécessité évidente. D'ailleurs, son nom indique, comme j'ai eu occasion de le remarquer, qu'il est susceptible d'offrir beaucoup de variétés. Il ressemble entièrement, pour la disposition et le dessin des côtes saillantes, à l'*A. Coupei*, fig. 3, mais il suffit de comparer la forme des ouvertures représentées dans la figure B pour reconnaître leur différence et celle qu'il offre aussi avec l'*A. vertebralis*, Sow., tab. CLXV.

Fig. 6, A, B.   *Ammonites Gentoni*, DEFR. (Page 150.)

Une ouverture presque circulaire, trois rangées de tubercules sur le dos, point de carène réelle ou continue, un tubercule à l'extrémité intérieure de chaque troisième ou deuxième côte, caractérisent assez bien cette espèce. Elle paraît avoir quelque ressemblance avec l'ammonite figuré dans Knorr, P. II, pl. I, fig. 6, et nommé *A. colubrinus* par Reineke (*Mar. prot. Naut.*, etc., 1818, pl. XII, fig. 72) qui cite Knorr; mais il suffit de comparer ces figures avec la nôtre pour voir les différences réelles qui se trouvent entre ces coquilles (1).

Fig. 7, A, B.   *Ammonites canteriatus*, DEFR. (Page 172.)

En voyant cette espèce on la croit figurée presque

---

(1) M. de Schlotheim, dans son Mémoire inséré dans le *Taschenbuch*, etc., de Léonhard, 7ᵉ année, p. 35, avait nommé *ammonites annulatus* l'espèce figurée dans Knorr, pl. I, fig. 6, etc., en citant cet auteur. Dans son nouvel ouvrage intitulé *Petrefactenkunde*, etc., il donne aussi un ammonite sous le nom d'*annulatus*, mais il ne cite plus Knorr; il rapporte néanmoins cet *annulatus* à l'*ammonites colubrinus* de Reineke, qui cite la pl. I, fig. 6 de Knorr, et il donne, p. 73, n° 21, le nom d'*ammonites bifurcatus* à l'espèce de Knorr, à laquelle

partout; mais quand on compare cet ammonite avec ces figures, on ne peut lui en rapporter aucune exactement; il est bien probable que cela est en partie dû à leur imperfection.

C'est l'absence de carène et la disposition des côtes sur le dos en espèces de chevrons qui caractérisent cette espèce.

Il serait donc possible que ce fût l'*Amm.* de Knorr, II, I, tab. A¹, II, fig. 1, cité par M. de Schlotheim, comme figure de son *Amm. franconicus*, ou l'*A. dorsigerans* de Schlotheim citant Bayer, oryct. nor., tab. III, fig. 12; mais que peut-on déterminer d'après de telles figures?

Fig. 8, A, B. *Gryphea Columba*, LAM., An. sans vert., t. VI, p. 198, n° 2............(Page 151.)

Celle qui est figurée ici se trouve assez constamment dans les terrains de craie tufau. Il y en a une autre du calcaire alpin qui lui ressemble beaucoup et dont il est même difficile de définir la différence. Ce pourrait bien être l'espèce désignée par M. de Schlotheim sous le nom de *Gryphites ratisbonensis*, citant Knorr, II, pl. D, III, 6, fig. 1, 2, 3.

Fig. 9, A, B. *Gryphea auricularis*, AL. BR. (Page 153.)

Elle a bien quelques rapports avec le *Gr. lituola*; mais outre que la carène de celle-ci n'existe pas dans la Gr. auriculaire, cette dernière est généralement beaucoup plus petite. Il serait possible que ce fût le

---

il avait donné précédemment le nom d'*annulatus*. Ces hésitations, dont ce naturaliste ne nous donne pas les motifs, jettent, dans une nomenclature dont la précision est si importante pour la géologie, une confusion qui en rend l'usage très-compliqué et par conséquent très-difficile. Il y a aussi dans Sowerby, tab. CCXXII, un *ammonites annulatus* qui est encore différent et de l'*ammonites Gentoni* et des précédens.

Gr. angusta, n° 10, de M. de Lamarck; mais les espèces doivent être déterminées au moyen des livres qui sont à la disposition de tout le monde et non au moyen des collections. C'eût donc été annoncer une identité très-incertaine que de décider d'après une phrase d'une ligne qui peut convenir à bien des espèces (1), que celle que nous donnons est la même que la gryphée indiquée par cette phrase.

Cette espèce, ou au moins une qui en est très-voisine, se trouve à La Rochelle dans un terrain qu'on peut aussi rapporter à la craie tufau.

Fig. 10, A, B.   *Cassis avellana*, AL. BR. (Pages 150, 172, 178.)

On prend au premier aspect cette coquille pour une ampullaire ou un turbo, mais les dentelures de la partie interne du bord extérieur de l'ouverture, qu'on voit même sur les moules de l'intérieur, comme en B, le canal recourbé, le rebord de la lèvre, en font un vrai casque assez voisin du *cassis obliquata* (*buccinum obl.*, BROCC.), qui lui-même a des analogies de forme, de strie, etc., avec l'espèce vivante nommée *cassis granulosa*.

Fig. 11, A, B.   *Inoceramus concentricus*, PARK., Trans. of the geol. Soc., vol. v, pl. 1, fig. 4. — Sow., tab. cccv. . . . . (Pages 173, 179.)

Fig. 12, A, B.   *Inoceramus sulcatus*, id., ib., fig. 5. — Sow., tab. cccvi. . . . . (Pages 173, 179.)

Fig. 13.   *Scaphites obliquus*, Sow., tab. xviii, fig. 4-7. . . . . (Pages 149, 178.)

Fig. 14.   *Ammonites clavatus*, DELUC. . . . . (Page 178.)

Cette espèce est très-remarquable par ses tuber-

---

(1) Testâ oblongâ angustatâ, curvâ, subtus obsoletè carinatâ, unco laterali.

cules saillans, un peu aplatis, disposés sur quatre rangées et sur un fond lisse; et par sa double crête dentelée en scie, qui ne se remarquait dans l'individu figuré qu'à l'extrémité de la spire.

Je n'ai trouvé ni dans Knorr, ni dans Sowerby, ni dans Reineke, ni même dans les collections que j'ai pu consulter, aucune espèce qu'on pût confondre avec celle-ci.

Pl. O.

Corps organisés fossiles de la craie ancienne.

Fig. 1. *Ammonites Selliguinus*, Al. Br. . (Page 178.)

J'ai cru au premier aspect que cette espèce avait été déjà déterminée, ou au moins indiquée par des figures; mais en la comparant avec celles qui lui ressemblent, telles que les ammonites *Greenoughi*, *heterophyllus*, etc., de Sowerby; et en comparant ces figures avec celle de l'*ammonite* que j'ai nommé *Selliguinus*, on verra des différences qu'il semble suffisant d'indiquer. Ainsi les côtes transversales, dont j'aurais vu quelques indices sur l'empreinte extérieure d'une partie de cet ammonite, et la forme de l'ouverture le distinguent du *Greenoughi*, ou du moins la figure n'est pas assez nette pour qu'on puisse en conclure l'identité. J'en dirai autant de l'*heterophyllus* dont M. Sowerby n'a pas donné la forme de l'ouverture, mais qu'on peut présumer d'après celle de la carène, etc.

Je ne tire aucune différence caractéristique de la forme ellipsoïde, quoiqu'elle se montre dans deux individus; il est très-possible qu'elle soit due à un état de compression particulier.

L'individu figuré qui m'a été donné par M. Selligue, de Genève, a 22 centimètres dans sa plus grande dimension.

Fig. 2 , A , B , C , *Ammonites Beudanti.* (Pages 172, 178.)

Cette espèce a beaucoup de ressemblance avec l'*A. discus* de Sow.; cependant si la figure de cet auteur est exacte, c'est-à-dire si elle représente les caractères de l'espèce et non les circonstances particulières à l'individu représenté, on voit que la forme de l'ouverture de l'*A. Beudanti* en diffère par les angles arrondis, que les premiers tours de spires ne sont pas entièrement recouverts, que les dentelures des articulations sont bien plus profondément découpées, etc. Cette espèce a été trouvée dernièrement par MM. Lajonkaire et Basterot à Rethel, département des Ardennes, dans un terrain analogue à ceux des Fis et de la perte du Rhône. La figure 2, A, B, représentant un individu de la montagne des Fis, paraît avoir éprouvé le même mode de déformation que l'espèce précédente.

Fig. 3. *Turrilites Bergeri*, AL. BR. . . . . (Page 178.)

Au premier moment j'ai regardé cette espèce, très-commune à la montagne des Fis, comme semblable au *Turr. costatus* de Sainte-Catherine, près de Rouen. Mais en comparant les figures on remarquera des différences qui sont constantes et qui consistent dans le nombre de rangées des tubercules qui est constamment de quatre dans le *Turr. Bergeri*, dont trois sont dégagés des tours de spire et visibles, et dans la forme allongée de la rangée de tubercules qui est cachée par la spire, comme le représente la figure 3, B.

Fig. 4. *Turrilites costatus*, Sow., tab. XXXVI. (Page 150.)

Fig. 5, A , B , C. *Hamites rotundus*, Sow., tab. LXI, fig. 3. . . . . (Pages 150, 172.)

Fig. 6, A , B. *Hamites virgulatus*, AL. BR. (Page 178.)

La forme de sa coupe transversale, qui est elliptique, et ses côtes plus écartées sont les seules différences qu'on puisse indiquer entre cette espèce et la précédente.

Fig. 7, A, B, C. *Hamites funatus*, Al. Br. (P. 172, 178.)
La forme ellipsoïde de sa coupe transversale, mais surtout l'obliquité très-tranchée de ses côtes, en sont le caractère distinctif.

Fig. 8, A, B. *Hamites canteriatus*, At. Br. (Page 172.)
Celle-ci est cylindrique, les côtes sont horizontales, très-écartées; mais ce qui la caractérise essentiellement, si toutefois cette particularité est spécifique, c'est la réunion en forme de chevrons de plusieurs de ces côtes.

Fig. 9, A, B, C. *Ammonites cristatus*, Deluc. (P. 172.)
Cette belle espèce de la craie inférieure de Folkstone, mentionnée page 156, est remarquable par sa crête saillante, et par ses côtes presque tranchantes, alternativement très-élevées et moins élevées. J'ai donné la figure du fragment qui m'a été confié par M. Deluc, parce que je n'ai trouvé cette espèce décrite ni figurée nulle part, et qu'elle est importante pour la comparaison avec l'espèce suivante.

Fig. 10, A, B, C. *Ammonites subcristatus*, Deluc.
. . . . (Page 172.)
J'ai d'abord cru cet ammonite semblable à l'espèce précédente, et en effet il en diffère peu. Les figures expriment beaucoup mieux ces différences que ne pourrait le faire une description qui par sa longueur nous éloignerait de l'objet de cet ouvrage.

Pl. P.

Différens corps organisés fossiles des couches de formation marine des environs de Paris.

Fig. 1. Empreintes de feuilles et de végétaux des lits supérieurs du calcaire marin grossier.
Mentionnées pages 65, 69, 293.

    A. *Phyllites mucronata.*
    B C. *Phyllites neriifolia.*
    D. *Phyllies Lancœa.*
    E. *Palmacites Parisiensis.*
    F. *Culmites nodosus.*
    G. Tige ou culmite indéterminable.

Ces empreintes et celles de la figure 6 sont décrites, dans les Recherches sur les Ossemens fossiles, à l'article des végétaux fossiles, tome vi.

Fig. 2, A, B. *Turbinolia elliptica*; Al. Br. (Page 67.)

    A. Réunion des lames grossie.
    B. Face latérale d'une des lames de l'intérieur.

Cette espèce, très commune à Chaumont, a sa base ellipsoïde et diffère par là du *turbinolia caryophyllus* de Lam.; elle est plus longue et moins comprimée que le *Turb. compressa* de Lamouroux.

Fig. 3.   *Turbinolia sulcata*, Lam. . . . . (Page 67.)
Fig. 4.   *Turbinolia crispa*, Lam., Enc., pl. ccccLxxxiii, fig. 4. . . . . (Page 67.)
Fig. 5, A, B. *Fungia Guettardi*, Al. Br. — Guettard, tome 3, pl. xii. fig. 1-8. . . . . (Page 67.)
Fig. 6.   *Culmites ambiguus*, Ad. Br.
Fig. 7, A, B. *Cytherea? convexa*, Al. Br. (Pages 87-8, 91, 392 et 399.)
Fig. 7, C, D.
Fig. 8, E.   } *Cytherea? plana*, Al. Br.
Fig. 7, S. *Spirorbis?* mêlés avec ces coquilles. (Pag. 392 et 399.)

L'état de conservation de ces coquilles, et surtout l'ignorance où nous sommes de la forme de la charnière des coquilles bivalves, ne nous a permis de rapporter qu'avec doute ces différentes coquilles aux genres sous lesquels nous les avons désignées. La forme des bivalves est la seule circonstance qui les rapproche des cythérées ; elles pourraient appartenir également à des *unio*, à des *crassines* et même à des *cyrènes*.

Fig. 9, A, B.   *Lunulites urceolata*, LAM. . (Page 67.)
   A.   Détail des pores.

Au sommet de la figure entière vers le point A, on voit un petit grain de quarz transparent qui se trouve constamment à la partie supérieure de ce polypier, et qui semble être le point d'appui à l'entour duquel les cellules des polypes ont commencé à se réunir ; on le trouve sur les plus petits lunulites qui sont plats et qui n'ont encore que 3 à 4 rangées de pores.

Fig. 10, A, B.   *Amphitoítes Parisiensis*, DESM., Nouv. Bull. des Sc., tome II, pl. II, fig. 44. (Page 410.)

Corps marins dont les empreintes se trouvent sur les marnes inférieures du gypse à la Hutte-au-Garde au N. O. de Montmartre, et sur les pierres calcaires de la plaine de Montrouge.

A. Tige rameuse.
B. Partie de la tige faisant voir les cils qui la garnissent.

PL. Q.

Corps organisés fossiles des terrains de la craie ancienne.

Fig. 1, A, B, C.   *Terebratula semiglobosa*, Sow., tab. xv, fig. 9. . . . . (Page 152.)
Fig. 2, A, B, C.   *Terebratula gallina*, AL. BR. (Page 152.)

Le nombre des térébratules plissées comme celles-ci est très-considérable ; les espèces dont elle se rapproche le plus sont : le *Ter. plicatilis ;* mais elle est plus large, moins bombée, et présente au moins neuf plis dans la partie moyenne, qui descendent insensiblement vers ceux des parties latérales au lieu de finir tout-à-coup et par une ligne droite ; le *Ter. alata ;* celle-ci est bien plus large, plus déprimée, etc.

Fig. 3, A, B, C. *Terebratula pectita*, Sow., tab. cxxxviii, fig. 1.................. (Page 152.)

Fig. 4, A, B, C. *Orbitolites lenticulata*, Lam., An. sans vert., tom. ii, page 197, n° 3, sous le nom d'*orbulites ;* mais ce nom ayant été déjà donné par M. de Lamarck à une coquille de la famille des ammonites, il m'a paru convenable de restituer à ce polypier celui d'orbitolites que ce même naturaliste lui avait donné précédemment, et qui aura été probablement altéré par mégarde.

Fig. 5, A, B. *Trigonia scabra*, Lam., Enc., pl. ccxxxvii, fig. 1............... (Page 173.)

Fig. 6. *Spondylus? Strigilis*, Al. Br. . . . (Page 173.) J'ai hésité entre le genre *spondyle* et le genre *placune* dans la détermination de cette coquille. Les côtes épineuses, à très-courtes épines, et un indice d'oreille la rapprochent des spondyles. L'une des deux valves est un peu plus plate que l'autre ; toutes deux sont marquées des mêmes côtes divergentes presque épineuses.

Mais une coquille qui ressemble beaucoup à celle-ci par la forme, l'aplatissement, les côtes divergentes composées d'une série d'épines courtes, mais creusées en dessous, et qui se montre adhérente en grand nombre sur une *gryphea arcuata*, laisse voir sur la valve adhérente une charnière composée de deux dents divergentes absolument semblables à celles des placunes. Or, comme nous n'avons pu voir la charnière de la coquille dont nous donnons ici la figure, la question reste indécise.

Fig. 7, A, B.   *Trochus Gurgitis*, AL. BR. (Page 172.)
Fig. 8, A, B.   *Trochus ? Rhodani*, AL. BR. (Page 172.)

On ne peut douter que la coquille précédente n'appartienne au genre *trochus*, quoique ni l'ombilic, ni l'ouverture ne soient visibles : la forme suffit; mais celle-ci, beaucoup plus aplatie, s'éloigne davantage de ce genre pour se rapprocher des *solarium*, qui ne sont eux-mêmes qu'une division du genre trochus.

Fig. 9, A, B.   *Trochus? Cirroides*, AL. BR. (Pag. 172.)

Ce que j'en ai dit dans le texte suffit pour faire remarquer ce que cette coquille fossile offre de particulier.

Fig. 10.   *Cerithium excavatum*, AL. BR. . . (Page 173.)

Quoique je n'aie pas vu l'ouverture de cette coquille parfaitement dégagée, je ne doute presque pas que ce ne soit une cérithe. Elle est lisse, ses tours de spire excavés offrent un caractère qui ne se voit dans aucune autre espèce, mais qui se présente dans une coquille du calcaire compacte du Jura qui paraît appartenir à un genre voisin des turritelles.

Fig. 11, A, B, C.   *Gryphea Aquila*, AL. BR. (Page 173.)

Cette gryphée montre beaucoup de ressemblance avec celle que M. de Lamarck a indiquée sous le nom de *Gr. lituola;* mais la carène est ici beaucoup moins sentie et les plis plus marqués. Elle paraît aussi avoir de l'analogie avec le *gryphea plicata*, LAM., n° 8.

Les figures A, B, représentent les individus de la perte du Rhône, et la figure C, celui des environs de La Rochelle ; j'attribue aux corps sur lesquels ce dernier s'est attaché les plis obliques qu'il présente.

Fig. 12, A, B, C.   *Spatangus lævis*, Deluc. (Page 174.)

Celui-ci est en cœur, un peu déprimé, et légèrement bombé en dessus, sa partie postérieure étant assez largement tronquée. Sa forme générale est analogue à celle du *spatangus oblongus* de Deluc et de l'*echinus quaternatus* de Schlotheim. Néanmoins il en diffère éminemment en ce que les cinq ambulacres sont bien apparens, ce qui le rapporte à la seconde division des spatangues de M. de Lamarck. Sa gouttière antérieure est à peine indiquée ; ses ambulacres, à fleur du test, sont très-peu apparens et se prolongent jusqu'aux bords, sans que les lignes de pores qui les forment paraissent tendre à se rapprocher.

Fig. 13.   *Galerites Rotula*, Al. Br. . . . . (Page 179.)

(Moule intérieur.) Cette espèce, qui doit être rapportée au genre Galerite à cause de sa forme orbiculaire, se rapproche assez des Nucléolites par la position relevée de son anus, et a été décrite dans le texte sous ce nom, mais avec doute. Un examen plus approfondi fait par M. Desmarest, de plusieurs individus, l'a décidé à rapporter cet échinite au genre Galerite : il est hémisphérique, sa face inférieure est plane et granulée, et la supérieure régulièrement arrondie. Les pièces qui composent son test étant planes, il en résulte qu'elles présentent en totalité des faces méplates concentriques.

Fig. 14, A, B, C.   *Nucleolites Castanea*, Al. Br. . . . . (Page 179.)

(Moule intérieur). Ovale, plus large en avant qu'en arrière, peu élevé pour sa longueur. Cet échinite, dont la forme générale est celle des Nucléolites, a l'anus placé un peu bas, comparativement à celui des autres espèces de ce genre. Les ambulacres sont bien distincts et striés en travers.

Fig. 15, A, B, C.   *Lutraria? Gurgitis*, Al. Br. (Page 173.)

Quoique je n'aie pas pu voir la charnière de cette coquille, je ne puis guère douter qu'elle n'appartienne au genre *Lutraire;* sa forme, la position du crochet, l'ouverture postérieure bâillante, la disposition des plis d'accroissement, sont des caractères qui concourent à le prouver. Elle diffère de celles du calcaire compacte du Jura par des caractères spécifiques que je ne puis indiquer ici, mais que la figure que j'ai donnée ailleurs (1) du *lutraria jurassi* fait voir suffisamment.

Fig. 16, A, B, C.   *Turrilites? Babeli*, Al. Br. (Page 178.)

Je n'ai vu qu'un fragment de cette coquille; l'obliquité du plan de la spire suffit pour faire voir qu'il ne peut provenir d'un ammonite, et il est difficile de présumer que ce soit à la compression qu'il doive cette disposition. C'est alors aux turrilites qu'on doit le rapporter, et je ne connais aucune espèce avec laquelle on puisse le confondre.

La figure C montre la coupe transversale et indique par conséquent à peu près la forme de l'ouverture.

Fig. 17, A, B, C.   *Nucleolites depressa*, Al. Br. (Page 179.)

J'avais soupçonné que cet échinite pouvait être une galerite et même l'espèce nommée par M. de Lamarck G. *depressus;* M. Desmarest pense que c'est une Nucléolite, et comme il a fait une étude

---

(1) Ann. des Mines, 1821, page 570, pl. VII, fig. 4.

spéciale de cette famille, et qu'il a même bien voulu contribuer à la description des espèces figurées dans ces planches, j'ai dû me rendre à son opinion.

Cette Nucléolite est assez régulièrement ovalaire, médiocrement bombée ; ses lignes d'ambulacres sont peu apparentes, ce qui est peut-être causé par le mauvais état du fossile, qui paraît avoir perdu son test et être un moule intérieur. L'anus est percé dans le bord un peu plus haut que dans le *Nucleolites castanea*, mais moins que dans les autres espèces du même genre.

Pl. R.

Végétaux fossiles des terrains de Paris, par M. Ad. Brongniart.

Fig. 1. *Endogenites echinatus.*
Fig. 2. *Phyllites multinervis.*
Fig. 3. *Equisetum brachyodon.*
    a. b. De grandeur naturelle.
    A. B. Les mêmes grossis.
Fig. 4. *Phyllites remiformis.*
Fig. 5. *Phyllites retusa.*
Fig. 6. *Phyllites spatulata.*
Fig. 7. *Phyllites linearis.*

Pl. S.

Fig. 1. *Pinus Defrancii.*
    a. Détail des écailles.
    b. Une écaille vue de profil.
Fig. 2. *Culmites anomalus.*
Fig. 3. *Lycopodites squamatus.*
    a. De grandeur naturelle.
    b. Grossie.

Fig. 4.   *Carpolithes thalictroides*, var. *Parisiensis*.
Fig. 5.   *Carpolithes thalictroides*, var. *Websteri*.
Fig. 6.   *Carpolithes Ovulum.*

    a. De grandeur naturelle.
    b. Vue en dessous.
    c. Vue de côté, grossie.

Fig. 7.   *Chara medicaginula.* (Dix fois grosse comme nature.)

    a. Vue de côté.
    b. Vue en dessous.
    c. Détail des crêtes qui séparent les valves spirales.
    d. Les mêmes, telles qu'elles se montrent en creux dans les meulières de Montmorency, etc.

Fig. 8.   *Chara helicteres.* (Dix fois grosse comme nature.)

    a. Vue de côté.
    b. Vue en dessous.
    d. Vue en dessus.
    c. Une des valves spirales séparée.

Fig. 9.   *Chara Lemani.* (Dix fois grosse comme nature.)

    a. Vue de côté.
    b. Vue en dessous.

Fig. 10.   *Nymphea Arethusæ.* — Impression d'une partie de la tige.

Fig. 11.   *Nymphea alba.* — Portion de tige vivante pour la comparaison avec l'espèce précédente.

Fig. 12.   *Phyllites cinnamomeifolia.*
Fig. 13.   *Phyllites abietina.*

TABLE ALPHABÉTIQUE
DE LA DESCRIPTION GÉOLOGIQUE
DES ENVIRONS DE PARIS.

A.

Abbaye-aux-Bois (vallon de l'). Cité à la formation de sable supérieur, page 468

Abondant (village d'). Cité pour l'argile plastique, 42, 130, 184

Abyme (l') et *Tout-li-Faut* (entre). Cité à la formation de sable marin supérieur, 470

Adainville. Cité pour le terrain d'eau douce inférieur au gypse, 380. — à la formation de sable marin supérieur, 469

Afflighen. Cité à la formation du calcaire grossier, 344-345

Afrique. Citée à la formation du calcaire grossier, 354

Agen. Cité pour le terrain d'eau douce, 520

Agno (val d'). Cité à la formation du calcaire grossier, 334

Aigle (L'). Cité pour le terrain de craie, 145

Aiguillon Cité pour le terrain d'eau douce, 520

Aix (en Provence). Décrit pour la form. gypseuse, 455 et suiv.

— Cité comme analogue du terrain gypseux parisien, 94.
— pour le lignite, 197 — pour le terrain d'eau douce, 519.
— pour le gypse, 321

Alais. Cité pour le terrain d'eau douce, 516

Allemagne. Lieux où se trouvent l'argile plastique et le lignite, 210. — Lieux où se trouvent les terrains d'eau douce postér. au calc. grossier, 541

Allier (vallée de l'). Citée pour le terrain d'eau douce, 522

Alluets (chemin des). Cité pour le calc. grossier, 304. — (forêt des) Citée pour la meulière du troisième terr. d'eau douce, 484. — Comme limite du terr. d'eau douce supérieur, 491

ALLUVION (terrain d'). Décrit, 118. — Cité, 250

ALLUVION et de TRANSPORT (terrain d'). Décrit, 559

Amboise (environs d').Cités pour le terrain de craie, 146

AMBRE JAUNE. V. SUCCIN.

Amérique septentrionale. Lieux où se trouve la form. d'argile plastique et de lignite, 216

Andennes. Cité pour la form. d'argile plastique, 193

Andone (val d'). Cité à la form. marine supér. au gypse, 342

Andresy (colline d'). Mentionnée pour le passage du terrain marin à celui d'eau douce (*note*), 254

Anduze et Saint-Jean-de-Gardonnenque (entre). Cité pour le terrain d'eau douce, 515

Anet. Cité pour la formation gypseuse, 388

Angers (environs d'). Cités à la form. de calc. grossier, 314

Angleterre. Lieux où se trouve la craie infér., 148-9. — le terrain de craie, 155. — la form. d'argile plastique, 198. — le calc. grossier, 323. — les terrains d'eau douce postérieurs au calcaire grossier, 529

ANTHRACITE. Appartenant à la form. de lignite. Cité, 212

Antigoa. Cité à la form. de calc. grossier, 357

Antilles. Citées à la form. de calc. grossier, 355

Antony. Décrit à la form. gypseuse, 433. — Cité pour la form. gypseuse. 92

Anvers (environs d'). Cités à la form. du calc. grossier, 343-4

Arcueil. Cité pour l'argile plastique, 126, 186

Argenteuil. Cité à la form. gypseuse, 446

Argenton (envir. d'). Cités pour le terrain de craie, 146. — d'eau douce, 525. — Mentionnés, 542

ARGILE, accompagnant le lignite, 213

ARGILE PLASTIQUE. Décrite, 40 et suiv. — Analyse, 41. — Citée,
126, 134-5, 142, 258, 260, 268, 290, 508-9. — Traitée géographiquement, 182. — Hors du bassin de Paris, 190

ARGILE SABLEUSE. Mentionnée à la form. d'argile plastique et de lignite, 52

ARGILE de Londres. Décrite à la form. du calc. grossier, 324

ARRAGONITE FIBREUSE. Citée dans un calcaire lacustre, 523

Asti. Cité à la form. marine sup. au gypse, 337, 342

ATTERRISSEMENT (limon d'). Décrit, 559

Aubergenville (envir. d'). Cités pour la form. gypseuse, 448

Aumont (butte d'). Citée pour un sable supér., 96, 463

Aurillac. Cité pour le terrain d'eau douce, 521

Austerzell (moulin d'). Cité à la form. de calc. grossier, 344

Auteuil. Cité pour l'argile plastique, 50, 187. — Mentionné, 216. — Cité pour la craie, 140

Autonne (vallée d'). Citée pour la form. de calc. grossier marin, 225

Autriche. Citée pour un terrain analogue à celui de sédiment supérieur, 203. — pour du calcaire grossier, 349

Aventin (pied de l'). Cité pour le terrain d'eau douce, 545

Avèze (environs d'). Cités pour le terrain d'eau douce, 515

Avignon (environs d'). Cités à la form. du calc. grossier, 320

B.

Bagneux. Cité pour la form. d'argile plast., 54. — Avec lignite,

186. — Décrit pour le gypse, 430-1. — Cité pour le gypse, 81, 92, 447

Bagnolet. Cité pour la glaise à la form. gypseuse, 389

Balainvilliers. Cité à la form. gypseuse, 439. — (Colline de). Citée pour le grès marin supérieur, 470

Balaton (lac). Cité à la form. du calc. grossier, 350-1

Balaton (contrée de). Citée pour le terr. d'eau douce, 543

Baldissero. Mentionné pour la magnésite, 368

Baltique (rivages de la). Cités pour la form. de craie, 160. — Pour le succin, 214

Banc-Vert. L'une des couches moyennes du calcaire grossier, 65

Banyuls-des-Aspres. Cité à la form. du calc. grossier, 319

Barboude (île de la). Citée à la form. du calc. grossier, 356

Barcelone (env. de). Cités au calc. grossier, 322

Barcy (env. de). Cités pour la form. gypseuse, 385

Bar-sur-Aube. Cité pour le calc. compacte limitant la craie, 132

Barusset. Cité à la form. gypseuse, 427

Basalte. Cité au-dessus de l'argile plastique, 213, 214. — A la form. gypseuse, 452

Bas-Bergon (Le). Cité à la form. du calc. grossier, 315

Bassano (env. de) Cités à la form. du calc. grossier, 334

Bastberg. Cité pour le lignite et l'argile plastique, 194. — Cité pour le terrain d'eau douce, 528

Baubry (butte de). Citée à la form. gypseuse, 427

Bayonne (env. de). Cités pour un calcaire rapporté à la craie tufau, 153-4

Beachy-Head. Cité pour la craie inférieure, 148, 155

Béard. Cité pour le terrain d'eau douce, 525

Beauce (la). Citée, 19. — Ses limites décrites, 20. — Citée au troisième terrain d'eau douce, 114. — Mentionnée, 130. — A la form. gypseuse, 439. — Pour le grès supérieur, 466. — Pour le calcaire d'eau douce supérieur, 491

Beauchamp. Cité pour le grès et le silex du calc. grossier, 70. — Pour la seconde form. de grès, 101 et 238. — Mentionné, 230, 254, 307. — Cité pour le terrain d'eau douce inférieur au gypse, 378

Beaumont-sur-Oise (env. de). Cités pour la craie, 127-8, 235. — Pour les cailloux roulés, 133. — Pour le calc. grossier marin, 234 et 235. — Pour le calcaire d'eau douce infér. au gypse, 377

Beauvais. Cité pour la craie, 124, 128. — Pour l'argile plastique, 183

Belle-Croix (forêt de Fontainebleau). Cité pour les cristaux de grès calcaire, 474

Belle-Église. Citée pour la craie, 128

Bellegarde (env. de). Cités pour la craie chloritée, 163

Belleville (colline de). Citée pour la formation gypseuse, 82. — Décrite à la formation gypseuse, 389. — Citée pour le grès supérieur, 464. — Pour les meulières du troisième terrain d'eau douce, 478, 489. — Pour le terr. de transport, etc, 569.

Bellevue (butte de). Citée pour la craie, 282. — Pour le calcaire grossier, 283.

Béquet (env. du). Cités pour l'argile plastique, 129, 183.

Bercy et *Saint-Maur* (entre). Cité pour la formation calcaire, 265.

Bérici (monts). Cités à la formation du calcaire grossier, 334.

Berne (env. de). Cités à la form. du calc. grossier, 328.

Bernos. Cité pour le terr. d'eau douce, 514.

Betz. Cité à la formation des grès et sables marins supérieurs, 98.

Bex (env. de). Cités au calcaire grossier, 331.

Beyne (bois de). Cité à la formation du calcaire marin, 299. — Mentionné, 397.

Beyne et *Neauphle* (entre). Cité pour le terrain d'eau douce inférieur au gypse, 381.

Béziers (env. de). Cités pour le lignite, 197.

Biaritz (côte de). Citée pour un calcaire rapporté à la craie tufau, 153.

Bièvre (vallée de). Citée pour l'argile plastique, 186. — À la formation gypseuse, 434-5, 442. — À la formation de sable supérieur, 468. — Pour la tourbe au terrain de transport, etc., 566.

Blanc (env. du). Cités pour le terr. de craie, 146.

Blocksberg. Cité pour le terrain d'eau douce, 543.

Blois (env. de). Cités pour le terr. de craie, 146. — Mentionnés, 524. — Cités pour le terrain d'eau douce, 526.

Bœuf couronné (lieu). Cité à la form. de sable marin supérieur, 469.

Bohême Citée pour le lignite et l'argile plastique, 211. — Pour le terrain d'eau douce, 541.

BOIS FOSSILE BITUMINEUX, voyez LIGNITE.

Bolca (mont). Décrit à la formation du calc. grossier, 334.

Bondy (forêt de). Citée aux terr. de transport et d'alluvion, 120.

Bonpar. Cité pour le terrain d'eau douce, 526.

Bonpas. Cité à la formation du calc. grossier, 320.

Bordeaux (env. de). Cités à la formation du calc. grossier, 377. — Pour le lignite, 197.

Bordes. Cité à la formation des grès supérieurs, 463.

Bordes (les). Citées à la format. gypseuse, 442.

Bougival. Cité pour le silex pyromaque, 30. — Pour la craie, 138. — Pour le calcaire marin, 289.

Boulogne (bois de). Cité pour le terrain de transport, etc., 119, 561, 569. — (Plaine de). Décrite, 563.

Bourbon-l'Archambaud et *St-Pierre-le-Moûtier* (entre). Cité pour le terrain d'eau douce, 523.

Bourges (env. de). Cités pour le terr. d'eau douce, 525.

Bouron. Cité pour le calc. siliceux au-dessous du grès marin supérieur, 372, 472.

Boutigny (butte de). Citée à la form. gypseuse, 427

Boutonnet (le). Cité à la format. du calc. grossier, 319

Bouxwiller. Cité pour le lignite et l'argile plastique, 194. — Pour le terrain d'eau douce, 528

Bragonzes (les). Cités à la form. du calc. grossier, 334

Braunkohle, syn. de lignite. Cité dans la form. d'argile plastique, 44

Brecciole calcaire. Citée, 321

Brecciole trappéenne, 332

Brecciole volcanique. Citée au-dessus de l'argile plastique, 213. — Au-dessus d'un terrain d'eau douce, 521. — Citée, 549

Brèche à fragment de craie et pâte d'argile. Citée, 58, 134

Brentford. Cité pour le succin, 199

Briffe (moulin de la). Cité pour le terrain d'eau douce inférieur au gypse, 378

Brighton. Cité pour la formation de craie, 155

Bruère. Cité pour le terr. d'eau douce, 524

Bruhl. Cité pour le lignite, 194

Bruxelles (env. de). Cités à la form. du calc. grossier, 343

Bude (env. de). Cités pour le terr. d'eau douce, 543. — Au calc. grossier, 350

Buet (chaîne du). Citée pour la craie inférieure, 175

Burgdorf. Cité à la form. du calc. grossier, 328

Burgos (province de). Citée pour le terr. d'eau douce, 513

C.

Cacholong. V. Silex.

Cadibona. Mentionné pour le lignite, 208

Caen. Cité pour le calcaire compacte limitant la craie, 132

Cahors. Cité comme limite du terrain d'eau douce, 520

Cailloux roulés (terrain de). Décrit, 559

Cailloux roulés et en poudingues. Cités, 132

Calabre. Citée pour le terrain d'eau douce, 544

Calais (O. de). Cité pour le terr. de craie, 149

Calcaire a gryphées. Cité, 525

Calcaire alpin. Cité, 551

Calcaire compacte. Cité comme limite de la form. de craie, 132

Calcaire d'eau douce. Décrit hors du bassin de Paris, 512. — Cité à la form. d'eau douce supér., 491. — Syn. de terr. d'eau douce, 40, 194, 246, 266, 358

Calcaire de transition. Cité, 551

Calcaire du Jura. Cité, 38, 168

Calcaire fétide accompagnant le lignite, 207

Calcaire grossier en général. Décrit, 59

Calcaire grossier hors du bassin de Paris, 309. — (Formation du). Mentionné, 47, 128. — Cité au-dessus de l'argile plastique, 135, 194, 197. — Au-dessous du calcaire siliceux,

374. — Cité au fond des puits de la rue de Rochechouart, 416. — Au-dessous du gypse, 431.

CALCAIRE GROSSIER COQUILLIER. Cité, 480, 509, 519 et suiv. 549

CALCAIRE GROSSIER MARIN du bassin de Paris, 218

CALCAIRE MARIN SUPÉRIEUR. Décrit, 460

CALCAIRE OOLITHIQUE du Jura. Son passage à la craie, 147. — Cité à la form. d'eau douce, 525

CALCAIRE SILICEUX. Décrit, 74, 358. — Mentionné, 130, 133. — Cité, 266, 307, 386, 439 472, 483

CALCAIRE SPATHIQUE. Cité à la form. du calcaire siliceux, 369. — Dans le terrain de calcaire d'eau douce, 504, 532. — *Idem* NACRÉ dans l'argile plastique, 212

CALCÉDOINE. V. SILEX.

Cap-Sable (lieu). Cité pour la résine succinique, 216

Carcassonne (env. de). Cités à la formation du calcaire grossier, 318

Carlsbad. Mentionné, 528

Carlsbad (env. de). Cités pour le lignite et l'argile plastique, 211, 214

Carnelle (forêt de). Citée à la form. de calcaire grossier marin, 235

Carnetin (colline de). Citée pour le calcaire siliceux, 359. — Pour le terrain douce supérieur, 489. — A la format. gypseuse, 387, 446

Carrières-Saint-Denis. Cité pour le calc. grossier marin, 235, 248

Cassel (env. de). Cités pour le lignite, 213

Castelarquato. Cité à la format. marine supérieure au gypse, 340

Castel Gomberto. Cité à la format. du calcaire grossier, 334

Castellamonte. Mentionné pour la magnésite, 368

Castello di San-Juliano. Cité pour le terrain d'eau douce, 555

Castelnau (env. de). Cités pour le terr. d'eau douce, 516.

Castres (env. de). Cités pour le terr. d'eau douce, 514

CAVITÉS ou PUITS NATURELS dans le calc. grossier marin. Décrits 237, 242, 250. — Dans la craie, 31-2. — Cités, 138. — Dans le calcaire d'eau douce, 110

CAVITÉS EN GÉNÉRAL. Remplies par le terrain de transport, 570

Cavron. Cité pour le terrain d'eau douce 526

CENDRES PYRITEUSES. V. LIGNITE.

Cezenon. Cité pour le lignite, 197

Chailly (env. de). Cités pour le terrain d'eau douce supérieure, 496

Challouet (env. de). Cités pour la forme gypseuse, 385

Chambly (env. de) Cités pour la formation de craie, 128

Champagne (plateau sableux de la). Cité, 24. — Cité à la formation de craie, 125

Champigny. Cité pour le calc. siliceux, 75. — Décrit, 368. — Mentionné, *ibid.* — Cité pour le terr. d'eau douce supérieur, 490

Changuyon. Cité pour la form. de craie, 127

Changy (env. de). Cités pour la formation de calc. marin, 266. —(Carrières de). Citées pour le calc. grossier marin, 221

Chanteloup. Cité pour le terr. de transport, etc. 561

Chanteloup et *Évéquemont* (colline entre). Citée pour la form. gypseuse, 423

Chantilly. Cité pour les couches inférieures du calc. grossier, 64, 227-8

Chapelle (La). Cité à la form. de calc. siliceux, 362

Chapelle-Butteaux (La). Cité pour le terrain d'eau douce supérieur, 496

CHARBON BITUMINEUX FOSSILE, syn. de liguite. Cité, 206, 212

CHARBON BRUN OU BRAUNKOHLE. V. LIGNITE.

Charenton. Cité pour les silex, à la form. d'eau douce supér., 110

Chars. Cité pour le calc. grossier marin, 247

Chartres. Cité comme limite du terr. d'eau douce supér., 491

Château-Landon. Cité pour le calc. d'eau douce, 110, 503

Châtenay. Cité pour le terrain d'eau douce infér. au gypse, 378. — Pour la form. gypseuse, 423

Châtillon. Cité pour les couches moyennes du calc. grossier, 65. — Mentionné, 255, 287, 293, 294. — Cité pour le gypse, 429, 430

Châtillon (Suisse). Cité pour le terrain d'eau douce, 540

Chatton (butte de). Citée pour la formation gypseuse, 384.

Chatou. Cité aux terrains de transport et d'alluvion. 119 —Pour le terrain de transport, etc., 561

Chaumont (butte). Citée pour les bancs de marne, 86.—(Env. de). Cités pour le calc. grossier marin, 248. — Pour la form. gypseuse, 390-1

Chaumontel (env. de). Cités pour la craie, 141

Chauvigny (vallon de). Cité pour le calc. grossier marin, 229

CHAUX CARBONATÉE en cristaux (dans la craie). Citée, 31.—Inverse, 236, 288. — (En cristaux.) Au-dessus du calcaire grossier, 67.—Dans des géodes calcaires au-dessus de la craie, 139. — Pénétrant les grès et sables marins supérieurs, 97

— FLUATÉE en cristaux. Citée dans les couches supér. du calcaire grossier, 67, 288

—PHOSPHATÉE dans les nodules de la craie chloritée, 34. — TERREUSE en nodules dans l'argile plastique, 188

— SULFATÉE en cristaux (dans la craie). Citée, 31, 138

Chavenay. Cité pour la craie, 140. — Cité, 295

Chaville (bois de). Cités pour les grès et sables marins supér., 97. — Pour le fer oxidé limoneux, 468. — A la formation de calcaire grossier, 282. — A la form. gypseuse, 440

Chelles. Cité à la form. gypseuse, 93, 375, 388, 446.—

42

Pour le terrain d'eau douce
supér., 489

Chérence. Cité pour le calcaire grossier, 261

Chevreuse (env. de). Cités pour la meulière du troisième terr. d'eau douce, 485

Chevrotière (*La*). Cité à la form. du calc. grossier, 315

Chiens. Nom donné par les ouvriers à un gypse impur, 84, 402, 406

Chlorite baldogée. Citée dans les couches infér. du calc. grossier, etc., 63

Choisy et *Meudon* (entre). Cité pour le calc. marin, 267

Cinq-Mars-la-Pile (bourg). Cité pour les meulières du troisième terr. d'eau douce, 486

Cisterne (env. de). Cités pour le terr. d'eau douce, 544

Civita-Vecchia (env. de). Cités pour le terr. d'eau douce, 545, 550

Clairoix (nord-est de). Cité pour la form. de craie, 127

Clamart. Cité pour le terr. siliceux d'eau douce supér., 491. —A la form. gypseuse, 80, 92, 429, 430. — Au calc. marin, 274. — Pour un terr. sableux, 467

Claye. Cité comme limite du terr. d'eau douce infér. au gypse, 375

Cléons (*Les*). Cités à la form. du calc. grossier, 315

Clermont. Cité pour le terr. d'eau douce, 521

Ci cart. Nom vulgaire d'un calc. compacte, 78. — Cité, 307, 380.—Nom vulgaire d'un gypse très-compacte, 407. — Nom vulgaire de lits minces de strontiane sulfatée, 420

Clichy. Cité pour la form. gypseuse, 388

Cocherel (env. de). Cités pour la form. gypseuse, 384

Cœuilly (château de). Cité pour le terr. d'eau douce, 490

Coirons (mont). Cité pour le terr. d'eau douce, 521

Colle. Cité pour le terr. d'eau douce, 552. — A la form. marine supér. au gypse, 343

Cologne. Cité pour la form. d'argile plastique, 194. — Mentionné pour le lignite, 207

Comelle. Cité pour le calc. grossier marin, 232

Compiègne. Cité pour les couches infér. du calc. grossier, 65. — Pour la craie, 124, 127, 226

Condé près d'Houdan. Cité pour l'argile plastique, 42, 185

Conflans-Sainte-Honorine. Cité pour le calc. grossier marin, 235

Corbeil (env. de). Cités pour le calc. siliceux, 371

Cormeil. Cité pour les meulières du troisième terr. d'eau douce, 479

Cormeilles. Cité pour le grès supér., 464.— Cité pour le quarz carié dans le calc. grossier marin, 247. — Pour la form. gypseuse, 423

Cosseïr (env. de). Cités à la form. de calc. grossier, 355

Couberon. Cité pour la format. gypseuse, 388

Coulommiers. Décrit à la form. de calc. siliceux, 364 et suiv. — Mentionné, 517, 526

Courtagnon. Cité, 313

Courtry. Cité pour la form. gypseuse, 388
Cracovie. Cité pour la form. de
craie, 160. — A la form. de
calc. grossier, 353
CRAIE (plateau de). Cité, 22. —
En général, décrite. 27. — Sa
division en *craie blanche*,
craie tufau et *craie chloritée*,
33. — Citée, 50-1, 270, 299.
— Distinguée de l'argile plas-
tique, 58. — Traitée géogra-
phiquement, 123
CRAIE BLANCHE. Son étendue,
132.—Citée, 193, 507.—Men-
tionnée, 258
CRAIE BLANCHE, TUFAU et CHLO-
RITÉE. Traitées hors du bassin
de Paris, 144. — Avec les fos-
siles, 149.— A Rouen, au Hâ-
vre, à Honfleur, à Dives, *ibid*.
— A la perte du Rhône, 171.
— A la montagne des Fis, de
Sales, 178
CRAIE CHLORITÉE, 33.—Son ana-
lyse (*note*), 34
CRAIE MARNEUSE. Syn. de craie.
Citée, 135
CRAIE TUFAU. Citée, 142
Crapacks (pied méridional des).
Cité à la form. du calc. grossier,
350
Crécy (env. de). Cités à la form.
de calc. siliceux, 362
Crégy (colline de). Citée pour la
form. gypseuse, 384
Creil. Cité pour le calc. grossier
marin, 227
Cremnitz. Cité à la form. du calc.
grossier, 350
Crépy (plateau de). Cité pour le
calc. grossier marin, 223
Crespières. Cité à la form. gyp-
seuse, 442

Crest (env. de). Cités pour le lignite, 195. — Pour le terrain
d'eau douce, 520
Creteil (env. de). Décrits à la
form. gypseuse, 428
Crissay. Cité pour le terrain d'eau
douce infér. au gypse, 381
Croatie. Citée à la form. de calc.
grossier, 351
Croix penchée (La). Citée pour
le calc. marin, 268
Cugny-les-Ouches (plateau de).
Cité pour le terrain d'eau douce,
510
Cuisy (env. de). Cités pour la form.
gypseuse, 385
Cusset et *Vichy* (entre). Cité
pour les silex résinites du terr.
d'eau douce, 523
Cygnes (île des). Citée aux terr.
de transport et d'alluvion, 121
Czegled. Cité pour le calc. d'eau
douce servant à bâtir, 543

D.

Dammarie et *Melun* (plaine
entre). Citée pour la form. de
transport, etc., 565
Dammartin (colline de). Citée
pour le terrain d'eau douce supérieur, 489. — Pour la form.
gypseuse, 83, 385, 447.— Pour
un sable supér. et la meulière
d'eau douce, 463
Dampmart (colline de). Citée
pour le calc. siliceux, 359, 361
Danemark. Cité pour la form.
de craie, 159
Dangu. Cité à la form. d'argile
plastique, 50
Dantzick. Cité pour la form. de
craie, 160. — Pour le succin,
214, 215

Dax (env. de). Cités à la form. de calc. grossier, 317

Decize et *Nevers* (entre). Cité pour le calc. à gryphées, 525

DECOMBLE. Nom vulgaire de la partie supér. des carrières de Saillancourt, décrit, 255

DENDRITES. Mentionnées dans les marnes calc., 66. — A la troisième form. d'eau douce, 487

Diablerets. Cités à la form. de calc. grossier, 331

Dieppe (env. de). Cités pour le lignite, 193

Dieu-l'Amant (butte de). Citée à la form. gypseuse, 427

Dijon. Cité pour le calc. compacte limitant la craie, 132

Dives (env. de). Cités pour la form. de craie, 149

Dorset (comté de). Cité pour la form. de craie, 155

Doué. Cité à la form. de calc. grossier, 314

Douvres. Cité pour la form. de craie, 155

Douvres et *Folkstone* (entre). Cité pour le terr. de craie, 149, 156

Draveil. Cité comme limite du calc. siliceux, 360

Dreux (forêt de). Citée pour l'argile plastique, 41, 184. — Pour la craie, 130

Drôme (départ. de la). Cité pour le lignite, 195

Droué (vallon de). Cité pour le grès marin supérieur, 470

E.

EAU DOUCE (terrains d'). Énumérés en général, 26 — Leur position relative dans l'écorce du globe (note), *ibid.* et suiv. — Premier terrain d'eau douce décrit, 40. — Motifs de sa dénomination, 55. — Second terr. d'eau douce décrit, 79. — Troisième terr. d'eau douce décrit, 104

Ébly (colline d'). Citée pour la form. gypseuse, 428

Écharcon (env. d'). Cités pour le grès marin supér., 471

École-Militaire. Citée pour le sol d'atterrissement, 271

Écouën. Cité pour le grès à la form. de calc. grossier marin, 246. — Pour le calcaire d'eau douce infér. au gypse, 377. — A la form. gypseuse, 421

Effondré. Cité pour le calc. siliceux, 372

Éger (rive gauche de l'). Citée pour le lignite et l'argile plast., 214

Égypte. Citée à la form. de calc. grossier, 355

Éperies. Cité à la form. de calc. grossier, 350

Épernay (env. d'). Cités à la form. d'argile plastique, 54, 193. — Pour la form. de craie, 124

Épernon. Cité pour les silex cornés dans la form. d'eau douce supérieure, 105. — A la form. de sable marin supérieur, 469. — Pour le grès marin supérieur, 470. — Comme limite du terrain d'eau douce supérieur, 491. — Pour le terr. d'eau douce supér., 498 et suiv.

Épinay. Cité pour la form. gypseuse, 423

Epte (vallée de l'). Citée pour la craie, 128. — Mentionnée, 248

Ermenonville. Cité pour les grès supér., 463

ÉROSIONS. Citées sur des roches calc., 252

Esclavonie. Citée à la form. du calc. grossier, 351

Espagne. Lieux où se trouve le calc. grossier, 322. — Le terr. d'eau douce postérieur au calc. grossier, 513

Essainville. Voy. *Ézanville.*

Essonne (vallée d'). Citée pour les tourbes aux terr. de transport et d'alluvion, 121, 566.— (Env. d'). Cités à la form. de calc. siliceux, 371.—A la form. gypseuse, 439. — Pour le grès marin supér., 471

Estrémadure. Citée pour le terr. d'eau douce, 513

Étampes. Cité à la form. des grès supér., 96, 475. — Pour le terr. d'eau douce supér., 491, 497

Étoile (butte de l'). Citée pour les parties supér. du calc. grossier, 262

Étremblière et *Vairy* (entre). Cité pour le terrain d'eau douce, 540

Eure-et-Loir (département d'). Cité pour le terr. de craie, 146

Évéquemont et *Chanteloup* (colline entre). Citée pour la form. gypseuse, 423

Ézanville. Cité pour le grès à la form. de calc. grossier mar., 70, 245.— Mentionnée, 307, 254

F.

Falun de Touraine. Rapporté au calc. grossier, 314

FARINE FOSSILE. Syn. de calc. cotonneux. Citée dans le calc. marin, 289

Fauquemont (bourg de), près de Maestricht. Cité pour la craie tufau, 158

Faxoë. Cité pour la form. de craie, 161

Fay (*Le*). Cité pour le terr. d'eau douce, 507

FENTE. Voy. CAVITÉS.

FER CHLORITEUX dans les grains verts de la craie chloritée, 34

FER OXIDÉ colorant les grès supér., 97. — En rognons et en lits, *ibid.* — En grains, 195. — Sablonneux, 464. — Limoneux, 468

FER PHOSPHATÉ en cristaux, dans l'argile plastique, 188

FER SULFURÉ (dans la craie). Cité, 32

l'ère (plateau du château de). Cité pour le terr. d'eau douce, 510

Ferme de l'École militaire (près de Vaugirard). Citée pour le lignite dans l'argile plast., 186

Fermeté-sur-Loire (*La*). Citée pour les meulières, 488

Ferté-Gaucher (*La*). Citée pour un terrain de sable, 465

Ferté-sous-Jouarre (*La*). Citée pour le grès et le silex du calc. grossier, 70. — Pour les silex meulières de la formation d'eau douce, 105. — Pour le calcaire grossier marin, 221.— Pour le grès supérieur, 461, 465.— Décrite pour les meulières du troisième terrain d'eau douce, 480

Ferté-sous-Jouarre (env. de *La*). Cités pour la form. gypseuse, 384. — A la form. gypseuse, 427, 447. — Décrits pour les meulières, 480

Feucherolles (env. de). Cités

pour le sable micacé supérieur, 466

Fezzan. Cité à la form. du calc. grossier, 354

Ftmes. Cité pour la form. de craie, 124

Fis (rocher ou montagne des). Cité pour la craie inför., 176

FISSURES. Voy. CAVITÉS.

Fitou. Cité pour le terrain d'eau douce, 514

Fleury. Cité pour le calc. marin, 275

Folkstone et *Douvres* (entre). Cité pour le terr. de craie, 149, 156

Fontaine (pont de). Cité pour le calc. marin, 293

Fontainebleau (env. de). Cités au calc. siliceux, 79, 372. — A la form. des grès supér., 96. —A la form. d'eau douce supér., 114. — Pour le grès marin supér., 471. — Décrits pour le terrain d'eau douce, 503. — Lieux divers de la forêt de Fontainebleau, cités pour le troisième terrain d'eau douce, 403 à 496

Fontenay-aux-Roses. Décrit à la form. gypseuse, 430. — Cité pour le terrain gypseux, 80. — Pour les grès et sables marins supér., 97

Fontenay-Saint-Père. Cité pour le calc. grossier, 259

Fontenay-sous-Bois (env. de). Cités pour les meulières du troisième terrain d'eau douce, 478. — Pour le terrain d'eau douce inférieur au gypse, 378

Forcalquier (env. de). Cités pour le lignite et le succin, 196

FORMATIONS. Exemple très-clair de ce qu'on doit entendre par ce mot, 79-80. — Énumérées en général, 26

Francfort (env. de). Cités à la form. de calc. grossier, 346

Franconville. Cité à la form. de calc. grossier marin, 238

Frejenal (env. de). Cités pour le terrain d'eau douce, 513

Frépillon. Cité comme limite du terrain d'eau douce, inférieur au gypse, 375. — Pour la form. gypseuse, 420

Fresnes. Cité pour le grès et le silex du calc. grossier, 70

Fresnes et *Vilaine* (tranchée entre). Citée pour le calc. grossier marin, 222

Fresnes (colline de). Citée à la form. gypseuse, 442

Freudière (*La*). Citée à la form. du calc. grossier, 315

G.

Gagny. Cité pour la form. gypseuse, 388

Galluys. Cité pour le calc. grossier, 295

Gand (env. de). Cités à la form. de calc. grossier, 344

Ganelon (mont), près de Compiègne. Cité pour les couches inférieures du calc. grossier, 65. —Pour le calc. grossier marin, 226

Ganges. Cité pour le terr. d'eau douce, 515

Gannat (env. de). Cités pour le terr. d'eau douce, 523. — Mentionnés, 542

Gard (département du). Cité pour le lignite et le succin, 196

Garges (env. de). Cités pour la form. gypseuse, 422

Gâtinais. Cité, 21. — Cité pour le terr. d'eau douce, 527

Gênes (golfe de). Mentionné pour le lignite, 208

Genève (env. de). Cités pour le lignite, 206

Gennevilliers. Cité pour le terrain de transport, etc., 561

Gentilly. Cité pour l'argile plastique. 42

Gentilly (Le Petit-). Cité pour le calc. marin, 268

Géodes calcaires, au-dessus de la craie. Citées, 139

Géodes de marne dure, dans la form. de calc. grossier marin. Citées, 232

Germain (forêt de *Saint-*). Citée aux terr. de transport et d'alluvion, 119

Germiny-l'Évêque (carrière de). Citée pour le calc. grossier marin, 221

Gisors. Cité pour les couches inférieures du calc. grossier, 65, 248. — Pour la form. de craie, 124, 128, 247

GLAISES, syn. d'argile. Citées, 187, 272

GLAISES (fausses). Banc de l'argile plastique, décrit, 42-3

Glaris (env. de). Cités à la form. de calc. grossier, 331

GLAUCONIE CRAYEUSE. Voy. CRAIE CHLORITÉE.

Gobelins (rivière des). Coulant sur l'argile plastique. Citée à la form. du calc. marin, 268

Gondreville. Cité pour le grès supér., 461

Gonesse (env. de). Cités pour le terr. d'eau douce infér. au gypse, 378

GRAINS VERTS. V. CHLORITE BALDOGÈR et GLAUCONIE CRAYEUSE.

Gran. Cité à la form. de calc. grossier, 350

Granges (Les). Cité pour les grès, 465

GRANITE. Cité dans les terrains de transport, etc., 562

Grenelle (plaine de). Citée pour le sol d'atterrissement recouvrant la craie, 270. — Pour le terr. de transport, etc., 561-2

GRÈS, syn. de psammite molasse accompagnant le lignite. Cité, 201-2

GRÈS en général, leur distinction géologique, 101

GRÈS COQUILLIERS. Mentionnés, 51. — Du calc. grossier, décrits, 59, 70, 195, 253. — En rognons dans le calcaire grossier marin, 222. — Grès, en lits, dans la form. de calc. grossier marin, 223, 230. — Accompagnant le lignite. Cité, 213 — MARIN audessous du calc. d'eau douce, 246. — A la form. du calc. grossier, 322. — Au-dessus du calc. siliceux, 372-3, 490, 507-8

GRÈS MARIN, supér. au gypse. Cité, 389, 549. — Décrit, 460

GRÈS SUPÉRIEURS. Décrits en général, 94. — Formant la base de poudingues siliceux, 142

GRÈS VERT. Cité à la form. de calc. grossier, 331

GREUBÉ, nom vulgaire d'un calc. décrit au terr. d'eau douce hors du bassin de Paris, 540

Griffon (butte du). Citée pour le terr. d'eau douce supér., 465, 490

Grignon. Cité pour les couches moyennes du calc. grossier, 68. — Mentionné, 389, 248, 253,

260, 275, 289, 307, 417. — Décrit pour le calc. grossier, 295

Grisy. Cité comme une des limites du terr. gypseux, 80. — Pour la form. gypseuse, 92-3, 247. — A la form. gypseuse, 423, 446.—Pour le grès supér., 464. — Pour le terrain d'eau douce supér., 489

Grodno (en Lithuanie). Cité pour la form. de craie, 160, 161. — A la form. du calcaire grossier, 353

Grœfentonna. Cité pour le terr. d'eau douce, 542

Groslay (butte de). Citée à la form. gypseuse, 421

Grossalmerode. Cité pour l'argile plastique, 213

Grossen-Gottorn. Cité pour le terr. d'eau douce, 542

Grosshubeniken. Cité pour le succin, 215

Guadeloupe. Citée à la form. de calc. grossier, 355

Guespelle. Cité pour les couches supér. du calc. grossier marin, 230

Gypse. Décrit, 79. — Accompagnant le lignite. Cité, 206, 238, 264, 266. — Gypse à ossement décrit géographiquement, 382. — Décrit hors du bassin de Paris, 449. — Cité, 480

Gypse lenticulaire remplacé par le quarz lenticulaire, 263

Gypse séléniteux. Cité dans la masse infér. de gypse, 81. — Dans l'argile plastique, 185, 260.— Dans les marnes vertes, 390

Gyrogonites. Citées dans le terr. d'eau douce supér., 111

H.

Habichtwald. Cité pour le lignite et l'argile plastique, 211, 213

Haguenau. Cité pour le terrain d'eau douce, 528

Hallate (forêt de). Citée pour les grès supérieurs, 463

Hampshire (comté de). Cité pour la form. de craie, 155

Hampton. Cité à la form. du calc. grossier, 326

Hanovre (pays de). Cité pour la form. de craie, 159

Hartennes (plateau d'). Cité pour le terr. d'eau douce, 510

Hauts Piliers, nom vulgaire de prismes gypseux, 84

Hâvre (env. du). Cités pour la craie tufau et chloritée, 148

Headen-Hill. Rapporté au calc. marin supér., 326

Héraulle (env. de l'). Cités pour l'argile plastique, 129, 183

Hérault (département de l'). Cité pour le lignite, 197

Herbeville (env. d'). Cités pour le sable micacé supér., 466. — A la form. gypseuse, 442

Hermeray (env. d'). Cités pour le grès marin supér., 470

Hertford (comté de). Cité pour la form. de craie, 155

Hesse. Cité pour le lignite et l'argile plastique, 211

Hève (cap de la). Cité pour la craie tufau et chloritée, 148

Highgate (colline de). Citée pour le succin, 199.—Rapportée au calc. marin supér., 326

Holmes (fort). Cité à la form. de calc. grossier, 355

Holstein. Cité pour la form. de craie, 159

Honfleur. Cité pour la craie tufau et chloritée, 148

Hongrie. Citée pour un terr. analogue à celui de sédiment supér., 203.—A la form. du calc. grossier, 350. — Lieux où se trouvent les terr. d'eau douce, décrits, 542

Horgen (env. d'). Cités pour le lignite, 201, 206, 537

HORNSTEIN, syn. de silex corné.

Houbritch. Mentionné pour la magnésite, 368

Houdan. Cité pour la craie, 130. — Pour les cailloux roulés, 133.— Pour l'argile plastique, 185. — Pour le calc. grossier, 304.—Pour le terr. d'eau douce inférieur au gypse, 380

HOUILLE. Voy. LIGNITE.

Houilles (village de). Cité pour le quarz carié dans le calc. grossier marin, 236.— Mentionné, 247-8, 252

Houlbec. Cité pour les meulières du troisième terr. d'eau douce, 107, 486

Houssoye (côte de *La*). Citée pour la form. de craie, 128

Humber (rivière d'). Citée pour la form. de craie, 155

I.

Indre (département de l'). Cité pour le terr. de craie, 146

Indre-et-Loire (département d'). Cité pour le terrain de craie, 146

Ipoly. Cité à la form. de calc. grossier, 352

Isère (département de l'). Cité pour le lignite, 197

Issoire (env. d'). Cités pour le terr. d'eau douce, 521

Issou (mamelon d'). Cité pour des érosions du calc. grossier marin, 253.— Pour le calcaire grossier avec fer chloriteux, 259

Issy. Cité pour l'argile plastique, 186. — Pour le calc. grossier, 274

Italie. Lieux où se trouvent les terr. d'eau douce décrits, 543. — Lieux où se trouve la form. de calc. grossier, 332

Ivry (plaine d'). Cité pour le calc. grossier, 267

Ivry-le-Temple (env. d'). Cités pour les cailloux roulés, 133

J.

JASPE ROULÉ. Cité, 133

JAYET. Voy. LIGNITE.

Joigny (env. de). Cités pour le terr. de craie, 147

Jorat. Cité pour le psammite molasse accompagnant le lignite, 201

Jouarre. Cité pour un terr. sableux, 465.—A la form. gypseuse, 427.—Pour le terr. d'eau douce supér., 490

JURA (calc. du). Cité, 38, 456

Jura. Cité pour le lignite, 200. —Lieux où se trouvent les terr. d'eau douce postér. au calc. grossier, 531

Juvisy. Cité à la form. gypseuse, 439

Juziers. Cité pour la craie, 247. —Pour le calc. qui la recouvre, 259

K.

Kent (comté de). Mentionné comme analogue au bassin de Paris, 198.—Cité pour la form. de craie, 155

Kiltchik. Mentionné pour la magnésite, 368

Kobschutz. Cité pour le terrain d'eau douce, 542

Kœnigsberg (env. de). Cités pour le succin, 214

Kœpfnach. Cité pour le lignite, 201, 206

Krzemieniec (en Volhynie). Cité pour la form. de craie, 161.—A la form. de calc. grossier, 353

L.

Lagny (env. de). Cités pour le calc. siliceux et la form. gypseuse, 386-7. — Pour le calc. siliceux, 361

Laillery. Cité pour le calc. grossier marin, 248

Lamarre-Saulx-Marchais. Décrit pour la form. de calc. grossier, 299

Lambourde. Dénomination d'un des bancs du calc. grossier marin, 249, 271-2

Landes (les). Citées à la form. de calc. grossier, 316.—Pour le sable supér. à la craie, 197

Langeais (env. de). Cités pour les meulières du troisième terr. d'eau douce, 486

Langensaltza (env. de). Cités pour le terr. d'eau douce, 542

Lanoue. Cité pour la craie, 127

Laon. Cité pour la form. de craie, 124.—Pour l'argile plastique, le lignite et la craie, 193. — Comme limite du calc. grossier du bassin de Paris, 313

Lasfons. Cité pour le terr. d'eau douce, 515

Lattainville. Cité pour le calc. grossier marin, 248

Lausanne (env. de). Cités pour le lignite, 201, 204.— Pour le psammite molasse, au terrain d'eau douce, 536

Lauzerte. Cité pour le terr. d'eau douce, 520

Lave compacte. Citée au-dessus d'une brèche volcanique surmontant un terr. d'eau douce, 521

Levet et Bruère (entre). Cité pour le terr. d'eau douce. 524

Lévignen (env. de). Cités à la form. de calc. grossier marin, 224. — Mentionnés, 307. — Cités à la form. des grès et sables marins supér., 99.—Pour le grès supér., 461

Lez (vallée du). Citée pour le terr. d'eau douce, 515

Liancourt. Cité pour le calc. grossier marin, 249

Liblar. Cité pour le lignite, 194

Lignite. Décrit, 40.— Cité dans la form. d'argile plastique, 44 et suiv., 142.— Traité géographiquement, 182. — Hors du bassin de Paris, 190.— Cité à Monte-Viale, 334.—Cité, 508, 514. — Au terr. d'eau douce, 537

Lille (coteaux de la rivière de). Cités pour la craie chloritée, 152

Limon d'atterrissement. Décrit, 559

Limon (colline du). Citée pour la form. gypseuse, 384

Limours (env. de). Cités pour la meulière du troisième terrain d'eau douce, 485

Lithuanie. Citée pour la form. de craie, 161

Lobsann. Cité pour le calc. grossier, 195

Lochenberg. Cité à la form. de calc. grossier, 328

Locle. Cité pour le lignite, 200. — Pour le terr. d'eau douce, 531

Lodève (env. de). Cités pour le terr. d'eau douce, 515

Loignan. Cité à la form. du calc. grossier, 317

Loing (vallée du). Citée pour le terr. d'eau douce, 507. — (Embouchure du). Citée pour le calc. siliceux, 373

Loir-et-Cher (département de). Cité pour le terr. de craie, 146

Loiret (département du). Cité pour le terr. de craie, 146

Londres (bassin de). Décrit, 323 et suiv. — (Env. de). Cités pour la form. d'argile plastique, 198

Longperrier. Cité pour la form. gypseuse, 385

Longjumeau. Cité à la form. d'eau douce supér., 115. — Décrit à la form. gypseuse, 435 et suiv. — Cité, 447. — Pour le terr. d'eau douce supér., 501. — Mentionné, 530

Louastre. Cité pour le terr. d'eau douce, 509

Louvres (env. de). Cités pour le grès et le silex du calc. grossier, 70, 230 — Mentionnés, 254. — Cités comme limite du terr. d'eau douce infér. au gypse, 375

Luceau. Cité pour le terr. de craie, 416

Lucienne (colline de). Citée pour le calc. marin, 290

Lutry et *Lausanne* (entre). Cité pour le lignite, 204

Luzarches. Cité pour la craie blanche et tufau, 141-2. — Pour le calc. grossier marin, 229. — Pour la form. gypseuse, 423. — A la form. gypseuse, 447

Lyon (env. de). Cités pour le terr. d'eau douce, 520

M.

MACIGNO ou PSAMMITE CALCAIRE. Défini (*note*), 205

Madeleine (cap de la). Cité pour le grès marin supér., 470. — A la form. d'eau douce supér., 499

Madrid (env. de). Mentionnés pour la magnésite, 368

Maestricht (env. de). Cités pour la formation de craie, 157

Maffliers (env. de). Cités pour le calcaire grossier marin, 234, 246. — Comme limite du terrain d'eau douce inférieur au gypse, 375

MAGNÉSITE. Citée à la form. de calc. siliceux, 362. — Décrite et analysée, 366 et suiv. — Citée dans le terr. d'eau douce, 517

Magny. Cité pour la craie, 247

Magothy. Cité pour la résine succinique, 216

Maisons (plateau de). Décrit à la form. de calc. grossier, 266

Malesherbes (env. de). Cités pour le terr. d'eau douce, 527

Malmoë (env. de). Cités pour la form. de craie, 159

Malte. Cité à la form. de calc. grossier, 355

Mans (env. du). Cités pour le terr. d'eau douce, 526

Mantes (env. de). Cités pour un calc. compacte rapporté au terr. de calc. siliceux, 78. — Pour la craie, 129, 247.—Pour les cailloux roulés, 133.—Pour un sable analogue à celui de Grignon, 259. — Mentionnés, 417, 516.—Cités pour le calc. siliceux, 78

Mantes et Septeuil (vallée entre). Citée pour le calc. siliceux, 374

Mantes-la-Ville. Cité pour la craie, 130. — Cité pour le terr. d'eau douce inférieur au gypse, 380

Marcoussis (colline de). Citée pour le grès marin supér., 471

Marcouville. Mentionné pour le passage du terr. marin à celui d'eau douce (*note*), 254

Mareil. Cité pour la craie, 140, 295.—Pour la form. gypseuse, 423

Margny (coteau de). Cité pour la craie, 127, 226

Marines (plateau de). Cité pour le calc. grossier marin, 246.— A la form. gypseuse, 446. — Pour le terr. d'eau douce supérieur, 489. — Pour la form. gypseuse, 423

Marius (mont). Cité à la form. marine supér. au gypse, 342

Marly. Cité pour l'argile plastique, 49. — Pour le lignite, 193. — Pour la craie, 138. — A la form. gypseuse, 442. — Pour le terr. de sable supér., 466.—Pour la meulière du troisième terr. d'eau douce, 484

Marnes argileuses. Mentionnées à la form. d'argile plastique et du lignite, 52.— Dans le calc. grossier, 60. — Au-dessus du calc. grossier, 66. — Citées, 118. — Décrites dans la form. des meulières, 105-6. — Distinguées de l'argile plastique, 190. — Accompagnant le lignite, 204, 207, 209.—Citées dans le terr. gypseux, 80. — blanchatres sans coquilles dans la form. gypseuse, 89. — verdatres. Citées dans la form. gypseuse, 88, 371, 385, 387. — jaunes. Dans la form. gypseuse, 88. — bleuatres. Mentionnées dans la form. de craie, 149

Marnes calcaires. Citées (*en note*) avec mélange de coquilles marines et d'eau douce, 240. — Citées dans le terrain d'eau douce, 378. — Citées sur le calc. marin, 75.— Marines décrites, 79. — Citées dans le terr. gypseux, 81. — Dans le terr. d'eau douce supér. Décrites, 104, 105.— Citées dans la form. de calc. grossier marin, 236

Marnes du troisième terr. d'eau douce. Décrites, 476

Marne d'engrais ou Calc. d'eau douce désaggrégé, 110

Marnes gypseuses. Citées, 480. —Décrites géographiquement, 382

Marseille (env. de). Cités pour le lignite, 197

Martinique (île de la). Citée à la form. de calcaire grossier, 356

Marton-Vasar. Cité à la form. de calc. grossier, 352

Maryland (état de). Cité pour la résine succinique, 216

Massoulie (lieu dit *La*). Cité pour la craie tufau, 152

Mauldre (rivière de). Citée pour la craie, 140

Maulette. Mentionné à la form. du terrain d'eau douce infér. au gypse, 380. — Cité pour le calc. grossier, 304

Maulie-sur-Mauldre. Cité pour le grès et le silex du calc. grossier, 70. — Pour la craie, 140. — Pour le calc. marin, 302

Mayence (env. de). Cités au calc. grossier, 346

Meaux. Cité comme une des limites du terr. gypseux, 80. — Pour le calc. grossier marin, 222. — Pour la tour de Saint-Pharon construite avec le calc. grossier marin, 222. — Pour les collines gypseuses, 384. — A la form. gypseuse, 447. — Pour le terr. d'eau douce supérieur, 490

Meaux et *La Ferté - sous - Jouarre* (entre). Cité pour la form. de calc. marin, 266

Mecklenbourg. Cité pour la form. de craie, 159, 160. — Pour le sable siliceux qui la recouvre, 215

Médan (env. de). Cités à la form. gypseuse, 442

Mehun et *Quincy* (entre). Cité pour le terr. d'eau douce, 525

Meissner (en Hesse). Cité pour le lignite et l'argile plastique, 211

MELLITE (cristaux analogues au) sur le lignite. Cités dans la form. d'argile plastique, 50

Melun (env. de). Cités au terrain d'eau douce supér., 114. — Cités et décrits pour le calc. siliceux, 369, 370. — Cités pour un terr. sableux, 465. — Pour le calc. siliceux au-dessous du grès marin supér., 472

Melun et *Dammarie* (plaine entre). Citée pour la form. de transport, etc., 565

Mende (env. de). Cités pour le terr. d'eau douce, 515

Ménil-Amelot. Cité pour la form. gypseuse, 386

Ménil-Aubry. Cité au terr. d'eau douce supér., 114. — Pour le terr. d'eau douce inférieur au gypse, 378. — Pour des grès, 463

Ménilmontant. Cité à la form. gypseuse, 390, 446. — Mentionné pour le banc de sable supér., 437. — Mentionné, 523. — Cité pour le terr. de transport, etc., 569

MÉNILITE. Voy. SILEX.

Menton (ville). Citée à la form. du calc. grossier, 337

Mériel (bois de). Cité pour des blocs de grès, 464

Merlanval. Cité pour le terrain d'eau douce supér., 496

Mesly. Cité à la form. gypseuse, 428, 447

Mesnil (commune de Saint-Saulis). Cité pour le terr. de craie, 146

Meudon. Cité pour le silex pyromaque, 29 et suiv. — Pour l'argile plastique, 42, 134, 186. — Décrit pour la craie, 135. — Décrit pour le calc. marin, 275 et suiv. — Cité pour une brèche, 58. — Pour les marnes calc. du calc. marin, 75. — Pour le calc. siliceux, 76. — Pour la form. gypseuse, 80, 93. — Pour les grès et sables supér., 97. — Pour les marnes calc. (en note) avec mélange de coquilles marines et d'eau douce,

240. — A la form. gypseuse, 430, 447. — Pour un terr. sableux, 467. — Pour le terrain siliceux d'eau douce supérieur, 491.— (plateau de). Cité pour les silex meulières de la form. d'eau douce, 105, 484.—Pour le fer oxidé limoneux, 468.— (Bas). Cité au terr. de transport, etc., 570

Meudon et *Choisy* (entre). Cité pour le calc. marin, 267

Meulan. Cité pour le terr. d'eau douce supérieur, 491

Meulan et *Triel* (côte entre). Citée pour le calc. grossier marin, 252. — Citée pour les meulières du troisième terr. d'eau douce, 479

MEULIÈRES. Mentionnées dans le calc. siliceux, 78-79. — Dans la formation gypseuse, 86, 385. — Décrites dans le troisième terr. d'eau douce, 104. — Citées, 436. 463,468 et suiv., 509. 543.— Du troisième terr. d'eau douce, décrites, 476

Meuse (département de la). Cité pour la craie et le calcaire oolithique du Jura, 147

Mézy. Cité pour le calc. grossier, 259

MICA en paillettes mélangées avec le grès supér. Cité, 97, 467

Michigan (lac). Cité à la form. de calcaire grossier, 355

Michilimakinac (île). Citée à la form. de calc. grossier, 355

Milly. Cité pour le calcaire siliceux au-dessous du grès marin supér., 472

Milon. Cité pour le terr. d'eau douce supér., 491

Missilliac. Cité à la form. du calc. grossier, 315

Moens (île de). Cité pour la form. de craie, 159, 161

Moisselles (env. de). Cités pour le calc. d'eau douce, 246. — Mentionnés pour les grès du calc. grossier marin, 254. — Cités pour le calc. d'eau douce infér. au gypse, 377

Moissac. Cité comme limite du terr. d'eau douce, 520

MOLASSE. Syn. de psammite molasse accompagnant le lignite. Citée, 201-2. — Décrite à la formation du calcaire grossier, 327

Molières (village des). Cité pour les meulières, 107. — Pour la meulière du troisième terrain d'eau douce, 485

Montargis (env. de). Cités pour la craie, 131

Montcrepin. Cité pour la formation gypseuse, 385

Mont-de-Marsan. Cité à la form. du calc. grossier, 318

Montecchio Maggiore. Décrit à la formation du calcaire grossier, 333

Monte Glosso. Cité à la form. du calc. grossier, 334

Montéléone. Cité à la formation marine supérieure au gypse, 338

Montereau. Cité pour l'argile plastique, 41, 182. — Pour la craie, 124, 126, 131. — Pour le calcaire siliceux, 373

Montesson. Cité pour le calcaire grossier marin, 235

Monte Viale. Cité à la form. du calc. grossier, 334

Montfermeil. Cité pour la form. gypseuse, 388

Montfort (envir. de). Cités pour

la meulière du troisième terrain d'eau douce, 485

Montgresin. Cité pour le calcaire grossier marin, 232

Monthenard (carrière de). Citée pour le calcaire grossier marin, 222

Monthion (colline de). Citée pour la formation gypseuse, 385

Montigny (dans la forêt de Fontainebleau). Cité pour le calc. siliceux au-dessous du grès marin supér., 472

Mont-Javoult (colline de). Citée pour le gypse à la formation de calcaire grossier marin, 247. — Citée pour un terrain de sable, 465

Montlhéry (colline de). Citée pour le grès marin supérieur, 471

Montmartre. Décrit d'une manière générale, 81 et suivantes. — Décrit spécialement, 394. — Cité à la formation de grès et sables marins supér., 99.—Mentionné pour le quarz carié du calcaire grossier marin, 248. — Pour le banc de sable supér., 437.— Cité à la formation gypseuse, 446. — Mentionné, 430. —Cité pour le grès supér., 464

Montmélian (rocher de). Cité pour le grès au-dessus du calcaire siliceux, 373. — Pour le calcaire siliceux au-dessous du grès marin, 473. — (Colline du bois de). Citée pour la formation gypseuse. 386

Montmirail. Cité pour la craie, 124. — Comme limite du calcaire siliceux, 361. — Pour les meulières du troisième terrain d'eau douce, 480

Montmorency (ville et forêt de). Cités pour la formation gypseuse, 83. — Pour les grès et sables marins supérieurs, 97. — Pour les silex meulières de la formation d'eau douce, 105, 109, 114. — Pour la formation gypseuse, 420-1, 446. — Pour le grès, 464. — Pour les meulières du troisième terrain d'eau douce, 478, 489. —(Vallée de). Décrite. 237

Mont Ouin. Voy. *Ouin* (mont).

Montpellier (environs de). Cités à la formation du calcaire grossier, 319. — Mentionnés pour la magnésite, 368. — Cités pour le terrain d'eau douce, 514 et suiv.

Montreuil (près de Belleville). Cité pour les silex jaspoïdes de la formation d'eau douce, 105. — Pour la glaise à la formation gypseuse, 389. — A la form. gypseuse, 446

Montrouge (plaine de). Citée pour le lignite, 51. — Pour le calcaire marin, 267, 268. — Pour l'argile plastique et les lignites, 186. — Au terrain de transport, etc., 569

Montrouge et Vaugirard (entre). Décrit pour le calcaire grossier, 272-3

Mont Valérien. Voy. *Valérien* (mont).

Moravie. Mentionnée pour la magnésite, 368

Morcle (dent de). Citée pour la craie inférieure, 176

Moret (montagne de). Citée pour l'argile plastique, 41, 182. — Pour des poudingues de cailloux, 133. — (Envir. de). Cités pour le calcaire siliceux au-dessous du grès marin supérieur, 472

Morintru (environs de). Cités pour la formation gypseuse, 384. — Pour le grès supérieur, 461

Morlaye (*La*). Citée pour les couches inférieures du calcaire grossier, 65. — Citée pour la craie et des poudingues siliceux au-dessus, 142. — Citée pour les poudingues, 228

Mornex. Cité pour le psammite molasse, au terrain d'eau douce, 536

Mortefontaine. Cité à la formation gypseuse, 386. — Cité pour les grès supérieurs, 463

Moulins. Mentionné, 522

Mouroux. Cité pour le calc. siliceux, 363

Moutry (plateau de). Cité pour les meulières du troisième terrain d'eau douce, 483

N.

Nagelflue. Syn. de poudingue polygénique. Cité, 201. — Cité au terrain d'eau douce, 534

Nagelflue-sand. Syn. de psammite molasse. Cité, 201

Nagy-Vasony. Cité pour le terrain d'eau douce, 543

Namur (env. de). Cités pour la formation d'argile plastique, 194

Nanteau (E. de). Cité pour la craie, 131

Nanterre (plaine de). Citée pour des cavités naturelles dans le calcaire grossier marin, 251. — Pour le calcaire grossier, 288

Nantes (env. de). Cités à la formation du calcaire grossier, 315

Nanteuil-le-Haudouin. Cité à la formation des grès et sables marins supérieurs, 99, 462. — Cité à la formation du calcaire grossier marin, 223

Nanteuil-lès-Meaux (butte de). Citée à la formation gypseuse, 427

Nanteuil-sur-Marne (env. de). Cités pour la form. gypseuse, 384

Neauphle et *Beyne* (entre). Cité pour le terrain d'eau douce inférieur au gypse, 381

Neauphle-le-Château. Cité pour la formation gypseuse, 381

Neauphle-le-Vieux. Cité à la formation gypseuse, 442

Nefels. Cité à la form. de calc. grossier, 331

Nemours. Cité comme limite du calc. siliceux, 360-1. — Cité pour la craie, 131, 147. — Pour les cailloux roulés ou réunis en poudingues, 132. — Cité pour le calcaire siliceux, 372

Nemours et *Château-Landon* (entre). Cité pour le terrain d'eau douce, 507

Nera (val). Décrit au calcaire grossier, 332

Neuchâtel (env. de). Cités pour le lignite, 200. — Pour le terrain d'eau douce, 531

Neuilly. Cité pour la partie la plus supérieure du calc. grossier, 67. — Cité pour les marnes calcaires du calcaire marin avec quarz, 75, 288. — Mentionné pour le quarz, 247-8, 425 (*note*). — Mentionné à la form. du calc. grossier marin, 236

Neuville. Cité pour un terrain de sable, 465

Neuvy. Cité pour la craie, 131

Nevers et *Decize* (entre). Cité pour le calcaire à gryphées, 525

Newport. Cité pour le terrain d'eau douce, 530

Nice (env. de). Cités à la form. du calcaire grossier, 336

Nissan. Cité à la form. du calc. grossier, 319

Nonette. Cité pour un terr. d'eau douce, 521

Norfolk (comté de). Cité pour la form. de craie, 155

Normandie. Citée pour le terr. de craie, 148

Noyers (village). Cité pour l'argile plastique et le succin, 50

Noyon. Cité comme limite du calc. grossier du bassin de Paris, 313

Nyons. Cité pour le lignite, 195

O.

OCRE ROUGE enduisant les meulières, 106

OEningen. Cité pour le lignite, 200. — Décrit pour le terrain d'eau douce, 534

Oise (descente de la vallée de l'). Citée pour le calc. grossier marin, 234

Oldenbourg (pays d'). Cité pour la form. de craie, 159

Orange. Cité pour le lignite, 195

Orge (vallée d'). Citée comme limite du calc. siliceux, 360

Orgemont (butte d'). Citée pour la form. gypseuse, 418. — Mentionnée pour le sable supérieur, 437

Orléans (env. d'). Cités comme limite du calc. siliceux, 360

Orléans et *Salbris* (entre). Cité pour les cailloux roulés, 133

Orne (département de l'). Cité pour le terrain de craie, 146

Orville. Cité pour le terr. d'eau douce, 527

Osny. Mentionné pour le passage du terrain marin à celui d'eau douce (*note*), 254

Ouin (mont). Cité pour le calcaire grossier marin, 248

Ourcq (canal de l'). Cité pour le terr. d'eau douce inférieur au gypse, 379

P.

Pacy-sur-Eure. Cité pour les meulières du troisième terrain d'eau douce, 486

Palaiseau. Cité à la form. des grès supér., 96. — Pour le sable et le grès marin supér., 470. — Pour le terrain siliceux d'eau douce supér., 491. — Pour le terrain d'eau douce supér., 501

Palencia. Cité pour le terr. d'eau douce, 513

Palmeiken. Cité pour le succin, 215

Panchard (colline de). Citée pour la formation gypseuse, 385

Pantin (plaine de). Citée pour la formation gypseuse, 393

Paris (sud). Cité pour l'argile plastique, 42. — (nord). Plateau près de Montmartre et de Ménilmontant, cité pour la form. calc., 264. — Rue des Martyrs et hôpital Saint-Louis,

43

cités pour les marnes calc. et gypseuses, 415. — Porte Saint-Denis, foire Saint-Laurent, cités pour le calcaire d'eau douce, 265-6.—Rue de Poliveau, citée pour le calc. marin, 267. — Muséum d'histoire naturelle, rues St-Victor, des Noyers, des Mathurins, de l'École-de-Médecine, des Quatre-Vents, de St-Sulpice, du Vieux-Colombier et de Sèvres jusqu'à Vaugirard, cités comme limites du bassin de calc. marin dans Paris, 268.— Rue de Rochechouart, citée à la form. gypseuse, 82. — Décrite, 415, 416

Paris (montagne de), près de Soissons. Citée pour l'argile plastique, 48

Passy. Cité pour les marnes calcaires du calc. marin, 75. — Pour le calc. grossier. 263-4

Paudé ou *Paudex*. Cité pour le lignite, 201, 204.—Pour le lignite au terrain d'eau douce, 537

Pays-Bas. Cités pour la form. de craie, 157

Perche. Ses limites décrites, 20

Périgueux (envir. de). Cités pour la craie tufau, 152

Perpignan (env. de). Cités à la form. de calc. grossier, 319

Pesth. Cité à la formation de calcaire grossier, 350

Pestum (temples de). Cités pour le travertin au terrain d'eau douce, 545

Peyrehorade. Cité à la form. du calc. grossier, 317

Picardie. Citée pour le plateau sableux, 24

Picardie (butte de). Citée pour un terr. de sable, 467

Pic-de-Bère (*Le*). Cité pour le terr. d'eau douce, 520

PIERRE A FUSIL. V. SILEX PYROMAQUE.

PIERRES A MEULES. V. MEULIÈRES.

Pierrefitte. Cité à la form. gypseuse, 421, 446

Pierrelaie (village de). Cité à la form. d'argile plastique et de lignite, 51. — (Env. de). Cités pour le grès et le silex du calc. grossier, 70. — Mentionnés, 230-1, 254, 272 (*note*). — (Bois de). Cités à la form. de calc. grossier marin, 238

Pilate (mont). Cité à la form. de calc. grossier, 331

Piolenc. Cité pour le lignite, 195

PISOLITHE. Cité au terrain d'eau douce, 528

Pithiviers (env. de). Cités pour le terr. d'eau douce, 527

Plessier-Huleux (plateau du). Cité pour le terr. d'eau douce, 510

Plessis-l'Évêque (colline du). Citée pour la form. gypseuse, 385

Plessis-Piquet (colline du). Citée pour les grès et sables marins supérieurs, 97, 467

Poczajow. Cité à la form. de calc. grossier, 353

Poincy. Cité pour le calc. grossier marin, 221

Point-du-Jour (village du). Cité pour le terr. de craie, 50, 141

Pointe-à-Pitre (*La*) (Guadeloupe). Citée à la form. de calc. grossier, 356

Poissy. Cité pour un terrain d'alluvion et pour le calc. grossier marin, 250. — Pour le terrain de transport, etc.. 561

Pologne. Citée pour la form. de craie, 161-2. — Mentionnée pour le saccin dans le lignite, 188. — Citée à la form. de calcaire grossier, 353

Pomarance. Cité pour le terr. d'eau douce, 555

Poméranie. Citée pour la form. de craie, 159-160. — Pour le succin, 214-5

Pontarmé (forêt de). Citée pour le grès et le silex du calcaire grossier, 70, 228. — Pour un sable supérieur, 463

Pontchartrain. Cité pour la meulière poreuse, 105. — A la form. gypseuse, 442. — Pour les marnes vertes des gypses, 469. — A la form. du grès supérieur, 468

Pontchartrain et *Versailles* (entre). Cité pour le terrain d'eau douce supér., 501

Pontins (marais). Cités pour le terrain d'eau douce, 544

Pontoise. Cité pour le grès et le silex du calc. grossier, 70, 247. — Mentionné pour le passage du terr. marin à celui d'eau douce (*note*), 254

Pont-Sainte-Maxence. Cité pour le terrain de calcaire grossier marin, 227

Port-à-l'Anglais (Le). Cité aux terrains de transport et d'alluvion, 121

Poudingues de cailloux. Cités, 132-3, 142, 507. — Formant les couches inférieures du calc. grossier marin, cités, 228

Poudingue polygénique. Cité au-dessus du psammite molasse accompagnant le lignite, 201-2. — Cité au terrain d'eau douce, 534, 539.

Pouzauges (env. de). Cités pour le terr. d'eau douce, 526

Presles (env. de). Cités pour le calc. grossier marin, 234

Pressoirs-du-Roi (clos des). Cité pour le calc. siliceux, 373. — Pour le calc. siliceux au-dessous du grès marin supér., 472

Pringy (colline de). Citée pour la form. gypseuse, 385

Provence. Citée pour le lignite, 196. — Pour le terrain d'eau douce, 519

Provins. Cité pour la craie, 124

Psammite molasse accompagnant le lignite. Cité, 202, 321. — En Hongrie, 351-2. — Au terr. d'eau douce, 535, 543

Psammite calcaire compacte accompagnant le lignite, 204. — Cité, 321

Psammite argileux accompagnant le lignite, 207

Psammite granitoïde. Cité à la form. du calc. grossier, 322. — Au terr. d'eau douce, 521

Puiseux. Cité pour la formation de craie, 128

Puits naturels. *Voy.* Cavités.

Putchern. Cité pour le lignite et l'argile plastique, 211, 214

Puy-de-Dôme. Mentionné, 521, 522

Puy en Velay (Le). Décrit à la formation gypseuse, 451. — Mentionné, 521

Pyrites ou Fer sulfuré. Citées dans le lignite, 45. — (Sable pyriteux). Cité dans la formation d'argile plastique, 49 et suiv., 142, 189, 199, 216

Pyrénées (plaines au pied septentrional des). Citées à la formation du calcaire grossier, 318

Q.

QUARZ (en cristaux). Cité dans les couches supérieures du calcaire grossier, 67, 263, 279, 288, 363, 369. — Dans une marne calcaire, 425 (note). — Dans les silex d'eau douce, 489. — Dans le calcaire siliceux, 74, 374. — Dans les huîtres, 438. — ROULÉS. Cités, 132 et suiv. — BLANC carie. Cité dans la formation de calcaire grossier marin, 236, 247, 263

Queue (La). Citée à la formation de sable marin supérieur, 469. — Pour le passage du terrain d'eau douce au calcaire marin, 304. — Pour la meulière du troisième terrain d'eau douce, 485

Quincy. Cité à la form. gypseuse, 427, 446. — Pour un terr. sableux, 465. — Pour le terr. d'eau douce supér., 490

Quincy et Méhun (entre). Cité pour le terrain d'eau douce, 525

R.

Rambouillet. Cité pour la formation d'eau douce supérieure, 498

Rantau. Cité pour le succin, 215

Reims (env. de). Cités à la form. de calc. grossier, 313. — Pour l'argile plastique, le lignite et la craie, 193

Reselle (carrière de). Citée pour le calcaire grossier marin, 221

RÉSINES SUCCINIQUES. Citées dans le lignite, 46, 199, 216

RÉSINE FOSSILE. *Voy.* SUCCIN.

Reuilly (barrière de). Citée pour la formation calcaire, 265

Rhône (perte du). Décrite pour la craie chloritée, 163. — (Vallée du). Citée à la formation du calcaire grossier, 320. — Pour le terrain d'eau douce, 520

Richarderie (moulin de la). Cité à la formation gypseuse, 442

Rigi (montagne). Citée pour le poudingue polygénique qui la constitue, 202

Rivecourt (S. O. de). Cité pour la craie, 127

Roanne (env. de). Cités pour le terrain d'eau douce, 522

Roche (banc calc. nommé). Décrit dans les couches supérieur. du calcaire grossier, 66. — Mentionné, 221. — Cité, 431

Roche-Guyon (La). Citée pour la craie, 124, 129. — Pour le calc. grossier, 260

Rocheminier. Cité à la form. de calcaire grossier, 314

Rocquencourt. Cité pour un calc. marneux coquillier percé de pholades, 90. — (Envir. de). Cités à la formation gypseuse, 440

Rolleboise. Cité pour l'argile plastique, 183. — Pour des érosions du calc. grossier marin, 253

Romainville. Cité à la formation des grès et sables marins supérieurs, 99. — Pour le grès marin supérieur au gypse, 389

Rome. Citée au terrain marin supérieur au gypse, 342. — (Environs de). Cités pour le terr. d'eau douce, 544

Ronca (val). Décrit à la formation du calc. grossier, 332-4

Rosny. Cité à la formation gypseuse, 388

Rouen. Cité à la form. de craie, 129, 148

Roussillon (canton de). Cité pour le lignite, 197

Royaumont (bois de). Cité pour des poudingues siliceux au-dessus de la craie, 142

Ruel. Cité pour la craie, 142

Rugen (île vis-à-vis de la côte de Poméranie). Citée pour la formation de craie, 159

S.

SABLE. Cité comme formant les plateaux sableux, 22. — Dans la formation d'argile plastique, 42, 44, 130. — (Banc de). Mentionné, 23. — Ou grès inférieur au calcaire grossier. Décrit, 60. — Pyriteux. Cité dans la formation d'argile plastique, 49. — Marin supérieur. Décrit, 94, 460. — Argileux sans coquille. Cité au-dessus de la formation gypseuse, 90. — Argilo-ferrugineux. Décrit dans la form. des meulières, 105. — Cité, 464. — Calcaire. Mentionné au-dessus du calcaire grossier, 66. — Marneux recouvrant la craie. Cité, 139. — Siliceux supérieur à la craie. Cité, 215

Sablons (plaine des). Mentionnée pour le quarz carié dans le calcaire grossier marin, 247-8. — Citée pour le terr. de transport, etc., 562

Sagy. Cité pour la craie, 258

Saillancourt. Cité pour les couches moyennes du calcaire grossier, 65. — Mentionné, 294. — Décrit, 254 et suiv. — Pour la craie, 258

Saint-Amand à *Bourges* (route de). Citée pour le terrain d'eau douce, 524

Saint-Arnould. Cité pour le terrain d'eau douce supér., 491, 497

Saint-Benin-d'Azy (canton de). Cité pour les meulières, 488

Saint-Brice (env. de). Cités pour la formation gypseuse, 421

Saint-Clair. Cité pour la craie, 128, 247

Saint-Cloud. Cité au calc. silic., 76. — Pour la craie, 135-6. — Pour le calc. grossier, 283, 287. — Pour le terrain de transport, etc., 563

Saint-Cyr (env. de). Cités pour la formation gypseuse du parc de Versailles, 93. — Pour les silex cariés dans le troisième terrain d'eau douce, 109. — (Colline de). Citée pour le terr. silic. d'eau douce sup., 491

Saint-Denis (plaine de). Citée pour le calc. d'eau douce infér. au gypse, 375, 378. — (Butte des bois de). Décrite au terrain de transport, etc., 567 et suiv.

Saint-Esprit. Cité pour le lignite et le succin, 196

Saint-Germain (plateau de). Cité pour le calc. marin, 290. — Pour le terr. de transport, etc., 561, 569

Saint-Gobain. Cité comme limite du calc. grossier du bassin de Paris, 313

Saint-Gond (marais de). Cité pour la craie recouverte d'argile plastique, 127

Saint-Guillen-le-Désert. Cité pour le terrain d'eau douce, 515

Saint-Hippolyte-de-Caton. Décrit à la format. du terr. d'eau douce, 518

Saint-Hospice, près de Nice. Cité à la formation du calc. grossier, 336

Saint-Jacques. Cité pour le calcaire grossier, 303

Saint-Jean-de-Gardonnenque et *Anduze* (entre). Cité pour le terrain d'eau douce, 515

Saint-Jean-les-Deux-Jumeaux. Cité pour le grès et le silex du calc. grossier, 70. — A la formation gypseuse, 427

Saint-Laurent (colline du bois de). Citée pour la form. gypseuse, 386

Saint-Leu. Cité pour les meulières du troisième terrain d'eau douce, 478

Saint-Marcel. Cité pour la formation gypseuse, 388

Saint-Martin-du-Tertre. Cité pour la formation gypseuse, 423

Saint-Maur. Cité (en note) pour des marnes calcaires avec mélange de coquilles marines et d'eau douce, 240

Saint-Maur et *Bercy* (entre). Cité pour la formation calcaire, 265

Saint-Nom. Cité pour les couches moyennes du calcaire grossier, 65, 293. — A la formation gypseuse, 442. — Mentionné, 255

Saint-Ouen. Décrit pour le terr. d'eau douce moyen, 378. — Mentionné, 526. — A la formation gypseuse, 457

Saint-Paul (env. de). Cités pour la craie, 128. — Pour l'argile plastique, 129, 183

Saint-Paulet. Cité pour le lignite et le succin, 196

Saint-Philippe. Mentionné, 529. — (Bains de). Cités pour le terr. d'eau douce, 551

Saint-Pierre (montagne de). Citée pour la form. de craie, 157-8

Saint-Pierre-Énac. Cité pour le calc. siliceux à la form. gypseuse, 453

Saint-Pierre-le-Moûtier et *Bourbon-l'Archambaud* (entre). Cité pour le terr. d'eau douce, 523

Saint-Pôt et *Sangatte* (entre). Cité pour le terr. de craie, 149

Saint-Prix. Cité pour la form. gypseuse, 420. — Pour les meulières du troisième terrain d'eau douce, 478

Saint-Remo. Cité à la form. marine supér. au gypse, 343

Saint-Saphorin. Cité pour le lignite, 201. — Décrit, 203-4

Saint-Saulis. Cité pour le terr. de craie, 146

Saint-Victor. Cité pour l'argile plastique, 196

Saint-Yon. Cité comme limite du calc. siliceux, 360

Sainte-Appoline. Cité pour la form. gypseuse, 381. — (Bois de). Cité à la form. de grès supér., 468. — Pour le terrain d'eau douce supérieur, 501

Sainte-Catherine (montagne de), à Rouen. Citée pour le terr. de craie, 148

Sainte-Marguerite (fort). Cité pour le lignite, 193

Salbris. Cité pour la craie, 131, 146

Salbris et *Orléans* (entre). Cité pour les cailloux roulés, 133

Sales (montagne de). Citée pour la craie infér., 176

Salève. Cité pour le psammite molasse, au terr. d'eau douce, 536. — (Petit). Cité pour le terr. d'eau douce, 540

Salinelles. Mentionné pour la magnésite, 368. — Cité pour le terr. d'eau douce renfermant la magnésite, 517. — Mentionné, 526

Samois. Cité à la form. de calc. siliceux, 372. — Pour le calc. siliceux au-dessous du grès marin supérieur, 472

Samoreau. Cité pour le calc. siliceux, 373. — Pour un terr. sableux, 465. — Pour le calc. siliceux au-dessous du grès marin supérieur, 472

Sangatte et *Saint-Pôl* (entre). Cité pour le terr. de craie, 149

Sangonini (val). Cité à la form. du calc. grossier, 334

Sannois (colline de). Citée pour les grès et sables marins supér., 97. — (Pied de la colline de). Cité pour le quarz carié dans le calc. grossier marin, 248. — (Plateau de). Cité pour les silex meulières de la form. d'eau douce, 105, 109, 114. — A la form. gypseuse, 417, 446. — Pour le grès marin supérieur, 464. — Pour les meulières du troisième terrain d'eau douce, 478, 489.— Au terr. de transport, etc., 569

Saon (forêt de). Citée pour le lignite, 195

Sarcelles (butte de). Citée pour la form. gypseuse, 422

Sarnen (env. de). Cités à la form. de calc. grossier, 331

Sartrouville. Cité à la form. de calc. grossier marin, 235

Saumur (env. de). Cités à la form. de calc. grossier, 314

Savignies. Cité pour la craie, 128. — Pour l'argile plastique, 183

Scanie (rivages de la). Cités pour la form. de craie, 160

Sceaux. Cité à la form. gypseuse, 433

Schaffhouse (env. de). Cités pour le lignite, 200

Schaumerde, syn. de calc. spathique nacré. Cité dans l'argile plastique, 212

Sea-House (en Angleterre). Cité pour la craie inférieure, 148

Séelande. Citée pour la form. de craie, 159, 161

Seine et *Oise* (plateau entre). Cité pour le calc. grossier marin, 232

Senlis (plateau de). Cité pour la form. de calc. gross. mar., 227

Sens (env. de). Cités pour le terr. de craie, 147

Septeuil. Cité pour le calc. siliceux, 77. — Cité pour le calc. marin, 307. — Mentionné à la formation des terr. d'eau douce, 506

Septeuil et *Mantes* (vallée entre). Citée pour le calc. siliceux, 374

Sérans. Cité pour un terr. de sable, 465. — (Colline de). Citée pour le gypse à la form. de calc. grossier marin, 247

Sergy ou *Cergy*. Mentionné pour le passage du terr. marin à celui d'eau douce (*note*), 254

Servoz (vallée de). Citée pour la craie infér., 176

Séville (royaume de). Cité pour le terr. d'eau douce, 513

Sevran (env. de). Cités pour le

terr. d'eau douce infér. au gypse, 379. — Décrit pour le terr. de transport, etc., 567

Sèvres. Cité pour le grès et le silex du calc. grossier, 70. — Pour des cavités naturelles dans le calc. grossier marin, 251. — Pour les marnes calc. du calcaire marin, 75. — Pour la craie, 134-5. — Décrit pour les calc. grossiers (*note*), 283. — Mentionné, 294. — Cité à la formation gypseuse, 440. — Pour un terrain de sable, 466. — Pour le terrain de transport, etc., 563

Sézanne. Cité pour la craie, 124, 127

Sheppey (île de). Citée pour le lignite, 198

Sicile. Citée à la form. de calc. grossier, 355

Sienne (env. de). Cités à la form. marine supér. au gypse, 342. — Pour le terr. d'eau douce, 544, 553

Sigean (étang de). Cité pour le terr. d'eau douce, 514

SILEX. Cité dans la form. gypseuse, 84. — Du troisième terr. d'eau douce. Décrit, 476

SILEX AGATIN. Cité dans un calc. siliceux, 363

SILEX CACHOLONG. Cité dans le calc. siliceux, 369

SILEX CALCÉDONIEN. Mentionné dans la form. gypseuse, 87. — Dans le calc. siliceux, 369, 374

SILEX COMPACTES. Cités dans le terr. d'eau douce infér. au gypse, 378

SILEX CORNÉS. Cités dans les couches supér. du calc. grossier, 67, 70, 286. — Mentionnés dans la form. gypseuse, 86. — Dans

le calc. d'eau douce supér., 105. — Dans le calc. siliceux, 365 et suiv.

SILEX JASPOÏDES. Cités dans la form. d'eau douce supér., 105, 387, 489, 501

SILEX MÉNILITE. Cité dans des marnes argileuses de la form. gypseuse, 390. — Dans le gypse, 82. — Dans le terr. d'eau douce infér. au gypse, 378-9. — A la form. de transport, etc., 567

SILEX MEULIÈRES. V. MEULIÈRES.

SILEX NECTIQUE. Cité dans le terr. d'eau douce, 526

SILEX PYROMAQUES. Décrits, 29 et suiv. — Cités, 128. — Dans la craie, 130. — Blonds et noirs cités dans la craie, 131-2, 135. — Cités dans le calc. grossier, 287

SILEX RÉSINITE. Cité à la form. de calc. siliceux, 368, 378. — Dans un calc. d'eau douce, 521, 523, 527. — A la form. du calc. grossier, 322

Sisteron (env. de). Cités pour le lignite et le succin, 196

Soissonnais. Cité pour l'argile plastique, 47, 51

Soissons (env. de). Cités pour l'argile plastique et le lignite, 193 — Mentionnés pour le lignite, 208. — Décrits pour le terrain d'eau douce, 509

Solfatare (lac de la). Cité au terr. d'eau douce, 546

Sologne (plaines de la). Citées pour un sable siliceux et des cailloux roulés, 133. — Pour le terrain de craie, 146

Sommières (env. de). Cités pour le terr. d'eau douce, 516

Sorgue (vallée de la). Citée pou

le terr. d'eau douce, 520

Stein. Cité au terr. d'eau douce, 534

STRONTIANE SULFATÉE. Citée dans la form. gypseuse, 83, 87, 389, 429. — Décrite dans la craie, 136-7. — Dans des géodes calc. au-dessus de la craie, 139. — Apotome dans l'argile plastique, 189. — Terreuse. Citée dans la marne argileuse jaune, 399. — En rognons, dans la marne argileuse verdâtre. Citée, 406, 432. — Dans les marnes vertes, 438. — A Montecchio Maggiore, 333

Succin. Cité dans la form. d'argile plastique, 44, 46, 188, 192, 193, 196, 199, 214 et suiv. — (Cristaux ressemblant à du succin). Cités, 50

Suisse. Lieux où se trouve la form. de lignite, 200. — Lieux où se trouve le calc. grossier, 327. — Lieux où se trouvent les terr. d'eau douce postérieurs au calc. grossier, 531

Subppennines (collines). Citées au calc. marin supér. au gypse, 337 et suiv.

Supergue (colline de la). Décrite à la form. de calc. grossier, 335

Surênes. Cité à la form. de calc. grossier, 288

Surrey (en Angleterre). Cité pour la form. de craie, 155

Sury-le-Comtal. Cité pour le terr. d'eau douce, 522

Sussex (côte de). Citée pour la craie infér., 148. — (Comté de). Cité pour la formation de craie, 155. — Pour l'analogie avec le bassin de Paris, 198

T.

Tamise (embouchure de la). Citée pour le lignite, 198

Tartari (lac de). Cité au terrain d'eau douce, 546

Tarteret. Cité pour les meulières du troisième terrain d'eau douce, 480. — A la formation gypseuse, 427. — (Plateau de). Cité pour un terrain sableux, 465. — Cité pour des rognons de grès à coquilles marines dans le calc. grossier marin, 222

Terni (cascades). Citées pour le terrain d'eau douce, 551

TERRAINS énumérés en général, 26. — Leur position relative dans l'écorce du globe (*note*), 27. — Principes aux moyens desquels on peut décider l'époque relative des formations, 192. — Idée de la formation successive des divers terrains dans les environs de Paris, 101. — Terrains de différentes sortes qui constituent le sol des environs de Paris, décrits, 122.—Terrain de craie du bassin de Paris, décrit, 123. — Terrains de craie hors du bassin de Paris, décrits, 144. — Terrains d'argile plastique et de lignite du bassin de Paris, ou premier terrain d'eau douce, décrits, 40, 182.—Motifs de sa dénomination, 55. — Terrains d'argile plastique et de lignite hors du bassin de Paris, 190. — Terrain du calc. grossier marin du bassin de Paris, 218.— Terrain du calcaire grossier décrit hors du bassin de Paris, 309. — Terrain de calcaire siliceux, décrit, 358.— Terrain gypseux, mentionné à la formation de calc. siliceux, 361. — — Terrain d'eau douce moyen, ou deuxième terrain d'eau douce, décrit, 79 — Cité, 238. — Partie inférieure du terrain d'eau douce moyen, décrite, 358. — Terrain d'eau douce superposé au calc. marin, 233-4. — Point de contact de ces terrains avec le calcaire marin, 304. — Terrain de gypse à ossemens et marnes d'eau douce, décrit, 79, 382. — Terrains de gypse à ossement, décrits hors du bassin de Paris, 449. — Terrain des marnes gypseuses marines, décrit, 382. — Terrains de grès, sable et calcaire marins supérieurs, décrits, 460. — Troisième terrain d'eau douce, meulières, silex et marnes, décrit, 104, 476. — Terrains d'eau douce dont la position est incertaine, décrits, 502. — Terrains d'eau douce postérieurs au calcaire grossier, décrits hors du bassin de Paris, 512. — Terrains de transport et d'alluvion, décrits, 118, 559. — Cités, 250. — Terrains calcaréo-trappéens, du pied méridional des Alpes lombardes, décrits, 332 et suiv. — Terrains trappéens ou basaltiques, cités pour leur époque de formation, 213

TERRAIN LACUSTRE. V. TERRAIN D'EAU DOUCE.

TERRE DE VÉRONE. V. CHLORITE BALDOGÉE.

TERRE HOUILLE. V. LIGNITE.

TERRE VERTE. V. CHLORITE BALDOGÉE.

Teteny. Cité à la form. de calc. grossier, 352

Thanet (île de), en Angleterre. Cités pour la formation de craie, 155

Thève (vallée de la). Citée pour les alluvions, 230

Thiais. Cité à la form. gypseuse, 429

Thiaux. Cité pour le terr. d'eau douce, 525

Thomery. Cité pour le calc. siliceux, 372

Thuringe. Citée pour le terrain d'eau douce, 542

Thury. Cité à la form. des grès et sables marins supér., 98

Tihany. Cité pour le terr. d'eau douce, 543

Tivoli. Mentionné, 529. — Cité pour les travertins au terr. d'eau douce, 544

Tœflitz. Cité pour le lignite et l'argile plastique, 214

Torchamps (butte de). Citée pour la formation gypseuse, 384

Toscane. Citée pour le terr. d'eau douce, 551

Toulon (env. de). Cités pour le lignite, 197

Toulouse (env. de). Cités à la formation du calc. grossier, 318

TOURBE MARINE ou du haut pays. V. LIGNITE.

TOURBES. Citées aux terrains de transport et d'alluvion, 121, 566.

Tours (env. de). Cités pour le terr. de craie, 146. — Pour les meulières du troisième terrain d'eau douce, 486. — Pour le terrain d'eau douce, 526

Tours et *Blois* (entre). Cité à la limite du calc. grossier du bassin de Paris, 313-4

Tout-li-Faut et *l'Abyme* (entre). Cité à la formation de sable marin supér., 470

TRANSPORT et d'ALLUVION (terrain de). Décrit, 118, 559

Trappes (plaine de). Citée pour les

marnes calc. du terrain d'eau douce supér., 105. — Pour les silex, 110, 114. — A la formation de sable et grès marin supér., 470. — Pour la meulière du troisième terrain d'eau douce, 484. — Pour le calc. d'eau douce supér., 491

TRAVERTIN. Cité au terr. d'eau douce, 544

Triel. Cité au calcaire siliceux, 76. — Pour le calc. grossier marin, 252. — Mentionné pour le passage du terr. marin à celui d'eau douce, 254. — Cité pour le grès et le silex du calc. grossier, 70. — Pour le gypse et comme une des limites du terr. gypseux, 80, 93, 247. — Pour les silex jaspoïdes dans la form. d'eau douce, 105, 108, 114. — Pour la seconde form. de grès, 101. — Mentionné, 222. — Pour les cailloux roulés, 133. — Marnes calcaires citées (*en note*), avec mélange de coquilles marines et d'eau douce, 240. — Cité pour le grès à la form. de calc. grossier marin, 245, 253-4. — Pour la form. gypseuse, 423, 447. —(Colline de). Citée pour le terrain d'eau douce, 489

Triel et *Meulan* (entre). Cité pour les meulières du troisième terrain d'eau douce, 479

Trilbardou. Cité pour le calc. grossier marin, 222

Tripoli. Cité à la form. de calc. grossier, 354-5

Troëne (vallée du). Citée pour le calc. grossier marin, 247

TUF CALCAIRE au-dessus de la craie. Cité, 127. — Syn. d'un calc. d'eau douce. Cité, 542

Turin (env. de). Mentionnés pour la magnésite, 368

U

Ulm (env. d'). Cités pour le terrain d'eau douce, 541

Urspring. Cité pour le terr. d'eau douce, 541

V.

Val (abbaye du). Citée pour le calc. grossier marin, 233

Val d'Agno. Voy. *Agno* (val d').

Val Nera. Voy. *Nera* (val).

Val Sangonini. Voy. *Sangonini* (val).

Valérien (mont). Cité pour la form. gypseuse, 92. — Pour le quarz carié du calcaire grossier marin, 248. — Pour le calc. grossier, 281. — Décrit à la formation gypseuse, 443. — Cité, 442, 447. — Cité pour un terrain sableux, 466

Vallecas. Mentionné pour la magnésite, 368

Vallée des Cailloux (env. de Mantes). Citée pour les cailloux roulés, 133

Valvin. Cité pour le calcaire siliceux, 372

Vanvres. Mentionné pour l'argile plastique, 126

Varens (montagne de). Citée pour la craie infér., 176

Varrède (carrières de). Citées pour le calc. gross. marin, 221

Vaucienne (vallée de). Citée pour les couches inférieures du calc. grossier, 64. — A la formation de calc. grossier marin, 224. — Mentionnée, 228

Vaucluse. Cité pour le terrain d'eau douce, 519

Vaucouleurs (vallée de). Citée

pour le calcaire siliceux, 77. — (rivière de). Citée pour le calc. siliceux sur lequel elle coule, 307

Vauderlant. Cité pour des grès, 463

Vaugirard (envir. de). Cités pour l'argile plastique, 186. — Pour le terr. de transport, etc., 561

Vaugirard et Montrouge (entre). Décrit pour le calc. grossier, 272-3

Vaujours. Cité pour la form. gypseuse, 388

Vaux (pays de). Cité pour le lignite, 206

Vauxbuin. Cité à la form. de l'argile plastique, 47. —Pour le succin, 193

Veiry et Étrembière (entre). Cité pour le terr. d'eau douce, 540

Vélizy (plateau de). Cité pour le fer oxidé limoneux, 468

Vellètri (collines de). Citées au terr. d'eau douce, 544

Vendôme (env. de). Cités pour le terr. de craie, 146

Verberie. Cité pour la form. de calc. grossier marin, 225. — Mentionné, 228

Vernier. Cité pour le lignite, 206

Verrières (bois de). Cités pour un terrain sableux, 467

Vert (village). Cité pour la craie, 130. — Cité pour le calc. siliceux, 374

Versailles (parc de), près de Saint-Cyr. Cité pour la form. gypseuse, 93.—N. O. cité pour la craie, 140. — (Env. de). Cités pour le terr. d'eau douce infér. au gypse, 381. — A la form. d'eau douce supér., 491. — A la form. gypseuse, 440 et suiv. — Pour le terr. sableux au-dessus du gypse, 447. — Cités, 467

Versailles et Ponchartrain (entre). Cité pour le terr. d'eau douce supér., 501

Vertus. Cité comme limite du calc. grossier du bassin de Paris, 313

Vésinet (bois du). Cité pour le terr. de transport, etc., 561

Vétheuil. Cité pour le calcaire grossier, 260

Veurdre-sur-Allier (env. de). Cités pour le terr. d'eau douce, 523

Vevay (env. de). Cités pour le lignite, 201.—Décrits, 203-4. — Cités pour le psammite molasse au terr. d'eau douce, 535

Vicentin (terr. calcaréo-trappéens du). Décrits, 332

Vichy (env. de). Cités pour le terrain d'eau douce, 523. — Mentionnés, 528

Vienne (Autriche). Cité pour un terr. analogue à celui de sédiment supérieur, 203. — A la form. de calc. grossier, 349.— Pour le terr. d'eau douce, 542

Vienne (France). Cité pour le lignite, 197

Vilaine et Fresne (tranchée entre). Citée pour le calc. grossier marin, 222

Villaré. Cité à la form. gypseuse, 427

Ville-d'Avray. Cité pour le gypse, 80, 93, 440

Villejuif. Cité à la form. gypseuse, 429, 447

Villemoison. Mentionné au calc. siliceux, 374

DES ENVIRONS DE PARIS. 685

Villemomble (colline de). Citée pour la form. gypseuse, 388. — Pour le terrain d'eau douce supér., 489

Villeneuve - Saint - Georges. Cité comme limite du calcaire siliceux, 360. — Pour un terr. sableux, 465

Villepreux (plateau de). Cité pour le calc. marin, 292. — (Village). Cité, 295

Villeron. Cité (*en note*) à la formation du calc. grossier marin, 231

Villers-Cotterets. Cité pour les couches infér. du calc. grossier, 64. — A la form. des grès et sables marins supér., 98. — Pour les grès supérieurs, 461

Villers en Prayer. Cité à la form. d'argile plastique pour le succin, 193

Villiers. Cité pour la form. gypseuse, 381

Villiers, près de Mantes. Cité pour un calc. compacte rapporté au terr. de calc. siliceux, 78

Villiers-Adam (bois de). Cité pour des blocs de grès, 464

Villiers-le-Bel (env. de). Cités pour la form. gypseuse, 422

Viroflay. Cité à la form. gypseuse, 93, 440

Vitry (env. de). Cités à la form. gypseuse, 427

Vivray. Cité pour le calc. grossier marin, 249

Void (env. de). Cités pour le passage de la craie au calc. oolithique du Jura, 147

Voisin (parc de). Cité pour le terr. d'eau douce supér., 499

Volhinie. Citée pour la form. de craie, 161

Volterra. Cité à la form. marine supér. au gypse, 343. — Pour le terr. d'eau douce, 552, 555

Voreppe. Cité pour le lignite, 197

Vosges (pied des). Cité pour le lignite et l'argile plastique, 194

W.

Weinheim, près de Mayence. Cité à la form. du calc. grossier, 346

Weissembourg (env. de). Cités pour le calc. grossier, 195

Weissenau, près de Mayence. Décrit à la form. du calc. grossier, 347

Weissensee. Cité pour le terrain d'eau douce, 542

Wight (île de). Citée pour le lignite, 198. — A la form. de calc. grossier, 326. — Décrite pour le terr. d'eau douce, 529 et suiv.

Wilts (comté de). Cité pour la form. de craie, 155

Y.

Yonne (département de l'). Cité pour le terr. de craie, 147

Yvette (vallée de l'). Citée à la form. gypseuse, 435

Z.

Zurich (lac de). Cité pour le lignite, 201, 206

FIN.

Nouvelles Publications.

C.-J. TEMMINCK. Manuel d'ornithologie, ou Tableau systématique des oiseaux qui se trouvent en Europe, précédé d'une Analyse du Système général d'Ornithologie.

Troisième partie, 1 vol. in-8°,   7 fr. 50 c.

Prix des trois premières parties,   22 fr. 50 c.

La quatrième partie, ou *Complément* de ce Manuel, paraîtra dans le courant de l'année 1835.

Par Souscription.

GEORGES CUVIER. Recherches sur les ossemens fossiles, où l'on rétablit les caractères de plusieurs animaux dont les révolutions du globe ont détruit les espèces. *Quatrième édition*, enrichie de *Notes additionnelles* et d'un *Supplément* laissés par l'auteur; approuvée et adoptée par le Conseil royal de l'Instruction publique. 10 volumes in-8°, avec un atlas in-4° de 280 planches, dont 84 doubles et 2 coloriées. Cet atlas sera accompagné d'une *Explication des planches*, qui manquait aux éditions précédentes, et dont le besoin se faisait vivement sentir.

Ce bel ouvrage, qui, dans toutes les bibliothèques, doit être considéré comme le *complément indispensable des éditions in-8° de Buffon*, sera publié en 20 livraisons, dont chacune coûte 7 fr. 50 c. Les neuf premières sont en vente.

Le prospectus se distribue gratuitement.

www.ingramcontent.com/pod-product-compliance
Lightning Source LLC
Chambersburg PA
CBHW070003010526
44117CB00011B/1414